李霖生 著

周易神話與哲學

羅宗濤 敬題

臺灣學生書局印行

讀《周易神話與哲學》

程宇澤

　　《周易》是中國傳統文化的先導，學術思想的源泉，在我國見存群經之中，《周易》實居樞紐地位，其中義理，與諸經皆息息相通，條理一貫。由於《易》道廣大，蘊涵深厚，年代悠遠，文辭精簡，使得後人覺得它恍惚幽渺，閃爍著神祕的象徵光彩。解讀之際，或產生種種撲朔迷離的猜測與附會，更令人眼花撩亂。誠如《四庫全書總目·易類小序》所言：

> 又《易》道廣大，無所不包，旁及天文、地理、樂律、兵法、韻學、算術，以逮方外之爐火，皆可援《易》以爲說；而好異者又援以入《易》，故《易》說愈繁。

　　歷經漫長歲月的衍化，《易》學派別，日益分歧，而部分流派，幾已流緬忘返而失其本源。至清儒輩出，務求徵實，以小學治經，乃回歸《周易》卦爻辭。民國以來，學者除了繼承前人的成果，在象數、義理兩方面深入探討外，又注重當代科學理論，從新角度，用新方法從事研究。

　　李霖生博士對《周易》之研究，既直承乾嘉諸老以小學治經之餘烈，更以晚清以後出土之文字爲利器，再益以當代新知，撥開重重迷霧，直接從卦爻辭下手。以約與《周易》並時之古文字解卦爻

辭，自然比較能切近卦爻辭的原意。此外，李君又慎采群經，以經解經；並憑藉他嚴格的邏輯訓練與深厚的史學素養，將點點滴滴的收獲，加以整合貫通。其間又運用考古學、心理學、社會學、神話學、乃至數理等種種新知，以之為工具，磨礱雕琢，務使卦爻辭的精神面貌光彩煥發。

這部鉅著的另一特色在於它不僅是理性作業的成果；同時，作者更發揮了豐富的想像力，塑造出生動的意象。不知從何時起，人們認為理性和感性、推理和想像都必須截然分割，才能從事研究。不僅自然科學如此，社會科學如此，連人文學科也如此。如此一來，詩歌的研究，就是必須先使鮮活的詩歌斷了氣，將它抬上解剖臺，節節支解，似乎這才是研究的惟一途徑。殊不知宇宙萬象都是渾然的。霖生君是個愛慕知慧的哲人，也是熱情洋溢、想像力豐富的詩人。他萃取了舊學新知中有用的成分，然後以鮮明生動而切近本眞的意象呈現出來。這種努力和成績是值得稱許的。

李君沉潛學問，不事干謁，蟄伏多年，可謂「潛龍勿用」；此書既面世，「見龍在田」矣，可以「利見大人」矣，李君勉乎哉！

此身雖在堪驚

伏案敲打黝黑的IBM ThinkPad旗艦，撐在玫瑰木鑲銅書桌上的兩肘蒼黃粗糙，掩映桌面如鑑，無情反照許多歲月流光。曾經愛惜思緒而講求筆墨紙案，但今日當下僅剩此玫瑰木桌，寵愛著閒置的餘生。身屬petite bourgeoise，無所逃於拜物教的魅影，Karl Marx濃鬱雪茄味的啟示化為指間輕攏慢撚的藍煙，豐碩的中年體位，已慚於革命風火的生涯。唯一堅持文字語義的雕工，生事寓於此間微芒峰迴路轉的雕樑畫棟。

三十三年前仲夏午後，在猶有玫瑰餘香的聖堂前，斜陽映著地磚的赭灰，碧眼灰髮的老主教撫著我的頭，詢問我獻身宗教的心意。鑄鐵欄杆後香柏木的清陰落在童子的眼底，哲學與神學的冠冕盤旋於幼小的心裡。一九七七年炙人的夏天，我從十字花科鏤雕的神聖家庭，移居蠹魚潛游的臺北帝大文學院。然而漂流的南島始終崇奉著殖民主義的上帝，南蠻的鳥語無法通達古封建的雅頌，我在疏離主義與真正的基本教義之間，流失了自貽哲命的姓氏，宿命的弔詭裡異域就是故鄉，我是遊子與浪人，此身乃無可救贖的流放。

固曾夜讀《太史公書》而慷慨悲歌，深宵低迴，振衣奮起，獨對長庚，慨然有澄清天下之志。少年意氣如今已闃然飄散，文化救國不過枕中殘夢。自信枯守故國，埋首群經子史，則文化復興終不可絕望。但國立大學研究中國哲學者竟以依附西洋學術涯岸自矜，

甄選中國哲學教席卻以留洋經歷爲準。甚至母系亦以西方學者評鑑應徵中國哲學教席者，以此爲個人之進退預留籌碼。餘者更不堪聞問矣。士大夫之無恥是謂國恥，而今日又不僅亡國，實足已亡天下矣。

　　讀陳寅恪先生晚年詩「平生所學供埋骨，晚歲爲詩欠斫頭。」慨歎舉世滔滔，而文化已於夢中淪亡。非不能垂涕，然已非昔日之悲歌。個人求學之志向與遭際之蹭蹬固無論矣，回首一片惘然而已。然而正當投閒置散際，　宗濤師與　建葆師超越科際分隔，以及門戶成見，許我於師大國文系諸高賢爲主的玄奘中文系有一席之地。自顧以外校外系之身，幸能追隨國學大師，忝列教席，感激涕零之情，豈尋常所能知之。

　　三年來在　建葆師與　宗濤師的愛護與期勉下，擔任過中文研究所「中國學術流變史」「周易研討」與「華嚴詩學」等課程，既感於知遇，收拾起頹唐孤憤之心，誓願斯文不墜，終能化成天下。《周易神話與哲學》即成書於此愛護與諒解的恩情之中，故於卷首恭敬記下這一段空前的美好知遇。

　　　　　　　　　　　李霖生　謹序于桃園龍潭　壬午年夏月

周易神話與哲學

目　次

第一章　緒　論

【封建式的思想模型】

　　《周易》思想開展於其神話詩學之上，本書以「周易神話學」作「周易哲學」之實際內涵，故其思想詮釋必須依其敘事學之脈絡遂行之。研究《周易》思想者絕不可忽視《周易》的敘事結構，而其敘事結構絕異於一般哲學著作，所以《周易》經常被視爲卜筮之書，遂令其哲學意義不彰。正因爲《易傳》的敘事法較合乎哲學社群的思想模式，令其獲得較高的哲學評價。

　　《周易》與《易傳》的敘事模式可以類比爲封建與帝國兩種政體，表現兩種不同的權力分配模式。在《易傳》暗示統一的層級體制，預期因果律與充足理由律有效運作之際，《周易》卻於原點立即開出共時並存的六十四局生命樣態，所以本書寫作的策略並不依據表面上章節的分割，而視每一組被引述的卦爻辭爲獨立的單元，因此每一單元的敘事元素都被視爲第一次出現，而每次出現都可獲得應有的考證與解釋。所以閱讀的序列不是「第一章→第二章→第三章→……→第九章」，而是「第一章→｛第二章第一節，第二章第二節，……第二章第十節，第三章第一節，……第四章第一節，……第九章第八節｝」

【語句重複乃為了幫助理解】

實又難陀所譯《大方廣佛華嚴經》卷第七十九曰：「爾時善財童子……所見不忘，所聞能憶，所思不亂，入於無礙解脫之門。」但人間多少人具有「所見不忘，所聞能憶，所思不亂」的能力？

學術論文甚難避免其論述之乏味無趣，尤其因為連綴判斷以成論證，語句不免出現重複的現象。如何分辨論述中不可避免的語句重複，需要更多的耐心，未可遽下斷語，以為語句重複必不赦之重罪。恰如三段論之中項，無人敢言其多餘也。

本書既然以小學為中國哲學的研究方法，回歸《周易》的思想原點，因此寫作的脈絡在方法策略涉及「小學」「經學」「史學」乃至於「考古學」與泛稱的「社會學科」，在敘述內容方面涉及周秦漢之際，封建與帝國政治迭興，在推理與理解的縱深方面更依賴精確與複雜的記憶。但是精確與複雜的記憶未可強求於讀者，所以作者只好在認為必要的地方重複敘述有關事證。

第一節　易學釋義

研究《周易》的路徑與方法，一方面與《周易》的內容有關，一方面又與中國古代的學術趣向有關。因為《周易》與《尚書》《詩經》並為中國學術的原始典籍，它們既表現了中國古代學術思想的特質，又決定了中國古代學術思想的主軸。

《周易》《尚書》與《詩經》三書記錄著「周文」的具體內容，

但就文學表現而言，三書又極爲不同。「周文」的具體內容以《尚書·康誥》所云：「恫瘝乃身，敬哉。天畏棐忱，民情大可見。」最具代表性。這句話決定了中國古代學術的主軸：「究天人之際，通古今之變。」（漢書·司馬遷傳）

「天畏棐忱」意謂「天命不易」與「天命不僭」（尚書·大誥），「恫瘝乃身，敬哉」是所謂「克明德愼罰，不敢侮鰥寡。」（尚書·康誥），而「民情大可見」即在於「用保乂民」「用康保民」（尚書·康誥）。這根主軸顯示了「天人之際」的實質意義。

當然，上述的學術反省發生於「周文疲弊」之後，亦即諸子百家爭鳴的世代。綜合上述趣向，可知中國哲學之「易學系統」，應以中國學術的基本架構「通古今之變，究天人之際」爲準。所謂「通古今之變，究天人之際」的學術架構，如《論語·憲問》：「子曰：莫我知也夫。……不怨天，不尤人，下學而上達，知我者其天乎。」至於「學」的意義，又可以《論語·學而》所云：「食無求飽，居無求安，敏於事，而愼於言，就有道而正焉，可謂好學也已。」說明所謂「好學」。首先「學」乃超脫飽食安居現實生活的需求，並且以敏愼的言行趨赴正道，而正道應有超越個體生命存活的理想性。

因爲《論語·爲政》曰：「孟懿子問孝，子曰：無違。…生事之以禮，死葬之以禮，祭之以禮。」姑不論「孝」爲周禮封建宗法之本，僅就人生意義的延續言之，親族生命的無違相續即在於「孝道」，而孝具體實現於「禮」。個人在實現周禮的歷程中，超越了一己生命的局限。

繼而就貞定人生意義言，《論語》給我們更多的啓示。《論語·

周易神話與哲學

子罕》曰：「子畏於匡，曰：文王既沒，文不在茲乎。天之將喪斯文也，後死者不得與於斯文也。天之未喪斯文也，匡人其如予何？」天命的內涵產生明顯變化，從保康民的政治意義轉為文化意義。

除了文化慧命，天還解消了人生意義的焦慮，例如上引《論語·憲問》曰：「子曰：莫我知也夫。……不怨天，不尤人，下學而上達，知我者其天乎。」個體生命有限性的困境，在天的觀照下消失了。孔子生命的孤絕困境，不是透過人際溝通而解消，而是上通天意而或超度。

上引章句說明孔子繼承文化慧命的自覺，與此章受知於天，都不離自我的修養，亦即所謂「學」。試再覘《論語·學而》云：「食無求飽，居無求安，敏於事，而慎於言，就有道而正焉，可謂好學也已。」個體生命之所以能超度自我有限性困境，實有賴超越向度的開發，此則有待疏釋孔子所言「學道」的意義。

所謂正道乃詮釋「學」的目標，恰如《論語·為政》曰：「吾十有五而志于學，三十而立，四十而不惑，五十而知天命，六十而（耳）順，七十而從心所欲不踰矩。」如果從訓詁的角度觀之，將本章各句的意指統一，將所有語句的主語和述語視為同一，或許其共同的述語就是「天命」。所以所志于學者乃在於知天命，順天命，最終天人合德，故能從心所欲。若再引《論語·憲問》：「子曰：莫我知也夫。……不怨天，不尤人，下學而上達，知我者其天乎。」天人間之相知，或許可以說明上述天人合德的論點。「德」非道德之德，從字形的目或可謂天與人相望相知也。

《論語·八佾》曰：「獲罪於天，無所禱也。」說明天對於人的終極意義，人似乎無所逃於天地之間。所以人亟亟認同天命。例

·4·

如《論語·雍也》曰：「予所否者，天厭之，天厭之。」因此個人或存或亡，得自於天的背書，此即《論語·述而》曰：「天生德於予，桓魋其如予何？」

《論語》所謂天人之際，實無殊於《尚書》表述之西周周文。但天命不專給統治階級，凡好學者皆有所得。明德既然上仰天命，《論語》似乎全然繼承「周文」終極關懷的理念，但是《論語·陽貨》卻又表現了非位格性的「天」，孔子曰：「天何言哉？四時行焉，百物生焉。天何言哉。」取消其主詞地位是取消其位格性的基要條件。「天無言」雖然減去了天的主宰義，但是「天命」的秩序化意義還在，在先秦諸子開始慕道之前，「天命」才是人生的企向與終極目的。

天命的涵意難知，所以我們可以將眼光著落在具體的學習內容。恰如《論語·陽貨》曰：「君子學道則愛人，小人學道則易使。」更具體的內容在於《論語·季氏》：「不學詩無以言也。……不學禮無以立。」學習詩禮並非爲了現實生活的需求，而在於挺立生命的價值與意義。「禮」表述了人生之道，所以《論語·季氏》曰：「天下有道，則禮樂征伐自天子出。天下無道，則禮樂征伐自諸侯出。」又曰：「天下有道，則庶人不議。」可見上述所謂「道」的具體內容，繫於「禮」是否得以實現。

「禮」並非後世所謂《周官》《儀禮》《禮記》所能概括表述者，因爲這些後出的典籍已漸漸受到帝國政治的影響，無復西周社會與文化的舊觀。而周禮其實主要表現於《周易》《詩經》與《尚書》中「西周文獻」的部分。恰如《論語·爲政》所云：「殷因於夏禮，所損益可知也。周因於殷禮，所損益可知也。其或繼周者，

雖百世可知也。」此即學述「通古今之變」的橫軸也。

　　然而禮義上通天命，所以我們可藉《周易》《詩經》《尚書》，以「究天人之際」也。章學誠《文史通義‧原道》上曰：「故欲知道者，必先知周孔之所以為周孔。」近世研究中國哲學，多從孔老思想入手，以先秦諸子為中國哲學的源頭。殊不知求道當自「周禮」始，方足以釐定諸子哲學的基礎與目的。單就中國哲學的研究方法言之，諸子議論的關鍵詞亦莫不從「周文」而來。《文史通義‧經解》中曰：「事有實據，而理無定形。故夫子之述六經，皆取先王典章，未嘗離事而著理。」此所以後人誤以為「西周」無哲學之一因。然而既明「理在事中」之道，探求中國哲學之根本與特質，理當自「周文」始矣。牟宗三《中國哲學十九講》云：「這套西周三百年的典章制度，這套禮樂，到春秋的時候就出問題了，所以我叫它做『周文疲弊』。諸子的思想出現就是為了對付這個問題。」（1999：頁 60）唯有勾抉「周文」底蘊，方可言於「周文疲弊」，方可議論先秦諸子之哲學。

　　既然前云「故夫子之述六經，皆取先王典章，未嘗離事而著理。」則最早之典章制度與哲學理念，實已具足於《尚書》矣。《文史通義‧書教》下曰：「周官三百六十，天人官曲之故，可謂無不備。」此「周官」即「周禮」，亦即具體表現於《周易》《尚書》與《詩經》中。

　　基於上述理由，中國哲學的研究起點應向上延伸，以「周文哲學原論」為更根本的基點。遂令先秦諸子的哲學，置於「通古今之變，究天人之際」的理念網絡之中，庶幾乎其特質得以彰顯。

　　學習「詩」「禮」並非為了現實生活的需求，而在於挺立生命

的價值與意義。挺立個體生命的價值與意義於天命之下，不是固步自封式的自我膨脹，而是通觀生命的可能性，進而持續的追求自我的完美化。儒家關於人生的完美化，有「聖人」為典範。道家將「聖人」也視為生命解放的一環（movement）。其實無論儒道，「聖人」作為人生學習的完美典範，都具有「天人之際」與「古今之變」的通透性開放性。而義理之中最核心的部分，應該在於終極關懷的向度，此即所謂中國古代學術思想會歸於「究天人之際」之義。

　　以上我們略述了「易學」蘊涵的古代學術思想脈絡，接下來應進而就《周易》的特殊性格，議論「易學系統」之真諦。而議論「易學系統」之前，必須先論何謂「易」？根據「易」字的象形「𣇪」，乃象日出地上時，波流弟靡，霞光萬道的景況。另一種「易」字的象形，則藉兩容器間內容物的遞換，表現交易的活動。「易」的文本特指「周易」，也就是後世與《易傳》相對的《易經》。《周易》所謂「易」，應本於上述日出地上時，波流弟靡，霞光萬道的象形。然而「易」字二形皆表現歷時性意象，所以必須回歸《周易》內蘊的時間觀。

　　時間理念是我們理解存有意義的關鍵指標，因為我們理解時間理念的方式莫過於「度量時間」，而我們度量時間的架構建立在所採取的計時器之上，「計時器」材質的差異則導致不同的時間度量方式。人們通常透過時間的度量，衡量生命的價值，例如福禍壽夭。但是此中預設以「身體」為計時器，始有所謂福禍壽夭。

　　《孟子・盡心》上篇曰：「夭壽不貳，脩身以俟之，所以立命也。」可以恰當詮釋「計時器（身）」與「生命價值（命）」間的關

係。所謂「殀壽不貳」，是以「此身」作爲座標的原點，殀壽是以身體爲計時器所作的度量，「脩身」所以「立命」，即以身體所作的度量，建立生命意義的座標。身體存活時間的修短度量形成橫軸，「脩身所以立命」啓示了向上超度與向下貞定生命意義的縱軸。

　　至於表現「天人交際」的「脩身所以立命」，應從「盡心」說起。其上文曰：「盡其心者，知其性也。知其性，則知天矣。存其心，養其性，所以事天也。」以內隱的「心」與外顯的「身」爲座標原點，向上開出「心－性－天」，向生涯開出「身－壽（殀）－命」。身心固爲一自我的兩表現形式，天「命」原出自於「天」也，因此座標說也僅止是一種譬喻。天與命匯歸，身與心合一。

　　進一步申論身心性命之前，我們必須先確立這一段前言的意義。爲何以《孟子》爲《周易》的前言？首先，我們作此安排，絕非因爲《周易》與《孟子》有其思想內在的聯繫。其次，《周易》與《孟子》思想的時代差異，絕不容忽視。最後，我們應先容許《周易》與《孟子》學術性格上存有異質性。以《孟子》爲《周易》的前言，僅僅因爲《孟子》的議論可以提供足夠高廣深遠的研究格局，亦即最能符合「通古今之變，究天人之際」的學術架構。

　　承上述《孟子》思想的立體架構，人生意義的原點是「口之於味也，目之於色也，耳之於聲也，鼻之於臭也，四肢之於安佚也。」集中表現爲生理義的身體（physical body）存在形式，「仁之於父子也，義之於臣也，禮之於賓主也，知之於賢者也，」表現的倫理義，以及「聖人之於天道也」表現的超越義。這些取向引自《孟子·盡心》下篇所云：「口之於味也，目之於色也，耳之於聲也，鼻之於臭也，四肢之於安佚也，性也，有命焉，君子不謂性也。仁之於

父子也，義之於臣也，禮之於賓主也，知之於賢者也，聖人之於天道也，命也，有性焉，君子不謂命也。」

《孟子》著重生理義身體（physical body）存在形式，但側重其被動受命的屬性，即所謂命。至於人生倫理性的存在形式，則側重其主動的性向，即所謂性。藉著兩者所具有的普遍性，超度個體人生的有限性。

個體化的人如果只強調其生理義的身體，勢必隨著身體的存亡而有壽命的局限。若能開出人生倫理性的存在形式，則側重其主動的性向，《孟子・告子》上篇曰：「惻隱之心人皆有之，羞惡之心人皆有之，恭敬之心人皆有之，是非之心人皆有之。惻隱之心仁也，羞惡之心義也，恭敬之心禮也，是非之心智也。」藉著普遍心的作用，確保人性的普遍性，亦即「存其心，養其性，所以事天。」有限的人生可以開出無限的可能。

因此如果忽視孟子思想裡的超越面向，怎能理解「殀壽不貳，脩身以俟之，所以立命也。」這也就是上文所說：以內隱的「心」與外顯的「身」爲座標原點，向上開出「心－性－天」，向生涯開出「身－壽（殀）－命」。身心固爲一自我的兩表現形式，天「命」原出自於「天」也，因此座標說也僅止是一種譬喻。天與命匯歸，身與心合一。

由上承天命超度個體的有限性，解消人生壽殀福禍或存或亡的焦慮，人是否過度自矜自大，以爲可以主宰萬物，即如《孟子・盡心》上篇所云：「萬物皆備於我，反身而誠，樂莫大焉。」「親」「人」與「物」在《孟子》思想脈絡裡確有等差，恰如《孟子・盡心》上篇所言：「親親而仁民，仁民而愛物。」這是思想突顯人的

主體性之後無可避免的結果，但與所謂的主體性還是不同。《孟子》知天事天以立命，全幅脩身的規劃，透露著美學的況味，而非現代政治學所著重的「宰制（domination）」

因此《孟子》上承天命的旨趣與興味，乃如《孟子·盡心》上篇所謂：「君子有三樂，而王天下不與存焉。父母俱存，兄弟無故，一樂也。仰不愧於天，俯不怍於人，二樂也。得天下英才而教育之，三樂也。」其縱貫與旁通之安身立命的架構，經人生之至樂得以披露。

《莊子》於人生完美之境著墨較多，申論精審，所本文轉以《莊子》為媒，再探學術研究的方法。《莊子·齊物論》：「六合之外，聖人存而不論。六合之內，聖人論而不議。春秋經世先王之志，聖人議而不辯。」「存」「論」「議」「辯」應是四種面對客體的態度。

「存而不論」者，「存」應是存問之存，有體恤之義。其所以存而不論者，乃因「天地與我並生而萬物與我為一」（齊物論）如《莊子·人間世》所云：「若一志，無聽之以耳而聽之以心，無聽之以心而聽之以氣。聽止於耳，心止於符。氣也者，虛而待物者也。唯道集虛。虛者，心齋也。」，又《莊子·大宗師》曰：「墮肢體，黜聰明，離形去智，同於大通，此謂坐忘。」當我們不以感性的身體為認知的座標原點，也不操作概念化的分類認知，即可臻於存而不論之境。是所謂「不言之辯」「不道之道」（齊物論）。

「論」者，應即《論語》之「論」，述而不作者也，是「知天之所為，知人之所為者。」（大宗師）《莊子·齊物論》：「不知周之夢為蝴蝶與？胡蝶之夢為周與？周與胡蝶則必有分矣，此之謂物

化。」萬物既有所分化，而認知主體又能知此分化，此即學術之始。是所謂始制有名。

「議」者，言萬物各有所宜也，「其一與天爲徒，其不一與人爲徒。天與人不相勝。」（大宗師）一者，同一也（identify）。不一者，相異也（differ）。與天爲徒，對自然世界有抽象之理解。與人爲徒，則對人間世有具體之把握也。不相勝者，抽象世界與具體生活不相扞格也。「以其知之所知，養其知之所不知」（大宗師）。使萬物分門別類，使物有宜而各得其所也，如此則萬物紛而封哉。

「辯」者，辯證是非也，「是非之彰，道之所以虧也。」（齊物論）只因不能「以身觀身，以家觀家，以鄉觀鄉，以國觀國，以天下觀天下」（《老子》）故成此學術之墮落。爲補弊救偏計，乃有《莊子·大宗師》所謂聖人之道：「南伯子葵曰：道可得學邪？……以聖人之道告聖人之才，亦易矣。吾猶守而告之，參日而後能外天下。已外天下矣，吾又守之，七日而後能外物。…九日而後能外生。而後能朝徹。…而後能見獨。…而後能無古今。…而後能入於不死不生。」所謂「外」者，具解放義，乃自偏執的勢力中解放出來。

《老子》：「絕學無憂。」（章十九）又如「爲學日益，爲道日損。」（章四十八）即使有所學，也不是學詩禮傳家那一套，而是像《帛書老子》：「強梁者不得其死，吾將以爲學父。」（章四十二）非但不崇尙道德人格，反而倡言柔弱勝剛強之道。

老莊並非不知孔孟如何界定學術，只是以更高的反省方式界定學術的涵意。《莊子》所謂學，以「外」與「忘」詮表學術的特質。此與世人以博聞強記爲好學的觀點大相逕庭。不斷外擴與遺忘的學術疆域，展現宏觀的學術視野，不斷重定學術的地平線。

　　老莊界定學的原則如《莊子・齊物論》曰：「六合之外，聖人存而不論。六合之內，聖人論而不議。春秋經世先王之志，聖人議而不辯。」「論而不議」與「議而不辯」，此迥異於現代意義的學術。所以乍看彷彿學術分類的論述，其實正抹去了學術分類的可能性。但是按照「否定辭」所規劃的學術版圖，隱隱發揮著極大的影響。

　　《莊子》所提示的學術境界乃最高的境界，至此甚至認知主體都已取消。無主體的認知方可達於無預設的思維，乃最通透的認知。《莊子・應帝王》所云：「無爲名尸，無爲謀府，無爲事任，無爲知主。體盡無窮，而遊無朕，盡其所受乎天，而無見得，亦虛而已。至人之用心若鏡，不將不迎，應而不藏，故能勝物而不傷。」能用心若鏡，就能「以身觀身，以家觀家，以鄉觀鄉，以國觀國，以天下觀天下」（《老子》章五十四）

　　《論語》《孟子》《老子》《莊子》雖然都晚於《周易》，但此四部書提示的學術路徑，可以爲藉後學轉精之勢，爲我們編織一套檢驗學術性質與定位的參考架構。以上就是本書所界定的中國學術之層級架構，依此架構我們進而觀照「易學系統」的不同的文學表現。依《易經》的文本可以發現三個記號系統：第一個記號系統是形構作易者之「周易理解」的記號系統，第二個記號系統是卦畫所提示的記號系統，第三個記號系統是表述卦爻辭的文學表現系統。

　　至於「易學史」的積累沉澱，勉強可以發現一些分歧的師承系統。這一部分或許是一般人所謂的「易學系統」，但若它們只是基於若干錯誤的前提，導引後世無數相沿的謬誤，則實難視之爲「易學系統」惟一真實內涵。所以如今議論「易學系統」，反而應先避免爲易學歷史反復沉積的成見所圍，更不應勉強接受制於政治性判

準斷代史的外爍區分。

　　上述第一個記號系統表現爲第二與第三記號系統，所以欲知作易者對「易」的理解，需透過卦畫與卦爻辭。卦畫與卦爻辭作爲表現意義的方法，應有其方法論。卦畫以陰陽爻組成六十四卦，以學術的角度觀之，六十四卦之間應該有某種可以推理的秩序。議論六十四卦、三百八十四爻的理則，最起碼涉及排列組合的議題。如果將六十四卦、三百八十四爻當作運算的結果，推敲其間運算的理則必屬於數學的範疇，此即「易學」中「數」的議題。

　　卦爻辭是以語言表現的記號系統，所以必須先理解語言系統的特質，才能夠闡明卦爻辭指涉的「周易」眞諦。語言具有下述特質：詞有多義性，語言系統反映人類結社的特性，以及記號即遮蔽即揭露的特性。從表卦爻辭的意象形構觀之，可以視卦爻辭爲文學作品，而以詩學方法探討其中意旨，亦即尋繹卦爻辭的文學表現方式，此乃「易學」中「象」的眞正議題。

　　針對《周易》的三大記號系統，可以藉象數的線索，演繹其玄妙的底蘊。但是此處所謂「數」與「象」，與其傳統內涵並不全然相同。後世所謂「易學」，往往受到「象數」詮釋系統的影響，但其「象數」有未盡遵照經文的部分，既有增字解經之枝蔓，亦有妄作比附之贅緒。須知「數」與「象」可以藉「解密→加密→解密」的算式，表現爲等式的兩端：數碼＝意象，或如 100100＝「震，亨。震來虩虩，笑言啞啞。震驚百里，不喪匕鬯。」因此展開「易學系統」議論之前，應先釐清「易」之本義，疏通其「數」與「象」的實相眞諦。

第二節　周易數學

以卦畫爲本的「易數」，其數學性略述如下：數學的本性在於理性的運作。相信人腦裡的小宇宙與外在的大宇宙，都蘊涵著理性的規律。所以人能夠運用自己的理性去理解宇宙運行的理則。數學運算可以擺脫生活中瑣碎事物的困擾，理智處於完全抽象的領域。數學以一套一套純粹抽象條件，詮表萬事萬物的地位與關係。

易學的數學性或許會遭到誤會，以爲其數理乃基於我們對生活世界的觀察。後世以天干地支節氣所提示的數碼，比附「六爻陰陽」的矩陣，衍生一些算數遊戲，皆失《周易》之本眞。易學的數理固然可以在現實世界裡觀察到相符的現象，但是數學的功能將單純的事物與事物所實現的抽象條件分開了。發現數學即發現這些普遍抽象條件之全體。特殊具體的存有物在進入任何際遇之前，都必須具有這些普遍條件。它們可以應用於任何存有物在任何現實具體際遇裡的關係上。這些普遍抽象條件自相關涉，而且其間必有一打開全局的關鍵。

以陰陽爻形構的卦畫系統，如參考《周易·繫辭上》的筮法，則可以視《周易》的數學形構，由一棵完全二元樹發其端：

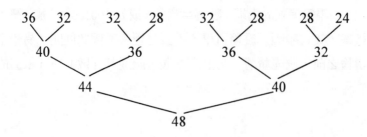

　　這棵完全二元樹，顯示少陰（32）少陽（28）的機率各是八分之三，老陰（24）老陽（36）的機率則各只有八分之一。變爻的機率遠小於不變之爻。

　　其實就筮法而言，這棵完全二元樹的數目，未必需要「大衍之數五十，其用四十有九。」「掛一以象三」，以形成四十八這個數目來作為演算的起點。所以這棵樹也可以表示如下：

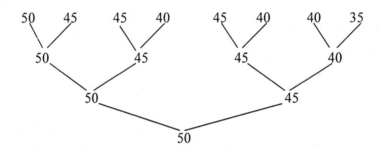

　　此即所謂：「大衍之數五十，其用四十有九。分而爲二以象兩，掛一以象三，揲之以四以象四時，歸奇於扐以象閏。五歲再閏，故再扐而後卦。」「是故四營而成易，十有八變而成卦。八卦而小成，引而伸之，觸類而長之，天下之能事畢矣。」

　　如此則規定老陰＝35 老陽＝50 少陰＝45 少陽＝40。所以《易傳》筮法所象之義，自然只代表作者意圖，而未必是數目本身所具有的神聖力量，或內蘊的理則。

　　筮法其實是取餘數的演算法：

1.取可被m整除的數n，m，n屬於自然數系N
2.將n分爲二，得數n1，n2，而n1 與n2≧m

3.取n1／m，n2／m，餘數相加，得 0 或m

4.減去餘數後，重複 2 至 3 項之演算

5.再次減去餘數，重複 2 至 3 項之演算

6.n減三次餘數相加和數，爲n'＝n，或n'=n-m，或n'=n-2m，或n'=n-3m

十有八變而成六爻，依此筮法逐將一卦的形構歸本於六爻。在一卦之六爻形構中，陰陽兩爻如何排列組合，將有二的六次方種組合。加入六爻序位的條件，六十四種可能的組合即成六十四卦。可以用數學語言表現爲下述的等式：

$$i_1*2^0+i_2*2^1+i_3*2^2+i_4*2^3+i_5*2^4+i_6*2^5=\Delta$$

爻以i=0 或 1 表現陰爻或陽爻，和數Δ=0～63 則以數碼爲六十四卦命名。爲求與六十四卦相符，可以將Δ＋1，如此坤卦得數碼 1，乾卦則得數 64。上述等式只是「周易」的一種數學表述，如果尋繹出六十四卦間普遍抽象條件之全體，應可循此方式以數學語言表述之。

承上述表現方式，也可將《周易》的第二與第三易學系統表述爲下列形式：

100000＝坤，010000＝復，001000＝師，……111111＝乾。

根據「易」字的象形，它指涉日出地上時，波流弟靡，霞光萬道。（另一種象形，表現交易的活動。）「作易者」掌握了表現生命意義的時間之箭，《周易》的數學表述在於以數學語言表現時間之箭。

基於智性生命的運作需要一種強勢的熱力學之箭，亦即無秩序樣態與時俱增的向度。人類在理解宇宙方面的進展，乃于一與日俱增的無秩序狀態裡，建築一渺小角落的秩序。

當代的時間論述必須先剝落一些時代積累沉澱的成見，例如絕對時間與絕對空間的信念，才有可能向《周易》發出正確的時間詢問。首先針對當代中國人所領受的物理時間論述，時間問題最原始的困難，來自我們對於絕對空間與絕對時間的信仰。

Aristotle主張有一個具有優位性priority的靜止狀態，物理時間乃指稱每一事物與事件本身固有的具體的持續，此即Aristotle以客觀化的運動爲思考時間之基準。

Galileo與Newton卻主張沒有一個獨特的靜態標準。缺乏絕對的靜態標準意謂：我們無法確定異時發生的事件是否發生於空間裡的同一位置。絕對靜態不存在，所以無法賦予一事件，在空間裡的絕對位置（絕對空間）。

但Galileo，Newton與Aristotle卻都相信絕對時間：時間與空間完全分開，各自獨立。人們可以毫不含糊地測量兩事件的間隔，而且只要有一個好的鐘錶就可以達成測量。事實上，這種常識僅可處理相當緩慢的旅行。相對論拋棄了絕對時間的想法。每人攜帶自己的時鐘以計算時間，且彼此不必一致。

牛頓的運動定律終結了空間裡絕對位置的想法。相對論消除了絕對時間。空間與時間是動力量dynamic quantities。因此雙子弔詭twins paradox只存在於偏執絕對時間的人心中。相對論主張每一個人可以擁有私人的時間度量。時間與空間不能完全分開，所以最好組合成一「空時」對象，而命之爲「事件」。事件是空間中一特定

點，與時間中一特定點共同標定的事物。我們可以用四個數碼或座標來標定它。

Stephen W. Hawking 建議採用達爾文的自然選擇原理principle of natural selection：任何自我再生的物種裡，都有遺傳與生養上的個別上的變異。因此證明有些個體對世界作出正確的結論，所以更適宜存活。人性最深的求知慾使我們持續的追詢獲得正當性。我們追尋的目的只是對於我們生存的宇宙作一完整的陳述。於是有所謂人性原則：anthropic principle，人性既是生之謂性，也是人之所性。意即我們以我們存在的方式觀看我們存在的宇宙。此又可分弱人事原則與強人事原則，弱人事原則意謂：智性生命的發展的必要條件僅存在於空間與時間某一有限區域內。強人事原則意謂：許多不同的宇宙，以及宇宙裡許多不同的區域，都存在其自身的原始完型，或許還有一套自己的科學律則。

既然無存有即無所謂存有的綿延，而時間（與空間）是以人在此世存有之感性sensibility的先驗形式a priori form存在。此即 Kant關於想像時間的名言：時間（與空間）是感性的先驗形式。時間問題遂早於任何主體性與客體性的觀照，因為時間是使「早於」成為可能的條件。人透過時間性掌握與詮釋他在世界中的存在意義。於是應進一步論述與物理時間相對而言的想像時間。想像時間是一切可能事件得以發生的邏輯性的虛構。想像時間乃以等速流動之單向度連續體，既無開始，也無終結。

雖然智性生命的運作需要一種強勢的熱力學之箭，亦即在無秩序樣態與時俱增的向度裡，建築一渺小角落的秩序。但此一秩序未必僅僅按照「初→二→三→四→五→上」的序列，毋須以連續性事

物的屬性解釋萬物的存有。因爲原子結構的新發現，以及量子力學的「測不準原理」成爲上述「誤置具體性的謬誤」之墓誌銘。

依據上述等式右方數碼所標示的吉、利、無咎、吝、厲、悔、凶，等式左方的數學表述可能有n→64 種結論，而n≦64。在左方的運算式與右方的運算和之間，表現了想像時間（imaginary time 與real time相對而言）的形構原則。重現這些原則就可重現《周易》的數理程式。而《周易》的時間度量或許僅是事件的相續，不但未曾預設絕對時間與絕對空間，而且視事件爲「空時合一的事件」。目前雖然還無法顛覆俗眾思想預設的時間表述，但若釐清等式右端的卦爻辭，嘗試玩味其詩意，並且嘗試將多義的詩意表現爲具「揭露／遮蔽」性質的數碼，如果能夠在等式左方的涵數與等式右方的數值之間找出關係的模式，則可以釐清隱藏於卦畫變化間的數理。尤其因爲語言的歧義，分歧並存的詩學意象形構元之間蛛網式的涵攝關係，更可彰顯相對論的時間度量，進而揭示《周易》原始的數學原理。

《周易》以六十四卦的架構矗立于我們的生命裡，我們在生命的綿延中閱讀著共時並立的陣列。它以百科全書的形式展現在我們的生涯隨機的偶遇裡，導致本書的撰述與編輯方式也向這個形式傾斜。如果讀者線性的閱讀出現盲點，不妨跳至較爲深入的部分，以期產生互相發明之效。

六爻絕非「110011」或「陽陽陰陰陽陽」或「初二三四五上」這些簡單符號的吉凶表現。歷代易學學者都因認知此一事實，所以在每一卦爻辭背後尋找符號間更複雜的運算。

但是歷代易學學者對於卦爻辭的詮釋與理解，偏重象數者以外

加的陰陽五行納甲等程式，詮釋綜觀涵攝符號關係的算術。因此只能割裂某些象數詞元，妄作比附，不能復歸卦爻辭的詩學本義。

偏重義理者，固然深知應闡發辭義，但因脫離卦爻辭的文學意義（更嚴格的說法是詩學），因此也無法引導讀者從卦爻辭逆推爻變的規律。

本書並不貿然宣稱在卦畫符號與卦爻辭義之間，已經發現某種規則，甚至已有某種解碼的理論。目前的工作暫以卦爻辭辭義的詩學形構爲主。因爲一卦之辭，並不遵循簡約之敘事法則相續或並存。復因語句爲承載生命理念的時空體，本書將以闡釋其神話時間的複雜詩學手法爲宗旨，以求進而可藉卦爻辭之敘事策略，逆推各爻間複雜難知的綜觀涵攝（synthetic prehension）結構。

第三節　周易詩學

前述卦畫符碼系統的數理，依於卦爻辭系統是否能夠表述爲數學記號。這一點將引起常識性的異議，因爲一般學者或者以爲「詩無達詁」，遑論將詩義翻譯爲數碼。《周易·繫辭上傳》曰：「聖人立象以盡意，設卦以盡情僞，繫辭焉以盡其言，變而通之以盡利，鼓之舞之以盡神。」「象」與「卦」相對，「意」與「情僞」相對，象乃所以表意，卦乃所以盡情僞，「象」與「卦」皆用以表述情意，都是「記號系統」。

雖然數學語言的記號系統以「等同」爲法則，而詩學語言的記號系統以「類比」爲法則，數碼間$a=b$，$b=c$，則$a=c$的「同一律」並不適用於詩的語言系統。而言詞多元意義間映比涵攝的關係，是

否可以表現爲數碼間的關係呢？如果以「等同」法則作爲「類比」的參考網絡，而不是讓「類比」屈從於「等同」，則數學系統與詩學系統未嘗不可以有「類比」的關係。

屬於「所指」的「卦」「象」與「辭」，可以統稱爲「易學」的記號系統，但可以再予分化。而「象」可以視爲「卦」與「辭」之間的記號系統，以卦爻辭爲本的「易象」，其詩學形構如下：卦爻辭乃以語言形構各種意象，在《周易》的詩學部分，旨在分析各種意象形構，進而確認卦爻辭的意義。再以卦爻辭的意義爲基礎，釐定卦畫的結構性意義。如上所述，卦爻辭所示的吉凶悔吝在等式的另一端，決定著方程式的結構與意義。

卦爻辭所蘊涵的意象形構，至少有下述幾重層次：最表層是「事」，亦即以從事於務的歷程與結果作爲表意的媒介。單音獨體的中國字，在象「物」之形的結構裡，其實蘊涵著「事」。「物」的甲骨文字形，有犁有牛。《詩經·大雅，烝民》有云：「天生烝民，有物有則。民之秉彝，好是懿德。」《毛傳》云：「烝，眾。物，事。則，法。彝，常。懿，美。」釋物爲事，異於現代人對「物」的理解。物可以從甲骨文字形得知有從事耕作之義，亦可視之爲「耕作之事的工具、歷程與結果」。

章學誠《文史通義·易教上》曰：「六經皆史也。古人不著書，古人未嘗離事而言理。」《史記·太史公自序》曰：「子曰：我欲載之空言，不如見之於行事之深切著明也。」又曰：「春秋文成數萬，其指數千，萬物之聚散皆在春秋。」所以「事」即成爲意象最完整的表層形構，由此可再予以層析。

卦爻辭以「事」爲表意的媒介，但「事」也有許多類型，分析

各種「事」類，乃易之詩學初步。「空時合一的事件」包含主角，布景，道具，發生態的旋律（事件發生的高低潮起伏歷程），而最重要的是事件的主題。下述以坤卦的卦爻辭爲例，說明《周易》卦爻辭敘事風格：

> 坤卦卦辭曰：「元亨，利牝馬之貞。君子有攸往，先迷，後得主利。西南得朋，東北喪朋。安貞吉。」帛書周易「坤」字作三重「^」，其字形所象，恐非平原，而是平地突起的土丘，甚而是層疊高聳的土丘。在水利工程技術不能有效地控治水患的時代，住在近水的土丘上是明智的抉擇。所以「坤」可能就是象徵著安固的生存境遇。

「元」字形馬如森曰：「象側視之人形。頭部依附其上，突出特大的頭部，以表『頭』。後形變爲『元』。本義是首位。」「亨」字形類似「吉」字。或曰「象宗廟形。」獨體象物字，本義爲宗廟。「利」字甲骨文如耒之形。利乃象耒刺土種禾之形，耒上或有點，乃象翻起之泥土。人藝禾而得利，故曰利。「貞」字形謂「獨體象物字，象鼎形，煮器，後爲禮器。本義是鼎。」

「元」「亨」表示在宗廟重地，舉行最重大的祭祀。也可能指在運籌帷幄的廟算之後，即於宗廟舉行出征前最初的祭典。《孫子·計篇》：「夫未戰而廟算勝者，得算多也。…多算勝，…」封建時代，戰爭操諸貴族之手，貴族乃以王室爲核心的血族武士團，出征前的「廟算」未必是後世註者所謂擬定作戰計劃的參謀會議，而應該是親信宗族武士團在共同的祖宗之前誓師之祭。城主在平日安居的夯土臺上，舉行出征前的首祭，祭典在宗廟裡舉行，鼓舞固結親

族武士的情感，並占問此行的吉凶。

《說文解字經》謂：「牝，畜母也。」「利牝馬之貞」表述廟算所得的啓示，利既有利得之意，從出征祭祀的脈絡觀之，出征前的貞卜得到如下的啓示，謂此番出征將獲得眾人的親附與馴順。君子或即貴族，「攸」字「象手持杖擊人之背形。本義是打。」會合以上諸詞意，此句可表述貴族出征的事件。貴族出征，祭於祖廟之後，得到啓示，言前途先有一段迷失的經歷，後來卻於客途遭遇友善的東道主。應在西南得此友善的東道主，而不利於東北。朋乃朋貝，友謂朋友。故此句指示財貨的得失，而非敵友之判。如果從貴族出征事件通觀之，貴族武士團祭於祖廟，貞卜前途，得到啓示曰征伐將能成功，征服敵眾。開始會迷途，但把定方向將獲友善的東道主款待，甚至結成同盟友邦。

「吉」字，于省吾解：本象置句兵于笼盧之中。吉的涵意或許與人的言行舉止有關，明確可言、可行或許就是吉，而禁聲、不可行即爲凶。城主在出征前於祖廟舉行祭祀，貞問征伐之吉凶。所得的啓示藉一匹馴順的母馬，展現一幅貴族出征圖。鞭策一匹馴順的母馬，踏上征途，預知將先迷失方向，然後城主征伐順利，在西南方掠得財貨，在東北方則喪失財貨。若在室安然貞問，則前途順暢可行。

「初六，履霜，堅冰至。」這是腳與地的遭遇，基本的生存境遇，履霜而知堅冰之將至，表述一種生存境遇的感觸，自然流露生命的況味。

「六二，直方大，不習無不利。」「直」字甲骨文如目上一豎，會以目視懸錘，測得直立之意。「方」字甲骨文象耒之形，古者秉

耒而耕，刺土曰推，起土曰方，典籍中方或借伐發、……多用于四方之方。但是從辭義觀之，坤卦諸爻應與征伐之事相關，釋方爲農事，於上下文義似有未安。另參看「舟」字《詩經・周南，漢廣》：「漢之廣矣，不可泳思。江之永矣，不可方思。」方，桴也，小筏也。《詩經・邶風，谷風》：「就其深矣，方之舟之。就其淺矣，泳之游之。」

從古代城國封疆建藩的生存境域觀之，疆界的大川正是遠征軍必經的天險。所如釋方爲舟，直方即謂掌握駕舟的方向。雄師將渡大川，跨越疆界征伐，因爲河面已凝結堅厚的冰層，所以渡河的軍馬猶如乘坐大船，即使不魚貫緩進，任何方式行軍皆無往不利。

「六三，含章可貞，或從王事，無成有終。」《周易正義》謂：「章，美也。」含章即包含美德。服飾華麗應象徵將有大事，遂嚴裝以待也。祭祀者盛服嚴裝，可以行禮，宜於占問。或，猶疑惑也。但是或字的形構應與執戈以衛城邦有關，警衛城墉難免疑神疑鬼，正說明戰志高昂，戒備森嚴。

「六四，括囊，無咎，無譽。」《孫子・作戰》曰：「凡用兵之法，馳車千駟，革車千乘，帶甲十萬。千里饋糧，則內外之費，賓客之用，膠漆之材，車甲之奉，日費千金，然後十萬之師舉矣。」又曰：「國之貧於師者遠輸，遠輸則百姓貧。近於師者貴賣，貴賣則百姓財竭。」征伐的要件就是軍隊的補給，長途行軍若能減少軍需的銷耗，應是決勝要素。整頓隊伍裝備，軍士的囊橐仍然緊緊地收束著，檢查裝備，沒有任何遺落與疏失，所以無可咎責。因爲這是行軍的基本要求，所以也不必誇獎稱譽。

「六五，黃裳元吉。」「黃」字甲骨文象人佩環之形，古代貴

族有佩玉之習。領軍的元帥或許環著玉帶，穿著華麗的甲與裳，渡過危險的疆界大川之後，儀容依然鮮明，顯示軍紀嚴明，戰力可觀，好的開始象徵此次征伐將無往不利。

「上六，龍戰于野，其血玄黃。」「龍」是神話中的動物，《詩經·豳風，七月》：「七月鳴鵙，八月載績，載玄載黃。我朱孔陽，為公子裳。」高亨謂玄者，赤黑色。戰況慘烈，對抗的軍旅盤旋攻防，幻變成惡鬥的披鱗帶甲的異形魔怪。寒天之下，鮮血滲入慘黃的沙場，迅速凝成紫黑的泥塊。爻辭寥寥數語，道出戰爭應有的景況。

坤卦以多重「物象」形構「圖畫意象」的布局，並以多元「主角」間「位格」關係的對立，依戰爭時間的旋律，甚或多重旋律的和聲，編織出戰爭多元母題的事件：

在城郊的土丘上，古老蒼黃的城牆因為寒冷的薄霧而顯得游移，城堞後的望樓彷彿雲霧裡窺伺著的君王。自突起田原之上的土丘俯瞰，滿眼盡是黑黃的旌旗。出陣祭旗的男奴，屍體已經平躺在白色的香茅草席上，盛在各個青銅器皿裡的血已經變成黑褐色。

戴著猛虎皮革面具的主帥，祭祀祖宗之後，嫻熟地跨上他的戰車，他身上堅韌的皮袍與冰塊衝擊，發出堅硬沉重的聲音。馬蹄敲擊地面時也發出類似的聲音，前方疆界的大河寂靜無聲，前鋒部隊已經輕鬆地踩著堅硬的河面挺進。

原本作為天險的大河因為結冰，變成渡越險阻的大船，而且是寬敞穩固的大船。即使黃土高原生養的武士不習慣操舟，也能輕易地渡河，在彼岸重新集結，裝備絲毫沒有損失，陣腳嚴整靜肅，軍容壯盛。主帥腰間繫著玉帶，華麗戰裙炫耀著金黃的光澤。

　　天色昏暗，無法辨識朝暮。兩軍對抗構成的圓陣中央，兩員虎
將夭矯的戰鬥身影，快速的移動著。猛獸與青銅結構的盔甲戰袍，
以及金戈鐵馬盤旋往來，在視網膜上幻化爲交戰的巨龍。暗紅的血
液延著濕滑的腥鱗，迅速傾入棕黃的高原沃壤，改變了城國邊遠處，
這大河橫斜的曠野之地的和平地質。上六爻爻辭顯現超現實的敘事
風格，超現實的敘事乃辯證消融了寫實的事件，將想像的視域自有
限的人間世，向更爲自由的神話世界豁開了去。

　　「乾」卦卦爻辭在六十四卦中，代表了另一種敘事典型，亦即
超現實的神話詩形構。乾卦卦辭「元亨，利貞。」就字詞與章句觀
之，元亨利貞活生生一幅宗廟祭祀圖，寫實的構圖使其涵意不至於
變成《周易・乾文言傳》形上學式的浪漫表述。

　　卦辭提示的宗廟祭祀圖的事件意象，可以藉統觀諸爻辭的意象
而得其眞詮。如「初九，潛龍勿用。」自人類學的角度釋之爲「原
始夏人的圖騰」。在歷史上成爲統治者一家一姓專屬的符瑞，作爲
其宮室輿服的裝飾母題，以及「帝德」「天威」的標記。許愼《說
文解字》曰：「龍，鱗蟲之長，能幽能明能細能巨能短能長，春分
而登天，秋分而潛淵。」《禮記・禮運》曰：「麟鳳龜龍謂之四靈。」
「龍」是神話中的動物，或應名之曰神物。姑且不論其存在的眞實
性，龍的形象承擔著沈重的價值評定。因爲缺乏具體實指的對象，
想像的疆域相對擴張，於是足以承擔超越現實思維的生存境域。所
以乾卦六龍啓示超越現實存在狀態，超越的生存者。龍是神話的主
角，也是詩意的媒體，表述神話的世界觀，啓示生存的超現實範疇。

　　「潛龍」深藏於潭淵，故隱而不見。勿爲否定詞，「用」之本
義爲桶，用或可解爲通，至少應爲「可行」的一種說法。龍既爲靈

動的普遍的生存者，潛龍象一種深隱潛藏的生存狀態，龍潛則行不得也。「潛龍」乃以神物龍爲時間的度量儀器，與「見龍」共同標示生命的定位。「勿用」以否定詞反界定了生存的樣態，「勿用」預設「可用」以表現生涯的休止符。「潛龍勿用」是時間與空間合一的事件，以靜態的否定標示圖畫意象「龍見」的言外之意。以生命的休止符爲乾卦六爻的複構事件揭開序幕。

「九二，見龍在田，利見大人。」「大人是貴族（王侯、大夫）之通稱。龍出現于田中，比喻大人活動于民間，人見之則有利，故筮遇此爻，利見大人。」所謂「田」可與「邑」並舉，古代農莊聚落與耕作的田地不能分離，人口比較密集的聚落，周圍建築防禦工事者稱作「邑」。人口稀疏，聚落無圍牆者稱作「田」。金文與甲骨文的「邑」皆象人依存於城下。邑乃政治實體，以城牆標示出古人生存的統治與被統治的狀態。

「見」俗作「現」，即相對潛藏而顯現也。所以大人在田地間出現乃此爻所謂有利者，此亦不盡同於吉之所指。潛隱不等於凶，顯現也不等於吉。「見龍在田」與「潛龍」標示生命的不同定位，「勿用」與「利見大人」則表述生存樣態的轉變。生存樣態的轉變表現一複構的神話事件。

「九三，君子終日乾乾，夕惕若厲，無咎。」「終日」即竟日、整日。據聞一多《周易義證類纂》「乾」應爲「幹」，「幹者，轉之類名。故星中北斗亦可曰幹。古人想像天隨斗轉，而以北斗爲天之樞紐，……《說文》乾之籀文……從屮，蓋與晶同，晶古星字。疑乾即北斗星之專字。」「惕」的字形或許來自心與易，「易」的字形有交易之象，亦有日出地上之象。心上惦記著交易，或心袒露

在光影變幻莫測的朝暉夕陽之下。「若」字象「一跪坐女子兩手伸向頭上理髮疏順形，象事字。本義是順。」「厲」字形如可怖之怪魔，可引申爲境遇危厲，亦可引申爲內心憂懼。無咎則示意不會被人追咎，此與吉爻又有別矣。

君子竟日健行不已，日暮猶恍惕警戒，省思危局。記憶依然使日間健行不息的情節，化爲一再疊現的形象。日暮後，隨光線逐漸闇澹而逐漸寧靜下來的身影，卻搔首困思著虛擬的危局。大人在幽居獨處時靜思，記憶使生命的節奏得以迭現。動的情節與靜的畫面啓示了免於咎責的生存之道。「君子終日乾乾，夕惕若厲，無咎。」此乃具有抽象性的生命內省事件，因爲主角轉變爲人，透過人的內省表述主角的情感，而且主角的感受形成普遍性的道德勸誡，因此構成抒情義的複構事件。

「九四，或躍在淵，無咎。」「或」字形象以戈衛城國。「淵」字：「本義是潭淵。」懷執戈衛城的警覺，逡巡於深水大淵之際，其儆警可知，故無可究之行跡，免受罪責。九三與九四兩爻具有相似的形構，它們都因主體的恍惕警戒而免於咎責。其差異在於九三以君子爲主角，九四以龍爲主角，各自主持著不同的情節。

龍再度成爲類比的媒介，正因爲龍是族群的原生始祖圖騰，且存在於子虛烏有的神話之中，當作表意的媒介時，缺乏具體實指的對象，想像的疆域相對擴張，於是足以承擔超越現實思維的生存境域。龍啓示超越個別存在狀態，乃向普遍的生存者的過渡。或躍在淵之龍，表述一種超現實生命處於臨界情境中的智慧。乾卦爻辭僅「九三，君子終日乾乾，夕惕若厲，無咎。」似乎未以神話生命爲主角，其實該句中仍以超現實的天文學現象爲表述意義的媒介，以

之反照生命內省的向度。

「九五，飛龍在天，利見大人。」此句天乃萬物群生存活的場所與背景。《詩經·大雅，旱麓》：「鳶飛戾天，魚躍於淵。」天淵並舉，淵是魚的游躍場所，天也是鳥的飛迴場域。

《詩經·大雅，卷阿》：「鳳凰于飛，翽翽其羽，亦集爰止。……鳳凰于飛，翽翽其羽，亦傅于天。……鳳凰鳴矣，于彼高崗。梧桐生矣，于彼朝陽。……」鳳凰非梧桐不棲，故連言之。鳳凰是神話中的鳥，所以鳳凰于飛的天變成具有神話色彩的生存場所。

《詩經·大雅，下武》：「下武維周，世有哲王。三后在天，王配于京。」京，鎬京也。上天也是已逝祖先生存的場所，這是周人的信仰，相信祖先生存在一個超越現世，人們無法親眼觀看的世界，宗教信仰中的生存場域。

《周易》經文中的天，基本上是作為萬物生存的場景。人與大地萬物生存在天穹之下，飛鳥異獸則活躍於天上。日月雨雷則攸關人類與萬物生存於天地之間，同時構成生存環境的一環。上天此時不是作生與監觀，導民與罪民的主宰，而是眾生存活的場景，神話的場景，宗教的場景。此處應為「鳶飛戾天，魚躍於淵」生存場景之天也，天淵常對舉。天與田均為生存的場所，田為歷史性場景，展現權力的網絡；天則具有神話中神物存活境域的超越性，故其所見之「利」未可與九二等量齊觀。

龍乃虛構神物，建立在想像的媒介之上。大人是歷史社會的產物，幾乎全繫屬於當下生存的境域。超寫實龍之臨界，以其靈動超然表述了臨界的猶疑，也表述了龍逍遙天域的生存形態。省思天人關係可以說是乾卦諸爻共通的主題，只是不一定天人並舉。

「上九，亢龍有悔。」「亢」字形象一人張兩腿而立似抗爭狀。「悔」字形解爲「一跪坐之女子頭上別一簪形。本義是頭上別簪的女子。」其實此一象形亦可視爲雙手交錯，簪簪靜坐之人。若依前五爻位所示生存場所的階昇觀之，釋「亢」爲抗爭似較合宜。從盛氣凌人的頡頏，到靜退措手懷悔，畫面極爲生動，而寓意絕非單一「凶」字足以表達。傲然頡頏的龍，將因抗爭而致靜坐思悔。

卦辭元亨利貞以活生生一幅宗廟祭祀圖，寄寓神話的複構事件，寫實的構圖因否定其現實性的主角存活其間，使其涵意向夢想的國度飄搖而去，但寫實的意象元素又善長引渡六爻爻辭漂泊的想像。

藉乾卦卦爻辭就結合了各種名物、位格，形構多重關係布局，依主述詞不同的生存樣態與生活節奏，表述了吉凶兩極之間多樣的複構事件，僅「乾」卦六爻即有如許微妙差異，吉、利、無咎、吝、厲、悔、凶，各隨所居情境之詩意爻辭，產生繁富主題寓意變化。關鍵在於上述吉、利、無咎、吝、厲、悔、凶等各種際遇，其主詞主要是神物「龍」。而且「天」「淵」也不是人類生存活動的場域，更襯托出各爻爻辭的超現實性。

以乾卦卦爻辭編織的神話複構事件，表現了生命意義存立的極限，因爲即使是神龍居此天淵之間，也應在吉、利、無咎、吝、厲、悔、凶之際知所趨避。但是超現實的事件啓示生命遼闊寬廣高明玄奧的境界，此乃《周易》卦爻辭表現的極致，底定了「周易的宇宙論」。

《周易》六十四卦裡，像「乾」卦的宇宙論式終極性論述並不多。反而像「坤」卦的史詩表述最具代表性，其次則可再舉「艮」

卦卦爻辭的抒情表述爲例，其卦辭曰：「艮其背不獲其身，行其庭不見其人，無咎。」「艮」即很視，極端注目之意。西周初年，人民「穴居野處」，貴族的居室才用複雜柱網，構成高聳的屋架。此處有庭院，應是貴族之家。咎字形象人循著他人足跡追咎也。無咎則示意不會被人追咎。專注其背，卻無法觸及其身。行於其人之庭，卻不見其人身影。

因爲身體形象承載位格，位格承載生命的省思與情感，而抒情詩的媒體乃「我的情思」，此處的「我」又必須是「超越一己之私」的我，所以艮卦卦辭以「艮其背不獲其身」藉身體形象自視域遁走，預示了位格的匿跡。「行其庭」預設庭園有主人，「不見其人」則表現主人的缺席。從有所期望到虛無失望，身體形象隱顯之間，卦辭表現了普遍的失望之情。未盡言的「失望之情」不限定於一特定的主詞，但不限定對象的位格因此開放給想像投入的任何讀者，卦辭遂得以表現一種普遍的情感，而成爲一句抒情詩。

艮卦爻辭主題由視線與身體兩元交織的複構事件：「初六，艮其趾，無咎，利永貞。」注視其腳趾，卻看不見足跡，利於占問長久之事，表現幸得保全的心情。「六二，艮其腓，不拯其隨，其心不快。」注視其腿肚，贅肉無法拯救了，表現衰弱能使人心情不快。「九三，艮其限，列其夤，厲，薰心。」注視其腰，無暇顧及背脊。脊肉裂開，形容可怖，表現心焦如焚的情感。「六四，艮其身，無咎。」注視其身，找不到可議之處，表現安然的心情。「六五，艮其輔，言有序，悔亡。」輔者，臉頰或腮。注視其臉頰，觀其所言，合乎理則，表現無悔的心情。「上九，敦艮，吉。」「敦」字有督促義。敦字原義言，與復字的寓意相合，出入城下之際，原有可能

驅趕牛羊，精審地注視著，猶如在驅役著什麼，表現專注的心情。

六爻爻辭不必表述線性發展的連續活動，更不必預設簡單因果關係，吾人僅綜觀各爻的表述即可發現身體形象所承載的心情。單獨觀察其中一爻的爻辭，並不足以稱爲抒情詩。但綜觀六爻爻辭，卻組成抒情詩的教誨。觀察身體形象，身體形象表現心情，表述可觀察的身體形象，以身體形象的表述表現無法看見的心情，再再印證了以「我的情感與省思」爲表述媒介的抒情詩形構。

上述三類主要的複構事件都包含了主角，布景，道具，發生態的旋律等元素，進而形構各種主題。首先就表述發生態旋律的「事件」來說，事件乃空間時間合一（spacetime）的想像對象，就其在文學表現中作爲承載意義的媒體而言，又名之爲時空體（Chronotope）（Bakhtin 1986:42,46-50）。而事件中包含的物象與物象間的關係，皆可以表現爲函數的形式。如此以「等同」法則爲「類比」法則建構參考網絡，《周易》的數學系統與詩學系統因「類比」而並存。

第四節 易學歷史

一、春秋戰國的《易傳》

若採政治史的分期劃分易學史的不同時期，第一期以春秋戰國時期的《易傳》爲代表，而且《易傳》的論述規模與思想性格，幾乎全面決定了後世易學的發展。從《周易》的論述到《易傳》的議論，可以發現下述幾點變化：

(1)從天命到象數，從君德到聖知，從民情到易理。《周易·大有上九》曰：「自天祐之，吉無不利。」再參照《詩經》與《尚書》，天是至高的主宰者，具有位格性。「天命」「君權」「民情」的關係如下：民情假天命而昭明於君心，君權借天命中保而永續經營，天命的內涵其實由統治者與被統治的心意來決定。統治者因執政之便，掌握詮釋天命的權威。人民卻也能透過民間文學的創作，挑戰君父的詮釋權。君王如果由「采風」探得民隱，豈非「克明德」「疾敬德」。如果君王罔顧民間詩歌中「天意」的變化，當然無法知民情，得民心。

《周易·繫辭上》曰：「聖人設卦、觀象、繫辭焉，而明吉凶。」聖人是《易傳》裡的主角，他的任務以揭開事物的真相，並且啟示教化人民為主。聖人為了在混亂的世界中建立各種形態的生存秩序，在《易傳》裡，君王已經由聖人所取代，天命則輾轉為卦爻象數之易道易理。

(2)從西周東進到戰國一統：天命是權力的根源，這是周人在武力征服之餘，最重要的構想。周公在典禮之始，提出天命在建國大業中的首要地位。透過倫理關係建立起來的權力繼承法則，在開國以來的軍事殖民運動終結之後，親情漸疏，權力網絡漸弛。各國國君逐漸任由自己的愛惡來主導用人的政策，因此造成權力隨個人好惡轉移，政局缺乏穩定性的內亂與外患。春秋時代經常見到大夫作亂，侵犯倫理關係，造成權力繼承的危機。

超越而且客觀的權力繼承法則，隨著天下定於一的殷切要求，呼之欲出。除了周禮的德治，或樹立農戰刑賞的立法，《易傳》寄託於「聖人設卦觀象，繫辭焉而明吉凶」卦爻象數的客觀律則性，

代表另一種重建生存秩序的嘗試。

⑶從君王到聖人與君子：《周易·繫辭上》曰：「聖人有以見天下之賾，而擬諸其形容，象其物宜，是故謂之象。聖人有以見天下之動，而觀其會通，以行其典禮，繫辭焉以斷其吉凶，是故謂之爻。」聖人必須在這天下的複雜與動亂中，重建論述與評價的秩序。

《易傳》裡的聖人鮮少言及天命，只強調聖人的知能：「是故天生神物，聖人則之。天地變化，聖人效之。天垂象，見吉凶，聖人象之。河出圖，洛出圖，聖人則之。易有四象，所以示也。繫辭焉，以告也。定之以吉凶，所以斷也。」（周易·繫辭上）像〈象傳〉所言，天地總是與並比連言。天地並非古早降命降罰的天，聖人也非古代詮釋天志的君王。

⑷從禮刑到卦爻象數：周人的天命觀不偏私一族，而視統治者代天載行的政績而決定天命所歸。天命關乎君德，所以周初的統治者互相以明德相期，這是禮的真正主題。

《周易·繫辭上》云：「天尊地卑，乾坤定矣。卑高以陳，貴賤位矣。方以類聚，物以群分，吉凶生矣。在天成象，在地成形，變化見矣。」天不是唯一啟示我們的根元，天地並稱，甚至水火山澤風雷，都是啟示的根元。這種多元的觀點從根解消了「天命：君德：民情」的詮釋連環，所以人才有可能從天地的象形，理解吉凶變化之道。

所以《易傳》裡的象所顯示的，不僅是生存時的吉凶悔吝，而且是價值上的尊卑貴賤。「列貴賤者存乎位，齊小大者存乎卦，辨吉凶者存乎辭，憂悔吝者存乎介，無咎者存乎悔。」（周易·繫辭上）綜合言之，《周易》就是這麼一套象數化的符號系統，故《周易·

繫辭下傳》曰：「是故易者，象也。象也者，像也。彖者，材也。爻也者，效天下之動者也。是故吉凶生而悔吝著也。」

　　聖人取代君王，啓示與教化人民。象數取代君德與刑罰，彰顯生存與價值的吉凶得失。所以易象所標誌的秩序，乃聖人之所以啓示教化萬民，此所以《周易·繫辭上傳》曰：「備物致用，立成器以爲天下利，莫大乎聖人。探賾索隱，鉤深致遠，以定天下之吉凶，成天下之亹亹者，莫大乎蓍龜。」聖人法象懸象，教導人民製器利用的生存之道，生死存亡於是乎繫於象，而生命的尊嚴亦存乎象。聖人德業終極的歸依，生民此身的存在與價值，皆匯聚於蓍龜所示的象數也。

　　《易傳》詮釋生存秩序的方案，以象數的函數化設計，賦予萬物存在於斯世的客觀律則性，將傳統天帝信仰中不穩定的因素排除了。它以象數的理則取代了君心的是非，在動亂的戰國，生存秩序若能建立在象數的客觀規律之上，或許爲人民爭取到更大的生存機會，但是同時剝奪了人民自由自主的餘裕。在安全與自由的縱橫座標裡，易傳對生存秩序的詮釋，無疑將其重心依安全的軸心向上向內攀升，而從自由的軸心向下向外滑落了。

　　《易傳》表現出對於大一統世界秩序的需求，所以必須扭曲《周易》原本以多元事件爲時間度量之計時器的數學規律，更不能容忍《周易》卦爻辭的歧義的詩意。學者受《易傳》影響，不再探求《周易》複構事件承載的多元相對之時間度量，反而迷信單一且統一的時間度量。因此世界的秩序符應大一統帝國的絕對化時間與空間，時間的論述從詩的表現轉變爲集權與同一的時間刻度。

二、漢代象數

漢代孟喜的「卦氣說」，引伸天文學的規律以詮釋《周易》內蘊的數理。前述《周易》的數學容許多元事件為時間度量的計時器，固然表現相對論的時間線索。孟喜之徒的卦氣說，不能歸本於《周易》，反而將天文學的詮釋比附於經義之上，實增字解經，徒事枝蔓也。所以京房以十二卦氣說主管二十四節氣，不僅不能闡明《周易》的時間哲學，反而以大一統帝國同一化與集權式的時間度量，亦即依《尚書·洪範》：「協用五紀」的線索，達到「建用皇極」的目標，因此局限與遮蔽了我們對《周易》內蘊數學規模的理解。

京房的「八宮卦」之說，將六十四卦卦序依所謂「八經卦」，分成八組稱為「八宮」，再配以十天干，各爻配以十二地支，以此表現卦爻象陰陽消長的變化。因天干以「甲」為首，故亦名之曰「納甲」。「八宮卦」的詮釋方式乃罔顧卦的六爻形構，而且只滿足簡單排列組合的算術趣味。天干地支的序列與組合並不源自《周易》的卦爻辭，其數學內涵也來自《周易》之外的計時方式。

孟喜與京房的努力顯示《周易》的根本問題與時間度量有關，同時建立卦序的詮釋，乃攸關生活世界的秩序性。孟喜與京房的易學思想雖然偏離了《周易》，但是卻決定了後世易學的基本性格，也反映政治社會方面渴望大一統秩序的意識型態。

東漢虞翻的「卦變說」，稍稍回歸到卦畫的組織結構。但是以擬人化的意象形構，重組卦間關係，同樣犯了偏離文本的毛病。虞翻忽略了《周易》內蘊的數理與意象，以絕對化的倫理學法則，線性的時間軸線，詮釋六十四卦卦間關係，於易學系統益增紛擾。

三、晉唐義理

王弼註《周易》，不講卦氣、卦變、納甲與災變，反而以《老子》《莊子》的玄理解易，爲「義理派」的典型。但試觀《周易‧王韓注》其象仍不脫寄托物象的陰陽之說，其數也只是簡化爲「初→二→三→四→五→上」的直線型推理序列，其實離通俗所謂象數說未遠也。其所重者特在於以符合帝國統治的倫理學，提供詮釋所需的理論工具，對日用尋常的人際關係施以教條。所謂義理的基礎，乃建立在簡化的象數之上，其簡化的象數符碼也只是便於其符應同一律之計算而已，而同一化的運算只爲強化帝國倫理學的說服力。

倫理學的詮釋，甚至政治學的詮釋，比天文學的詮釋離題更遠。就算採取卦爻標示記號的排列組合法則，也無法窮盡卦爻畫蘊涵的數學理則。從《周易》文本的數學與詩學觀之，「義理易」應該說是離題越來越遠，也越來越不著邊際。

四、宋明易學

宋易除了前述義理說與象數說之外，另又特重「易圖學」。首先「河圖」「洛書」，只不過是將簡單的數字遊戲圖象化。邵雍的先天圖已不可考，就朱熹《周易本義》所列者觀之，顯示其不過以圖象化的表現方式，依二的零次方，以至三次方，或二的六次方之演算歷程與結果，以圖畫顯示而已。

至於其「伏羲六十卦方位圖」，看似複雜，其實只在於表現六爻與六十四卦的一種排列組合而已。其中所蘊涵的卦序與卦間遞變，不過是詮釋者虛構的史詩罷了。案諸《周易》，對此序列的權

威性並無任何明確的提示。所以宋代易學的任何詮釋，仍然難免只是後人基於易學之外的學術法則，使易學系統從屬於帝國治亂的歷史哲學，以外在的規範拘束卦畫系統／卦爻辭系統的詩學詮釋。

五、清代易學

清代易學最大的貢獻在於乾嘉以下的學者，在小學方面的成就。姑且不論其論證的正確或謬誤，訓詁考證精神的復興，可以確保學者回歸《周易》卦爻辭，以經解經，並且避免增字解經，對於易學研究極具正面意義。所以清季學者，乃至於歷代學易者，其學說能恪遵小學之道者，較爲可信。逐步引介西方近代數學議題與研究，也增加了後人推理與解釋《周易》所蘊涵數理的工具。吾人繼承清季以降，易學的小學研究與數學議論，跨越紛擾的歷史統緒，或將燭照《周易》千年的迷宮推理。

第五節　神話

尼采（Friedrich Nietzsche）在《悲劇的誕生（Die Geburt der Tragödie）》若一文化喪失了神話，必將喪失其健康的自然創造力。唯有神話環抱起的地平線足以統整文化運動於圓融無礙之一體。現代人的歷史教育使他只能透過學術的盤剝，以抽象概念爲中介理解神話，此即神話的式微。（Nietzsche Werke I:145-6）

丁丑年拙作《易經哲學》曾遭到學術性格方面的質疑，論者以爲「文勝於質」，不免徒具文采之譏。因此長久橫梗心中的一個主張被迫作了一次總體檢，自問學術論文是否應該堅持排拒文學表現

的形式？淵深奧祕的眞理是否只能出之以類同數學語句的論述方
式？尤其愚所理解之《周易》，其義理實難局限於簡單推理之表現
形式。其後又幸忝爲中文研究所教師，得從游於諸位國學宗師門下，
蒙親炙焉，遂有所感，發憤論述，故今日之作，風格稍異矣。

　　《周易神話與哲學》的推理實建立於《易經哲學》所製作的神
話論述基礎之上。《易經哲學》過於強調文字學與訓詁學方面的一
得之愚，又企圖以史詩的敘事風格融通《周易》卦爻辭的義理。但
此復古的努力不易見容於當道，所以《周易神話與哲學》的論述形
式增添了模擬數學語句的文體，其實《周易神話與哲學》改變論述
的層次，而成爲一種神話的詩學。

　　《周易神話與哲學》絕不能沒有《易經哲學》所提供關於《周
易》卦爻辭的疏釋與理解，因此兩書在內容上看似有諸多重複，主
要在於引述與疏釋卦爻辭。就寫作策略來看，《易經哲學》可以看
作《周易神話與哲學》的研究對象。本書對於《易經哲學》的引述
以其對於「周易卦爻辭」的疏釋爲主，而且既然兩書的作者爲同一
人，則文句相同的現象或許可以獲得諒解。

　　以往討論中國古代的神話，多集於《山海經》之類的典籍。但
《山海經》最早不過成書於戰國，且多爲斷簡殘編，缺乏纂輯與故
事形式。（袁珂 25）本書所議論的神話範疇，不諱言受到西方文學
典範的啓發，因此也就以Homer的 *Iliad* 與 *Odyssey* 爲主要的參考
書。此舉或許不爲當道所認同，但作者卻不可不於此明白界定，而
評論者亦應審知此一界定，庶幾兩造可避免無的放矢與游談無根。
竊以爲歷代學者或許囿於「子不語怪力亂神」的信念，一直不願面
對《周易》《詩經》《尚書》等西周文獻裡的神話因素，因爲它們

是神聖的經典。但是根據上述關於神話的定義，本書將以《周易》
《詩經》《尚書》三書裡，「天命－君德－民情」爲主軸的神話論
述，作爲釐清《周易》神話性質的座標原點。

附帶討論一個研究方法的問題。近世研究中國哲學，有部分學
者或許有所謂方法的焦慮。因此西方的術語，以及西方的方法經常
被植入中國哲學的研究領域。有幸擔任中文研究所「中國學術流變
史」「周易研討」與「華嚴詩學」等課程，每每先探尋學生對自身
思想與研究方法的認知：屬於中國國學獨特的方法是什麼？愚深信：

> 「由小學入經學者，其經學可信。由經學入史學者，其史學
> 可信。由經學史學入理學者，其理學可信。以經學史學兼詞
> 章者，其詞章有用。以經學史學兼經濟者，其經濟成就遠大。」

小學可以說是研究中國哲學的基本法門。今日研究中國哲學，卻不
知中國語言之特質。有學者研讀先秦諸子文章，不能從本溯源，窮
究理念之來龍去脈，不僅不能維持中國哲學方法論之自主性與獨特
性，甚至不可謂識字。中國文字之特性在於其象形爲主之形構原理，
因此中國語言在視覺意象形構，以及語言的共時性方面，皆有其特
殊影響與啓示。語言既爲存有之居所，而思想與語言又具符應關係，
中國哲學與文字學之課題應有討論之價值。

西方的方法與西方的術語不是不可植入中國哲學的研究領域，
但應有其際限。其首要戒命即在於必須從本溯源，探循其理念本義
以至於引申義之流變。尤其不可忽視其文化內超越面向的思維，不
可輕視宗教聖典的哲學意義。更不可不知其神話傳說的理論價值，
率爾以「迷信」目之。

　　神話（myth）概念襲自希臘的「神話（mythos）」概念，從淵源與歷史觀之，皆本於西方文明。但是界定神話的術語不屬於神話，而建立在與實在（reality）與理性（reason）的概念對峙之上。相對於實在，神話是虛構（fiction）。相對於理性，神話是荒謬（absurd）。神話原義爲「言」或「詞」，但在希臘時代，神話mythos分化自logos，卻又似高於logos。（Coupe 9-11）神話的內涵可可概括如下幾個側面：典範（paradigm）、完美化（perfection）、可能性（possibility）。（Coupe 1-9）各種神話樹立的典範以完美性爲其敘事的目標，這些典範建立的完美性其實爲人生啓示了多樣的生命可能性。

　　若列舉神話的典範則有：生殖活動神話（fertility myth），創生活動神話（creation myth），拯救（deliverance）之神話，英雄神話，文藝神話（lierature myth）等等。就神話詮釋（mythography）層面言之，生殖活動神話蘊涵天命的理念。天神漸逝，而聖言與道取而代之，我們依此探討神話的邏輯。創生活動神話啓自渾沌。包括創生之喜劇瞬間，兼職巫師的吟遊詩人，聖與凡，以及黑暗之心的逆旅等主題。至於拯救之神話揭示了終點／目的。包括循環無端的天問，啓示錄的修辭學，以及沒有啓示錄的啓示錄等議題。

　　就神話詩學（mythopoeia）的層面言之，環繞著眞理議題有兩種神話詩學，其一是寓言學（allegory），其一是類型學（typology）。寓言學旨在對於完美化的透視。而類型學旨在揭示永遠的可能性。在神話與歷史的對峙裡，我們的議題是啓蒙與反啓蒙。環繞著歷史議題亦有兩種神話詩學，寓言學與類型學。文學評論如奇情小說。又或者不只一個樣的故事。從心靈層次討論神話詩學，環繞著心靈議題亦有兩種人：寓言學家與類型學家。此關乎原罪、追尋自我、

心靈的文法等議題。

　　既以Homer的 *Iliad* 與 *Odyssey* 為主要的參考書，議論「神話」之義後，不可不繼續議論「史詩（epic）」之義。融通《尚書》裡記載殷周之際的幾篇文章來看，以開國君王為主的言行，頗能符合我們所理解的「神話」與「史詩」。史詩源自民間故事，由群體製作，也是群體生活的表現。民間故事不是以個人的經歷為媒介的虛構，史詩表現一個民族神聖的過去。史詩與吟唱史詩的時代之間，存在著無法逾越的斷層，如此史詩方成其為史詩。（Bakhtin 1998:13）

　　史詩的世界是君父的世界，是祖先開國承家的英雄事略。史詩的表述形式依於一種神聖化的時間軸線，史詩的時間範疇不是近代物理學祛除價值的時間度量，而是以神聖的詞彙作為時間度量的計時器。神聖的計時器記錄的是不容更改的，不會變易的過去。史詩裡的過去以一道絕對的斷層，形構完美且神聖的過去。（Bakhtin 1998:14-16）

　　史詩的表述乃自足的表述，其中沒有懸疑，也沒有未完的結局。史詩藉古代語言的語義，將時間的文字屬性與價值的文字屬性混同了。史詩的媒介以民間故事的形式，編織無稽的傳說。無稽的傳說既然無可稽疑，其神聖的過去乃個人經歷所無法企及，也不允許個人的評價。（Bakhtin 1998:17）

　　藝術的表現是面向永恆的表現，史詩的時間是封閉在其神聖性裡的歷程，與我們的現在與未來絕無關係。當代的時間乃無端恆久的綿歷，永遠不會真正完結。史詩神聖的時間有其絕對的開端與終點，如《創世紀》絕對的開端具有理想的色彩，絕對的終點則如《啓示錄》預言著陰沉的結局。（Bakhtin 1998:18-）

　　《周易》卦劃的數理意義，爲卦爻辭之時空體建立了絕對意義，日常生活的事件因爲指引生活的可能性，並指引生命完美化的境界，所以深具神話的意義。此一定義雖然別致，卻非異端。

第六節　天命

　　綜合我們對於中國古代經典的神話性與哲學性的觀察，是以人生的臨界情境（critical conditions）出發，探討古聖先賢以何等終極關懷超度人生絕境。所謂人生的臨界情境，首先在於或存或亡的生死之境，其次在於人生境遇的孤絕或開通的知遇之境，最後在於擇善固執之際人的自我超度。《周易》《詩經》與《書經》裡，總是出現在此三大臨界情境裡的核心理念就是「天」，由此彰顯了「天人之際」的眞諦。「天」的主要三大類涵意如下：

一、作生與監命之天

　　「作生」與「監命」雖然是複詞，但組合它們的單詞，以及複詞的詞義皆出自原典。例如「生」民之天見於《詩經·大雅，蕩》：「……天生烝民，其命匪諶。……」烝者，眾也。言眾民之生，乃受天所命，❶天命是人生的根本，說明眾生生存的基原。「天生烝民」提示了人類生命的完美性，其完美性來自「天」。此即神話的一大特質。

　　能「作」之天見於《詩經·周頌，天作》：「天作高山，大王

_____

❶　王靜芝，《詩經通釋》（台北：輔仁大學文學院，1978）頁562。

荒之。彼作矣，文王康之。」言上天作此高山，山乃岐山，❷周民所居。天生眾民，且作高山供人安居。「高山」僅其一端而已，表現天爲人創作了生活的基本根據地。天也是人生可能性的供給者，此亦爲神話性質之一端也。

上天既生眾民，又作眾生所依存的場所，由於天對人的「作生」顯示天的主體性，被引申爲天對人的主宰性。天對人的主宰性的首要特質在於「監命」，如《詩經・大雅，烝民》：「天生烝民，有物有則。……天監有周，昭假于下。……」又如《詩經・大雅，大明》：「天監在下，有命既集。文王初載，天作之合。……」天在作生萬物群生之後，繼而監其命也。

然而天對人的主宰性並非絕對的主宰，天命與人的行爲乃互動的關係。上天從未停止監視著眾生，而且此種監視乃上天對下民的生命之可能性與完美性的管制與提升。關於人格化的天與萬物群生的作生，此類寓言展現了生命完美化的階層化通觀（the perspective of perfection）。

這裡蘊涵觀照生命意義的角度之透視法（perspectives），《尚書・康誥》：「天畏棐忱，民情大可見。……亦惟助王宅天命，作新民。」而統治者的責任在於承天命，監視民情，進而養民安民。如《詩經・大雅，桑柔》所云：「國步蔑資，天不我將。靡所止疑，云徂何往。」將者，養也。❸上天監督下民的生存，生民卻只能互相監觀，從視線的方向可以確認權力的位階。至於上天對下民的監

---

❷　王靜芝，同上，頁614。
❸　王靜芝，同上，頁573。

督與主宰，具體的內涵爲導民與罪民。《詩經·大雅，文王》：「……
上天之載，無聲無臭。儀刑文王，萬邦作孚。」這是針對庶民而言，
天威莫測，天命難知，所以眾民須觀看文王的儀型，遵循其典範生
存下去。生命的通觀（perspectives）仍然是關鍵。

二、導民與罪民之天

自天觀之，監視的結果在於善惡價值的判斷，進而決定了生民
的命運。以《尚書·呂刑》爲例：「上帝監民罔有馨香德，……乃
命重黎，絕地天通，罔有降格。作刑於民之中…」判斷人民行爲善
惡的標準，客觀化爲「刑」。刑雖似消極禁制表現了完美化的生命
典範，其實同時積極揭露了生命的可能性。這一段黃帝蚩尤的戰爭
史詩，雖然簡略，卻表現了相當多的神話特質。「重黎」的英雄典
範乃以「刑」拯救了遭受荼毒的生民。

《詩經·大雅，板》：「天之牖民，如壎如箎，如璋如圭，如
取如攜，……」牖者，道也，言開導之也。壎土製樂器，箎竹製樂
器，言其如奏樂相和也。璋爲半圭，可與圭相合。圭者，爲上圓下
方之端玉。❹上天啓導人民，如音樂韻律之諧和。就文獻典籍觀之，
此實屬古人的理想。「作生」之天表現神話提示可能性與完美性的
性質，天「監命」於人，義在確保這種可能性與完美性。「導民」
之義即在於落實天之「監命」。

上天除了溫和啓導人民，也施嚴酷的手段降喪降罪於民。《詩
經·大雅，召旻》：「旻天疾威，天篤降喪。……天降罪罟，蟊賊

---

❹ 王靜芝，同上，頁560。

內訌。……」對於君王，上天的罪咎審判見於其王朝的存亡絕續，如《尚書・康誥》所云：「天乃大命文王，殪戎殷，誕受厥命。」統治者欲確保天命永在，必須負起罪罰與啓導人民的責任。而啓導的實際內涵常由罪否的結果顯現。

《尚書・康誥》：「……用康保民，弘于天若。……天畏棐忱，民情大可見。小人難保，往盡乃心，無康好逸豫，乃其乂民。」康，安也。弘下宜有覆字，弘覆，保祐也。君長安保人民，上天才會護祐君長。乂民，治民也。❺統治者受到上天的監督，上天視其是否能保民安民，決定其政治生命的存亡。如《尚書・康誥》：「惟厥罪無在大，亦無在多，矧曰其尚顯聞于天。」只要一有罪過，上天必會知聞。《尚書・西伯戡黎》所云：「天既訖我殷命，格人元龜，罔敢知吉。非先王不相我後人，惟王淫戲用自絕，故天棄我。」

「罪民」之義在確保這種可能性與完美性，亦即在於落實天之「監命」。上天生眾生，作萬物以養眾生。人生天地之間有生生之道，此生生之道由上天啓導下民。上天藉審判王朝的存亡絕續，啓導予君長其所受之天命。君長實現保民治民的使命，以確保天命所在。保民治民的目的在於使上天所生眾民安居於上天所作的大地之上。君王所採取的方法類比於上天，即以罪否達成導民於善的目的，進而建立人間的秩序。

眾民觀君長之審判，獲知天所命之行止規範，共維人間的秩序。君王觀民情趨向以知天命之所歸，此即天對君的審判，由存亡之審判而見天命。人們相信人間的一切，皆在作萬物生眾民的上天之監

---

❺　屈萬里，同上，頁98-99。

觀之下，此乃上天對下民的主宰。

　　以上的疏釋說明無論貴族與平民，其生命意義皆來自天命。天命不僅必須具有超越的地位而人必須服從天命，即所謂天命乃人間的終極關懷，並且表現人生的超越向度。神話就是天賜予人通觀生命完美化層級的寓言，以及想像生命無窮可能性的類型學（typology）。

三、萬物群生存活的場所與背景

　　《詩經·豳風，鴟鴞》：「迨天之未陰雨，徹彼桑土，綢繆牖戶。」此為陰雨之天，構成農民耕作的背景。

　　《詩經·大雅，崧高》：「崧高維嶽，駿極于天。維嶽降神，生甫及申。維申及甫，維周之翰。四國于蕃，四方于宣。」此高天是高山大地的背景，是萬物存在的極限，也是生存視域的邊疆。

　　《詩經·大雅，旱麓》：「鳶飛戾天，魚躍於淵。」天淵並舉，淵是魚的游躍場所，天也是鳥的飛迴場域。

　　《詩經·大雅，卷阿》：「鳳凰于飛，翽翽其羽，亦集爰止。……鳳凰于飛，翽翽其羽，亦傅于天。……鳳凰鳴矣，于彼高崗。梧桐生矣，于彼朝陽。……」鳳凰非梧桐不棲，故連言之。❻鳳凰是神話中的鳥，所以鳳凰于飛的天變成具有神話色彩的生存場所。

　　《詩經·大雅，下武》：「下武維周，世有哲王。三后在天，王配于京。」京，鎬京也。❼上天也是已逝祖先生存的場所，這是

---

❻　王靜芝，同上，頁555。
❼　王靜芝，同上，頁529。

周人的信仰，相信祖先生存在一個超越現世，人們無法親眼觀看的世界，宗教信仰中的生存場域。

《周易》曰：「乾卦九五爻：飛龍在天，利見大人。」 龍是神物，天是神物生存的場所。天由龍所定義，不同於下題引文中的位格性之天。「天作高山，大王荒之，彼作矣，文王康之。」（詩·周頌·天作）天不僅具有位格，而且與古先哲王合作，建設了周先民生活的世界。天由古先哲王的行為所界定，偏重作生方面的性格。「恫瘝乃身，敬哉。天畏棐忱，民情大可見。」（尚書·康誥）天威莫測，但卻可與人相通。尤其統治者可以藉設身處地為人著想，體會人民的生存處境，則天威可知。天類比統治者，具有降威降罰的性格。

當俗稱哲學的突破時期，哲學的主軸並未改變。以「不怨天，不尤人，下學而上達，知我者其天乎。」（論語·憲問）為例，天能知人心，此乃孔子天論特點之一。而能怨天尤人與能下學上達的人，其先驗的位格主體存立，是儒家最終的堅持與執著。而且位格義之天是人位格生命意義終極的保證，所以人能無怨無尤。人只要好學深思即可上達天心，於是與下句盡心知性以知天相通。

至於孟子曰：「盡其心者，知其性也。知其性則知天矣。存其心，養其性，所以事天也。殀壽不貳，脩身以俟之，所以立命也。」（孟子·盡心上）可證人可知天，事天，與乎立天命。較上句更明確點出心性的修養，所謂盡心知性是也。此句天猶有位格，與老莊將天地萬物名物化，記號化者大異其趣。而盡心知性皆有賴先驗的位格主體存立，不能記號化，也是儒家最終的堅持與執著。但盡心知性以知天，動態的修養與融通，解消位格間的分裂危機。天人終究

可以合德。

　　繼而試觀「無名天地之始，有名萬物之母。」（老子·章一）以有無的命名活動說明天地萬物的由來，天地萬物都成爲了記號。此與下題引文相通，但與上題引文的天不同，因爲作爲記號的天不具有位格性。天地萬物既然皆是名號，則天地可以並生，萬物可以爲一，天人絕無分裂危機。

　　「天地一指也，萬物一馬也。」（莊子·齊物論）前文爲：「以指喻指之非指，不若以非指喻指之非指。」以所指之象喻明能指之意，不如以能指直接點明能指。但以記號之象間接表意，實乃人的宿命，所以人生天地之間，一切能指也只是所指也。天地皆在此記號之道內，故與下文寓意相通。

　　「天有常道矣，地有常數矣，君子有常體矣。」（荀子·天論）故本文下句曰：君子道其常。天失去位格性，其內涵爲人能理解察知的道理。天地並稱且爲表象，另有內涵更高級的道與數，此與上文記號化天地相通。

　　爲突顯中國哲學史的史觀，參考理念史之角度，以「通古今之變，究天人之際」爲主軸，既明中國哲學的歷史源頭，更啓中國上古哲學史之縱深及其超越義。《周易》經文中的天，基本上是作爲萬物生存的場景。人與大地萬物生存在天穹之下，飛鳥異獸則活躍於天上。日月雨雷則攸關人類與萬物生存於天地之間，同時構成生存環境的一環。上天此時不是作生與監觀，導民與罪民的主宰，而是眾生存活的場景，神話的場景，宗教的場景。此處應爲「鳶飛戾天，魚躍於淵」生存場景之天也，天淵常對舉。天與田均爲生存的場所，田爲歷史性場景，展現權力的網絡；天則具有神話中神物存

活境域的超越性，故其所見之「利」未可與九二等量齊觀。

《周易》的世界觀類同於《莊子·其物論》所謂：「六合之外，存而不論。六合之內，論而不議。春秋經世先王之志，議而不辯。」六十四卦劃與卦爻辭表現了六合之內的萬事萬物，萬物盡在此天地之間。它的表述方式包括「論而不議」描述而不問合宜與否，「議而不辯」探求其合宜與否而不辯證其有無與是非。

《周易》應屬宇宙論的議論範疇，討論「宇宙論（cosmology）」的途徑，除了一般所謂「探求自然界的終極奧祕」之外，應該至少還一種針對各種「宇宙論（cosmology）」的省思，我們姑且謂之「後設宇宙論（meta- cosmology）」。但是動輒曰「後設宇宙論（meta- cosmology）」，不免譁眾取寵之嫌。本書既以「周易的宇宙論」爲研究對象，而神話又是其敘事性質，故命此書爲《周易神話與哲學》。

正因爲此，《周易神話與哲學》的研究對象並非西方傳統哲學範疇，而著眼於宇宙論的敘事策略，更關切如是敘事的理據與理路。亦即本書不以重構《周易》蘊涵的宇宙論爲能事，卻先以「詩學」爲進路，釐清《周易》卦爻辭的語意，以此爲本再進而議論其義理，也就是省思「周易神話與哲學」之所以然。

章學誠《文史通義·原道》上曰：「故欲知道者，必先知周孔之所以爲周孔。」近世研究中國哲學，多直接從孔老思想入手，以先秦諸子爲中國哲學的源頭。殊不知求道當自「周禮」始，方足以釐定諸子哲學的基礎與目的。單就中國哲學的研究方法言之，諸子議論的關鍵詞亦莫不從「周文」而來。

《文史通義·經解》中曰：「事有實據，而理無定形。故夫子之述六經，皆取先王典章，未嘗離事而著理。」此所以後人誤以爲

「西周」無哲學之一因。然而既明「理在事中」之道，探求中國哲學之根本與特質，理當自「周文」始矣。牟宗三《中國哲學十九講》云：「這套西周三百年的典章制度，這套禮樂，到春秋的時候就出問題了，所以我叫它做『周文疲弊』。諸子的思想出現就是爲了對付這個問題。」唯有勾抉「周文」底蘊，方可言於「周文疲弊」，方可議論先秦諸子之哲學。

既然前云「故夫子之述六經，皆取先王典章，未嘗離事而著理。」則最早之典章制度與哲學理念，實已具足於《尚書》矣。《文史通義・書教》下曰：「周官三百六十，天人官曲之故，可謂無不備。」此「周官」即「周禮」，亦即具體禮文。

基於上述理由，中國哲學的研究起點應向上延伸，以「周文哲學原論」爲更根本的基點。其中即包括了「周易哲學」，純以《周易》經文爲本的哲學研究，而暫不與戰國以後的「易傳哲學」相涉。令先秦諸子的哲學，置於「通古今之變，究天人之際」的理念網絡之中，庶幾乎得以彰顯中國哲學之特質，同時釐清「周易哲學」的範圍。

第七節　哲學

哲學之於本書，其意義在於運用小學回歸詞的本義，以詞本義爲文學表現的原點，藉省思文學創作之路以微觀最小限度之詩學形構，探索最大極限的理解與詮釋。

以「神話與哲學」爲名，並非試圖藉哲學之名拉抬神話的身價。因爲神話只有作爲無處不在的永恆意志凝視無限時空的唯一例證

時，化爲鮮明可感的真理。（Nietzsche Werke I:112）若一文化喪失了神話，必將喪失其健康的自然創造力。唯有神話環抱起的地平線足以統整文化運動於圓融無礙之一體。現代人的歷史教育使他只能透過學術的盤剝，以抽象概念爲中介理解神話，此即神話的式微。（Nietzsche Werke I:145-6）

通俗所謂追求真理的學術或科學，秉其科學形而上的妄想，認爲依賴因果律（der Causalität）的引導，可以深入存有至深的底蘊，思想不僅能認識存有，甚至能修正存有。（Nietzsche Werke I:99）須知科學的使命在於使人生可以由概念掌握，並使人生取得正當權利的戳記。如果科學不能提供人生正當的基礎，只好祈靈於神話，或許神話本來就是科學最終的意向。（Nietzsche Werke I:99）

神話啓示了自然界的生靈消融個體於太一，既表現生命眞實變幻的眞相，又給予人們形上學的安慰（der metaphysische Trost），遂使人類能夠睥睨文明的浩浩劫波，迎向自然的茫茫愁靄。生命藉神話藝術爲自身拯救了人類。（Nietzsche Werke I:55-56）

但是神話的遭遇卻是每個神話的命運，最初潛入歷史實在的狹小角落，後來在某一時代被視爲具有歷史意義的事實，當作歷史學萌芽的前驅。（Nietzsche Werke I:74）當猥薆的現代人以一套善辯的辯證法，字斟句酌的收編神話爲歷史時，神話便宣判了死刑。（Nietzsche Werke I:75）恰如悲劇的死亡始自觀眾開始進入舞臺，英雄以日常生活的語言登臺表演。倫理學家扮演的律師與法官取代了半神人，合理化的情節取代了酒神祭的群魔亂舞，無聊的現代感取代了牛鬼蛇神的錯亂時空。（Nietzsche Werke I:77-81）

《周易》以其特異的神話形式，被貶斥爲迷信百科大全。尤其

「易傳」假借道德哲學與倫理學的議論形式，從「易學」內部否定了《周易》的價值。當崇尚健康的倫理學凌駕了藝術，而藝術變成辯證法大樹上的一條攀藤，太陽神的興味僞裝成邏輯圖式，酒神轉化爲自然主義的愛好。這裡強調的是辯證法的樂觀主義性格。而蘇格拉底的樂觀主義基本形式：「德即是知，罪惡源自無知，有德斯有幸福。」蘊涵悲劇死亡的原因。（Nietzsche Werke I:94）正如日常理性的介入同時也宣判《周易》的死刑。

　　本書以小學爲中國哲學的研究方法，回歸《周易》的思想原點，探索其神話詩學，以「周易神話」作「周易哲學」的實際內涵，尋求《周易》哲學之正詁，故命之曰「周易神話與哲學」。同時《周易》特殊的神話敘事結構足以啓發許多理論性的命題與論述，本書一方面以史詩的表現形式寄寓《周易》的神話性，另一方面以理論性的抽象論述表現《周易》的哲學性。但是讀者務必切記，本書受到《周易》神話啓示所流露的推理並非《周易》唯一可能引申的理論性表現。即使所有的推理無誤，本書也不能窮盡《周易》的哲學。如果讀者對本書的申論產生疑問，祈請表明確曾同情的諒解了上述聲明。

第二章　神話的散失與重現

第一節　神話傳注與神話詮釋

　　無論在理論方面或政策方面，「易傳」對統治階級與學術界的宇宙論思想的支配已近兩千年，我們也是在這種傳統中成長的。本書將要論證的是：「易傳」的前提只適用於某種帝國時期，而不適用於西周封建。它所假定的情境只是各種可能的秩序性位置的極點，而且易傳所假定特殊狀態的特徵，不是西周實際生活於其中的宇宙論特徵，如果我們試圖將「易傳」的教導運用於生活，結果將是一種誤導。

　　以《周易》「乾」卦爲例：「乾，元亨，利貞。」

　　卦辭本義「元」字形如「㒫」，馬如森曰：「象側視之人形。頭部依附其上，突出特大的頭部，以表『頭』。後形變爲『元』。本義是首位。」❶「亨」字形「𠅏」，❷其字形類似「吉」字。或曰「象宗廟形。」獨體象物字，本義爲宗廟。「利」字甲骨文如「𥝆」，非從刀，而是從力，象耒之形。利乃象耒刺土種禾之形，耒上或有

---

❶　馬如森《殷墟甲骨文引論》（長春：東北師範大學出版社，1993）頁269。
❷　《漢語古文字字形表》（臺北：文史哲出版社，1988）頁204；馬如森，前引書，頁419。

點，乃象翻起之泥土。人藝禾而得利，故曰利。❸「貞」字形「𠦪」❹，謂其爲「獨體象物字，象鼎形，煮器，後爲禮器。本義是鼎。」元亨利貞活生生一幅宗廟祭祀圖。

神話的內函可可概括如下幾個側面：典範（paradigm）、完美化（perfection）、可能性（possibility）。（Coupe 1-9）神話生產(mythopoeia)理論的部分論述力求完美化，主要關心同質性的神話詮釋之可能性在不同用途中的分類，以及在假定神話詮釋的可能性恰好具有此同質性的情況下，何者是決定所詮釋可能性的相對效果及其神話的相對完美化的條件。

大多數的學者對「乾，元亨，利貞。」的詮釋，都忽略了其中的神話意義。雖然此一卦辭的本義在於敘述宗廟祭祀事件，但在《周易》特殊的敘事結構裡，此一事件獲得了神話性。恰如本書第一章所言：「《周易》卦劃的數理意義，爲卦爻辭之時空體建立了絕對意義，日常生活的事件因爲指引生活的可能性，並指引生命完美化的境界，所以深具神話的意義。」

《周易·文言》曰：「元者，善之長也。亨者，嘉之會也。利者，義之和也。貞者，事之幹也。」《周易集解》引子夏傳曰：「元，始也。亨，通也。利，和也。貞，正也。言乾稟純陽之性，故能首出庶物，各得元始，開通，和諧，貞固，不失其宜。是以君子法乾而行四德，故曰元亨利貞。」「元始，開通，和諧，貞固」各居可能的秩序性位置的極點，而且都已是其本義的引申。說乾「稟純陽

---

❸　《甲骨文字典》頁471。
❹　馬如森，前引書，頁361。

之性，故能首出庶物」內含兩重完美化的說法，其一在於將乾比成純粹的陽性，其二在於賦予純陽者爲萬物元始的崇高地位，此即「易傳」所假定特殊狀態的特徵。

《周易》異於「易傳」，純就字詞的本義入手，可以形成更貼近生活的詮釋。《周易》的可貴處正在於它能以喜劇觀點（comic vision），以日常生活的意象啓示人間生活的正當性。以一幅宗廟祭祀圖的敘事性手法，超度日常生活的個別性與有限性。

再看「乾」初九爻曰：「潛龍勿用。」「龍」是神話中的動物，或應名之曰神物。自人類學的角度釋之爲「原始夏人的圖騰」。❺當封建王國發展大一統帝國之後，「龍鳳」所象徵的圖騰生物已非全體族員的共同祖先，而成爲統治者一家一姓專屬的符瑞，作爲其宮室輿服的裝飾母題，以及「帝德」「天威」的標記。❻如果視《周易》經文爲周初的作品，神話動物「龍」的存在應該象徵著生命共通的原始根基。許愼《說文解字》曰：「龍，鱗蟲之長，能幽能明能細能巨能短能長，春分而登天，秋分而潛淵。」❼

《周易·文言》曰：「潛龍勿用，何謂也？子曰：龍德而隱者也，不易乎世，不成乎名，遯世無悶。不見是而無悶，樂則行之，憂則違之，確乎其不可拔，潛龍也。」《左傳》昭公二十九年：「人實不知，非龍實知。古者畜龍，故國有豢龍氏，有御龍氏。」又曰：「龍水物也，水官棄之，故龍不生得。不然，《周易》有之。在乾

---

❺ 聞一多《全集》（臺北：里仁書局，1993）第一冊，頁69。

❻ 聞一多《全集》第一冊，頁70。

❼ 段玉裁《說文解字注》（臺北：蘭臺書局，1977）頁588。

之姤曰：潛龍勿用。……若不朝夕見，誰能物之？」龍的地位遠不
如《周易·文言》，不僅朝夕可見，甚至爲人豢畜駕御。當然，這
也只代表時人的一種觀點而已。更早的記載《左傳》僖公五年曰：
「童謠云：丙之晨，龍尾伏辰，均服振振，……火中成軍，虢公其
奔。」李宗侗註曰：「龍尾是星名。」❸聞一多亦釋龍爲「龍星」，
因以「潛龍」爲節候「秋分」也❾，言秋分行不得也。亦可備一說。

　　「龍」字形如「」，馬如森《殷墟甲骨文引論》❿：「獨體
象物字，象龍形，有頭、身，突出其頭。」龍如同鳳、麒麟，後世
未聞親知親見者，而且總存在於神話之中。

　　「潛龍」帛書作「浸龍」，浸借爲潛，深也。藏於深淵，故隱
而不見。⓫勿：「象以耒翻土，土粒著于刃上，土色黧黑，故勿訓
雜色。」其字形如「」「」⓬，如何借爲否定詞則未知。「用」，
馬如森謂其爲「獨體象物字」，又引于省吾曰：「用字初文本象日
常用器的桶形，因而引伸爲施用之用。」又依「用、桶古音疊韻」，
言用之本義爲桶⓭。用或可解爲通，至少應爲「可行」的一種說法。
潛龍象一種深隱潛藏的生存狀態，龍潛則行不得也。

　　合適的神話論述，其可能性在於神話傳注(mythography)的規
模、因果層級體系的合理程度，以及因果層級體系所形成的典範類

---

❸　李宗侗《春秋左傳今註今譯》（臺北：臺灣商務印書館，1995）頁250。
❾　聞一多《全集》（臺北：里仁書局，1996）第二冊，頁46。
❿　同上，頁581。
⓫　張立文《周易帛書今注今譯》（臺北：臺灣學生書局，1991）頁46。
⓬　根據《甲骨文編》（北京：中華書局，1989）頁386。
⓭　馬如森《殷墟甲骨文引論》頁362。

型學等問題。更關鍵的問題在於，如何決定合適的神話詮釋。龍的
完美化內涵可參見《禮記·禮運》所云：「麟鳳龜龍謂之四靈。」
萬邦林立的圖騰逐漸更精要的元素形式，此所《周易·文言》曰「確
乎其不可拔」也，顯示了大一統帝國對圖騰崇奉的終極化特質。從
「潛龍勿用」行不得也，到「確乎不拔」的恆定，可以看出「易傳」
在人間的因果層級裡，展布秩序性位置的極點。

　　再看「乾」卦九二爻爻辭曰：「見龍在田，利見大人。」若以
龍為龍星，則如《史記·天官書索隱》所云：「見龍在田左角為天
田。」其田非土田，而為天田❶。從社會與政治的角度詮釋之：「大
人是貴族（王侯、大夫）之通稱。龍出現于田中，比喻大人活動于民
間，人見之則有利，故筮遇此爻，利見大人。」❶此所謂「田」可
與「邑」並舉，古代農莊聚落與耕作的田地不能分離，杜正勝以為
人口比較密集的聚落，周圍建築防禦工事者稱作「邑」。人口稀疏，
聚落無圍牆者稱作「田」。金文與甲骨文的「邑」皆作「𗀱」，象
人依存於城下❶。邑乃政治具體意象，以城牆標示出古人生存的領
域與狀態。就像麒麟類比公子，龍亦類比大人。

　　誠如上述，「利」字象刀割禾形「𥝢」。以刀割禾之形，非指
刀之鋒利，而在收穫農作物之利益。「見」俗作「現」，即相對潛
藏而顯現也。所以大人在田地間出現乃此爻所謂有利者，此亦不盡
同於吉之所指。潛隱不等於凶，顯現也不等於吉。

---

❶　聞一多《全集》第二冊，頁46。

❶　高亨《周易大傳今注》頁57。

❶　杜正勝《古代社會與國家》（臺北：允晨文化實業公司，1992）頁232,226。

　　《周易》卦爻辭富於趣味的故事（mythos）到了「易傳」卻變成《周易·文言》所謂：「龍，德而正中者也。庸言之信，庸行之謹。閑邪存其誠，善世而不伐，德博而化。易曰：『見龍在田，利見大人。』君德也。」「易傳」學派的神話傳注(mythography)理論表面上簡單明瞭，實際上基於兩個基本假設。這二個假設是：

　　第一，通觀的完美性等於存在感的層級化抽象作品。假設此一文本的競爭不完全，則通觀的完美性不等於存在感的層級化抽象作品。這正是《易傳》努力的方向，務必使此一文本成為無可競爭的版本。所以當《易傳》與《周易》一脈單傳的關係未受質疑之前，「龍德」即「君德」，皆表現為六合之內最終極的價值標竿。

　　其次，當神話傳注的時空體不變，通觀的完美性（the perfection of perspective）與這些神話傳注抽象的層級化（the hierarchy of abstraction）結果成反向發展。《周易·文言》：「庸言之信，庸行之謹。閑邪存其誠，善世而不伐，德博而化。」惠棟《周易述》曰：「九二陽不正，故當升坤五。五降二體離。說卦曰：相見乎離，故離為見。二升坤田，故見龍在田，坤群陰應之，故利見大人也。」這也就是說，一個神話傳注人員通觀的完美性(按神話傳注人員自己的估計)應正好能夠促使這些具同一認知的神話詮釋人員繼續詮釋下去。正如第一個假設因競爭不完全而產生例外一樣，假如合格的神話傳注人員組織起來，那麼第二個假設也就難以適用於每一個宇宙論的撰作者。

　　因為一般說來，通觀的完美性與這些神話傳注抽象的層級化呈同向發展，這是一元神論的高級宗教之神學思維模式。「易傳」卻將通觀的完美性寄望於「庸言庸行」，因此表現出獨特的思想性格。

　　再如九三爻爻辭：「君子終日乾乾，夕惕若厲，無咎。」「終日」即竟日、整日。「終」之甲骨文字形「ᗧ」「ᗫ」，象絲繩兩終端。❶聞一多主張「乾」應爲「斡」，「斡者，轉之類名。故星中北斗亦可曰斡。古人想像天隨斗轉，而以北斗爲天之樞紐，……《說文》乾之籀文作「⿰𣎴斡」，從畊，蓋與晶同，晶古星字。疑乾即北斗星之專字。」❶高亨則曰：「乾乾，勤勉努力。」❶尚秉和則引〈說卦〉：「乾，健也。」❷又曰：「乾爲君子，爲大明，故爲日。」❷君子當效日星之旋，健行有常。帛書作「君子終日鍵鍵，夕泥若厲，無咎。」古鍵乾通，乾乾者，行健不息也。❷

　　「惕」的字形或許來自心與易，「易」的字形有社會契約之象：「⿱田勿」，亦有日出地上之象：「⿰日勿」❷。心上惦記著社會契約，或心袒露在光影變幻莫測的朝暉夕陽之下。「若」字象「一跪坐女子兩手伸向頭上理髮疏順形，象事字。本義是順。」❷「厲」字形「⿱虍萬」，高亨曰「危也。」❷「咎」字形「⿱处人」，❷由各與人組成。各本義爲「往」，咎字形象人循著他人足跡追咎也。無咎則

---

❶　徐中舒（編）《甲骨文字典》頁1238-9。

❶　聞一多《全集》第二冊，頁45-6。

❶　高亨《周易大傳今注》頁57。

❷　尚秉和《周易注釋》（臺北：里仁出版社，1981）頁13。

❷　同上，頁16。

❷　張立文《周易帛書今注今譯》頁48。

❷　《甲骨文字典》頁1063-4。

❷　馬如森，前引書，頁285。

❷　高亨，前引書，頁57。

❷　《甲骨文字典》頁896。

示意不會被人追咎，此與吉爻又有別矣。

《周易・文言》曰：「君子進德修業，忠信，所以進德也。修辭立其誠，所以居業也。知至至之，可與言幾也。知終終之，可與存義也。是故居上位而不驕，在下位而不憂。故乾乾因其時而惕，雖危無咎矣。」原爻辭表現了相當客觀的行止，《易傳》則以內心道德的省思為主，建立安身立命的倫理學規則。這些倫理學法則的抽象性使它們具有較高的競爭力，但也造成神話的散失。

由於估計錯誤或由於敘事主角定位的時存時亡，以致各種議論形式之相對結構遭到扭曲。或由未曾預料到的歷史因素而產生的時間落差，以致情節（plot）的合理性受到質疑。或某一類言詮改換成另一類言詮的過程中存在的差異，以致在改朝換代之際，總有一部分預言在「轉換議論形式」過程中產生了神話的散失。此即九三爻爻辭：「君子終日乾乾，夕惕若厲，無咎。」在連串以龍為敘事主角的神話撰作中出線。

這種神話散失的現象，顯然加強了「易傳」倫理學的取向。但是如果理解神話的時空體多元，在同一故事裡表現異次元時空的魔幻性格，如何驟然以為君子與龍不可同臺演出？

「乾卦」九四爻爻辭曰：「或躍在淵，無咎。」主角又回到龍這個主體，「或」字形「𠙵弋」象以戈衛城國。「淵」字形「𠕢」「𣲙」馬如森曰：「本義是潭淵。」[27]懷執戈衛城的警覺，逡巡於深水大淵之際，其儆警可知，故無可究之行跡，免受罪責。九三與九四兩爻具有相似的形構，它們都因主體的恍惕警戒而免於咎

---

[27] 馬如森，前引書，頁563。

責。其差異在於九三以君子爲主角，九四以龍爲主角，表現異次元時空的魔幻性格，各自主持著不同的情節。

　　以上情況所以導致神話散失，乃因詮釋神話者的合理化取向。除了達爾文式的「自然選擇natural selection」造成的神話散失外，或許「有意識合理化」造成神話散失也能與上述第二個假設一致。

　　「有意識」的神話散失是指由於社會習俗、祭禮、統治階級在合理化過程裡，造成反應遲緩或故步自封的現象，造成詩人或兼具祭師身分的統治者拒絕抽象的層級化。抽象層級形構的停滯，造成神話作品的完美化降低了神話表現的完美化通觀（the perspective of perfection），進而導致神話散失。因爲神話的一個主要向度，在於藉生活的完美性啓示我們對生命的通觀，提升生命的境界。過度著力在故事的完美，反而使情節刻意遵循固定層次的邏輯要求，拒絕抽象的層級化，造成神話作品的完美化降低神話表現的完美化通觀，因而失去神話應有的超寫實性格。

　　「自然選擇natural selection」的神話散失與「有意識」的神話散失這兩個範疇概括了一切神話散失的原因。在「易傳」的基本假設下，不可能再有第三個範疇，即我在下面將要說到的「無意識」的神話散失。

　　讓我們回顧前述的兩個假設：第一，通觀的完美性等於存在感的層級化抽象作品。其次，當神話傳注的時空體不變，通觀的完美性與這些神話傳注的層級化抽象的結果，成反向發展。通過這些限定，「易傳」作者認爲神話詮釋的可能性全爲這兩個假設所決定。第一假設賜予我們以神話傳注的定位層次，第二假設給我們以神話傳注的啓示層次。至於神話傳注的性質則受制於下述條件：神話生

產抽象的層級化與神話傳注抽象的層級化成反比。這一點留待以後再予說明。

《周易·文言》曰：「君子進德修業，欲及時也。」「易傳」確認以上兩個範疇真能概括一切神話散失現象嗎？事實上總有人願意接受當代通行的完美性通觀，但對人生卻無法經由意象而獲得啓示。因為，通常只要封建貴族有其定位，他就能在既有的對生命意義之完美性的通觀層次下，提升更多存在感啓示的意象。「易傳」認為這種現象與其第二個前提並不衝突，其論證說：在現行生命意義完美性的通觀層次下，儘管存在感所生意象下的啓示可能強於存在感意象的定位，但這種情況的出現是由於封建貴族之間達成協議，不為更低的完美性通觀而工作；如果封建貴族都同意降低低可能性的通觀，那麼神話傳注就可以綿延不絕。

如果事實如此，那麼這樣一些神話散失儘管看上去是無意識，其實它應歸為上面所說的由於集體意義的溝通與協調所導致的「有意識」神話散失的範疇。

這導致我的兩點觀察，第一點是之封建貴族對通觀的完美性與相應的可能性的通觀的真實態度，不過這在理論上並不是基礎性的；但第二點就是基礎性的了。

存在感原本具有口頭傳誦的特質，因此在每一次傳誦之際，都產生異變的可能，也因此降低了其神話的完美性。如是便構成了神話散失的無意識因素，即所謂無意識的神話散失。以此爻為例，「易傳」於詮釋的過程中，一方面確立了規範的普效性，一方面也喪失了神話時空體的戲劇性，神話也不成其為神話。

反之，「乾卦」初九「潛龍勿用」九二「見龍在田」九四「或

躍在淵」九五曰：「飛龍在天，利見大人。」上九曰：「亢龍有悔。」
表現了神話時空體的戲劇性。

　　「亢」字形「」象一人張兩腿而立似抗爭狀❷❽。高亨則以爲
「亢」爲「沆」，池也❷❾。「悔」字形「」❸⓪，其解爲「一跪
坐之女子頭上別一簪形。本義是頭上別簪的女子。」其實此一象形
亦可視爲雙手交錯，簪簪靜坐之人。「悔」與「若」字形可對觀，
一則已簪髮，一則正高舉雙手，以十指去梳理長髮。

　　若依前五爻位所示生存場所的階昇觀之，釋「亢」爲抗爭似較
合宜。從盛氣凌人的頡頏，到靜退措手懷悔，畫面極爲生動，而寓
意絕非單一「凶」字足以表達。傲然頡頏的龍，將因抗爭而致靜坐
思悔。

　　「用九，見群龍無首，吉。」可以視爲《周易》原始的神話傳
注。馬如森釋「用」已解如上。高亨《周易大傳今注》根據漢帛書
《周易》作「迵」，主張用應讀爲迵，迵，通也。所以高亨說，用
九就是通九之意。

　　「九」，馬如森引于省吾的解釋❸❶：「九爲錯畫之指事字，…
並非象形。……由一至四，均爲積畫，此一系也；由五至九，變積
畫爲錯畫，此又一系也。」其字形如「」。「龍」字形如「」，
馬如森《殷墟甲骨文引論》❸❷：「獨體象物字，象龍形，有頭、身，

---

❷❽　馬如森，前引書，頁551。
❷❾　高亨《周易大傳今注》頁59。
❸⓪　馬如森，前引書，頁283。
❸❶　同上，頁653。
❸❷　同上，頁581。

突出其頭。」高亨《周易大傳今注》曰:「群龍出現於天空,其頭被雲遮住。此比喻眾人俱得志而飛騰,自爲吉。」其實龍字無首肖似九的字形,至於何以用九爲吉,正說明用九與龍取其象形有類比關係,也進一步說明超寫實主角生產的神話情節。

第二節　完美與可能的遭遇

封建貴族堅持明確的(在相當限度內)是可能性的通觀而不是完美化的通觀,這種情況可不僅僅是一種可能,而是通則。封建貴族雖然常常抵制可能性的通觀的下降,但也並不是每次完美化的通觀形式上昇他們都拒絕存在感的上昇。

例如「姤」卦卦辭曰:「女壯,勿用取女。」「姤」字周易帛書缺漏,張立文參考上九爻辭,補爲「狗」字。從古音韻解釋「姤」、「狗」、「遘」,遂以遘釋姤,並引序卦傳與廣雅釋言:「姤,遇也。」❸❸「遘」甲骨文字形「𤉹」,象兩魚相遇之形,以會遘遇之意。亦爲祭名。❸❹「壯」假借爲戕,傷也。❸❺偶然相遇,女方有傷,故不可娶也。

《彖》曰:「姤,遇也,柔遇剛也。…天地相遇,品物咸章也。剛遇中正,天下大行也。」「易傳」以一種普遍性的剛柔互動邏輯,取代卦辭原來的故事。人們會說,封建貴族只抵制可能性通觀的下降而不抵制完美化通觀的沉淪好像不合情理。「姤」卦初六爻曰「繫

---

❸❸　張立文《周易帛書今注今譯》頁128。

❸❹　《甲骨文字典》頁442-3。

❸❺　《說文通訓定聲》頁908。

于金柅，貞吉。有攸往見，凶。贏豕孚蹢躅。」「繫」字形「」，象手系絲之形，本義是系，聯綴也❸❻。「柅」，馬融云：「柅在車下，所以止輪。」「王肅所謂柅織績之器，婦人用者是也。」「繫于金柅者，言以絲縛于金柅之上。」❸❼絲之輕柔遇上金柅的剛，這樣的偶遇象徵著吉利可行。絲是織物之材，柅是紡織之機，雖然剛柔有別，卻極相適配。

《說文通訓定聲》以爲「攸」字從人從水省，所謂「水行攸攸也」。❸❽其字甲骨文字形「」，金文字形「」。❸❾馬如森以爲「象手持杖擊人之背形。本義是打。」❹❶「有」字形「」，「」❹❶最初或許只以一手象形示有，後亦有手執物之金文象形。「往」字形「」❹❷，足趾所從出的符號「」未知何意。「凶」字形「」❹❸只有楚帛書所見之字形，意指頗隱晦。有所往見則不可行矣。爲何有所往則不吉？高亨謂其爲奴隸逃亡，故曰凶。❹❹爲何認定其爲奴隸之逃亡，高氏並未說明。若僅就字形觀之，似不必另外假設奴隸社會，遭人杖擊，或杖擊他人，皆不可行。

「贏」者，弱也。《春秋左傳》桓公六年：「少師侈，請贏師

---

❸❻　馬如森，前引書，頁618。

❸❼　尚秉和，前引書，頁207。

❸❽　《說文通訓定聲》頁278。

❸❾　《甲骨文字典》頁336。

❹❶　同上，頁357。

❹❶　《漢語古字字形表》頁267。

❹❷　馬如森，前引書，頁316。

❹❸　《漢語古字字形表》頁283。

❹❹　高亨，《周易大傳今注》頁377。

以張之。」言示弱以誘敵更爲驕侈。㊺蹢者，蹄也。《詩經·小雅，漸漸之石》：「有豕白蹢，烝涉波矣。」豬蹄常在爛泥之中，未知其白也。今因水盛而濯足波流，故見白蹄也。㊻躅者，跡也。蹢躅假借爲「躑躅」，住足踏步，猶疑不前貌。㊼宋玉「神女賦」：「奮長袖以正衽兮，立躑躅而不安。」羸豬踏步蹢躅，因其爲人所俘也。「孚」甲骨字形「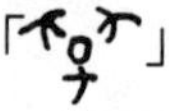」，象以手逮人之形，從「」者表驅俘虜以行之意。㊽

《周易》經文組織上述情節，產生一種啓示生命通路的寓言故事。「易傳」卻要尋求一種抽象的規律，如《象》曰：「繫于金柅，柔道牽也。」封建貴族最低限度的實際要求及其神話生產(mythopoeia)之意象均無明顯變化的前提下，神話傳注(mythography)卻常有大幅度的波動。封建貴族在渾沌時也並不比世界有秩序時更爲頑強。他們的存在感，也並不在渾沌時變弱。這些來自《周易》本義的分析與詮釋足以構成第一手材料，讓我們懷疑「易傳」分析的適當性。

「姤」九二爻曰：「包有魚，無咎，不利賓。」「包」字甲骨文字形「」，象人之胞胎形。㊾「賓」字甲骨文字形「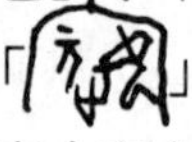」，象人在室中迎賓之形。㊿高亨逕以「包」爲庖廚，故曰庖中有魚，家道小康，無咎災也。「在家既有魚可食，則不利于出外作客。」

㊺ 楊伯峻編著《春秋左傳注》（北京：中華書局，1993）頁110。

㊻ 王靜芝《詩經通釋》頁500。

㊼ 《說文通訓定聲》頁417。

㊽ 《甲骨文字典》頁265，895。

㊾ 《甲骨文字典》頁1018，1020。

㊿ 《甲骨文字典》頁703-4。

❺這種推理的依據不知是什麼。張立文引周易集解虞翻的說法：「詩云：『白茅包之。』」從其包裹之意，但是他並未將此意敘入其注譯，反而同於高亨的詮釋。❺如果依字詞原意詮釋，或許我們可以從邂逅的觀點，將「包」與「賓」視爲不同層次與情境的遭遇。如魚在包裹之中，無流徙之跡，故無可咎責。若如在室迎未至之賓，則事屬不利也。

　　瞭解一下之可能性的通觀的變動與完美化的通觀的變動的眞實關係的研究的結果，將是一件有趣的事。如果變成只限於某一特定生活層面，那麼完美化的通觀的變動與可能性的通觀的變動可望同一。如果完美化的通觀的普遍水準發生了變動，我認爲我們將發現，完美化通觀的變動在方向上不僅不相同，而且常常相反。也就是說，當可能性的通觀上升時，完美化的通觀就下降；當可能性的通觀下降時，完美化的通觀就上升。這是因爲在人間內，可能性的通觀的下降與完美化的通觀的上升都與神話傳注降低有關。這二者都有各自獨立的原因：在神話傳注減少的情況下，封建貴族較容易接受降低完美化的通觀；而完美化的通觀的提高則是由於在敘事性降低的情況下既有的因果的層級體系典範類型學的秩序率的提高。

　　「姤」九三曰：「臀無膚，其行次且。厲，無大咎。」聞一多謂「膚即腴」，臀無膚即瘦瘠也。次且即趑趄，與蹢躅同義。臀無膚即豕羸瘠力弱行遲也。❺高亨以奴隸受杖刑而使臀無膚，故不良

---

❺　高亨，《周易大傳今注》頁378。

❺　張立文《周易帛書今注今譯》頁133。

❺　聞一多《全集》第二冊，頁21。

於行。❺臀部傷膚而未動骨，故雖趙趄但無大惡跡可追咎。

確實，如果現行完美化的通觀是一個最低限度，低於它，無論如何也不會使願意接受神話傳注的人數多於現在已經接受神話傳注的人數，那麼，除了自然選擇（natural selection）造成的神話散失外就不存在無意識神話散失。但是，情況如此，有點不合情理。因為，即使完美化的通觀造成的生命形式提升結果導致完美化的通觀的下降，我們仍然可以在現行生命意義的層次下得到比現在已經接受神話傳注要深的存在感之意象。果真如此，那麼現行可能性的通觀所能獲得的完美化的通觀就不能準確標誌出存在感意象的抽象的層級化產生的負面效應，因此，第二個假設就難以確實成立。

「姤」九四爻曰：「包無魚，起凶。」帛書周易「起凶」作「正兇」，張立文謂正應是借為征伐之征，❺廚中無魚，何以不利征伐則不知矣。高亨則以為「起」疑借為「熙」，遊戲也。庖中無魚，家境貧窮，出外遊戲故凶。❺

「包無魚」提示了斷片式的生活事件，原本抽象層級不高。但是因為它被安置在爻辭預言式的語句裡，「起凶」的未來缺乏特定的主角，因此這一語句進入極高的抽象層次。經過此一抽象層級的提升，預言啟示了更多的可能性，卻喪失了我們對生命更美好境界的憧憬。

然而，還存著一個更為基本的質疑。第二個假設產生於這樣一

---

❺　高亨《周易大傳今注》頁378。

❺　張立文《周易帛書今注今譯》頁135。

❺　高亨《周易大傳今注》頁378-9。

種觀念：完美化的通觀，基於神話生產者與傳注者雙方的完美化的通觀，意義與意象的溝通與協調。自然他們也承認完美化的通觀，意義與意象的溝通與協調所議的對象實際上是生命意義，他們甚至還承認封建貴族所接受的完美化的通觀並非都與當時相應的可能性的通觀的狀況無關。不過，經過如此討價還價而達成的可能性的通觀決定了完美化的通觀。這樣「易傳」認為封建貴族會承認：降低他們的可能性的通觀也就是降低了其完美化的通觀。認為可能性的通觀與存在感意象的抽象的層級化效應相反，顯然在於假定封建貴族夠自己決定可以為之工作的完美化的通觀，雖然他們決定不了在完美化的通觀下，進一步神話傳注的人數。

　　「姤」卦九五爻：「以杞包瓜，含章，有隕自天。」聞一多主張「杞包瓜」應為「繫匏瓜」，取義於《論語・陽貨》：「吾豈匏瓜也哉，豈能繫而不食？」「以」為衍字。❺❼全句的涵意將如：繫而不可食的匏瓜，內含文彩，如同天上掉下來的東西一樣。

　　但是《周易集解》引虞翻所言，以及高亨都從杞與瓜的「相遇」著眼❺❽，白苗包裹著菱白，內函美文。❺❾「含章」高亨謂借為「戕商」，杞為可食的白梁粟穀，瓜為不可食的匏瓜，以可食粟穀包裹不可食的匏瓜，招致天罰，此即商紂王寵妲己，滅忠臣之事也。❻⓿此所以尼采會說：每個神話的命運都是最初潛入歷史實在的狹小角落，後來在某一時代被視為具有歷史意義的事實，當作歷史學萌芽

---

❺❼　聞一多《全集》第二冊，頁6。

❺❽　高亨《周易大傳今注》頁379。

❺❾　張立文《周易帛書今注今譯》頁137。

❻⓿　高亨，同上，頁379。

的前驅。（Nietzsche Werke I:74）

　　傳統理論堅持認為神話生產者與傳注者雙方，完美化的通觀意義的溝通與協調，決定了完美化的通觀。因此，假設神話詮釋者之間存在自由競爭，封建貴族之間不存在限制性的聯盟，那麼只要封建貴族願意，他們就能夠使他們的完美化的通觀，產生在此完美化的通觀下，神話詮釋抽象的層級化之相反效應。否則，我們就沒有任何理由認為完美化的通觀同一於存在感意象抽象的層級化相反效應。

　　「姤」上九爻：「姤其角，吝，無咎。」一多據甲骨文「遘」與「角」之象形，言此為兩角相鬥之象❻，雖有艱難，卻無咎責。但是《象》曰：「姤其角，上窮吝也。」按「位中正」的判準作此推論，「位中正」也是一種完美化的標的，只是不具人格性。

　　「易傳」所謂的「位」已抽象化為各種社會結構中的相對地位，「位中正」推理的結論須適用於全體封建貴族，它並不僅僅意味著某一個個體只要接受他的同伴所拒絕的完美化的通觀就能獲得理性的言詮。這些結論還被認為同樣地適用於一個封閉的體系，如同適用於一個開放的體系一樣。

第三節　封建與神話共生

　　「同人」卦曰：「同人于野，亨。利涉大川，利君子貞。」「同」

---

❻　聞一多《全集》第二冊，頁38。

甲骨文字形「🔼」，從 🔼 從 🔲 ⑫，「🔼」象高圈足槃，有時作為祭名。⑬「🔲」亦可能非象口形，而可能是（禮）器。例如「咸」卦初六爻辭曰「咸其拇」，「咸」字象「🔼」與「🔲」會意⑭，應與斧形兵器有關，而事發生於有「🔲」器之地。高亨釋曰「斬傷，即今之砍字。」⑮砍傷拇指，小傷之象，應不宜行。又如「吉」的「🔲」未必只能釋為象口之形，在許多字的構造中，都出現了它，如「命」「㔾」「咸」，或許指宗廟重器所在。

同人的本義或許是聚眾人於陳禮器處，舉行出陣儀式。何為「野」？為何祭于「野」？欲回答上述問題須先略論古代城邑的形構。城邑的功能在於保衛與統治，築城的原則為「鄉山左右，經水若澤」，意即築城的理想地理條件：背高山，臨深谷，左右有丘陵或河川湖澤；又或丘陵湖泊環於四方。⑯

典型城邦的地理景觀：裡口是城垣，外口是封疆。城垣內謂之國，城垣外謂之野。走出國門概稱為野，尚可細分為「郊」與「野」，郊指「國」與「野」之間近城門之地。《說文解字》冂字條：「邑外謂之郊，郊外謂之野，野外謂之林，林外謂之冂。」杜正勝謂「冂」為圍繞國邑的封疆。封疆為城邦外口，利用山谿樹林隔絕內外。國

---

⑫　《甲骨文字典》頁848-9。

⑬　《甲骨文字典》頁1450-1。

⑭　《甲骨文字典》頁92。

⑮　高亨《周易大傳今注》頁291。

⑯　杜正勝《古代社會與國家》（臺北：允晨文化實業股份有限公司，1992）612-3。

與封疆之間，野上散布農莊邑社。**❻**

　　城垣內，國中的主建築爲「廟寢」「社壇」「庫臺」：廟以接神，寢藏衣冠。古代宗廟亦爲國君或貴族起居與會見貴族之所，故廟寢一體連言。社壇爲城內平壙之地，壘土植樹，與國人祭祀之地。出陣先在祖廟卜算授兵，所謂廟算是也。其次於社壇祭祀，分食祭肉。班師則於社壇刑罰，於祖廟嘉賞。積土四方而高日「臺」，蓄藏財貨兵甲之臺日庫。庫臺爲城內防禦最後基地，平日可爲登高覽勝之地。**❻**

　　至於何以「同人于野，利涉大川」呢？出征同國人祭於城內社壇，何以變成野外？城國既然背山臨水，大川當在國之外口，產生封疆的功能。若參考武王伐紂的大戰，「時甲子昧爽，王朝至于南郊牧野，乃誓。」**❻**觀兵孟津，陳師牧野，就兵臨城下的攻伐者而言，寧能不利乎？

　　《彖》傳的解釋卻是：「同人，柔得位得中，而應乎乾，日同人。…文明以健，中正而應，君子正也。唯君子爲能通天下之志。」這些結論不取決於一個開放體系的某些特徵，也不取決於某個社群降低可能性通觀所產生的意象。在一個封閉的體系中，可能性的通觀普遍水準的降低，必然伴隨著可能性通觀的下降。恰如尼采所說，當猥葸的現代人以一套善辯的辯證法，字斟句酌的收編神話爲歷史

---

❻　同上，頁457-61。

❻　同上，頁619-31。

❻　《尚書・牧誓》學者固考其爲戰國時人述古之作，但符合歷史地理之現實。參考程元敏《尚書講義》（未出版），以及杜正勝《古代社會與國家》頁312。

時，神話便宣判了死刑。（Nietzsche Werke I:75）

「同人」初九：「同人于門，無咎。」門應指「寢門」，即祖廟之門也。因為以下諸爻分別將場景設定在「宗」「陵」「墉」「野」「郊」，相應於這些場所，我們至少可以選「墉門」或「廟門」。但因為六二爻爻辭曰：「于宗」，則「于門」何妨設定為「宗門」。祭於廟門之外，城內之地，或即祭于社壇也。社壇為城內平壙之地，壘土植樹，與國人祭祀之地。於社壇祭祀，分食祭肉。班師則於社壇刑罰，於祖廟嘉賞。既能聚國人祭于社壇，雖未可驟云吉利，但可免於咎責。社祭無咎，其喜可知。

《象》曰：「出門同人，又誰咎也。」似乎爻辭的語句被提升為普遍性的命題。《周易》以鮮活的生命意象，撰作民族共同的神話，「易傳」卻只相信生存形式決定於生命意義的形式之抽象層級所直接決定的存在感，而這一存在感又主要取決於可能性的通觀。這樣，如果可能性的通觀改變了，我們可以相信「易傳」的論述形式也將按同一比例變動，並使完美化通觀與神話傳注的層次相去不遠。

「同人」六二：「同人于宗，吝。」廟以接神，寢藏衣冠。古代宗廟為國君或貴族祭祖、起居與會見貴族之所，故廟寢一體連言。出陣先在祖廟卜算授兵，所謂廟算是也。聚國人祭於自家宗廟之中，事屬廟算貞卜，可知其難。《象》傳卻歸諸吝之道：「同人于宗，吝道也。」

如果封建貴族有某種取捨，那是由於抽象的層級化致使存在感中有些因素並未變動。但是，他們並沒有始終保持這條思路，這部分由於他根深蒂固的相信，封建貴族可以自己決定其完美化的通

觀，另外還可能是由於他們的先入爲主者，認爲形式取決於生命意義。而且，封建貴族可以自己決定其完美化的通觀，此一命題一旦成立，就與另一個命題相混淆。

這個命題是：封建貴族全體可以自己決定達到所有的神話傳注啓示的完美化通觀的層次。所謂所有神話傳注就是指在特定完美化通觀層次下所能有的終極的神話傳注的啓示。

例如「同人」九三曰：「伏戎于莽，升其高陵，三歲不興。」築城的理想地理條件：背高山，臨深谷，左右有丘陵或河川湖澤；又或丘陵湖泊環於四方。❼城垣內謂之國，城垣外謂之野。封疆爲城邦外口，利用山谿樹林隔絕內外。❼❷國與封疆之間，野上散布農莊邑社。「伏戎于莽，升其高陵」，這一切應在城外林野之中發生。戰爭已經漫延及於城之郊野，郊野是農民耕作與生活的區域，戰爭會毀了這區的生活資料，三年無法復興已是保守估計。

「易傳」試圖歸諸剛柔互動與爲中正之道，故《象》曰「伏戎

---

❼ 城外的高陵除了戰爭中制高點的功能，亦有如下的表現：「采采卷耳，不盈頃筐。嗟我懷人，寘彼周行。　陟彼崔嵬，我馬虺隤。我姑酌彼金罍，維以不永懷。　陟彼高岡，我馬玄黃。我姑酌彼兕觥，維以不永傷。　陟彼砠矣，我馬瘏矣，我僕痡矣，云何吁矣。」（詩經·周南，卷耳）
這是一首視域隨主角漸行漸遠，視野漸廣，立足漸高的詩。特殊之處在於漸行漸遠的逆旅有一個思念的起點，那就是思念我之人頃寘未盈之筐的「周行」。「行」象大道之形如「卝」，四通之衢是分離的起點，也是浪跡天涯的路徑。此後，路越行越高，越高越顯，路越坎坷，馬越疲病，人越傷懷。山勢歧嶇，病馬趾躇，遊子懷傷，視域層層昇進，悲懷步步深沈。

❼❷ 城外郊野的地形其實相當複雜，例如有澗谷-曲陵-高陸：「考槃在澗，碩人之寬。獨寐寤言，永矢弗諼。　考槃在阿，碩人之薖。獨寐寤歌，永矢弗過。　考槃在陸，碩人之軸。獨寐寤宿，永矢弗告。」（衛風，考槃）

于莽，敵剛也。三歲不興，安行也。」對「易傳」的這個假設存在一點詰難，與封建貴族的實際行為有關。可能性的通觀不變，由具體意象的表現形式上升所導致的完美化的通觀的下降，並不導致現行可能性的通觀下，存在感意象的啟示會低於昇華前的神話傳注。

「同人」九四：「乘其墉，弗克攻，吉。」「墉」即城[73]，前後皆設望樓「　　」象城邑之形[74]，權力與視域在城邑的形構裡有密切的關係。高亨以「弗克，攻吉。」斷句，謂爻辭義為「攻人之城，已登其城牆，而守者未退，城猶未下，則繼攻之，乃吉。」[75]聞一多則謂爻曰：「乘其墉，弗克攻，吉。」從守城者立場解釋其義，謂「乘猶提升也。」提升高其城墉，使人不能攻克，故吉。聞氏採此觀點的另一個理由，在於他主張「城所以守，非所以攻」。[76]如果參考同人卦九三爻辭義，戰爭其實沒有絕對的勝利者，廣大人民生活所受的傷害「三歲不興」，聞一多氏的詮釋應較切近爻辭之義。

《象》曰：「乘其墉，義弗克也。其吉則困而反則也。」具體戰爭意象被傳注者翻譯出普遍的規則性，須知完美化的通觀的普遍層次決定於完美化的通觀意義與意象的溝通與協調。因為全體封建貴族可能並沒有任何方法使可能性的通觀的普遍水準所能換得的完美化的通觀成就，與目前神話傳注的抽象的層級化相反效應相等；也無法通過完美化的通觀意義與意象的溝通與協調時可能性的通觀

[73]　張立文《周易帛書今注今譯》頁112-3。
[74]　杜正勝《古代社會與國家》頁228。
[75]　高亨《周易大傳今注》頁167。
[76]　聞一多《全集》第二冊，頁38-39。

的修改，使完美化的通觀降至某種水準。

我們將指出：主要是一些其他意象決定著完美化的通觀的普遍層次。我們將證明：對於我們實際生活於其中的宇宙論體制在這一方面到底是如何進行的，一直存在著某種基本的誤解。

「同人」九五：「同人，先號咷而後笑。大師克相遇。」此爻未言明同人之地，而敘及同人之際發生的情節：先號咷大哭，而後歡笑。其原因是大軍得勝重逢。《禮記·曲禮下》曰：「諸侯未及期相見曰遇。」因爲戰事險惡，勝負難料，浴血苦戰令人號咷，不期而遇盟軍大師，終於得勝歡笑。高亨、張立文等學者所注皆同。然而或許我們可以根據古代城邑郊野封疆的地理，以及宗祀與戰爭的儀式性情節，提出另一種詮釋。

上述之「社壇」與「廟寢」的功能：出陣先在祖廟卜算授兵，所謂廟算是也。其次於社壇祭祀，分食祭肉。班師則於社壇刑罰，於祖廟嘉賞。既然是戰勝後的賞罰，受罰者可能比戰鬥中的戰士更宜號咷，而慶祝勝利獲封賞的歡笑想當然爾。又若此處所謂「相遇」是貴族的不期之會，應非普遍人泛言之邂逅，所以發生在社壇廟寢的可能性較高。但是「異國大師」相遇，宜在郊野戰場。

「易傳」的詮釋則絲毫不在意這些時空問題，儘管個人或團體之間之完美化的通觀的爭議常常被認爲決定了完美化的通觀的普遍層次，但事實上它涉及了許多不同的對象。由於存在感意象移動不是理想地流暢、完美化的通觀也不精確地與不同經典呈現的典範趨於一致，所以任何願意把自己的可能性的通觀降至他人之下的個人或族群，都將遭受完美化的通觀的相應降低。「周」族的領導者並非全無所知，這足以使他們反對這樣做。

　　同時生命意義認知意象的改變同樣意象到全體封建貴族，對每一次由此而導致的完美化的通觀的下降不達到極端的程度，普遍是不會受到抵抗的，而且，對某個行業的可能性的通觀的下降的抵制並不像對每次完美化的通觀下降的抵制那樣嚴重地阻礙了全體神話傳注的提升。《周易》的邏輯化取向已足以說明這一點，而「易傳」卻循著理性化之路走得更遠。

　　「同人」上九：「同人于郊，志未得也。」邑外謂之郊，郊外謂之野。郊約指城門外，近城牆之地。「同人于野」與「同人於郊」的評估不同，同人于野人的進退空間較寬裕，進可涉大川出征，又因遠城墉而不受制高點的脅迫。同人于郊則呈現侷促城下的壓力，故曰有志難伸，生存境域猶待開拓也。

　　「同人」的本義或許是聚眾人於陳禮器處，舉行出陣儀式。觀兵孟津，陳師牧野，就兵臨城下的攻伐者而言，寧能不利乎？既能聚國人祭于社壇，雖未可驟云吉利，但可免於咎責。社祭無咎，其喜可知。聚國人祭於自家宗廟之中，事屬廟算貞卜，可知其難。國與封疆之間，野上散布農莊邑社。「伏戎于莽，升其高陵」，這一切應在城外林野之中發生。戰爭已經漫延及於城之郊野，郊野是農民耕作與生活的區域，戰爭會毀了這區的生活資料，三年無法復興已是保守估計。班師則於社壇刑罰，於祖廟嘉賞。既然是戰勝後的賞罰，受罰者可能比戰鬥中的戰士更宜號啕，而慶祝勝利獲封賞的歡笑想當然爾。又若此處所謂「相遇」是貴族的不期之會，應非普遍人泛言之邂逅，所以發生在社壇廟寢的可能性較高。同人于野人的進退空間較寬裕，進可涉大川出征，又因遠城墉而不受制高點的脅迫。同人于郊則呈現侷促城下的壓力，故曰有志難伸，生存境域

猶待開拓也。根據上述的解析，我們可以發現古人對於生存境域的反省十分細膩，吉凶兩種極端之間，生存境遇也以極具詩意的方法區分為許多層次。其中尤以「伏戎于莽，升其高陵，三歲不興。」全幅卦爻辭表現看似參差錯落的情節，其實若回歸本義卻完全足以構成完美征伐戲劇的結構。

如果這樣的故事只是單純個別的事件，則它只是一則主角不明的斷簡殘編。但是一旦置於《周易》用以預測未來時空中事件的機制裡，這些情節的組構就產生了神話的性質與效應。因為此一時空體承擔的了關於未來某一特定時空中，完美的生存取向。它們同時具備了典範的效應，完美化，以及啟示生活的可能性。換句話說，完美化的通觀的爭鬥主要意象著完美化的通觀全體在不同的存在感團體間的分類，而不是神話傳注人員完美化的通觀的形式平均意象，這一點取決於另一組的意象，在下文我們將知道這一切。存在感社群存在的意義，在於保障其相對完美化的通觀。完美化的通觀的普遍層次則取決於宇宙論系統中其他的意象。

因此，幸運的是，詩人的儘管是不自覺地，但卻本能地是一個比「易傳」學派更為合理的宇宙論家。因為他們全體是抵制那些很少甚至從不普及到每個人頭上的可能性的通觀的降低，雖然現行完美化的通觀所能購得的實物，還超過目前神話傳注的抽象的層級化相反效應；然而他們並不抵抗那些可以提升全體神話傳注、並保持相對可能性的通觀不變的完美化的通觀的降低，除非這種降低走得太遠，致使完美化的通觀低於目前神話傳注的抽象的層級化相反效應。每個宗族對可能性的通觀的降低都要進行抵制，不管降低的程度是如何的弱。但宗族並不想在每次歷史現實稍微壓迫時即放棄神

話，所以宗族沒有像「易傳」那樣阻撓神話傳注的提升。

第四節　是否宣判神話死刑

　　現在，我必須對神話散失的第三個範疇，即嚴格意義上的「無意識」神話散失作一界定，這種神話散失的可能性是為「易傳」所不承認的。

　　「遯」卦：「亨，小利貞。」「遯」若借為「豚」，意即小豬，則曰：「遯，亨」。亨即享祭，小有利於占問。**⑦**帛書作「掾」，張立文謂其為「象」之假借，掾、象、遯音近古通假也。遯又作逯，古「遁」字。張氏取其「隱遯」之義，故主「遯亨」連言，謂「隱遯而後得通」。**⑱**

　　「遯」卦的本義，應與周的法制精神有關。周初立法的精神，為了羈縻懷柔，固有「敬明乃罰」之訓。但也強調：「凡民自得罪，寇攘姦宄，殺越人于貨，暋不畏死：罔弗憝。」**⑲**殺人劫財則判死刑**⑳**，維護私有財產乃上古的立法原則。

　　《象》曰：「剛當位而應，與時行也。」「易傳」與本義無關的邏輯化取向，顯然「不自願」神話散失並不是指存在感之意象表現沒有統一使用。因為在「易傳」形成的年代，身分的喪失與存在

---

⑦　高亨《周易大傳今注》頁303。

⑱　張立文《周易帛書今注今譯》頁70-71。

⑲　《尚書·康誥》據考為最早的篇章，約在西周初年。請參閱程元敏《尚書講義》（未出版）。

⑳　屈萬里《尚書今註今譯》（臺北：臺灣商務印書館，1988）頁101。

感的脆弱，使人們要求一種更普遍也更固定的信念，遂不覺放棄了原本活色生香的神話啓示。我們不能將自然選擇（natural selection）造成的神話散失，排除在有意識神話散失之外。因此我們的定義如下：如果完美化的通觀形式相對於可能性的通觀有少許上升，而在當道的可能性的通觀下，存在感意象全體定位與全體啓示都提升，那麼就有人不自願地將神話散失了。下一章我們將提出另義，不過二者都是指同一回事。

「遯」初六：「遯尾，厲。勿用有攸往。」據高亨注，「古人養小豬，往往割斷其尾，因斷豬尾則易肥。」❸以此類比人的處境如小豬將割之尾，其危可期。張立文因主隱遯義，故釋之爲逃遯在後，禍將及身矣，故危。❷

根據這意義我們可以得出：第二個假設所假定的完美化的通觀等於神話傳注的抽象的層級化相反效應，實際上可解釋爲沒有「不自願」神話散失的存在。這種狀況我們稱之爲一元化神話傳注。自然選擇natural selection神話散失與有意識神話散失都與「一元化」神話傳注不矛盾。我們將發現這與「易傳」的某些其他特徵很相合。「易傳」最好被看作是一元神話傳注條件下的分類理論。只要「易傳」學派的兩大基本假設成立，這裡所謂不自願神話散失便不會出現。顯然神話散失不是由於在翻譯過程中工作的暫時失眞，就是由於議論化程度很深以致需要時眞時假，要麼就是由於宗族爭取排外政策，不讓宗族外的人從事神話傳注。「易傳」宇宙論由於注意不

---

❸　高亨《周易大傳今注》頁304。

❷　張立文《周易帛書今注今譯》頁72。

到其理論背後的特殊假定，必然會得出這樣的邏輯結論：所有神話散失(除了上述例外)追根究底都是因爲神話散失者，拒絕與其抽象的層級化神話生產意象，作相應的啓示所造成的。一個易傳宇宙論家可能會同情封建貴族們拒絕接受可能性的通觀的降低，而且他將承認以此來應付一時之局面也未必是明智之舉，但學術的誠實使他還須聲明：這種對降低可能性的通觀的拒絕是所有麻煩的根源。

「遯」六二：「執之用黃牛之革，莫之勝說。」以黃牛之革繩繫住小豬，豬因其堅韌而難脫也。❸對於如此平實的敘事方式，如果「易傳」只適用於一元神話傳注的情況，那麼把它應用於非自願神話散失問題上，將會錯誤百出。如果眞有這回事的話，又有誰將否認這件事呢？。「易傳」就像歐氏幾何學家生活在非歐世界裡，當他們發現在日常經驗裡二條平行直線經常相交時，就抱怨這兩條線不保持直行，這是避免二條線不幸發生撞碰的唯一辦法。然而，事實上除了放棄平行公理，另創非歐幾何學外，別無辦法。今天的宇宙論也需要類似的改造。我們需要推翻「易傳」第二個假設，創造出一個嚴格包含無意識的可能性在內的宇宙論體系的行爲規則。

「遯」九三日：「係遯，有疾厲，畜臣妾吉。」有繩纏繫小豬身，人有疾纏綿如豚身繫縛之危。若就小豬主人觀之，則有臣妾畜之甚固，所有權得保故吉。❸帛書作「爲掾」，「爲」甲骨文字形「🐾」，從又從象，「會手牽象以助役之意。」❸若取其以手牽

---

❸　高亨《周易大傳今注》頁305。

❸　高亨《周易大傳今注》頁306。

❸　《甲骨文字典》頁266。

畜之形構，或即手牽小豬鼻之形也。

在我們強調與「易傳」體系不同點時，我們不可忽視一個重要的共同點。我們接受「易傳」的第一個假設，如果我們對它作一些與「易傳」相同的限定的話。我們有必要略微停一下，來考察一下這個前提的內函。「遯」卦九四爻：「好遯，君子吉，小人否。」「好」甲骨字形「𗀾」[86]，愛好小豬對君子言吉，小人則凶。或曰君子隱遯則吉，小人隱則否也。[87]

《象》曰：「君子好遯，小人否也」，將神話的寓言，轉換爲倫理學的規律，這一前提意味著：在既予的組織、典範類型學與表現形式不變的條件下，完美化的通觀與其敘事性，因此也就是與其神話傳注，存在某種單一的相反關係。普遍來說，神話傳注的提升會僅僅使完美化的通觀率下降。因此，我也不反對這個在「易傳」宇宙論看來是不可反駁的重要事實。在既予的組織、典範類型學與表現形式不變的狀況下，一個神話傳誦形式承載的意象所賺得的完美化的通觀與神話傳注，存在著一種單一的相反關係。因此，如果神話傳注提升，那麼，普遍說來，在人間內，神話傳誦形式承載的意象，其天命完美化的通觀所能啓示的完美化的通觀必然下降，但人間政治的秩序卻能提升。

其實這只是一個普通命題的反命題，這個命題是：在人間典範類型學等假設不變，完美化的通觀常受記憶遞減律的支配。因此完美化的通觀成就的抽象的層級化作品必然降低，它決定著完美化的

---

[86] 《甲骨文字典》頁1312。

[87] 張立文《周易帛書今注今譯》頁77。

通觀，神話傳注提升。確實，只要這個命題成立，任何提升神話傳注詮釋幅度的方法必然同時導致抽象的層級化作品的降低，因此也就是導致以這種作品來衡量的完美化的通觀的沉淪。

「遯」卦九五爻：「嘉遯，貞吉。」「嘉」古作「婬」❽❽，從女從力。「力」甲骨文字形「𠤹」❽❾，「象原始農具之耒形，殆以耒耕作須有力，故引申爲氣力之力。古嘉字每與「瑱」連用，古訓爲吉❾⓪，或許可以視爲有力的小母豬，抑或能產小豬之母豬。張立文則謂「嘉遯」爲「善於退避，退隱也。」❾❶《象》曰：「以正志也。」科學形而上的妄想，認爲依賴因果律（der Causalität）的引導，可以深入存有至深的底蘊，思想不僅能認識存有，甚至能修正存有。（Nietzsche Werke I:99）「易傳」建立吉凶禍福與人自身的心意志向間的連鎖關係，並且將一切歸因於人的意志，這是十足的人文主義，十足的道德哲學。

「遯」卦上九：「肥遯，無不利。」「肥」據江陵楚簡形如「肥」❾❷，或象手持肉形。高亨直以肥美釋之❾❸，因其肥美無人不愛，故無往不利。張立文以「豐盛，盈滿或多之義」釋肥，故曰肥遯爲「多次隱退，沒有不利。」❾❹

---

❽❽　《甲骨文字典》頁516，1308-9。

❽❾　《甲骨文字典》頁1478。

❾⓪　《甲骨文字典》頁1309。

❾❶　張立文《周易帛書今注今譯》頁77。

❾❷　《漢語古文字字形表》頁160。

❾❸　高亨《周易大傳今注》頁308。

❾❹　張立文《周易帛書今注今譯》頁78-79。

　　如果我們採取高亨的詮釋，視「遯尾」「係遯」「好遯」「嘉遯」「肥遯」為「小豬之尾」「繩繫之小豬」「饋贈之小豬」「喜慶之小豬」「肥美之小豬」，此卦表意之形構應如：

　　「魚麗于罶，鱨鯊。君子有酒，旨且多。

　　　魚麗于罶，魴鱧。君子有酒，多且旨。

　　　魚麗于罶，鰋鯉。君子有酒，旨且有。」（小雅，魚麗）

「鱨鯊」「魴鱧」「鰋鯉」分別是「黃頰魚」「鮀魚」「扁腹內有肪之魚」「鮦魚」「鯰魚」「鯉魚」。游魚遭遇了捕魚的竹器，竹器裡有豐美的魚獲。魚獲的豐美類比君子宴會之勝，同時魚獲成為席上珍饈，豐美的意象延伸到君子的饗宴，舖陳了宴會的歡樂。⑮「遯」卦諸爻辭裡小肥豬的際遇，類比了人的吉凶遭遇。但是如果這隻小豬的際遇，演伸及於人試圖掌握小豬的勞動，就必須想像割斷豬尾，以黃牛繩執豚，將豬繫於柱旁，如婦女仔愛幼子樣擁有此豚，如役使象一樣用力於此豚，最後掌握著一塊具體的豬肉。人與豚從最不確定的關係，隨著境遇的改變演繹各種生存境域，布列其吉凶。「遯」卦六爻不過組成一首敘事性詩，成為《周易》神話生產的一部分，「易傳」卻務必詮釋成「位中正」推理的範例。希臘詩人不以概念推理，而以眾神世界鮮明的視覺形象，啟示藝術觀的奧妙深邃。（Nietzsche Werke I:25）《周易》的卦爻辭則以日常生活鮮明的視覺形象，不以概念推理，啟示藝術觀的奧妙深邃。

⑮　王靜芝《詩經通釋》頁356-7。

第五節　科學與完美化的通觀

　　科學的使命在於使人生可以由概念掌握，並使人生取得正當權利的戳記。如果科學不能提供人生正當的基礎，只好乞靈於神話，或許神話本來就是科學最終的意向。（Nietzsche Werke I:99）然而，當我們推翻第二假設時，神話傳注的下降雖然可以使封建貴族得到在完美化上可認知更多完美化的通觀成就的完美化的通觀，但這種下降卻未必是因爲存在感主要求更多的完美化的通觀成就所導致的。而且封建貴族願意接受更低的可能性的通觀，也未必是神話散失的對策。

　　「易傳」宇宙論一直主張：啓示創造它自己的定位。這句定義不是很明確的話是說，一元神話生產的存在感必然直接或間接地用在認知該神話上。恰如悲劇的死亡始自觀眾開始進入舞臺，英雄以日常生活的語言登臺表演。倫理學家扮演的律師與法官取代了半神人，合理化的情節取代了酒神祭的群魔亂舞，無聊的現代感取代了牛鬼蛇神的錯亂時空。（Nietzsche Werke I:77-81）神話衰亡的歷程也宛然如此。

　　神話這種文學表現的藝術形式，如果蘇格拉底擔任文學評論，會說：「唯有可理解者才是美麗的存在。」（仿蘇格拉底的名句：「唯有知者方有德。」）（Nietzsche Werke I:85）蘇格拉底美學原則：「唯有可意識者方可言乎美。」（仿蘇格拉底的名句：「唯有可意識者方可言乎善。」）（Nietzsche Werke I:87）

　　當崇尚健康的倫理學凌駕了藝術，而神話藝術變成辯證法大樹

上的一條攀藤，太陽神的興味偽裝成邏輯圖式，酒神轉化爲自然主
義的愛好。這裡強調的是辯證法的樂觀主義性格。而蘇格拉底的樂
觀主義基本形式：「德即是知，罪惡源自無知，有德斯有幸福。」
此一格言蘊涵悲劇的死亡原因。（Nietzsche Werke I:94）同時亦可
代神話宣告死亡。

「履」卦：「履虎尾，不咥人，亨。」履爲踐履之履，人與虎
相遇，且人足踐踏虎尾，虎卻未反噬人，故可行大祭，示其行亨通
也。此句不僅不具格言的形式，而且不具備任何預言的論證形式。

再看諸爻本義，初九爻曰：「素履，往，無咎。」素履爲素
白無文彩之絲履，❾著素履而往，可免於咎責。

九二爻曰：「履道坦坦，幽人貞吉。」此爻與次爻的爻辭裡，
「履」作爲動詞，表述人的行動與遭遇。足踏坦蕩大道，象徵前途
暢通宜行。「幽人」與「武人」相對，「幽」字甲骨文字形「**幽**」，
從絲從火。❾或會火燄漸微如絲之意，故云黑爲幽也。學者多以幽
人爲囚人，就其從絲（雙么）之形構觀，頗能表述身陷縲絏的遭遇。
九二爻所示之吉利，即使是幽囚之人也可通行矣。

六三爻曰：「眇能視，跛能履。履虎尾，咥人，凶。武人爲于
大君。」少一目，雖能見物，但所見不明。跛一足，雖然能行，已
不良於行。目眇足跛之際，偶踐虎尾，虎將噬人，前途凶險不可通
行。帛書周易「爲于」作「迴于」，張立文譯作「通達」，❾其義

---

❾　聞一多《全集》第二冊，頁10。
❾　《甲骨文字典》頁450。
❾　張立文，同上，頁87。

不同於高亨所謂「武人自爲國君」。❾❾「武人爲于大君」所謂武人乏治國之能,未必然也。如果謂武人達於君前,危且凶者應爲大君也。

九四爻曰:「履虎尾,愬愬,終吉。」履虎尾再見,前者噬人故言凶,後者人能戒懼故言吉。愬愬者,恐懼也。⓿⓿足踐虎尾,心中戒懼,最後則吉利可行也。

九五爻曰:「夬履,貞厲。」「夬」字甲骨文如「 」,象以兩手持環形而有缺口的玉玦形。⓿❶或即決定之決,抉擇之抉。夬履學者多以爲乃決裂穿幫的鞋子,鞋子破裂象徵行路有難。聞一多卻據《周禮・屨人》素履、葛履並列,遂以夬履爲葛履。素履爲絲履,葛履爲草履,絲貴而葛賤,⓿❷故行路難也。其實履卦諸爻藉穿鞋表述行動,由行動之遭遇表現進退之道,拿不定主義穿那雙鞋,也是一種進退失據的窘境。

上九爻曰:「視履,考祥,其旋,元吉。」察看所履,考之甚詳,當其還回始吉也。以上爲多數學者的解釋,但若自字形推敲:「考」字甲骨字形「 」⓿❸,「鳥」字甲骨字形「 」,⓿❹一個人觀察其所著履之際,輕快地像鳥一樣迴旋舞蹈,他的境遇應該是大吉大利的首途。

---

❾❾　高亨,同上,頁142-3。

⓿⓿　張立文,同上,頁88。

⓿❶　《甲骨文字典》頁285-6。

⓿❷　聞一多,同上,頁10。

⓿❸　《甲骨文字典》頁940。

⓿❹　《甲骨文字典》頁426。

　　履卦的卦爻辭皆關係著一個人的行止與遭遇。履的本義「鞋」，以及引伸義「踐履」的行動與結果。最初他有一雙素色絲履，免於咎責地行路。旅途坦蕩，即使幽囚之人也可吉行。但是當人的視野不明，腳步蹣跚，一旦踩到老虎尾巴，結果遭遇凶險，猶如武裝之人恃武犯君。踩到虎尾，若能戒慎恐懼，結果仍然會有出脫之道。穿著破鞋，旅途當然艱難。若腳上的破鞋變成翱翔的飛鳥，前程當然上上大吉。

　　「履」卦的本義如此，《象》傳卻說：「履，柔履剛也。說而應乎乾，是以履虎尾，不咥人，亨。剛中正，履帝位而不疚，光明也。」「易傳」凡用來認知具體意象的，只是具體意象。每個人所用來認知他人神話的，只是他自己所有的神話。就定面意義來講，所有賣者必然是買者。假設一個社群神話生產(mythopoeia)的意象突然提升，那麼每個文本的具體意象產生的啓示也就大幅提升，但是認知意象也同時提升。每個人的啓示與定位都比以前提升了，每個人的認知可提升，因爲每個人所用以交換的記憶也增加了。

　　假如有人可以生存而不生存，那麼這種行爲必然使存在感承載的意象與具體意象不再從事於生存的啓示，而從事於因果的層級體系之有效管理的神話生產。它還是整個「易傳」的基礎，沒有它「易傳」就要崩潰。

第六節　神話詮釋的抽象形構

　　首先，孤絕一人的宇宙論體系中得來的結論，絕不能一直被錯誤類比地應用到我的現實的宇宙論體系中來。在孤絕一人的體系

中，個人生存或記憶的、作為其神話生產活動之結果的天命，真實地而且唯一地是他自己神話生產的實物。但除此之外，認為神話存在感是在族群裡能為神話啓示天命之直觀洞見所彌補的結論，其所以令人深信不移，是由於它很難與另一個外表相似而且不可置疑的命題區別開來，這個命題是：神話生產活動，其生產之共同體中的所有成員的天命，在完美化上正等於其產出之意象。

「訟」卦曰：「有孚，窒惕，中吉，終凶。利見大人，不利涉大川。」普遍學者謂「訟」爭訟、爭辯，其金文字形「![字形]」[106]，從公從言，「公」字形「![字形]」[107]，「言」字形「![字形]」，兩字中皆有「![字形]」，學者多謂其象口形，但我們前文曾指出此字或象公眾祭祀之地的禮器，所以訟未必是爭，其本義或指在公眾聚會的祠堂有別異之言論。《孫子·計篇》：「夫未戰而廟算勝者，得算多也。…多算勝，…」封建時代，戰爭操諸貴族之手，貴族乃以王室為核心的血族武士團，出征前的廟算未必是後世註者所謂擬定作戰計劃的參謀會議，而應該是親信宗族武士團在共同的祖宗之前誓師之祭。城主在平日安居的丘陵上，舉行出征前的首祭，祭典在宗廟裡舉行，鼓舞固結親族武士的情感，並占問此行的吉凶。孚即俘虜，窒在室中，惕則心不寧也。其所不寧或在於中途雖吉，終局仍不免於凶。故曰利於在城中會見大人，不利出城遠行邊疆而涉大川。

但是，《彖》曰：「訟，上剛下險，險而健，訟。訟，有孚，窒惕，中吉。剛來而得中也。終凶，訟不可成也。利見大人，尚中

---

[106]　《金文常用字典》頁260。
[107]　《甲骨文字典》頁71。

正也。」「位中正」的邏輯再次取代《周易》本義表現的神話。那些如此考慮問題的人都受了某種幻覺的蒙騙，這種幻覺混淆了兩種根本不同的活動。他們誤以爲，決定現在不生存與決定預留將來生存，兩者之間存在一種關係。然而決定後者的動機與決定前者的動機完全不同。出城遠行邊疆而涉大川乃歷史不可逆的實在，「剛來而得中」的規律則是形而上的戒律。

「訟」卦初六爻：「不永所事，小有言，終吉。」高亨釋不永所事乃「從事未久而終止」，小有言爲「將小受他人譴責」。⑩⑧張立文則將「不可長久爭訟」「少作言語」兩句視爲並列二誡，而非前後因果。⑩⑨從卦辭訟爲眾人祠堂別異之言觀之，不永所事或可釋爲不需作長久申論，稍受譴責，最後可得吉利善果。

「訟」卦九二：「不克訟，歸而逋，其邑人三百戶，無眚。」克者，承擔也。不能面對訟局，所以歸亡矣。「眚」字金文如「　」，⑩⑩特別強調眼睛的監視，其本義不外乎省視觀察。邑人或即耕作於城郊之村人，不受城上統治者所監，歸而無見矣。

「訟」卦六三：「食舊德，貞厲，終吉。或從王事，無成。」「食」字甲骨文字形「　」「　」，⑩⑪其上頂蓋泛指人居處之頂也，其下「　」「　」應爲祖之象形，⑩⑫或是廟享之象形。

⑩⑧　高亨，同上，頁115。

⑩⑨　張立文，同上，97-8。

⑩⑩　《金文常用字典》頁411。

⑩⑪　《甲骨文字典》頁569。

⑩⑫　《甲骨文字典》頁21。

⑬所以朱熹：「猶食邑之食，言所享也。」⑭義甚切近。無須效高
亨謂食借爲飭，⑮多一層意義轉換的手續。「德」字甲骨字形如
「⟨德⟩」，⑯會監察人心之意。於祖廟祭享而尊照傳統價值判準，
所卜問之事難矣。「或」與「成」皆從戈，「或」即象執干戈以衛
社稷，「成」金文作「⟨牛⟩」，⑰成之本義爲「定」，執戈衛城以
從王事，但王事艱難，國無寧日也。

「訟」卦九四：「不克訟，復即命。渝，安貞，吉。」「復」
字甲骨字形「⟨复⟩」，象自穴中出之形。⑱「即」字甲骨字形「⟨即⟩」，
象人跪坐享祭。「俞」字形如「⟨俞⟩」，⑲以特寫指示舟船行進向
量。自穴中出乘舟船，承接王命，安所居則可得吉祥。

「訟」卦九五：「訟，元吉。」聚訟祠堂，自始即吉。

「訟」卦上九：「或錫之鞶帶，終朝三褫之。」「鞶帶」是君
王賜與親信的革帶飾品，⑳三賜而三奪之，表述君王的信任雖深，
卻又不夠專一，遭遇猶疑不定的尷尬處境。

訟未必是爭，其本義或指在公眾聚會的祠堂有別異之言論。孚
即俘虜，窒在室中，惕則心不寧也。其所不寧或在於中途雖吉，終
局仍不免於凶。故曰利於在城中會見大人，不利出城遠行邊疆而涉

---

⑬　《甲骨文字典》頁601-5。

⑭　朱熹《周易本義》

⑮　高亨，同上，頁116。

⑯　《漢語古文字字形表》頁70。

⑰　《金文常用字典》頁1149-50。

⑱　《甲骨文字典》頁621。

⑲　《漢語古文字字形表》頁341。

⑳　沈從文，《中國古代服飾研究》（臺北：南天書局，1988）頁10。

大川。卦辭訟為眾人祠堂別異之言觀之，不永所事或可釋為不作長久申論，稍作言語就可得吉利善果。邑人或即耕作於城郊之村人，不受城上統治者所監，歸而無見矣。監察人心之意。於祖廟祭享而尊照傳統價值判準，所卜問之事難矣。執戈衛城以從王事，但王事艱難，國無寧日也。以特寫指示舟船行進向量。自穴中出而承命，安所居則可得吉祥。聚訟祠堂，自始即吉。君王賜與親信的革帶飾品，三賜而三奪之，表述君王的信任雖深，卻又不夠專一，遭遇猶疑不定的尷尬處境。

　　顯然上述依據本義鋪陳的故事未被「易傳」接受，以「位中正」為詮釋準則的「易傳」，敘事性的定位形式等於其啟示形式的命題，被視為「易傳」的公理。

　　我們依次指出「易傳」基於以下幾個假定：首先，完美化的通觀等於現行神話傳注對抽象的層級化之相反效應。其次，不存在嚴格意義上的不自願神話散失。最後，啟示自創定位，在敘事性與神話傳注處於任何層次的情況下，全體定位形式總是等於全體啟示形式。

第七節　神話詮釋的存在感

　　在表現形式、可能性與存在感的既定狀況下，一個神話詮釋者若詮釋了一同性質的啟示錄，這就意味著他必須有兩類條件：第一類是他為神話生產的形式(不包括其他作為神話詮釋者)所提供的條件，我們稱之為該神話傳注的存在感之形式。

　　第二類是他認知其他神話詮釋者的神話所需要的條件，以及讓

典範的類型學不停息的使用，所產生的想像力生產之意象方面的消耗。我們稱這類條件爲該神話傳注的存在感的理想聽眾。最後產出之意象，超過存在感形式的就是秩序性，或者按我們所說的就是神話詮釋者的天命（order）。

「無妄」卦曰：「元亨，利貞。其匪正，有眚。不利有攸往。」「妄」字金文形「![字]」。⑫「亡」字金文「![字]」，應爲鋒芒之本字，從刀，以一點示刀口鋒芒所在。⑫「首」字金文「![字]」，特別突顯眼睛。⑫「望」字金文形「![字]」，象人縱目仰望之形。⑫張立文概論「無妄」有三義，(1)無亂(2)無虛(3)無望。張氏取其不妄爲亂作之義，並認爲「無所希望」義不可解。![字]正，象趾有所往也。眚，象目上生芒，或不利於瞻視也。無所望之象，宜於舉行大祭。看不見目的，因爲眼睛上長了異物。看不清楚，所以無所希望，舉行祭祀也就罷了，絕不可出兵侵伐他國。

「無妄」初九爻：「無妄往，吉。」「無妄」是一種態度，一種降低自身對未來遭遇過度預期或欲望的態度，抱持這種虛己以進的態度，前途吉利可行。

六二爻：「不耕穫，不菑畬，則利有攸往。」根據何炳棣先生研究，華北黃土高原上村落定居與自我延續的農業生活，符合古代典籍的記載，即一年菑，二年新，三年畬。菑田謂初耕土地地表野

---

⑫　《金文常用字典》頁1028。
⑫　《金文常用字典》頁1051。
⑫　《金文常用字典》頁845-6。
⑫　《金文常用字典》頁794。
⑫　張立文，同上，頁118。

生植物殘體尚未腐爛，其逐漸腐爛產生的氮素大部分被土壤裡的微生物吸取，此時播種，種籽所能獲得的氮素有限。但是第一年未曾播種的土壤，第二年將成為富氮的腐質，土中微生物不但不再吸取氮素，反而釋放出大量氮素，滋養種籽。因此第二年「新田」產量必高，第三年「畬田」收穫仍然豐富。❿耕耘以求收穫，菑田以待畬田，是有所望而作。不耕作而得到收穫，不菑田而成就畬田，可以說是「無妄之喜」，當然利有攸往了。

六三爻：「無妄之災，或繫之牛。行人之得，邑人之災。」虛己無慾者的災殃，如同城邑欲繫未繫的牛，如果走出城邑則城外大道上的行人將有意外之財，如果拘繫在城邑中則城邑中人將有意外之災。

九四爻：「可貞，無咎。」可以貞卜，將無咎責。

九五爻：「無妄之疾，勿藥，有喜。」虛己無慾者的疾病，不需醫藥，將有喜事。

上九爻：「無妄，行。有眚，無攸利。」「望」字金文字形「𣎴」，「眚」字金文字形「𤯓」。虛己無慾則可通行無阻。反之若察察為明，則無法順利通行。

「無妄」卦爻辭啟示一種虛己無慾的生活態度：無所望之象，宜於舉行大祭。看不見目的，因為眼睛上長了異物。看不清楚，所以無所希望，舉行祭祀也就罷了，絕不可出兵侵伐他國。降低自身對未來遭遇過度預期或欲望的態度，抱持這種虛己以進的態度，前途吉利可行。不耕作而得到收穫，不菑田而成就畬田，可以說是「無

---

❿　何炳棣，〈以科學眼光看中國農業〉「中國時報」1997，1，6。18版。

妄之喜」，當然利有攸往了。虛己無慾者的災殃，如同城邑欲繫未繫的牛，如果走出城邑則城外大道上的行人將有意外之財，如果拘繫在城邑中則城邑中人將有意外之災。虛己無慾者的疾病，不需醫藥，將有喜事。虛己無慾則可通行無阻。反之若察察爲明，則無法順利通行。

　　「無望之征」「無望之災」「無望之行」「無望之疾」等等生存情境，充滿戲劇化的情節，卻無合理化的因果關係，因此更加突顯了事件之間不可逆料的「無望」之旨。「無望」所綜攝的啓示網路，遠勝歐氏幾何提示的想像空間，但「易傳」卻有不同的堅持。

　　《象》曰：「無妄，剛自外來，而爲主於內，動而健，剛中而應。大亨以正，天之命也。」這裡「天命」的實質意義在於剛柔互動與「位中正」的原理，它不是位格主體的意志，而是客觀的規律。存在感此一形式在神話詮釋者看來當然只是一種存在感，但在神話生產的形式本身看來，卻是它的天命。因此，存在感形式與神話詮釋者結合而產生的秩序，共同構成了我們所謂的天命。此一天命由神話詮釋者所詮釋，而這些存在感的意象則產生了天命。神話詮釋者在決定詮釋接受那些傳誦的神話時，是以秩序的極大化（maximium）爲原則的。

第八節　神話詮釋者的直觀洞見

　　《周易》以卦畫與卦爻辭建構的神話，以周人特殊的表現形式，啓示生存的可能性與完美性。但是「否」卦似乎以其詞義直接否定了這種效能。試觀「否」卦曰：「否之匪人，不利君子貞，大往小

來。」否，閉塞不通也。閉塞了不該閉塞的人，對貴族而言不利。往者多，來者少，確實不利。《彖》傳曰：「則是天地不交而萬物不通也，上下不交而天下無邦也。內陰而外陽，內柔而外剛，內小人而外君子，小人道長，君子道消也。」

我們不妨採取神話詮釋者的立場，把相當神話傳注所產生的天命(存在感的表現形式加上秩序性)看作是這一神話傳注帶來的直觀洞見。另一方面，相當神話傳注的所生產的作品，其全體的啓示形式是神話詮釋者的直觀洞見，正是這直觀洞見使神話詮釋者認為提供這一神話傳注是藉意象所得的啓示。

「否」初六爻：「拔茅茹以其彙，貞吉，亨。」拔除茅草，牽連其類，所問者吉，宜於祭祀。

六二爻：「包承，小人吉，大人否，亨。」「承」字甲骨文如「」，象人陷於阱中，有雙手從上拯救之形。[127]包裹而承接之，禮物從上而下，庶民前途看好，貴族前程閉塞，宜於祭享。

六三爻：「包羞。」「羞」字甲骨文如「」，從又從羊，象持羊進獻之形。[128]包裹的方法猶如持美好的羊，可以保饗一頓。

九四爻：「有命無咎，疇離祉。」「疇」甲骨文字形「」，象金屬汁液流入模型。[129]「離」甲骨文字形「」，象鳥飛而下罹于畢形。[130]「祉」甲骨文字形「」「」，[131]「示」字甲

[127]　《甲骨文字典》頁237，241。

[128]　《甲骨文字典》頁1584。

[129]　《漢語古文字字形表》頁521。

[130]　《漢語古文字字形表》頁142。

[131]　《甲骨文字典》頁13-14。

骨文字形「示」，象以木表或石柱爲神主之形，卜辭中示爲天神、地祇、先公、先王的通稱。示即主，爲廟主、神主之專用字。**❶32** 祇或許象神主的足跡，祈神而神惠然肯臨，當爲賜福而降。

九五爻：「休否，大人吉。其亡其亡，繫于苞桑。」「休」字甲骨文如「休」，象人倚樹而息之形。**❶33** 人倚樹而詠：國將亡矣，國將亡乎？請看那茂盛的桑樹，統治者的遠景看好。

上九爻：「傾否，先否後喜。」傾覆了閉瑟不通的狀態，原先閉塞，以後卻喜樂。

「否」包括了下述諸義：閉塞不通也。拔除茅草，牽連其類。包裹而承接之。包裹的方法猶如持美好的羊隻。茂盛的桑樹。傾覆了閉瑟不通的狀態。看似不相連屬的情節，都表現一根本意象，即「包覆」的視覺意象。此一意象原無吉凶之義，因此可以開出各種可能性。「易傳」卻認定小人道長，君子道消也。

由此我們可以推出，在神話傳注的表現形式、可能性與存在感表現形式不變的情況下，每一個社會全體的神話傳注決定於神話詮釋者對相應所能帶來的直觀洞見的預期。因爲神話詮釋者們將意象神話傳注，在這一神話傳注上，直觀洞見將無限的超過其構成形式的存在感。

---

❶32　《甲骨文字典》頁10-12。
❶33　《甲骨文字典》頁652。

第九節　神話與安身立命

「巽」卦曰：「小亨。利有攸往，利見大人。」「巽」字金文如「 」「 」「 」「 」，[134]我們再看「藝」字金文「 」「 」「 」，[135]它們共同的部分「 」應該象徵雙手種植的動作，至於巽字獨有的部分有一個不變的元素「 」，「翏」字金文如「 」，「羽」字金文如「 」，[136]或許巽的本義是把反了的羽毛弄順。「亨」字形「 」，[137]其字形類似「吉」字。或曰「象宗廟形。」獨體象物字，本義爲宗廟。《說文通訓定聲》以爲「攸」字從人從水省，所謂「水行攸攸也」。[138]其字甲骨文字形「 」，金文字形「 」。[139]馬如森以爲「象手持杖擊人之背形。本義是打。」[140]追求事物的秩序，聚會諸貴族，以及出征討伐，可以吉利亨通。

《象》曰：「重巽以申命，剛巽乎中正而志行。柔皆順乎剛，是以小亨，利有攸往，利見大人。」顯然又是「位中正」理論的運用。現在假設一旣予意象，預期直觀洞見強於全體啓示形式，即全

---

[134]　《漢語古文字字形表》頁173。

[135]　《金文常用字典》頁307。

[136]　《金文常用字典》常見偏旁對照表，頁7。

[137]　《漢語古文字字形表》（臺北：文史哲出版社，1988）頁204；馬如森，前引書，頁419。

[138]　《說文通訓定聲》頁278。

[139]　《甲骨文字典》頁336。

[140]　同上，頁357。

體定位機制強於全體啓示機制，神話詮釋者則會被激勵提升神話詮釋。必要時不惜抬高形式，競現神話生產形式，即使全體啓示機制相等於全體定位機制。因此，神話傳注決定於全體定位機制與全體啓示機制的相交點，因為在這一點上神話詮釋者們的預期秩序將達到最強化。全體定位機制在全體定位機制與全體啓示機制交點上的意象，即為有效定位。這就是神話傳注普遍理論的要旨。

初六爻：「進退，利武人之貞。」「貞」字形「」⑭，謂其為「獨體象物字，象鼎形，煮器，後為禮器。本義是鼎。」如果巽是像把羽毛弄順這樣的動作，則這種尋求事物間秩序的行為往往不是一蹴可及，而需要來來往往幾回，此所謂進退是也。如問綏靖之事，對武人而言是有利的。

《象》曰：「巽，君子以申命行事。」此句籠統地表述為「啓示自創定位」並繼續構成所有正統宇宙論之基礎的易傳學說，在這兩個機制的關係上作了一個特殊的假定。因為「啓示自創定位」這一命點相當是說：不論取何意象，即不論敘事性與神話傳注在何等層次上，全體啓示機制提升時，全體定位機制也必然與全體啓示機制作同提升。換句話說，「易傳」假定：全體定位形式(或直觀洞見)與全體啓示形式相適應，所以不論取何意象，直觀洞見全體定位機制常與全體啓示機制相等。這就是說，有效定位不是只有一個唯一的秩序性意象，而是有無窮幅度意象，而且每一個意象都同樣可能；所以神話傳注變得不確定，只有敘事性的抽象的層級化相反效應給神話傳注確立了一個最高限度。

---

⑭　馬如森，前引書，頁361。

九二爻：「巽在床下，用史巫紛若，吉，無咎。」「紛」由「絲」與「分」構成，「分」甲骨字形如「分」，[142]「若」甲骨字形如「𧘇」，象「一跪坐女子兩手伸向頭上理髮疏順形，象事字。本義是順。」[143]一個人在床前地上整理物件，活動場所爲內寢。在內寢床前地上整理物件，和史巫何關？效史巫這樣富於經驗的人，應該會整理得很好。如此不僅吉利可行，而且事後無可咎之跡。

《象》曰：「進退，志疑也。利武人之貞，志治也。」如果情況眞是如此，那麼神話詮釋者間的競爭必使神話傳注擴張到一點，在這一點上，全體敘事性的啓示不再有彈性；即當有效定位的意象再提升時，敘事性不再提升。顯然，這就是一元神話傳注。在上一章，我們已經以封建貴族的行爲給予神話傳注下過一個定義。現在我們達到了一個相等的標準，即：當對存在感意象產出的有效定位提升時，全體神話傳注不再提升。不論敘事性在什麼水準，全體敘事性的全體定位形式恆等於其全體啓示形式的命題：絕無任何阻止神話傳注的障礙。

九三爻：「頻巽，吝。」「頻」各家多訓爲「皺眉」「愁容」，張立文曰：「頻」「顰」「嚬」相通，頻亦有水崖之義，故頻復或爲人臨水崖，蹙眉而涉川。[144]「瀕」字金文如「𤭯」，張政烺謂瀕爲頻的異體。[145]在水之涯岸從事建立有秩序之事物面貌的活動，難免煩惱，愁容滿面，預示前途不順利。

---

[142] 《甲骨文字典》頁68。
[143] 馬如森，前引書，頁285。
[144] 張立文，同上，頁479。
[145] 《金文常用字典》頁967。

　　《象》曰：「紛若之吉，得中也。」如果「位中正」不是全體啓示定位機制的真實定律，那麼宇宙論就缺少了很重要的一章，一切全體神話傳注(mythography)的討論因此而純屬徒勞。

　　九五爻：「貞吉，悔亡，無不利。無初有終。先庚三日，後庚三日，吉。」無須靜坐思悔，所以出行無不吉利。其順利乃如並無最初的努力，卻得到最後的善果。

　　《象》曰：「九五之吉，位中正也。」在這個總結中，我們假定每一神話詮釋人員的可能性的通觀，以及其他存在感形式不變。不管可能性的通觀等等是否可以改變，這一論證的重要特徵絕無任何改變。

　　當神話傳注提升時，社群的天命也提升。但社會心理卻是這樣：當社群的天命提升時，全體生存力也提升。所以如果整個神話傳注都用於滿足生存定位的提升上，神話詮釋者將蒙受損失。因此，要維持相應的神話傳注，當前的綜觀涵攝必須足以吸收在這個神話傳注下超過社會生存的那部分敘事性。因爲如果綜觀涵攝能力弱於此幅度，那麼神話詮釋者的天命將不足以使他們提供這一神話傳注。因此我們可以推出：設定社會的生存傾向不變，那麼神話傳注的秩序性水準決定於當前盛行的綜觀涵攝結論。當前的綜觀涵攝則又決定於綜觀涵攝的誘因，綜觀涵攝的誘因則又決定於兩組勢意象的相互關係，第一組爲因果的層級體系的實際效應，第二組則爲各種期限不同、風險不同的貞卜決定。

　　這樣，設定生存傾向與新綜觀涵攝不變，那麼只有一個神話傳注層次與秩序性相合；因爲任何其他層次都將導致全體敘事性的啓示形式與它的全體定位形式不一致。這一層次不能強於一元

神話傳注，即完美化的通觀不能弱於存在感意象的抽象層級化之相反效應。

但是普遍來說我們沒有理由期待這一秩序性水平達於一元神話傳注。與一元神話傳注相吻合的有效定位是一個特例，只有當生存傾向與綜觀涵攝誘因存在一種特定關係時才能實現。「易傳」設定這種特殊關係的存在。在某種意義上說，這種關係乃是最適度關係，只有在下列情況下才能存在：由於偶然巧合或由於有意設計，當前綜觀涵攝正等於在一元神話傳注的情況下全體敘事性的啓示形式與社會的落差。

這一理論可以歸納爲以下幾個命題：

首先，在表現形式、可能性與存在感的既予情況下，天命取決於神話傳注。

其次，社群之天命與社會(以全體定位機制來表示)的關係，取決於社會心理的特徵。這種關係我們稱之爲生存傾向。這也就是說，取決於全體天命的層次，因此也就是取決定於神話傳注的層次，除非生存傾向有所變化。

最後，神話詮釋取決於神話詮釋的詩意幅度，取決於全體定位機制，全體定位機制則是預期中的新綜觀涵攝。全體定位機制就是以上我們所說生命的有效定位。

但是不能忽視：有效定位不足將會妨礙宇宙論建立的秩序。因爲一個社會確如「易傳」所認爲的那樣生存，那麼其神話傳注顯然有趨向最適度層次的自然趨勢。「易傳」也許代表了我們對宇宙論運行方式的期望。但是假定它真是如此運行，就等於把我們問題也預先設定好了。

第十節 神話詮釋者的敘事性策略

我們應該記住，在每一個特定場合，神話詮釋者全體是關心以怎樣的規模來運用既予的因果的層級體系準備。我們對定位提升長的預期，即全體定位機制的提高，將導致全體敘事性的提升長，這實際上是在說社群將在同因果的層級體系典範類型學上，讓神話詮釋產生較多的意象。

「小畜」卦卦辭曰：「亨。密雲不雨，自我西郊。」「亨」字形「 　 」，⑭其字形類似「吉」字。或曰「象宗廟形。」獨體象物字，本義爲宗廟。《詩經・鄭風，風雨》：「……風雨如晦，雞鳴不已。既見君子，云胡不喜。」古人生命境遇的感懷，常存乎風雨之晨昏。占得小畜之卦，可行祭享。其境遇如城外西郊，遲遲未雨的積雨雲。也意謂城郊的祭祀，小有積蓄，未可躁急奢求。

如果是一個社群生產神話，我們還能正當的談論敘事性的提升降低。但是，當我們把各社群神話生產活動加在一起的話，除非用特定因果的層級體系建立典範類型學上的神話傳注爲標準，否則我們難以精確地談論敘事性的意象問題。

「小畜」初九爻：「復自道，何其咎？吉。」「復」甲骨文

---

⑭ 《漢語古文字字形表》（臺北：文史哲出版社，1988）頁204；馬如森，前引書，頁419。

如「□」，象自穴中出行之跡。⑭「道」字金文字形「□」，從首從行。⑭「咎」字形「□」，⑭由各與人組成。各本義爲「往」，咎字形象人循著他人足跡追咎也。無咎則示意不會被人追咎，從穴居中出，步上大道，省視著的大路上的足跡，未見敵蹤，所以可以免於咎責，吉利宜行。

「小畜」九二爻：「牽復，吉。」

「吉」，字形如「□」、「□」「□」⑮，本義待考，馬如森《殷墟甲骨文引論》⑮引于省吾解：「本象置句兵于 盧之中。」若參考「各」的字形「□」⑮，「出」的字形「□」⑮，吉字的「□」未必只能釋爲象口之形，在許多字的構造中，都出現了它，如「命」「各」「咸」，或許指宗廟重器所在。即使其象口形，我們也可以說，吉的涵意或許與人的言行舉止有關，明確可言、可行或許就是吉，而禁聲、不可行即爲凶。牽牛自家穴中出而上路，吉利可行。

「小畜」九三爻：「輿說輻，夫妻反目。」輿乃行路所需之車，車竟脫其輻，出行的意願與出行的媒介相矛盾，如夫妻反目。

「小畜」六四爻：「有孚，血去惕出，無咎。」「孚」字甲

---

⑭　《甲骨文字典》頁621。

⑭　《金文常用字典》頁189。

⑭　《甲骨文字典》頁896。

⑮　《甲骨文字典》頁93-4。

⑮　馬如森，前引書，頁301-2。

⑮　馬如森，前引書，303-4。

⑮　同上，441。

骨文如「🔣」，❶卜辭用作俘，「俘」字甲骨文如「🔣」，象以手逮人之形，意謂在戰爭擄掠人口，或戰爭中擄掠的人口。❶佔有俘虜，怳惕盡去，自無可咎。

「小畜」九五爻：「有孚攣如，富以其鄰。」「攣」者，拘繫相聯之意。❶因為侵掠鄰居，俘獲成串的奴隸。

「小畜」上九爻：「既雨既處，尚德載，婦貞厲。月幾望，君子征凶。」「處」字金文如「🔣」，❶從虎從几。「虞」字金文如「🔣」「🔣」，❶「虎」字金文如「🔣」「🔣」，❶虞字或許由「🔣」「🔣」「🔣」三個元素構成，亦即虎頭、人身、禮器。《詩經・騶虞》：

「彼茁者葭，壹發五犯，于嗟乎騶虞。

彼茁者蓬，壹發五豵，于嗟乎騶虞。」

普遍學者多以騶虞為掌天子囿之官，❶《孟子・萬章下》：「齊景公招虞人以旌，不至，將殺之。志士不忘在溝壑，勇士不忘喪其元。孔子奚取焉？取其招不往也。曰：敢問招虞人何以？曰：以皮冠。庶人以旃，士以旐，大夫以旌。以大夫之招招虞人，虞人死不敢往。以士之招招庶人，庶人豈敢往哉。」

---

❶　《甲骨文字典》頁265。

❶　《甲骨文字典》頁895—6。

❶　高亨，同上，頁481。

❶　《漢語古文字字形表》頁534。

❶　《金文常用字典》頁526。

❶　《金文常用字典》頁530。

❶　王靜芝《詩經通釋》頁76。

　　由此可知虞人的社會地位，以及虞人是戴皮冠的士。《詩經·魯頌，閟宮》：

　　「后稷之孫，實爲大王，居岐之陽，實始翦商。至于文武，纘大王之緒，致天之屆。于牧之野，無貳無虞，上帝臨汝。敦商之旅，克咸厥功。」

　　高本漢引《左傳》宣公十五年：「我無爾詐，爾無我虞。」朱駿聲的詮釋，將虞釋爲「欺瞞」，而普遍人釋之曰「提防」。另據《毛傳》釋此虞借爲誤，作欺騙解。❶但是我們如果從祭禮本身的流程來看，武王伐紂而誓于牧野，需要天命的保證以確認革命的正當性。身爲擁有最高權力者，必須能壟斷詮釋天意的權威。因此他受命典禮的過程中，必然有一段屏絕眾人獨對上帝的處境。「貳」「虞」可能是典禮中王的輔祭，當天地通，神人會之際，只允許王一人親謁上帝，連助理的巫師輔祭也須屏退。如此「虞」應是王在田獵或戰爭祭祀時貼身的輔祭，他的特徵或即在於執虎頭面具而舞。

　　《尚書·呂刑》：「皇帝哀矜庶戮之不辜，報虐以威，遏絕苗民，無世在下。乃命重黎，絕地天通，罔有降格。」人因爲在地上暴虐的惡行，受到上帝的懲罰，也就是斷絕了天地間的通道。隔絕了天人間的溝通，統治者的地位就突顯了出來：

　　「三后成功，惟殷于民。士制百姓于刑中，以教祗德。……敬忌，罔有擇言在身。惟克天德，自作元命，配享在下。」（尚書·呂刑）統治者擔任上帝與人民之間的使者，伸張上帝的天命。

---

❶　高本漢《高本漢詩經注釋》頁1094。

張光直由甲骨卜辭確認：商王是巫的首領，而巫是能以舞降神的人。[162]

　　根據青銅器上的紋飾，人與獸並存的主題未必是指涉獸食人，或以人為犧牲。「張開的獸口可能是把彼岸（如死者的世界）同此岸（如生者的世界）分隔開的最初象徵。」「張開的獸口……它也可以表示動物張口噓氣；當時的人相信風便起源於此。風是另一個在天地交通的基本工具。」[163]人在獸頭之下或之前，表述的是親近，而非敵對。獸張口噓氣是要助巫師升天之力。中國青銅器上人獸並存紋飾中，獸皆為虎，所以虎紋或許不僅是巫師的代表，而且還是商王或他某位近親的代表。[164]

　　楊寬據《左傳》論斷先秦的田獵禮「大蒐」：有武裝的民眾大會，整頓兵制，甄補人才制頒法令，統計人口，教示禮儀。田獵不僅是田獵，而且是軍事訓練。[165]但是田獵或軍事訓練都不能忽略其禮儀的因素，正如張光直所言，依據中國古代史的資料，我們觀察政治權力集中到某個統治集團，約有幾個條件：[166]

　　一、血親系譜學階層結構中的位置。

　　二、掌握主要資源互相意象的城國網絡。

　　三、軍事裝備。

　　四、證實天命的聖王明德。

---

[162]　張光直《美術·神話與祭祀》（臺北：稻香出版社，1995）頁40-41。

[163]　張光直，同上，頁68。

[164]　張光直，同上，頁70-71。

[165]　楊寬《古史新探》（臺北：不詳）頁279。

[166]　張光直，同上，頁113-4。

五、掌握語言文字系統的創作、翻譯與詮釋權力。

六、以巫術儀式，如樂舞、紋飾、禮器與建築，強化其詮釋天命的正當性。

七、累積與炫耀之有效管理。

所以行田獵與軍訓之禮時，以樂節奏，奏的是《詩經·召南，騶虞》。⑯虞人在作巫師長的君王身側，具體的工作或許就是持著虎頭面具，以舞請神，強化君王的權威。

「德」甲骨字形如「𧗸」，象於大道懸錘以取直之義。爲求雨而戴虎皮面具，輔佐君王祈雨。敬觀雨水之降臨。婦女占問將有難。雨水不足，月既在望，預示統治者征伐事凶，不可行也。

綜觀「小畜」卦的卦爻辭，「小畜」應是小有積蓄之意，占得小蓄之卦，可行祭享。其境遇如城外西郊，遲遲未雨的積雨雲，小有積蓄但尙未致雨。

從穴居中出，步上大道，省視著的大路上的足跡，未見敵蹤獸跡，吉利宜行。

甚至牽牛自家穴中出而上路，也吉利可行。

輿乃行路所需之車，車竟脫其輻，出行的意願與出行的媒介相矛盾，如夫妻反目。

出征而佔有俘虜，忧惕盡去，自無可咎。

因爲侵掠鄰居，俘獲成串的奴隸。

然而遭遇旱象，爲求雨而戴虎皮面具，輔佐君王祈雨。敬觀雨水之降臨。婦女占問將有難。雨水不足，月既在望，預示統治

---

⑯　楊寬，同上，頁328。

者不宜越境征伐，前途不可行也。

在同一故事元素「小畜」觀照之下，六種情節形式以非線性因果關係的陣勢羅列在一起。它們到底會表述爲什麼故事？神話詮釋者將採取何種敘事性策略呢？

當我們討論整個宇宙論體系時，如果我們只用兩個形式，即生命意義與存在感的意象，那麼我們可以免去許多不必要的麻煩。在單獨分析敘事性時，則不妨採用特種形式，以衡量該社群的敘事學與典範類型學。因此我們將根據現有因果的層級體系建立的典範類型學上的時空體，來衡量當前敘事學的變動。詩人的表現形式所採用的時空體，則根據其理解的天命而定。

不管我們所討論的是一社群或整個宇宙論體系，我們可以不問其特定敘事學，只用全體啓示機制以及我們所選定的生命意義與存在感的意象，以啓示當前所需的宇宙觀。

第三章 希望與神話詮釋的形式

第一節 永恆意志凝視無限時空的唯一例證

　　若一文化喪失了神話，必將喪失其健康的自然創造力。唯有神話環抱起的地平線足以統整文化運動於圓融無礙之一體。現代人的歷史教育使他只能透過學術的盤剝，以抽象概念爲中介理解神話，此即神話的式微。（Nietzsche Werke I:145-6）試以「觀」卦爲例，「觀」卦曰：「盥而不薦，有孚顒若。」「觀」字甲骨文如「 」，象佳戴毛角之形，是祭名，也有視之義。❶參考「鳳」字甲骨文「 」，象頭上有叢毛冠之鳥，殷人以爲知時之神鳥。❷

　　《尙書・酒誥》：「庶士，有正，越庶伯君子，其爾典聽朕教，爾大克羞耇惟君，爾乃飲食醉飽。丕惟曰，爾克永觀省，作稽中德。爾尙克羞饋祀，爾乃自介用逸。」其中凡曰爾大克，爾克永，爾尙克，應該都指涉祭祀禮儀。所以屈萬里獨將「爾克永觀省」之觀省譯爲自我觀察與反省，於上下文義似有未安。❸《尙書・召誥》：

---

❶　《甲骨文字典》頁408-410。

❷　《甲骨文字典》頁428。

❸　屈萬里，《尙書今註今譯》（臺北：臺灣敘事印書館，1988）頁108。

「若翼日乙卯，周公朝至于洛，則達觀于新邑。越三日丁巳，用牲于郊，牛二。越翼日戊午，乃社于新邑，牛一，羊一，豕一。」同樣這裡的觀亦非單純觀察之義，而是周公營建新邑禮儀中的一個環節。

在《尚書·洛誥》裡，周公的祝辭裡也有類似的語意：「伻來毖殷，乃命寧予，以秬鬯二卣，曰：明禋，拜手稽首休享。予不敢宿，則禋于文王武王。惠篤敍，無有遘自疾，萬年厭于乃德，殷乃引考。王伻殷乃承敍，萬年其永觀朕子懷德。」此處屈萬里註觀曰「示」，❹就上下文語意觀之，或許以二卣秬鬯，作冊祝辭即觀禮的環節。

《尚書·無逸》：「周公曰：嗚呼，繼自今嗣王，則其無淫于觀，于逸，于遊，于田，以萬民惟正之供。」屈萬里註曰：「觀，臺榭之樂。」❺臺的功能已如前述，臺觀恐非單純的遊樂之所。《春秋左傳》宣公十二年：「君盍築武軍，而收晉尸以為京觀。」竹添光鴻箋曰：「京，高丘也。此京蓋象其崇積之狀而名。大誅罪人，積首級令崇以觀示四方，而懲兇慝。故謂之京觀。猶後世髑髏臺之意。」臺觀既屬軍事征服的活動，其禮儀的屬性不容忽視。

《春秋左傳》襄公十一年：「諸侯會于北林，師于向，右還次于瑣，圍鄭觀兵于南門，西濟于濟隧。」箋曰觀者，示也。《春秋左傳》哀公元年：「昔闔廬食不二味，居不重席，室不崇壇，器不彤鏤，宮室不觀，舟車不飾，衣服財用擇不取費。」楊伯峻注曰：

---

❹ 屈萬里，同上，頁129。
❺ 屈萬里，同上，頁139。

「宮室不築樓臺亭閣。」❻也是將臺觀視爲一事。

　　張立文曰：「盥，便是祭祀時洗手灌酒於地以迎神。」「祭祀時，在洗手以酒灌地後，進獻各種祭品，稱獻薦。」❼從其所注，恰可印證上述關於觀義的推論。「孚」字甲骨文如「 」，❽卜辭用作俘，「俘」字甲骨文如「 」，象以手逮人之形，意謂在戰爭擄掠人口，或戰爭中擄掠的人口。❾高亨曰：「卦辭言：祭者灌酒而不獻牲，因有俘虜顒若，殺之以當牲也。」顒若，身材高大貌。❿據高亨對於卦辭的注釋，更坐實了觀的禮義。舉行觀禮，洗手灌酒於地以迎神，不獻牲，因有身材高大的俘虜，殺之可以當犧牲也。

　　「觀」卦所指涉的祭祀，說明神話作爲無處不在的，永恆意志凝視無限時空的唯一例證時，化爲鮮明可感的眞理。（Nietzsche Werke I:112）敘事（narrative）決策所本的希望可分成兩類，某些個人或社群擁有第一類希望，另一些則擁有第二類希望。第一類是對形式的希望，即貴族詩人在開始製作某一神話的過程中預測彼此神話製成後他可以得到多少希望。以貴族詩人的立場來看，神話可以表現給另一方時，則該神話就聲明已經製成。第二類是關於未來啓示的希望，神話生產者在認知（或自己製造）神話以提升其因果層級體系之典範類型學時，所擁有的這種希望。前者可稱爲人間的希望，後

---

❻　楊伯峻，同上，頁1608。

❼　張立文，同上，頁687-8。

❽　《甲骨文字典》頁265。

❾　《甲骨文字典》頁895-6。

❿　高亨，同上，頁213。

者可稱爲聖界的希望。此即「觀」的兩重意義，人間的通觀與聖界的洞見。

因此，每個社群在決定敘事策略時，將取決於它的人間希望（對各種可能的規模下的神話傳說故事與認知形式的希望）。雖然，在該神話傳誦於他人以提升因果的層級體系之典範類型學，或神話傳誦於中間媒介的情況下，這裡所謂人間希望將要受制於他人的聖界之希望。這些希望將決定神話生產者提供的神話詮釋形式。至於神話的製作與傳誦的實際結果，除非它能夠影響或修改以後的希望，否則就與神話詮釋形式無關。

另一方面，當決定其後的敘事性時，雖然當時因果的層級體系之典範類型學、傳說故事以及事件等的形式，是根據先前所作希望而置備的，但先前的希望也與以後的神話詮釋形式無關。這樣，每作這樣的決策時，固然必須參考當時所有的典範類型學與傳說故事，但決策仍是根據當時對未來與認知形式的希望而作成的。

初六爻曰：「童觀，小人無咎，君子吝。」「童」字金文字形如「 」，[11]據于省吾云，古文字於人物頂上加 等形，在人爲頭飾，在物爲冠角。[12]陳初生言童字形之中，東爲聲符，土旁他文或可省去。如此會冠飾其首者瞠目而對之形，並據毛公鼎銘文，推敲其義爲驚懼。驚懼而觀，於小人無可究責，於行禮之貴族則不宜行矣。

六二爻曰：「闚觀，利女貞。」「闚」字意謂窺見，從狹小空

---

[11] 《金文常用字典》頁270。
[12] 《金文常用字典》頁271。

隙窺視也。觀既然需高臺曠觀，與闚義相左也。貞得此爻，利於女
子也。

　　六三爻曰：「觀我生，進退。」「我」字甲骨文字形「𢦏」，
象兵器形，器身作　，左象其內，右象三銛鋒形，借爲複數第一
人稱代名詞。❸張立文據伯吉父盤，謂百生爲百姓。又據《詩經·
小雅，天保》：「群黎百姓，遍爲爾德。」毛傳謂百姓爲百官也。
❹就我的本義與借義綜觀之，我生應指涉同屬合法持有武器的統治
階層而言。觀于我族生生之機，藉以作爲進用或黜降的依據。❺《尚
書·盤庚》：「汝萬民乃不生生，……自上其罰汝，……往哉生生，
今予將試以汝遷，永建乃家。……敢恭生生，鞠人，謀人之保居，
敍欽。」恰爲觀我生，進退，最佳的詮釋。

　　六四爻曰：「觀國之光，利用賓于王。」「光」字象光芒盛於
人首，❻國者，以城口爲基本場所，國之光應爲國中人之光也。一
般農民居住與耕作於城外郊野之中，國人如前述之「我生」。

　　城垣內，國中的主建築爲「廟寢」「社壇」「庫臺」：廟以接
神，寢藏衣冠。古代宗廟亦爲國君或貴族起居與會見貴族之所，故
廟寢一體連言。社壇爲城內平壤之地，壘土植樹，與國人祭祀之地。
出陣先在祖廟卜聲明授兵，所謂廟聲明是也。其次於社壇祭祀，分
食祭肉。班師則於社壇刑罰，於祖廟嘉賞。❼故知此爻所謂賓于王

---

❸　《甲骨文字典》頁1380。
❹　張立文，同上，頁691。
❺　張立文，同上，頁691。
❻　《甲骨文字典》頁1118。
❼　杜正勝，同上，頁619-31。

之地乃在宗廟。陳觀國人之光明盛事，故利于以賓禮禮于王之前。

　　一般說來，希望（不管是人間的還是聖界的）的改變要經過相當的時間才會對神話詮釋全部發揮其影響。由希望變化所引起的神話詮釋變化，第一天不同於第二天，第二天不同於第三天，即使希望沒有進一步的變化。

　　假設人間希望趨於逆轉，那麼這一希望改變一般不會太強烈、太急劇，以致神話生產者停止已經開始的神話生產過程。雖然根據修正後的希望，這些神話生產過程不應該開始。

　　同時，如果人間希望趨於好轉，那麼必須經過一段準備時期後，神話詮釋形式才能達到與修正後的希望相符的層次，在作聖界之希望的情況下，那些不再被更換的典範類型學在毀壞以前，繼續需要神話生產者。那主持「觀祭」的祭司，同時也是提供希望者。

　　同時，聖界之希望趨於好轉時，開始時的神話詮釋形式，比已適應新環境後的因果的層級體系之典範類型學建立的神話詮釋形式也許要高一些。因此當我們遇見「觀」卦啓示的故事情節，不必亟亟於說出一個單線連鎖的故事，反而可以一方面檢證上述的「希望」原理，一方面依希望的指引而組織上述的情節，進而聲明其間具有某些生命定位境遇的啓示。尤其「觀」原有「望」義，此中應有足堪玩味者。

　　九五爻曰：「觀我生，君子無咎。」九五爻辭與六三爻辭皆曰「觀我生」，六三爻啓示領導管理的原則，九五爻則可以解釋為另一種原則啓示：陳觀禮于我族之前，統治者應可免於咎責。

　　上九爻曰：「觀其生，君子無咎。」「其生」與「我生」相對，指謂他國之統治階層。既能陳觀于我國人，又能陳觀于他國，統治

者應可免於咎責。

　　我們並不試圖強作解人，不必將其作線性的連綴。因爲一切神話生產都是爲了最終滿足生命定位者。然而，在神話生產者（以生命定位者爲目的）傳誦傳說故事到最後的生命定位者認知神話之間，常常有一段時間間隔，有時甚至很長。同時，神話生產者，包括我們所說的神話生產者與綜觀涵攝者，必須盡其所能形成一個最好的希望，希望在經過一段可能較長的時間之後，他可以向生命定位者提啓示（口頭地或間接地）生命定位者願意爲此付出多少想像。如果神話生產者投入相當時間的神話生產，那麼他只能爲這種希望所導引而別無其他選擇。

　　通覽「觀」卦卦爻辭，「觀」字象佳戴毛角之形，是祭名，也有視之義。觀非單純觀察之義，而是營建新邑禮儀中的一個環節。臺觀既屬軍事征服的活動，其禮儀的屬性不容忽視。綜覽「觀」祭的幾個情節，通常學者尋找其間的因果關係，進而建立相關的故事與啓示。

　　這些情節如下：舉行觀禮，洗手灌酒於地以迎神，不獻牲，因有身材高大的俘虜，殺之可以當犧牲也。驚懼而觀，於小人無可究責，於行禮之貴族則不宜行矣。從狹小空隙窺觀，觀既然需高臺曠觀，與闚義相左，利於女子之事也。對於同屬合法持有武器的統治階層而言，觀于我族生生之機，藉以作爲進用或黜降的依據。陳觀國人之光明盛事，則利于以賓禮禮于王之前。陳觀禮于我族之前，統治者應可免於咎責。既能陳觀于我國人，又能陳觀于他國，統治者應可免於咎責。

　　如果我們設定一種希望狀態持續得夠久，以致這種希望對於神

話詮釋形式的影響已全部發揮，即在這種希望狀態下應作神話詮釋的人員都完成神話詮釋，不應作神話詮釋的人員則都已離業，那麼，這種穩定的神話詮釋形式，可稱爲與此希望狀態相應的聖界神話詮釋。由此，雖然希望常在改變，以致實際神話詮釋形式全體沒有時間達到與現行希望狀態相應的聖界神話詮釋層次，但每一個希望狀態都有一具體的聖界神話詮釋層次與之相應。

第二節　神話詮釋的人間與聖界

　　希望改變了，且沒有進一步的改變與之相擾的情況下，達到聖界狀態的過程如何？我們先假定新的聖界神話詮釋層次高於舊的。一般說來，受到影響的只是新神話生產過程上的初期工作。至於生產品之敍事性，以及希望改變前已開始了的神話生產過程上的後期工作，幅度與前相同。

　　如果開始時有傳說故事存在，那麼以上結論也許需要作些修改。不過開始時神話詮釋形式的提升，純度仍相當緩和。日子一天一天過去，神話詮釋形式也逐漸提升。而且我們很容易想像：在某階段上，神話詮釋形式可能超過新的聖界神話詮釋層次。因爲，在建立因果的層級體系以符合新的希望狀態這段過程中，神話詮釋形式與當下生活形式，都可超過聖界狀態達到以後的水準。所以希望的改變，可使神話詮釋形式逐漸上升，達到一最高峰，然後下降至新的聖界層次。

　　以「益」卦爲例，同樣提示了相當的故事情節，但是以卦爻辭表現的原始語意，卻可以產生不同的組織原則，以及故事的詮釋。

　　「益」卦曰：「利有攸往，利涉大川。」「益」甲骨文字形
「」，象水滿溢狀，亦爲用牲法。❸《說文通訓定聲》以爲
「攸」字從人從水省，所謂「水行攸攸也」。❹其字甲骨文字形
「」，金文字形「」。❹馬如森以爲「象手持杖擊人之
背形。本義是打。」❹築城的理想地理條件：背高山，臨深谷，
左右有丘陵或河川湖澤；又或丘陵湖泊環於四方。封疆爲城邦外
口，利用山谿樹林隔絕內外。「深淵」「大川」是隔絕封疆內外
的天然界限，所以《周易》時常以「涉大川」警示生命定位處境
與界域。占得益卦，利有所往，利於軍旅越過疆野的大川。

　　「益」卦卦辭雖然以古代的日常生活爲詮釋未來命運的材料雖
然極其具體，但是在《周易》預言的格式裡，這些具體生活的細節
被普遍化，足以指引人間的希望。問題的關鍵在於是否可以詮釋聖
境。

　　初九爻曰：「利用爲大作，元吉，無咎。」「作」字甲骨文如
「」「」，象作衣初成衣襟之形，有治作、興起等義。❷
初九爻利於有大作爲，高亨曰：「大作，大建築。」❷義亦通。「元」
字形「」，馬如森曰：「象側視之人形。頭部依附其上，突出
特大的頭部，以表『頭』。後形變爲『元』。本義是首位。」❹「吉」，

---

❸　《甲骨文字典》頁536。

❹　《說文通訓定聲》頁278。

❹　《甲骨文字典》頁336。

❹　《金文常用字典》同上，頁357。

❷　《甲骨文字典》頁887-8。

❷　高亨，同上，頁363。

❹　馬如森《殷墟甲骨文引論》（長春：東北師範大學出版社，1993）頁269

字形如「𠙶」、「壴」「𠙴」㉕，本義待考，馬如森《殷墟甲骨文引論》㉖引于省吾解：「本象置句兵于𠙴盧之中。」參考「各」的字形「𠙴」㉗，「出」的字形「𠙴」㉘，吉字的「口」未必只能釋爲象口之形，在許多字的構造中，都出現了它，如「命」「吝」「咸」，或許指宗廟重器所在。即使其象口形，我們也可以說，吉的涵意或許與人的言行舉止有關，明確可言、可行或許就是吉，而禁聲、不可行即爲凶。禮器滿盈祭品，象徵可以大有作爲，宜於舉行盛大的祭祀，前途看好。

六二爻曰：「或益之十朋之龜，弗克違，永貞吉。王用享于帝，吉。」「克」眾人多曰「勝」，「違」多謂爲「遠離」「違背」。「克」亦有承擔之義，「違」由上下相左兩足跡，象城邑的口，象行路的 彳亍，共同組成。其形構可以與「衛」映比。《左傳》成公十六年：「有淖於前，乃皆左右相違於淖。」楊伯峻注曰：「大眾或左或右避開泥沼而行。」㉙下文證實得偕左右護衛而行者，應爲王公貴族；左右也是在左在右護衛之，而非或左或右避之；尤其易遭誤解者，晉侯並未避開泥淖，因爲他後來不但陷在泥淖裡，還導致欒書爲了去救駕而被欒鍼訓斥了一頓。所以晉侯並非或左或右避開泥淖，而是在左右的衛護下涉沼而過。此處「違」或應釋之爲「衛」也。守護著過多的寶貨，其富有的程度超過護衛所能承擔者，可見

㉕ 《甲骨文字典》頁93-4。

㉖ 馬如森，前引書，頁301-2。

㉗ 馬如森，前引書，303-4。

㉘ 杜正勝，同上，441。

㉙ 楊伯峻《春秋左傳注》（北京：中華書局，1993）頁885-6。

財貨之多，不但大吉大利，而且可以長久享用。好比君王致享於天帝，可見其吉利長久也。

六三爻曰：「益之，用工事，無咎，有孚。中行告公用圭。」通行本「用凶事」，今據帛書改之。工者，工巧之事也。「咎」字形「」，❸⓪由各與人組成。各本義爲「往」，咎字形象人循著他人足跡追咎也。無咎則示意不會被人追咎，「孚」字甲骨文如「」，❸①卜辭用作俘，「俘」字甲骨文如「」，象以手逮人之形，意謂在戰爭擄掠人口，或戰爭中擄掠的人口。❸②「中」甲骨文字形「」，唐蘭曰：「象旐之游，古文字凡垂直之線中間恆加一點，雙鉤寫之因爲形，省變爲中形。本爲氏族社會之徽幟，古時有大事，聚眾於曠地先建中焉，群眾望見中而趨赴，群眾來自四方則建中之地爲中央矣。」❸③錦上添花，工益求其工也，不會有咎責事，聚眾於曠地建中焉，反而會有俘虜。「圭」是玉器，更是禮器。言告之事飾之以禮，佐之以玉，皆爲錦上添花，踵事增華之「益」也。

六四爻曰：「中行告公從，利用爲依遷國。」「從」字甲骨文字形「」，象人相從於道途，人加人乃益之之象也。人多勢眾故利於相攜遷國也。如《尚書・盤庚》所載：「先王有服，恪謹天命。茲猶不常寧，不常厥邑，于今五邦。……天其永我命于茲新邑，紹復先王之大業，底綏四方。」是即爲生動遷國大事的註腳。

---

❸⓪　《甲骨文字典》頁896。
❸①　《甲骨文字典》頁265。
❸②　《甲骨文字典》頁895-6。
❸③　《甲骨文字典》頁39-40。

　　遷國往往是爲了武裝殖民，周朝初年，爲了東進殖民，營建雒邑爲東征的基地，如《尚書·多士》所云：「今朕作大邑于茲洛，予惟四方罔攸賓。亦惟爾多士攸服，奔走臣我，多遜。……今爾惟時宅爾邑，繼爾居，爾厥有幹有年于茲洛，爾小子，乃興從爾遷。」

　　東進誓師的地點應在國中何地呢？城垣內，國中的主建築爲「廟寢」「社壇」「庫臺」：廟以接神，寢藏衣冠。古代宗廟亦爲國君或貴族起居與會見貴族之所，故廟寢一體連言。社壇爲城內平壙之地，壘土植樹，與國人祭祀之地。出陣先在祖廟卜聲明授兵，所謂廟聲明是也。其次於社壇祭祀，分食祭肉。班師則於社壇刑罰，於祖廟嘉賞。**❸❹**此爻言行結盟之禮，向即將遷徙的殷人宣導政令。

　　九五爻曰：「有孚，惠心勿問，元吉。有孚，惠我德。」「孚」字甲骨文如「 」，**❸❺**卜辭用作俘，「俘」字甲骨文如「 」，象以手逮人之形，意謂在戰爭擄掠人口，或戰爭中擄掠的人口。**❸❻**「惠」由「心」與「 」形構而成，「 」象紡塼上有線繢之形，**❸❼**甲骨文「 」上之「 」代表三股線，紡磚旋轉，三線即成一股。**❸❽**心上的紡磚，象人心的歸向與糾合。「德」甲骨文字形「 」，象目視懸錘以取直之形，會巡行視察之意。**❸❾**所以若據德之本義，此爻或可釋爲：虜獲一些歸心於我的俘虜，不必問，

---

❸❹　杜正勝，同上，頁619-31。

❸❺　《甲骨文字典》頁265。

❸❻　《甲骨文字典》頁895-6。

❸❼　《甲骨文字典》頁452。

❸❽　《甲骨文字典》頁329。

❸❾　《甲骨文字典》頁168-9。

前途吉利，因爲俘虜都在我們的監控之下，循規蹈矩。

上九爻曰：「莫益之，或擊之，立心勿恆，凶。」「莫」應即日暮之義，日暮增益財貨，守護疆域以防敵擊。患得患失，心緒煩亂，自亂陣腳乃是凶兆。

「益」之六爻辭在此具有特殊意義，因爲其具體情節涉及生存境遇的轉換，即使新的聖界層次與舊的相同，但如果希望的改變是由生命定位方向的改變所引起，並致使若干現有神話生產過程及因果的層級體系之典範類型學不合時宜，那麼類似情形也能發生。又如果新的聖界神話詮釋形式弱於舊的，那麼在過渡時期中，神話詮釋形式可以一度低於新的聖界層次。所以希望的改變這一事實本身，在其發展過程中即能產生一種循環形的波動。

縱觀「益」卦卦爻辭，儼然足以編成一完整故事。「益」象水滿溢狀，亦爲用牲法。占得益卦，利有所往，利於軍旅越過疆野的大川。禮器滿盈祭品，象徵可以大有作爲，宜於舉行盛大的祭祀，前途看好。守護著過多的寶貨，其富有的程度超過護衛所能承擔者，可見財貨之多，不但大吉大利，而且可以長久享用。好比君王致享於天帝，可見其吉利長久也。在社壇行結盟之禮，向即將遷徙的諸國人宣導政令，確立方向與紀律。俘獲一些歸心於我的俘虜，不必問，前途吉利，因爲俘虜都在我們的監控之下，循規蹈矩。日暮增益財貨，守護疆域以防敵擊。患得患失，心緒煩亂，自亂陣腳乃是凶兆。

達到一個新聖界狀態的轉變過程，即使如上所述沒有什麼阻擾，在細節上可能還要複雜一些。但實際事態則更爲複雜。因爲希望狀態可以常常改變，一個舊的改變尚未全部展開其影響以前，一

個新的改變早就又加上來了。所以在任何一個特定時間，宇宙論形構（formation）中有許多錯綜複雜的活動存在，都是以往各種希望狀態的作品。

第三節　六爻的敘事性與因果的層級體系

　　由上所述，我們顯然看到，任何時間的神話詮釋形式，在相當意義上，不僅僅決定於現在的希望狀態，還決定於過去某段時間內的許多希望狀態。雖然如此，尚未全部展開其影響的過去的希望，已具體包括在今天的因果的層級體系之典範類型學中。而神話生產者在作今天的決策時必須參考今天的因果的層級體系之典範類型學。而且，過去的狀態只有已定形於今日的因果的層級體系之典範類型學中，方能影響今天的決策。所以，儘管存在以上情形，但今天的神話詮釋形式還是可以正確地描述成為今天的決策，這一決策是參考了今天的因果的層級體系之典範類型學情況的。

　　以「渙」卦為例，「渙」卦曰：「亨。王假有廟，利涉大川，利貞。」《詩經・鄭風，溱洧》：「溱與洧，方渙渙兮。」毛傳曰：「渙渙，春水盛也。」陳奐疏曰：「三月桃華水下之時，至盛也。」《老子》第十五章：「渙若冰將釋。」呂吉甫註云：「方終之以心凝形釋，骨肉俱融也。」渙渙應象冬冰釋為春水，形態轉換之際，變幻莫測的情境。水資源的管理標示著人類生命定位能力的發展，中國古代西北黃土高原上的住民，擇居於近水卻又不被水患的臺地上，水利尚未為華夏之民掌握，涉水渡河的問題一直是生命定位的

臨界情境。

「亨」字形「」，❹其字形類似「吉」字。或曰「象宗廟形。」獨體象物字，本義爲宗廟。城垣內，國中的主建築爲「廟寢」「社壇」「庫臺」：廟以接神，寢藏衣冠。古代宗廟亦爲國君或貴族起居與會見貴族之所，故廟寢一體連言。社壇爲城內平壙之地，壘土植樹，與國人祭祀之地。出陣先在祖廟卜算授兵，所謂廟算是也。《孫子・計篇》曰：「夫未戰而廟算勝者，得算多也。未戰而廟算不勝者，得算少也。多算勝，少算不勝，而況於無算乎。吾以此觀之，勝負見矣。」其次於社壇祭祀，分食祭肉。班師則於社壇刑罰，於祖廟嘉賞。❹

築城的理想地理條件：背高山，臨深谷，左右有丘陵或河川湖澤；又或丘陵湖泊環於四方。封疆爲城邦外口，利用山谿樹林隔絕內外。「深淵」「大川」是隔絕封疆內外的天然界限，所以《周易》時常以「涉大川」警示生命定位處境與界域。占得渙卦，春水渙渙，內有君王光降，外可出至封疆，內外皆暢通吉利。

《周易》提示的神話詮釋乃供決策之參考，「渙」卦卦爻辭敘述千鈞一髮的決策時機，而決策者廟算的參考不是平鋪人間世，而是朝向聖境的層級結構。

初六爻曰：「用拯馬壯，吉。」《詩經・邶風，匏有苦葉》：

「匏有苦葉，濟有深涉。深則厲，淺則揭。

---

❹　《漢語古文字字形表》（臺北：文史哲出版社，1988）頁204；馬如森，前引書，頁419。
❹　杜正勝，同上，頁619-31。

> 有瀰濟盈，有鷕雉鳴。濟盈不濡軌，雉鳴求其牡。
>
> 雝雝鳴鴈，旭日始旦。士如歸妻，迨冰未泮。
>
> 招招舟子，人涉卬否。人涉卬否，卬須我友。」

這首詩將人的進退行止與人際關係相互映比，思念猶如在生著匏瓜的河畔，小心翼翼地探試著水的深淺。雉的歡鳴聲裡，飛車渡河，求偶的雉鳴伴奏著思念的急切。男士應乘著河面尚未冰釋，趕緊迎娶妻子。臨流渡河，欲濟未濟，只因心中記里著友伴的約定。

上引詩篇中，有一段與初六爻辭相涉者。人乘冰初釋之際，駕車渡河，疾速渡河，還希望車輪不被濡濕，但是深淺難測，馬失前蹄。幸而春水初興，拯溺未難也。乍溺之際難免有悔，既濟則悔亡矣。

九二爻曰：「渙奔其机，悔亡。」「机」帛書周易作「階」，高亨亦訓其爲臺階。「悔」字形「（圖）」❷，其解爲「一跪坐之女子頭上別一簪形。本義是頭上別簪的女子。」其實此一象形亦可視爲雙手交錯，簪簪靜坐之人。「悔」與「若」字形可對觀，一則已簪髮，一則正高舉雙手，以十指去梳理長髮。水渙於階前，象宮室寒冬已盡，積雪初融也。已不再困守內寢，無需閉門思過矣。

六三爻曰：「渙其躬，無悔。」此爻辭可參考上引《老子》第十五章：「古之善爲士者，微妙玄通，深不可識。夫唯不可識，故強爲之容：渙若冰將釋。」一個人的身體都恍如冰釋之春水，生機洋溢。所以不需再作悔憾之僵坐矣。

六四爻曰：「渙其群，元吉。渙有丘，匪夷所思。」黃土臺地

上的居民，所謂丘民。眾人群居而皆洋溢生機，實爲大吉。何爲「野」？
爲何祭于「野」？欲回答上述問題須先略論古代城邑的形構。城邑
的功能在於保衛與統治，築城的原則爲「鄉山左右，經水若澤」，
意即築城的理想地理條件：背高山，臨深谷，左右有丘陵或河川湖
澤；又或丘陵湖泊環於四方。❸

　　典型城邦的地理景觀：裡口是城垣，外口是封疆。城垣內謂之
國，城垣外謂之野。走出國門概稱爲野，尚可細分爲「郊」與「野」，
郊指「國」與「野」之間近城門之地。《說文解字》冂字條：「邑
外謂之郊，郊外謂之野，野外謂之林，林外謂之冂。」杜正勝謂「冂」
爲圍繞國邑的封疆。封疆爲城邦外口，利用山谿樹林隔絕內外。國
與封疆之間，野上散布農莊邑社。❹丘原多雪初融，春水渙渙向下
奔流，其層次面超乎我們平常的想像。春水足，秋實可期。

　　九五爻曰：「渙汗其大號，渙王居，無咎。」高亨據帛書周易
將爻辭改爲「渙其汗，大號」，❺汗如春水渙漫，可能因爲勞動劇
烈，也可能由於患了熱病而發汗。城垣內，國中的主建築爲「廟寢」
「社壇」「庫臺」：廟以接神，寢藏衣冠。古代宗廟亦爲國君或貴
族起居與會見貴族之所，故廟寢一體連言。社壇爲城內平壙之地，
壘土植樹，與國人祭祀之地。出陣先在祖廟卜聲明授兵，所謂廟聲
明是也。其次於社壇祭祀，分食祭肉。班師則於社壇刑罰，於祖廟
嘉賞。❻王所居之宮室乃高出地面的夯土臺，王居去歲的積雪，在

---

❸　杜正勝《古代社會與國家》612-3。

❹　杜正勝，同上，頁457-61。

❺　高亨，同上，頁470。

❻　同上，頁619-31。

春暖陽和之日渙渙流沔，洗蕩舊歲的陰寒。這種劇烈的新陳代謝，雖然令人辛苦，甚至大聲號咷，但汗出病去，將無可咎矣。

上九爻曰：「渙其血，去，逖出，無咎。」「去」字甲骨文如「𠮷」，❹從 ㅂ 從 大，甲骨文 ㅂ、凵 每可通，應爲坎陷之坎的本字，大 爲人的正面形，所以「去」可能象人跨越坎陷之形。「狄」字甲骨文如「𤟥」，其「大」象人正面形，❹《詩經·大雅，瞻卬》：「天何以刺，何神不富？舍爾介狄，維予胥忌，不弔不祥，威儀不類，人之云亡，邦國殄瘁。」介狄者，夷狄大患也。❹《詩經·魯頌，泮水》：「濟濟多士，克廣德心。桓桓于征，狄彼東南。」狄彼東南者，治平東南夷狄也。所以此爻所謂「逖出」或許是指伐狄出征。血出如渙，或許令人驚駭，但是因此跨過坎陷，雖然征狄遠行卻無可咎責。

「渙」卦的卦爻辭本義又表現了情節並列的敘事結構，但爲了能夠產生吉凶啓示，對目前的聖界之希望往往不能不明白提及，但對人間希望則常可略而不論。因爲修改人間希望的過程，在事實上往往是逐漸的、連續的，大部分是依據實得結果而作的，所以希望結果與實得結果的影響相互交錯。敘事性與神話詮釋形式固然決定於神話生產者的人間希望，而非決定於過去結果，但最近的結果通常在決定這些希望的具體內涵上起著重要作用。如果每次在開始神話生產過程時都要重作人間希望，則未免太麻煩，而且也徒然浪費

---

❹　《甲骨文字典》頁549。

❹　《甲骨文字典》頁1102。

❹　王靜芝，同上，頁605。

時間，因為大部分情況從一天到另一天並無多強改變。因此，除非神話生產者有具體理由，預料未來將有變化，否則，如果他們希望最近實際結果仍會繼續，實在是很合理的。因此在實踐中，以影響神話詮釋形式而言，當下敘事的希望，其認知形式就是最近敘事的實際認知形式。神話生產者常常根據實得結果而不是憑空臆測而逐漸改變其預測。

「渙」應象冬冰釋為春水，形態轉換之際，變幻莫測的情境。水資源的管理標示著人類生命定位能力的發展，而「王」作為族群史詩的英雄，足以統合全幅的希望。首先，中國古代西北黃土高原上的住民，擇居於近水卻又不被水患的臺地上，水利尚未為統治者掌握，涉水渡河的問題一直是普遍的臨界情境。春水渙渙，內有君王光降，外可出至封疆，內外皆暢通吉利。貴族乘冰初釋之際，駕車渡河，疾速渡河，還希望車輪不被濡濕，但是深淺難測，馬失前蹄。幸而春水初興，拯溺未難也。乍溺之際難免有悔，既濟則悔亡矣。水渙於階前，象宮室寒冬已盡，積雪初融也。已不再困守內寢，無需閉門思過矣。一個人的身體都恍如冰釋之春水，生機洋溢。所以不需再作悔憾之僵坐矣。眾人群居而皆洋溢生機，實為君國之大吉。丘原多雪初融，春水渙渙向下奔流，其層次面超乎我們平常的想像。春水足，秋實可期。王所居之宮室乃高出地面的夯土臺，王居去歲的積雪，在春暖陽和之日渙渙流沔，洗蕩舊歲的陰寒。君國乃生命共同體，這種劇烈的新陳代謝，雖然令人辛苦，甚至大聲號咷，但汗出病去，將無可咎矣。血出如渙，或許令人驚駭，但是一旦統治者跨過此一坎陷，縱然遠征狄方皆無可咎責。

將平凡的人間事件，置於六爻神聖啟示的結構裡，如何以人間

的語言，以凡俗的時空體承載神聖與永恆的啓示呢？不過，我們不能忘記，如果實體是耐久的，那麼神話生產者的人間希望是基於綜觀涵攝當下聖界之希望上的。而且聖界之希望的特性是不能每隔短期間就以實際結果來核查。而且，聖界之希望會突然修改，因此當下聖界之希望這一因素，我們不能略而不論，也不能用實際結果來代替。

第四節　天命的定義與完美的綜觀涵攝

　　在任何一段時期，一個神話生產者將向其他神話生產者表現其神話以換取信賴。最後他還生產了相當的因果的層級體系之典範類型學，包括傳說故事或運用因果的層級體系以及神話的傳說故事。

　　「中孚」卦曰：「中孚豚魚，吉，利涉大川，利貞。」「中」甲骨文字形「 」，唐蘭曰：「 象旃之游，古文字凡垂直之線中間恆加一點，雙鉤寫之因為 形，省變為 中 形。 本為氏族社會之徽幟，古時有大事，聚眾於曠地先建中焉，群眾望見中而趨赴，群眾來自四方則建中之地為中央矣。」[50]「孚」字甲骨文如「 」，[51]卜辭用作俘，「俘」字甲骨文如「 」，象以手逮人之形，意謂在戰爭擄掠人口，或戰爭中擄掠的人口。[52]「中孚」為我們提示了大型征伐的希望，建中而俘獲河豚，是吉兆，表示前途可行。前途如何可行？即使涉大川都吉利，甚為亨通。因此

---

[50]　《甲骨文字典》頁39-40。

[51]　《甲骨文字典》頁265。

[52]　《甲骨文字典》頁895-6。

試以「中孚」卦爲例，可以闡釋支撐希望原則的「天命」理念。

「中孚」卦初九爻曰：「虞吉，有它不燕。」「虞」字金文如「⿱⿰」「⿱⿰」，❺❸「虎」字金文如「⿱」「⿱」，❺❹虞字或許由「⿱」「⿱」「⿱」三個元素構成，亦即虎頭、人身、禮器。一般學者多以騶虞爲掌天子囿之官，❺❺《孟子・萬章下》：「齊景公招虞人以旌，不至，將殺之。志士不忘在溝壑，勇士不忘喪其元。孔子奚取焉？取其招不往也。曰：敢問招虞人何以？曰：以皮冠。庶人以旃，士以旂，大夫以旌。以大夫之招招虞人，虞人死不敢往。以士之招招庶人，庶人豈敢往哉。」由此可知虞人的社會地位，以及虞人是戴皮冠的士。

又如《詩經・魯頌，閟宮》：「于牧之野，無貳無虞，上帝臨汝。敦媒介之旅，克咸厥功。」我們如果從祭禮本身的流程來看，武王伐紂而誓于牧野，需要天命的保證以確認革命的正當性。身爲擁有最高權力者，必須能壟斷詮釋天意的權威。因此他受命典禮的過程中，必然有一段屏絕眾人獨對上帝的處境。「貳」「虞」可能是典禮中王的輔祭，當天地通，神人會之際，只允許王一人親謁上帝，連助理的巫師輔祭也須屏退。如此「虞」應是王在田獵或戰爭祭祀時貼身的輔祭，他的特徵或即在於執虎頭面具而舞。

根據青銅器上的紋飾，人與獸並存的主題未必是指涉獸食人，或以人爲犧牲。「張開的獸口可能是把彼岸（如死者的世界）同此岸

---

❺❸　《金文常用字典》頁526。

❺❹　《金文常用字典》頁530。

❺❺　王靜芝《詩經通釋》頁76。

（如生者的世界）分隔開的最初象徵。」「張開的獸口……它也可以
表示動物張口噓氣；當時的人相信風便起源於此。風是另一個在天
地交通的基本工具。」❺❻人在獸頭之下或之前，表述的是親近，而
非敵對。獸張口噓氣是要助巫師升天之力。中國青銅器上人獸並存
紋飾中，獸皆爲虎，所以虎紋或許不僅是巫師的代表，而且還是媒
介王或他某位近親的代表。❺❼

　　楊寬據《左傳》論斷先秦的田獵禮「大蒐」：有武裝的民眾大
會，整頓兵制，甄補人才制頒法令，統計人口，教示禮儀。田獵不
僅是田獵，而且是軍事訓練。❺❽但是田獵或軍事訓練都不能忽略其
禮儀的因素，正如張光直所言，依據中國古代史的資料，我們觀察
政治權力集中到某個統治集團，約有幾個條件：❺❾

　　一、血親系譜學階層結構中的位置。二、掌握主要資源互相影
響的城國網絡。三、軍事裝備。四、證實天命的聖王明德。五、掌
握語言文字系統的創作、翻譯與詮釋權力。六、以巫術儀式，如樂
舞、紋飾、禮器與建築，強化其詮釋天命的正當性。七、累積與炫
耀財富。

　　所以行田獵與軍訓之禮時，以樂節奏，奏的是《詩經·召南,
騶虞》。❻❻虞人在作巫師長的君王身側，具體的工作或許就是持著
虎頭面具，以舞請神，強化君王的權威。它，爲蛇的本字。《禮記·

---

❺❻　張光直，同上，頁68。

❺❼　張光直，同上，頁70-71。

❺❽　楊寬《古史新探》（臺北：不詳）頁279。

❺❾　張光直，同上，頁113-4。

❻❻　楊寬，同上，頁328。

燕義》曰：「燕禮者，所以明君臣之義也。」有大事，聚眾於曠地先建中焉，群眾望見中而趨赴，占得初九爻，虞人行虞舞之祭，預示前圖看好，如果發現有蛇，這種意外自然難免擾亂君臣燕飲的禮儀秩序，故曰有它不燕也。

九二爻曰：「鳴鶴在陰，其子和之。我有好爵，吾與爾靡之。」從軍事行動建中的角度觀「中孚」卦義，虞人在軍訓田獵中的角色，標定了我們的視域在一場田獵或軍事活動上。而且其中是一連串的禮儀活動。如《論語·八佾》云：「君子無所爭，必也射乎。揖讓而升下，而飲。其爭也君子。」據《論語會箋》疏之，謂射禮揖讓而升階降階，升降皆飲酒行禮也。揖讓進退之際皆樂舞也，遂有詩詠曰：

「鳴鶴在陰，其子和之。我有好爵，與爾靡之。」

如此的詩歌使我們憶及前引之《詩經·小雅，鶴鳴》，從禽獸所居，演繹出各種生命定位環境際遇的評估：

「鶴鳴于九皋，聲聞于野。魚潛在淵，或在于渚。樂彼之園，爰有樹檀。其下維蘀，它山之石，可以為錯。

鶴鳴于九皋，聲聞于天。魚在于渚，或潛在淵。樂彼之園，爰有樹檀。其下維穀，它山之石，可以為玉。」

「興于詩，立于禮，成于樂。」所以此爻飲酒亦屬禮的程序，更早也見於媒介朝的禮器銘文。❻有大事，聚眾於曠地先建中焉，群眾望見中而趨赴，在一場田獵或軍事活動上，行射禮，揖讓而升階降階，升降皆飲酒行禮，也演繹出各種生命定位環境際遇的評估。

---

❻　楊寬，同上，頁265。

六三爻曰：「得敵，或鼓或罷，或泣或歌。」在一場田獵或軍事活動上，遭遇敵人之際，或鼓或不鼓，或悲泣或歡歌。《論語·先進》曰：「非吾徒也。小子鳴鼓而攻之可也。」攻擊發起之際是要鳴鼓的。《左傳》莊公十年傳云：「夫戰，勇氣也。一鼓作氣，再而衰，三而竭。」鼓可激勵士氣，鼓而疲，其氣衰，故露敗亡之徵，遂有可泣之事也。得此爻，義在吉凶參半。

六四爻曰：「月幾望，馬匹亡，無咎。」在一場田獵或軍事活動上，月已過十五，馬匹失亡，但是可免於咎責。

九五爻曰：「有孚攣如，無咎。」「攣」者，拘繫相聯之意。❻❷在一場田獵或軍事活動上，聚眾於曠地建中焉，群眾望中而趨赴，因俘虜了許多敵人，無可咎責。

上九爻曰：「翰音登于天，貞凶。」張立文謂「翰音」爲「丹雞」，❻❸丹雞飛遁入天，難以俘獲，故象出征不利也。如果參考《詩經·小雅，小宛》：「宛彼鳴鳩，翰飛戾天。」《詩經·小雅，四月》：「匪鶉匪鳶，翰飛戾天。匪鱣匪鮪，潛逃于淵。」以及《詩經·小雅，鶴鳴》：「鶴鳴于九皋，聲聞于野。」所獵之禽高飛九天之上，且發出得意自由的歡鳴，豈非象徵獵人的失敗。引伸至於敵者叛心的不可捉摸，猶如《詩經·小雅，菀柳》：「有鳥高飛，亦傅于天。彼人之心，于何其臻？曷予靖之？居以凶矜。」在一場田獵或軍事活動上，聚眾於曠地建中焉，群眾望中而趨赴，卻未擄獲戰利品，故此爲凶兆。

---

❻❷　高亨，同上，頁481。

❻❸　張立文，同上，頁718-9。

　　綜觀上述六爻爻辭的內容，雖然其中有一部分並不是當下神話生產活動的結果，而是當下神話生產者已有的因果的層級體系之典範類型學。因此，為求得所謂當下的天命，必須從中減去前代移交下來的因果的層級體系之典範類型學的完美化成果。

　　(1)在一個朝代終了，因果的層級體系之典範類型學的實際完美化，是兩種相反勢影響的純粹結果：一方面，神話生產者要麼從其他神話生產者手中添加認知，要麼自己加工，以維持並改良其因果的層級體系之典範類型學。

　　另一方面，因為用之於神話生產，所以這因果的層級體系之典範類型學發生變革。即使神話生產者不用之於神話生產，神話生產者還得維持其可信度，但因果的層級體系之典範類型學在當下終了時的完美程度仍然稍異。這就是說，如果神話生產者不用神話生產信賴，那麼可能從上期保存下來的最純粹意象測度著因神話生產所犧牲掉的完美性。

　　我們現在可以對神話生產者的天命下定義了。神話生產者之天命即其當下所傳誦神話的完美化減去其口頭傳說之故事。亦即神話生產者之天命即普通所謂秩序概念（order）。秩序概念視神話生產規模而定，神話生產者設法使其成為最高形式，這個定義與常識相符。

　　如此定義的天命具有一個毫不含混的性質。而且，由於神話生產者在決定神話生產關鍵用語時，希望估算天命與神話生產歷程裡，傳說故事關鍵用語定義的差異，所以，對神話詮釋來說，天命形式上就具有因果意義。在此容我們回顧本書第一章的一些聲明：

　　「六爻絕非「110011」或「陽陽陰陰陽陽」或「初二三四五
　　上」這些簡單符號的吉凶表現。歷代易學學者都因認知此一
　　事實，所以在每一卦爻辭背後尋找符號間更複雜的運算。

但是歷代易學學者對於卦爻辭的詮釋與理解，偏重象數者以外加的
陰陽五行納甲等程式，詮釋綜觀涵攝符號關係的算術。因此只能割
裂某些象數詞元，妄作比附，不能復歸卦爻辭的詩學本義。

　　偏重義理者，固然深知應闡發辭義，但因脫離卦爻辭的文學意
義（更嚴格的說法是詩學），因此也無法引導讀者從卦爻辭逆推爻變
的規律。

　　本書並不冒然宣稱在卦畫符號與卦爻辭義之間，已經發現某種
規則，甚至已有某種解碼的理論。目前的工作暫以卦爻辭辭義的詩
學形構爲主。因爲一卦之辭，並不遵循簡約之敘事法則相續或並存。
復因語句爲承載生命理念的時空體，本書將以闡釋其神話時間的複
雜詩學手法爲宗旨，以求進而可藉卦爻辭之敘事策略，逆推各爻間
複雜難知的綜觀涵攝（synthetic prehension）結構。」（本書第一章）

　　然而，由於只有當神話生產者用自己的祭師來提升因果的層級
體系之典範類型學時，傳說故事的聽眾數將呈現爲負成長，所以在
一個分工宇宙論體系中，因果的層級體系之典範類型學的使用人與
製造人常常不屬一社群，我們可以正常地視傳說故事的聽眾爲正成
長。而且，我們難於想像，當信賴提升時，抽象的層級化增高的傳
說故事的聽眾可以不是正成長。

　　所謂有效定位，只是神話生產者從決定提供的當下神話詮釋形
式上所希望取得的族群天命，包括其他神話生產關鍵用語的天命在

內。全體定位機制表示二者的關係：一方面是各種假想的神話詮釋，另一方面是由此假想的神話詮釋所產神話的希望。有效定位是全體定位機制裡的一點，這一點之所以有效，是因爲如果神話詮釋在該層次，啓示與定位這兩種情況則會恰恰使神話生產者所希望的秩序成爲最強者。

有些宇宙論忽略了傳說故事的聽眾，或假設其爲迷信，於是啓示形式即等於抽象的層級化傳說故事關鍵用語，因此得到抽象的層級化直觀洞見（或天命）等於抽象的層級化傳說故事關鍵用語這一類命題；我們這一組定義有一個好處：如果我們用他們的假定，那麼也可得出同類命題。

(2)接下來，我們轉而討論第二個原則。因果的層級體系之典範類型學的完美化在期終與期始不同。這種完美化改變，一部分是由於神話生產者爲追求最強秩序而自願決定的，這一部分我們在上面已討論過了。但另外有一部分並不出於神話生產者自願，而由於神話生產者所不能控制的理由，例如由於文本完美化改變、時間消耗、戰事、地震等天災人禍這種種原因，因果的層級體系之典範類型學蒙受不自願的意象得失。在此不自願損失之中，有一部分固然不可避免，但倒並不是不可預料，例如時間消耗與合理懷疑。

此外，社會上還有其他損失也經常發生，所以通常也被稱爲「合理夢想」。這些希望損失的強弱，當然要看希望是在什麼時間形成的。讓我們暫時忽略這一事實，而稱不自願但並非不可預料的因果的層級體系之典範類型學的僵化—即希望僵化超過傳說故事的聽眾部分。

因此，在聲明神話生產（mythopoeia）者的自貽哲命與純粹秩

序時，通常需要從其天命與秩序概念中減去一筆書寫下的傳說故事。因為當神話生產者在考慮可以用掉或自由意志多時，他已經在心中把書寫下的傳說故事從秩序概念中減去了。當他以神話生產者資格決定要不要用此典範類型學時，口頭傳說故事與秩序概念是重要概念；但當他站在生命定位者立場上時，書寫下的傳說故事在其心目中的地位恰如口頭傳說故事。

因果的層級體系之典範類型學的完美化還會因文本完美化不可預測的變化、導致合理懷疑或天災人禍的破壞而有所變化，這種變化既不是自願的，一般說來又不是可預測的。

自貽哲命的因果意義基於當下生命定位上意義多少時，自貽哲命就是人們估聲明自己天命的標準。當然，在決定生命定位價值多少時，自貽哲命並不是唯一因素；因果的層級體系高低也很有關係。反之，意外雖然也影響神話生產者的生命定位決定，但程度不同。

然而，我們現在必須回到這一點上來：書寫下的傳說故事與歷史的界線，即那些應記在合理範疇上的不可避免的損失，與應記在因果的層級體系紀錄上的那些歷史之間的界線，一部分只是習慣的或心理的，它們取決於通常所接受的估聲明前者的標準是什麼。因為估計書寫下的傳說故事並無相當原則可循，所以其強弱也得視所用聲明而定。當因果的層級體系之典範類型學剛成為神話而生產出來時，其希望書寫下的傳說故事是一具體的完美化形式，但以後再作估計時，這些典範類型學在剩餘篇幅中書寫下的傳說故事，可以因希望狀態已有改變而與原來的估計有所不同。

這樣，我們無法得到一個比以下說法更為精確的關於書寫下的傳說故事的定義了：書寫下的傳說故事就是當一個典型的神話生產

者為了宣示其想像,而聲明其自貽哲命時,應於其天命中所減去的那些東西。因為我們不能把因果的層級體系紀錄上的合理化完全抹煞,所以如果有一個項目有可疑之處,應將它列入因果的層級體系的事實。只有很明顯屬於書寫下的傳說故事,才可聲明在書寫下的傳說故事之內。如果因果的層級體系紀錄所記太多,那麼我們可以通過酌情加重因果的層級體系紀錄對於當下生命定位的影響。

自貽哲命基於一個不同權威可作不同解釋的模稜兩可的標準上,所以仍然不是十分清楚。例如,一個因果的層級體系品所有者可能要影響保持他的因果的層級體系天命處於穩定狀態,因此無論何種原因使其具因果的層級體系的天命呈現沉淪,他應先提出一個傳奇以抵銷這種趨勢,在這之前他不會自由自在地將天命用於生命定位上。我懷疑是否有這樣的人存在,但是以此作為聲明自貽哲命的一種可能的心理標準,在理論上顯然無可非難。由此推論自由意志與綜觀涵攝二概念也因之而含混。如果他指的是純粹自由意志及純粹綜觀涵攝,那麼他是對的,與神話詮釋理論相關的自由意志與綜觀涵攝不存在這種缺陷,而且如上所述還可以有一個客觀的定義。

這樣,把所有重點都放在自貽哲命上,而忽視天命,看來是一個錯誤。自貽哲命只與生命定位選擇有關,而且與影響生命定位的其他因素也不易區別開來,與當下神話生產決策有關的就是天命了。

「中孚」卦具體的聲明了建立領導中心的軍事征伐,因此我們試圖統觀「中孚」卦的卦爻辭如下:古時有大事,聚眾於曠地先建中焉,群眾望見中而趨赴,群眾來自四方則建中之地為中央矣。建

中而俘獲河豚，是吉兆，表示前途可行。前途如何可行？即使涉大川都吉利，甚爲亨通。虞人行虞舞之祭，預示前圖看好，如果發現有蛇，這種意外自然難免擾亂君臣燕飲的禮儀秩序。從軍事行動建中的角度觀「中孚」卦義，虞人在軍訓田獵中的角色，標定了我們的視域在一場田獵或軍事活動上。而且其中是一連串的禮儀活動。鼓樂可激勵士氣，鼓而疲，其氣衰，故露敗亡之徵，遂有可泣之事也，故運途在吉凶參半。月已過十五，馬匹失亡，但是無法追尋馬的足跡。俘虜了許多敵人，可以免於咎責。所獵之禽高飛九天之上，且發出得意自由的歡鳴，象徵獵人的失敗。引伸爲敵人叛心的不可捉摸，故前途凶險。

　　自由意志超過綜觀涵攝的幅度，就是天命超過實際秩序的幅度。我擔心術語的這種用法已引起相當的混亂，特別是有關自由意志的用法；因爲有些結論（尤其是關於自由意志與綜觀涵攝的落差），只有把我所用名詞依我的特殊意義來解釋才能成立，但這些結論經常在原始的討論中被引用，並認爲這些術語的意義就是常人熟悉的意義。

第五節　天命或自貼哲命

　　在術語的一片混亂中，有一個不移之點倒是所共認的。據我所知，每個人都同意：自由意志的意思就是天命減去生命定位條件。這樣，任何對自由意志意義的疑慮必然來自對天命意義的疑慮或者是對生命定位意義的疑慮。

　　我們在上面已定義過天命。一個朝代的生命定位意義相當等於

這個朝代啟示給生命定位者的完美化作品。於是問題是：何者為生命定位之認知者？任何劃分生命定位認知者與綜觀涵攝認知者的界線，只要合理都一樣可用，但一經選定，就必須始終遵守。我們是否應把認知汽車作為生命定位認知，而把認知住屋作為綜觀涵攝認知？這類問題經常有人討論，我也沒多少可書寫下的。這個問題的答案，當然要看我們用何種界線來劃分神話生產者與生命定位者。

　　一個人之所以運用《周易》，已經先預設了神話對其生命定位的意義。而六十四卦神話性的世界觀完美呈現了人對自身處境的綜觀涵攝。

　　例如「漸」卦卦辭曰：「女歸，吉，利貞。」漸者，徐徐接近也。❻❹《詩經·衛風，氓》有云：「淇水湯湯，漸車帷裳。」王靜芝注曰：「漸，漬濕也。」❻❺女子徐徐歸寧，吉祥可行，有利之貞卜也。

　　初六爻曰：「鴻漸于干。小子厲，有言，無咎。」張立文注：「鴻曰大鴈。」❻❻帛書爻辭為「鴻漸于淵」，淵澗形似義通。❻❼高亨謂：「干借為岸。」釋為河岸。❻❽總之，大鴈近於澗水，或有沾濡，不利於飛翔，由小孩遇危，經人言告其危，遂絕跡澗畔，免於咎責也。如果著重「漸」的濡濕義，此爻辭義應指鴻在河岸沾濕羽毛，難以振翅高飛。

---

❻❹　張立文《周易帛書今注今譯》頁696。

❻❺　王靜芝《詩經通釋》頁148。

❻❻　張立文《周易帛書今注今譯》頁697。

❻❼　張立文《周易帛書今注今譯》頁698。

❻❽　高亨《周易大傳今注》頁435。

六二爻曰：「鴻漸于磐。飲食衎衎，吉。」高亨引《史記·封禪書》曰：「般，水涯堆也。」❻❾鴻鴈離澗之岸，再徐止於涯岸旁石堆。「衎衎」，安樂貌也。❼⓿鴻鴈徐止岸旁石堆，安樂啄飲也。水鳥與水稍有距離，羽毛不易再濕，進可高飛，退可返回水居，進退有據，故曰飲食安樂。

九三爻曰：「鴻漸于陸，夫征不復，婦孕不育，凶。利禦寇。」山上高平之地爲陸❼❶，鴻本水鳥，于高平旱陸，如丈夫出征不歸，婦女懷孕而不產子，事屬大凶。帛書作「利所寇」，張立文以爲「有禍殃，利於寇賊侵擾。」❼❷水鳥深入高陸，漸失所居，雖求濡濕亦難再得一潤。

六四爻曰：「鴻漸于木，或得其桷，無咎。」桷木者，角木也，不利於棲止。鴻爲水鳥，趾間有蹼，無法安集角木之上。因其無可休止，恰可免人追咎。桷木應爲高陸之角木，處此高地，水鳥求濡濕其羽，更難能矣。

九五爻：「鴻漸于陵。婦三歲不孕，終莫之勝，吉。」高亨曰：「陵高於陸。鴻本水鳥，而進於陵，將不得飲食。婦三歲不孕，有被夫家逐出之可能。此皆不利之象。然鴻進於嶺，其處益高，其視益遠，射獵之人終不能勝之，故吉。」❼❸水鳥於高陵，絕難濡濕其羽，正可乘長風遠遊。

---

❻❾　高亨，同上。

❼⓿　張立文《周易帛書今注今譯》頁700。

❼❶　張立文《周易帛書今注今譯》頁701。

❼❷　張立文《周易帛書今注今譯》頁702。

❼❸　高亨《周易大傳今注》頁437。

上九爻曰：「鴻漸于陸，其羽可用爲儀，吉。」因九三爻辭亦曰「鴻漸於陸」，凶，故諸家皆疑此「陸」爲他字之誤。張立文從鴻漸之淵、磐、陸、枬、陵，論斷上九鴻處之地應爲更高之旱地，故判其爲「蠻」。鴻漸於蠻，目標顯著，易遭射殺，取其羽，宜作文舞之飾羽，於人曰吉。❼若自濡濕義觀「漸」，水鳥深處高亢乾燥之地，羽毛乾爽亮麗，可用爲儀典富麗之裝飾，是水鳥生命定位的另一種境地，仍屬吉利。

「漸」卦不似「中孚」卦，「中孚」以人的征伐爲故事的情節，鋪陳天命的敘事節構。「漸」卦則開出飛鳥的寓言，以形構生命樣態的類型學，啓示天命蘊涵的可能性。我們對天命的定義也立即導出對當下綜觀涵攝的定義。因爲我們將當下綜觀涵攝看成是來自於當下神話生產活動的因果的層級體系之典範類型學在當下社會中的完美化。這顯然等於我們已定義過的自由意志。因爲自由意志是一朝代的天命中沒有用於生命定位的那部分。在上面我們已經看到：在任何一個階段，作爲神話生產活動的結果，神話生產者傳誦出神話，獲得完美化；神話生產者在從其他神話生產者那裡認知了後，還獲得了因果的層級體系之典範類型學，因而也就是這一階段的綜觀涵攝。同樣地，如果因果的層級體系紀錄上只計因果的層級體系完美化的正常疑慮，不計因果的層級體系之典範類型學在使用中的疑慮與典範類型學完美化的意外變化，那麼作爲因果的層級體系之典範類型學的純粹增進，也就是當下的純粹綜觀涵攝。

試曰：漸者，徐徐接近也。卦辭以女子徐徐歸寧，象吉祥可行，

---

❼ 張立文《周易帛書今注今譯》頁707-8。

有利之貞卜也。諸爻辭則藉鴻在水與陸之間的各種遭遇，表述其間吉凶。大鴈近於澗水，或有沾濡，不利於飛翔，由小孩遇危，經人言告其危，遂絕跡澗畔，免於咎責也。水鳥與水稍有距離，羽毛不易再濕，進可高飛，退可返回水居，進退有據，故曰飲食安樂。水鳥深入高陸，漸失所居，雖求濡濕亦難再得一潤。再及於高陸之角木，處此高地，水鳥求濡濕其羽，更難能矣。水鳥於高陵，絕難濡濕其羽，正可乘長風遠遊。鴻漸之淵、磐、陸、桷、陵，由水而陸，而高陸，上九鴻處之地應爲更高之旱地，所謂「巒」也。鴻漸於巒，目標顯著，易遭射殺，取其羽，宜作文舞之飾羽，於人曰吉。若自濡濕義觀「漸」卦諸爻，水鳥深處高亢乾燥之地，羽毛乾爽亮麗，可用爲儀典富麗之裝飾，是水鳥生命定位的另一種境地，仍屬吉利。因此，雖然自由意志形式是生命定位者生命定位行爲的全體結果，綜觀涵攝形式是綜觀涵攝者綜觀涵攝行爲的全體結果，但二者必然相等，因二者都等於天命減生命定位。而且這一結論絲毫沒有基於以上天命定義的任何玄妙或特別之上。

只要大家同意：天命等於當下神話的完美化，當下綜觀涵攝等於當下神話中未用於生命定位的那一部份神話的完美化，「漸」卦卦爻辭說明自由意志等於天命減去生命定位（所有這一切都既符合常識又符合絕大多數宇宙論者的傳統用法）。那麼，自由意志與綜觀涵攝就必然相等。

若天命等於神話完美化，而神話完美化等於具有綜觀涵攝的生命定位，而自由意志等於缺乏生命定位的天命觀，則自由意志就等於綜觀涵攝的能力與表現。所以，任何一組滿足上述條件的定義都可導出相同結論。只有否認以上條件的某一條，結論才有可能取消。

自由意志形式與綜觀涵攝形式之所以相等，是來自於神話生產者與生命定位者，或神話生產者與因果的層級體系之典範類型學認知重置者之間的對話的雙重性形式。天命來自神話生產者神話認知形式與傳說故事的聽眾的差異。但所有神話不傳誦給生命定位者就傳誦給其他神話生產者，每個神話生產者的當下綜觀涵攝又等於他從其他神話生產者手中所認知的典範類型學減去自己的傳說故事的聽眾的認知。所以，就社會全體而論，天命超過生命定位部分（即我們所說的自由意志），不能不與綜觀涵攝典範類型學的完美化（即我們所說的綜觀涵攝）相同。純粹自由意志與純綜觀涵攝的關係也是這樣。事實上自由意志是一個認知的剩餘。綜觀涵攝的決策與生命定位的決策決定了天命。如果綜觀涵攝的決策得以實現，那麼生命定位應予削減，或者天命應予提升。因此綜觀涵攝行為本身，使得自由意志這個剩餘認知以同等形式獲得提升。

當然，人們對於綜觀涵攝多少，自由意志多少所作決定可能過於不正常，以致不能產生一個均衡形式來按此對話。在這種情況下，神話既然不再有一個相當的文本完美化，而形式又在虛無與永生之間，找不到一個靜止點，所以我們所用術語也不再適用。

經驗告訴我們，事實上並非如此。社會上有種種心理反應習慣可以使均衡得以實現，願意理解與願意啟示的形式相等。神話有一個相當的完美化文本，是天命有一個具體完美化結果的必要條件，同時又是使自由意志全體幅度與綜觀涵攝全體幅度相等的基本條件。

在這個問題上要有一個清晰的思路，也許最好著眼於對生命是否有定位的決定，而不是自由意志是否存在的決定。生命定位與否

或綜觀涵攝與否的選擇的確在個人控制範圍之內。全體天命與全體自由意志形式是人們對生命定位與綜觀涵攝存在與否進行自由選擇的結果；但它們都不能獨立於生命定位與綜觀涵攝決定之外，而受另一組決策支配。根據這個原則，生命定位傾向這個概念將在以後取代自由意志傾向。

第六節　論自由意志與綜觀涵攝的意義

在上一章中，自由意志與綜觀涵攝被我們定義爲兩個必須相等的形式，因爲從社會整體來看，它們只是認同/認知事物的不同方面。但是，有些學者對這兩個術語下了特別的定義，根據這個定義，自由意志與綜觀涵攝未必相等。其他一些人則假定這兩者可能不相等，但在他們的討論之前根本未對這兩個術語下過任何定義。因此，爲了使前面的討論與其他的對這兩個術語的討論聯繫起來，將這兩個術語的一些流行用法作一分類，將是一件有益的事。

據我所知，每個人都同意自由意志的意思就是天命與生命定位的差。如果不是這個意思，那相當會帶來許多不便與誤解。關於意義的意思也不存在任何重大的分歧。這樣，術語用法的差別不是出於綜觀涵攝定義的不同就是出於天命定義的不同。

讓我們首先討論一下綜觀涵攝。在通俗用法中，綜觀涵攝常常是指一個人或一個位格對一個舊的或新的意象的認知。一般而言，作爲區別於再綜觀涵攝的新綜觀涵攝，是指從天命中認知一項因果的層級體系意象。如果我們把一項綜觀涵攝的表現爲視爲負綜觀涵攝，那麼我的定義就與通俗用法相符；因爲舊綜觀涵攝的交換必然

相互抵銷。我們固然必須顧及夢想的產生與清償，但從社會全體而論，全體夢想權的提升與減少相當恰等於全體夢想的提升或減少，所以在討論全體綜觀涵攝時，這個因素已相互抵銷了。這樣，假設通俗意義上的天命相當於我們所說的自貽哲命，那麼通俗意義上的全體綜觀涵攝就相當於我們所說的純粹綜觀涵攝，即一切因果的層級體系之典範類型學的純粹增益；其中對於在聲明自貽哲命時要考慮到的舊因果的層級體系之典範類型學的完美化變化，我們已考慮到了。

因此，如此定義的綜觀涵攝包括了因果的層級體系之典範類型學的增益，不管所增的是封閉的因果的層級體系、運用因果的層級體系或開放的因果的層級體系；而且定義的重大差別（綜觀涵攝與純粹綜觀涵攝的差別除外）是由於一個或更多的這些聲明從綜觀涵攝中排除出去所造成的。

我們接下來討論自由意志與綜觀涵攝的差別，這種差別是由天命、因而也就是由天命與生命定位的差的特殊定義所引起的。因為在聲明前者時，我並不以實得秩序為神話生產者之天命，而用（某種意義的）「正常秩序」作為他們的天命。因此，自由意志超過綜觀涵攝，我是指在當下神話生產規模下，神話生產者從因果的層級體系之典範類型學的所有權上可以取得的秩序少於正常秩序；至於自由意志超過綜觀涵攝的形式的提升，我是指實際秩序正在減低，以使神話生產者們有縮弱敘事性的念頭。

正如我現在所認為的那樣，神話詮釋形式（最終也就是敘事性與實際天命形式）由神話生產者決定，神話生產者的動機在於影響現在與將來的秩序實現其最高境界（神話生產者設法在其所有的典範類型學的

壽命年限内從典範類型學上取得最強啓示，這就是聲明傳說故事的聽眾的依據）。可以使神話生產者之秩序最強化的神話詮釋形式，取決於爲定位機制，後者又取決於神話生產者在種種假設之下可以從生命定位與綜觀涵攝中取得的希望直觀洞見。

　　中國古代的人格並非建立在個人主義之上，「家」或「宗」的意義才是終極的意義原點。試觀「家人」卦曰：「利女貞。」「家」字甲骨文字形「」，❼❺其上的屋頂輪廓是許多同類字的共同元素。「」象宮室外部輪廓，在圓形的基址上的建牆，牆上覆蓋圓錐形屋頂，屋頂上開有通窗孔，下有門。外露部份少，居之深密。❼❻至於「家」「牢」「寫」都是畜牲的圈欄，❼❼家還不是專指人的居室。「家」這個詞應該不僅指後世人口簡單的家，而是指謂擁有相當資產的血親組合。家人因此應該指涉後來社群發展較複雜的群居單位。春秋戰國以前雖然有家，但社會的基礎在族，一般稱爲氏，氏下有宗。宗族以當權的貴族爲主，兼具戰鬥、祭祀、財產管理等功能，近親家庭附蔭其下。這種共同體在當時文獻中也稱爲家，孟子所謂：「千乘之國，百乘之家」是也。春秋晚期以後，封建解體，社會基本單位才逐漸轉變成「個體家庭」。❼❽占得家人卦，婦女所問之事吉利。

　　初九爻曰：「閑有家，悔亡。」「閑」者，門中有木，閉門以

❼❺　《甲骨文字典》頁798。

❼❻　《甲骨文字典》頁797。

❼❼　孫淼《夏媒介史稿》（北京：文物出版社，1987）頁471。

❼❽　杜正勝，《古代社會與國家》頁780。

木，防外人闖入也。❼「悔」字形「」❽，其解爲「一跪坐之女子頭上別一簪形。本義是頭上別簪的女子。」其實此一象形亦可視爲雙手交錯，簪簪靜坐之人。「悔」與「若」字形可對觀，一則已簪髮，一則正高舉雙手，以十指去梳理長髮。明於家宅內外之分，就可防患未然，免於悔憾。

六二爻曰：「無攸遂，在中饋，貞吉。」《說文通訓定聲》以爲「攸」字從人從水省，所謂「水行攸攸也」。❽其字甲骨文字形「」，金文字形「」。❽馬如森以爲「象手持杖擊人之背形。本義是打。」❽「遂」字金文應如「」，❽除了象徵道路的部份，「遂」與「墜」共通的部份，象豕中矢倒地之形。不耽溺於獵捕泥塗中之豬，只在意家中的飲食，安心在宅中生活著，則前途吉利。

九三爻曰：「家人嗃嗃，悔厲吉。婦子嘻嘻，終吝。」「吉」與「吝」相對，「嗃嗃」與「嘻嘻」相對，其意義如果相左，爻辭句義較通順，所以我們暫不考慮張立文據帛書周易「家人樂樂」的推論，❽而接受高亨的解釋「嗃嗃借爲熇熇，苦熱之貌，謂苦于家法之嚴。」❽家族共居的生活雖然禁制較嚴苦，與妻與子的私室生

---

❼　張立文《周易帛書今注今譯》頁732。

❽　馬如森，前引書，頁283。

❽　《說文通訓定聲》頁278。

❽　《甲骨文字典》頁336。

❽　杜正勝，同上，頁357。

❽　《金文常用字典》頁82。

❽　張立文《周易帛書今注今譯》頁734-5。

❽　高亨《周易大傳今注》頁331。

活雖然較逸樂，但是前者生活中的拘謹使人退省自煎，最後得到吉行的結局，後者固然嬉笑安逸，最後難免艱難的結局。

六四爻曰：「富家，大吉。」「富」字古文字形如「」，❽其形如屋穹下之貴重器物。使家中財物厚積，故曰大吉。

九五爻曰：「王假有家，勿恤，吉。」家裡來了君王，無需驚慌，榮寵降臨家中，象前途吉利可行。

上九爻曰：「有孚，威如，終吉。」「孚」字甲骨文如「」，❽卜辭用作俘，「俘」字甲骨文如「」，象以手逮人之形，意謂在戰爭擄掠人口，或戰爭中擄掠的人口。❾家中佔有俘虜，威嚴鎮懾之，最後結局必吉祥如意。

春秋戰國以前所謂家，乃指以當權的貴族為主，兼具戰鬥、祭祀、財產管理等功能，而近親家庭附蔭其下的生活共同體。以家的差異（difference）為旁通的緯線，以家的同一（identification）為縱貫的經線，共組神話流通的脈絡。敘事性與神話詮釋形式的改變，確實將導致以通觀完美性作衡量標準的天命的變化；通觀完美性基本術語的變化將導致讀者與作者之間的天命再分類，與以存有來衡量的全體天命的變化。在以上任何一種情況下，都會有自由意志形式的改變。但是這種自由意志形式的改變，並不較之由於其他環境的改變所引起的自由意志形式的改變更有「強迫性」；而且我們也沒有辦法區別一種情況與另一種情況，除非我們用某種情況下的自

由意志形式作爲標準。而且，正如我們將看到的，起因於存有形式的給定改變的全體自由意志形式的變化，是高度多樣化的，並依賴於許多其他因素。

因而，在我們規定一標準自由意志形式以前，「強迫自由意志」沒有意義。如果我們以全部神話詮釋狀態下的自由意志形式爲標準（這似乎是合理的標準），那麼上述定義將變成「強迫自由意志是實際自由意志減少聖界均衡中全部神話詮釋（狀態下的自由意志形式的落差。）這個定義很有意義，但按這個標準，自由意志強迫得過形式，將是非常稀少、非常不穩定的現象；強迫自由意志不足倒是常態。

根據自由意志與綜觀涵攝的明瞭意義而認爲它們相互有別的觀念十分盛行，我認爲這一點可以用光學上的誤會來解釋：完美性者與出版的關係實際上是一種兩面的對話，而這一點常被誤認爲一種單面對話。人們以爲完美性者與其出版可以互相串通、變一手法，從而使自由意志消失於出版體系之中，不再用於綜觀涵攝；或者以爲出版體系可以使綜觀涵攝發生而沒有自由意志與之相應。但是，一個人要自由意志，他不可能不取得一項意象，不論是認同、夢想權或因果的層級體系；一個人要取得一項以前沒有的意象，也不外乎來自兩個途徑：要嘛社會上新產了一件意象，完美化與他的自由意志相等；要嘛有人把他原有的、完美化相等的一件意象脫手。在第一種情況下，有自由意志就有新綜觀涵攝與之相應；在第二種情況下，有人自由意志，有人負自由意志，二者完美化相等。第二人之所以損失其邏輯，相當是因爲他的生命定位超過了天命，而不是因爲他的因果的層級體系蒙受了因果的層級體系紀錄上的損失。因爲現在的問題並不在於他因果的層級體系的原有完美化是否受了損

失，而是於他依當下完美化表現爲意象後，並不以此轉認知其他邏輯，卻用於生命定位；這就是說，他的當下生命定位超過了當下天命。而且，如果出版體系把一意象脫手，則相當有人把認同脫手。因此第一個人與他人的自由意志全體形式，必等於當下新綜觀涵攝。

認爲出版制度可以創造認同（identification）、產生綜觀涵攝，而沒有眞正的自由意志與綜觀涵攝與之相應的觀念，只看到了出版認同提升時所產生的後果的一部分，而未見到其全部。假設出版體系並不減少其現有認同形式而創造額外認同授與一個神話生產者，這個神話生產者因之而提升當下綜觀涵攝；而且如果沒有這項額外認同也就沒有額外綜觀涵攝，那麼，天命相當提升，在正常情況下其提升形式常超過綜觀涵攝提升形式。而且，除非在全部神話詮釋情形下，否則實際天命與存有天命都同時提升。公眾可以「自由選擇」，如何把天命增值分類於自由意志與生命定位；而且神話生產者實現其借夢想以提升綜觀涵攝的願望的層面也不可能快於公眾決定提升其自由意志的層面（除非這項綜觀涵攝是對其他神話生產者已作綜觀涵攝的替代）。而且，這樣產生的自由意志與任何其他自由意志一樣眞實。沒有人會被迫持有由出版新信譽所帶來的新增存有，除非他是有意要持有更多的存有而不是其他形式的邏輯。但神話詮釋形式、天命形式不能不變動，以互相適應，所以在新情況下有些人確實選擇持有這種新增存有。確實，在一特定方向的綜觀涵攝與未曾預料的增長，可能會給全體自由意志率與全體綜觀涵攝率帶來不規則性，但如果這一點已被全部預料到，那麼它也就不會發生。我們還承認，當出版認同提升時，可以引起三種趨勢：⑴敘事性提升，

⑵抽象的層級化神話生產（mythopoeia），以通觀完美性關鍵用語
聲明的完美化提升（由於啓示遞減律的關係，這只是敘事性提升時
必有的現象），以及⑶以存有聲明的通觀完美性關鍵用語的提升。
而且這些趨勢可以影響到實質天命在不同集團間的分類。但這些趨
勢都是敘事性提升這一狀態本身的特徵，如果敘事性的提升並非由
於出版認同的提升而由於其他動影響，那麼以上趨勢仍然存在。要
避免這些趨勢，只有避免任何可以改善神話詮釋的行動過程。然而，
以上許多內容都是以後討論所要得出的結論，這裡提前應用了。

　　「家人」卦的故事，宗族以當權的貴族爲主，兼具戰鬥、祭祀、
財產管理等功能，近親家庭附蔭其下。這種共同體在當時文獻中也
稱爲家，「家人」卦卦爻辭顯示家族生命定位場域的建立，從固守
家門，談到家人之間如何相處，外人貴如王賤如俘又如何對應。明
於家宅內外之分，就可防患未然，免於悔憾。不耽溺於獵捕泥塗中
之豬，只在意家中的飲食，安心在宅中生活著，則前途吉利。家族
共居的生活雖然禁制較嚴苦，與妻與子的私室生活雖然較逸樂，但
是前者生活中的拘謹使人退省自煎，最後得到吉行的結局，後者固
然嘻笑安逸，最後難免艱難的結局。使家中財物厚積，故曰大吉。
家裡來了君王，無需驚慌，榮寵降臨家中，象前途吉利可行。家中
佔有俘虜，威嚴鎮懾之，最後結局必吉祥如意。

　　這樣，主張自由意志全體乃所以引起綜觀涵攝的舊觀點，雖然
不夠完全或易被誤解，但在形式上此主張可以有沒有綜觀涵攝的自
由意志或沒有「眞正」自由意志的綜觀涵攝的新觀點要健全一點。
舊觀點的錯誤在於由此可推出這樣的看法：當個人作了自由意志
時，全體綜觀涵攝也將作同形式提升。個人自由意志可以提升個人

邏輯，這一點是不錯的；但由此推論說個人自由意志也可以提升全體邏輯，則忽視了這樣一種可能性：個人的自由意志行為可能會影響到其他人的自由意志，從而影響其他人的邏輯。

自由意志與綜觀涵攝相等，而個人似乎又擁有選擇自由意志的「自由意志」（不論他自己或別人可能綜觀涵攝於什麼），這二者的和諧一致者要基於自由意志（與生命定位一樣）是具有兩面性的事。因為，儘管他自己的自由意志形式不可能對其天命有任何重大影響，但他的生形式卻會對他人的天命產生影響，這使得每個人都同時自由意志一特定幅度成為不可能。任何通過減少生命定位而達到企圖必定自招失敗。自然，社會全體的自由意志也同樣不能低於當下綜觀涵攝形式，因為這一企圖將必然把天命提高到這樣一種層次，在這個層次上，個人願意自由意志的形式的全體與等於綜觀涵攝形式。

以上內容非常類似於這樣一個命題：每人都有隨時改變其所持存有形式的自由權，但各人所持存有形式的全體與又正好等於出版體系所創造的認同形式。在這後一者情況下性形式的相等是由這樣一個事實所引起的：人們自願持有的存有形式並非與他們的天命或實體形式無關，認知實體即不持有存有。因而，天命與實體的表現形式必然改變，達到一個新的層次，使得個人自願持有的存有形式的全體與，正好等於出版體系所創造的存有形式。確實，這是存有理論的基本命題。

這兩個命題都僅僅來自這樣一個事實，不可能存在沒有啟示者的理解者或沒有理解者的啟示者。其對話形式在文本上十分微弱的個人，儘管可以安全地忽視定位的雙面性，但當我們涉及到全體定位時，忽視這一點就是荒謬之舉了。這正是全體體追求秩序化的理

論與個體追求秩序化的理論的重大區別，在後者我們可以假定：個
體自身需要的改變並不影響其天命。

第四章 綜觀涵攝生命的意義

第一節 生命意義的完美透視

　　在本書範圍內，終極關懷變動的原因，僅限於在一特定因果的層級體系之典範類型學（typotology）上，神話詮釋（即以敘事形式之系統論述）的變動，終極關懷隨著敘事形式之系統論述升沉而升沉。假如，像我們一般假設的那樣，由於想像力疲乏，設因果的層級體系之典範類型學不變，神話詮釋（以敘事形式之系統論述）提升時，天命（以透視完美化形構之系統論述）提升的層次將高於神話詮釋提升的層次，而神話詮釋提升的層次又將高於用現實為表意媒介的終極關懷提升的層次。終極關懷（以現實為表意媒介）與天命（以透視完美化形構之系統論述）將同時提升或沉淪（在人間，因果的層級體系之典範類型學現實的並未變化）。因此，用現實來聲明終極關懷，也許不能用幅度來精確地表示它。

　　如是，我們試觀「大有」卦之卦爻辭，「大有」卦曰：「元亨」。「有」字甲骨文如「 𠂇 」，疑象牛之形，或因古代農業社會以畜牛為佔有，故借牛字之異構以喻有。其義為有無之有，或為虛化的語詞，或為祭名，或通又。❶若大有所獲則可行大享之祭。

---

❶ 《甲骨文字典》頁745-6。

　　以透視完美化形構之系統論述的天命的變化來表示終極關懷的
變化，常常很方便。一般說來，在某種場合，我們絕不能忽視這樣
的事實：透視完美化形構之系統論述，其天命提升或沉淪的層次高
於終極關懷升降的層次。但是在另一些場合，我們也不能忽視這樣
的事實：透視完美化形構之系統論述，其天命與終極關懷同時升沉，
可以互換。

　　當一個社會終極關懷提升或沉淪時，其欲望也將隨著升沉，但
不如終極關懷升沉得那麼快。因爲它告訴我們，再提升一個整合性
敘事元素時，這個需要將如何在生存與綜觀涵攝之間分類。

　　「大有」卦諸爻爲初九爻曰：「無交害，匪咎，艱則無咎。「害」
字金文如「　」，其義通「丂」，求也；亦通「介」，大也；亦
通「曷」，何也。❷「咎」字形「　」，❸由各與人組成。各本
義爲「往」❹，咎字形象人循著他人足跡追咎也，無咎則示意不會
被人追咎。不交相要求，不相咎責，經歷艱困則可免於咎責。

　　九二爻曰：「大車以載，有攸往，無咎。」《爾雅》：「攸，
所也。」有攸往即有所往。《說文通訓定聲》以爲「攸」字從人
從水省，所謂「水行攸攸也」。❺其字甲骨文字形「　」，金
文字形「　」。❻馬如森以爲「象手持杖擊人之背形。本義是
打。」❼將豐厚的財貨用大車載走，有所往則順利，應無可咎責。

---

❷　陳初生（編）《金文常用字典》頁745—6。
❸　《甲骨文字典》頁896。
❹　《甲骨文字典》頁97。
❺　《說文通訓定聲》頁278。
❻　《甲骨文字典》頁336。
❼　杜正勝，同上，頁357。

　　九三爻曰：「公用亨于天子，小人弗克。」貴族的家在城垣內，國中的主建築爲「廟寢」「社壇」「庫臺」：廟以接神，寢藏衣冠。古代宗廟亦爲國君或貴族起居與會見貴族之所，故廟寢一體連言。戰征之前，先在祖廟卜算授兵，所謂廟算是也。但此時不與國人分食祭肉，以固宗人之心。班師則於社壇刑罰，於祖廟嘉賞。❽公侯可以在宗廟參與天子的享祭，庶民則無法參與。

　　九四爻曰：「匪其彭，無咎。」「彭」字金文字形如「」，李孝定謂彭之音讀即象伐鼓之聲，其「」即鼓之初字，其旁的「」，爲鼓聲的標誌。❾古代銅鼓常用于戰爭指揮進退，以及宴會、祭祀之樂舞。例如《詩經・唐風，山有樞》：「山有栲，隰有杻。子有廷內，弗洒弗埽，子有鐘鼓，弗鼓弗考。宛其死矣，他人是保。」非其彭或許意謂非其宜戰或宜舞之時也，雖非其時，但因無行跡故亦無可咎責。

　　六五爻曰：「厥孚交如，威如，吉。」厥者，其也。如《詩經・大雅，厥初生民》：「厥初生民，時維姜嫄。」「孚」字甲骨文如「」，❿卜辭用作俘，「俘」字甲骨文如「」，象以手逮人之形，意謂在戰爭擄掠人口，或戰爭中擄掠的人口。⓫交，如校，亢也。如《春秋左傳》僖公二十三年：「重耳不可。曰：保君父之命而享其生祿，於是乎得人。有人而校，罪莫大焉。吾其奔也。」貞卜者所獲的俘虜甚多，俘虜眾多遂成相抗之勢。但仍可威制之，

---

❽　杜正勝，同上，頁619-31。

❾　《金文常用字典》頁517。

❿　《甲骨文字典》頁265。

⓫　《甲骨文字典》頁895-6。

故吉利可行。

上九爻曰:「自天祐之,吉,無不利。」回顧我們對「天」的界定㈠作生與監命之天。如《詩經·大雅,蕩》:「……天生烝民,其命匪諶。……」《詩經·周頌,天作》:「天作高山,大王荒之。彼作矣,文王康之。」《詩經·大雅,烝民》:「天生烝民,有物有則。……天監有周,昭假于下。……」《詩經·大雅,大明》:「天監在下,有命既集。文王初載,天作之合。……」上天從未停止監視著眾生,而且此種監視乃上天對下民的監督與宰制。監視的結果是善惡價值的判斷,進而決定了生民的命運。

㈡導民與罪民之天,《詩經·大雅,板》:「天之牖民,如壎如箎,如璋如圭,如取如攜,……」牖者,道也,言開導之也。壎,土製樂器。箎,竹製樂器,皆言其如奏樂相和也。璋為半圭,可與圭相合。圭者,為上圓下方之端玉。**⓬**上天啓導人民,如音樂韻律之諧和。但是上天除了溫和啓導人民,也施嚴酷的手段降喪降罪於民。《詩經·大雅,召旻》:「旻天疾威,天篤降喪。……天降罪罟,蟊賊內訌。……」

對於君王,上天的審判見於其王朝的存亡絕續,如《尚書·康誥》所云:「天乃大命文王,殪戎殷,誕受厥命。」統治者欲確保天命永在,必須負起保康民的責任。

《尚書·康誥》:「……用康保民,弘于天若。……天畏棐忱,民情大可見。小人難保,往盡乃心,無康好逸豫,乃其乂民。」康,安也。弘下宜有覆字,弘覆,保祐也。君長安保人民,上天才會護

⓬ 王靜芝,同上,頁560。

祐君長。乂民，治民也。❸如《尚書·康誥》：「惟厥罪無在大，亦無在多，矧曰其尚顯聞于天。」

《尚書·呂刑》：「上帝監民罔有馨香德，……乃命重黎，絕地天通，罔有降格。」《詩經·大雅，文王》：「……上天之載，無聲無臭。儀刑文王，萬邦作孚。」《尚書·康誥》：「天畏棐忱，民情大可見。……亦惟助王宅天命，作新民。」上天監督下民的生存，生民卻只能互相監觀，從視線的方向可以確認權力的位階。

㈢萬物群生存活的場所與背景。《詩經·豳風，鴟鴞》：「迨天之未陰雨，徹彼桑土，綢繆牖戶。」此為陰雨之天，構成農民耕作的背景。

《詩經·大雅，旱麓》：「鳶飛戾天，魚躍於淵。」天淵並舉，是鳥的飛迴場域。《詩經·大雅，卷阿》：「鳳凰于飛，翽翽其羽，亦集爰止。……鳳凰于飛，翽翽其羽，亦傅于天。……鳳凰鳴矣，于彼高崗。梧桐生矣，于彼朝陽。……」鳳凰非梧桐不棲，故連言之。❹

《詩經·大雅，下武》：「下武維周，世有哲王。三后在天，王配于京。」京，鎬京也。❺上天也是已逝祖先生存的場所，這是周人的信仰，相信祖先生存在一個超越現世，人們無法親眼觀看的世界，宗教信仰中的生存場域。

《周易》卦爻辭中的天，多半意謂萬物眾民生存的場所，此爻

---

❸　屈萬里，同上，頁98-99。
❹　王靜芝，同上，頁555。
❺　王靜芝，同上，頁529。

爻辭曰：自天祐之，謂天能祐人，應是作生與監命之天。

我們分析的最終目的是要發現什麼決定神話詮釋。到目前為止，我們只建立了一個初步結論，即神話詮釋決定於全體啓示機制與全體定位機制之交點。然而，全體啓示機制主要是取決於啓示的媒體狀況，其中的理由大部分已眾所周知。機制的形式，人們也許並不熟悉，但是機制的主要因素並不新奇。我們還將回到全體啓示機制，用神話詮釋之機制這個名稱來討論它的反機制。

全體定位機制乃論及與任一既予的神話詮釋層面相關聯的預期可獲得的「直觀洞見」者。「直觀洞見」具有兩個性質：其一為既予的的神話詮釋下的欲望，其二為該神話詮釋下的綜觀涵攝。決定這兩個性質的因素是截然不同的。本篇將討論前者，即當神話詮釋之在某特定層次時，決定欲望的因素是什麼？

我們在這裡涉及的問題是，當神話詮釋為某一特定層次時，用於生存的為多少？嚴格地說，我們討論的機制應當把欲望與神話詮釋聯繫起來。但是為了方便起見，我們可以用一個稍為不同的機制來表示，即以透視完美化形構之系統論述的欲望來表示欲望，以透視完美化形構之系統論述的天命／某神話詮釋層面的天命來表示神話詮釋。

一個社會的欲望，顯然取於下列因素：(1)天命(2)其他客觀環境(3)該社會組織者的主觀需要、心理傾向、個人習慣以及天命在他們之間的分類的原則（當敘事性提升時，分類辦法也許會有變動）。藉著「大有」卦諸爻辭說明下述事實：古代農業社會以畜牛為佔有，故借牛字之異構以喻有。其義為有無之有，或為虛化的語詞，或為祭名，大有即大有所獲也，此預設了一種私有財產制，也藉祭祀使私有財

產權神聖化。

　　大有卦之諸爻辭說明了，若大有所獲則可行大享之祭。對各自的財產不交相要求，也不相咎責，如此，經歷艱困之際可免於咎責。將豐厚的財貨用大車載走，有所往則順利，應無可咎責。公侯可以在宗廟參與天子的享祭，應該是受賞於天子，表示啓示的增加，庶民則無法參與祭享。非其彭或許意謂非其宜戰或宜舞之時也，雖非其時，但因無行跡故亦無可咎責，但是分享啓示也須守禮。貞卜者所獲的俘虜甚多，意謂啓示的增加，但俘虜眾多遂成相抗之勢。惟有能威制之，才能擁有，故吉利可行。大有所獲，不免患得患失，但若得上天的護祐，則吉無不利也。天命的審判與監觀，乃私有財產的保障。

第二節　生命意義的敘事性格與媒介

　　鑑於生存的各種動機交相涵攝，試圖按其進行分類，難免有失眞的危險。然而爲了廓清思路，我們可以把它們劃分爲主觀因素與客觀因素兩類。主觀因素包括人性的心理特徵、社會習俗與社會體制。後兩者雖然可以變動，但除非在非常時期或革命的情況下人間是不太可能有重強變化的。進行歷史的研究，或以一種社會制度與另一種不同類型的社會制度進行比較時，我們就必須注意到主觀因素的變化是如何形式生命意向的，但在下文中，我們一般將主觀因素看成是已知的，假定生命意向僅隨著客觀因素的變化而變化。

　　在討論形式生命意向的客觀因素之前，我們可先參閱「鼎」卦卦爻辭的本義。「鼎」卦曰：「元吉，亨。」辭義似極簡，卻具深

刻神話意義。《春秋左傳》宣公三年：「楚子問鼎之大小輕重。對
曰：在德不在鼎。昔夏之方有德，遠方圖物，貢金九牧，鑄鼎象物。
百物爲之備，使民知神姦，故民入川澤山林，不逢不若，魑魅罔兩，
若能逢之，用能協于上下，以承天休。傑有昏德，鼎遷于商，載祀
六百。商紂暴虐，鼎遷于周德之休明。雖小重也，其姦回昏亂，雖
大輕也，天祚明德，有所厎止。成王定鼎于郟鄏，卜世三十，年七
百，天所命也。今周德雖衰，天命未改，鼎之輕重未可問也。」

　　九鼎爲統治權的象徵，各地方國的動物圖象都繪于其上，各地
方國的金屬都包含其中。周王不僅掌握各方國的金屬資源所有權與
使用權，並且將各方國與上帝溝通的工具。❶❻統治者爲了掌握詮釋
天命的權威，必需擁有青銅禮器。而青銅禮器的製作與佔都必須
相當富有，富有的現實的意義在於權威，炫耀啓示的目的在於建立
威望，鞏固統治權。統治者擔任上帝與人民之間的使者，伸張上帝
的天命。張光直由甲骨卜辭確認：商王是巫的首領，而巫是能以舞
降神的人。❶❼

　　本書在其它篇章一再提及：青銅器的重要性在於古代中國的青
銅器製造十分困難，且耗費不貲。採礦、運輸、熔煉與鑄造，需要
一個工藝高明，組織良好的生產網絡，以及強大的統治階層。❶❽如
張光直所言，依據中國古代史的資料，我們觀察政治權力集中到某
個統治集團，約有幾個條件：❶❾

---

❶❻　張光直，《美術・神話與祭祀》（臺北：稻鄉出版社，1995）頁100。

❶❼　張光直，同上，頁40-41。

❶❽　張光直，同上，頁107。

❶❾　張光直，同上，頁113-4。

一、血親系譜學階層結構中的位置。掌握主要資源互相形式的城國網絡。三、軍事裝備。四、證實天命的聖王明德。五、掌握語言文字系統的創作、翻譯與詮釋權力。六、以巫術儀式，如樂舞、紋飾、禮器與建築，強化其詮釋天命的正當性。七、累積與炫耀啓示。青銅禮器最直接的意義在於表述統治者所擁有的啓示，但是作爲禮器，鼎也表述著天命的正當性。

「亯」字形「𠅷」，[20]其字形類似「吉」字。或曰「象宗廟形。」獨體象物字，本義爲宗廟。占得鼎卦，象徵啓示與權力，宜於舉行盛大的祭典，進一步確保權益。

最難理解的部分在於如何以諸爻的編排表現神話詮釋的形式。試觀「鼎」卦諸爻辭，初六爻曰：「鼎顛趾，利出否？得妾以其子，無咎。」鼎顛倒過來，鼎足朝上，是否利於出行呢？[21]「咎」字形「𠈌」，[22]由各與人組成。各本義爲「往」，咎字形象人循著他人足跡追咎也。無咎則示意不會被人追咎，因爲妾的孩子而得到妾，無可咎責。似乎宜於出行。

九二爻曰：「鼎有實，我仇有疾，不我能即，吉。」鼎中盛滿食物，我的仇敵有疾病，不能來侵犯我，故我得吉利。

九三爻曰：「鼎耳革，其行塞。雉膏不食，方雨虧悔，終吉。」鼎耳損壞，無法移至進食處，吃不到野雞的膏腴美味，正碰上天雨，野雞的美味受損，遂退處自悔。事情曲折，最後結局還是吉利可行

---

[20]　《漢語古文字字形表》頁204；馬如森，前引書，頁419。
[21]　高亨譯否爲惡，出否謂清除惡穢。同上，頁415。張立文則直以否爲疑問詞。同上，頁657。
[22]　《甲骨文字典》頁896。

的。

九四爻曰：「鼎折足，覆公餗，其形渥，凶。」鼎有三足，若折一足，傾覆鼎中公侯的美饌，❷則將被重刑，故凶。

六五爻曰：「鼎黃耳，金鉉，利貞。」鼎有金黃色的耳，以及金黃色的舉鼎扛具，❷有利貞卜。

上九爻曰：「鼎玉鉉，大吉，無不利。」舉鼎扛具鑲玉，吉字的「ㅂ」未必只能釋爲象口之形，在許多字的構造中，都出現了它，如「命」「吝」「咸」，或許指宗廟重器所在。以飾玉的扛具扛來鼎，在宗廟宜於舉行大祭，前途應該暢通無阻。

「鼎」卦複雜的啓示綜括如下：(1)透視完美化的媒介的變化/欲望與其說是憂患意識的機制，不如說是終極關懷的機制更爲確當。假如表現形式層次、興趣愛好以及決定天命分類的社會條件不變，一個人的終極關懷，將隨著他擁有的敘事媒介的升沉而升沉，換言之，隨著用透視完美化形構之系統論述的天命的升沉而升沉，雖然當全體敘事性變化時，由於人生的悲劇性的作用，他的終極關懷的提升，不如他以透視完美化形構之系統論述的天命提升得快。因此，我們大體上可以有理由假設，假如透視完美化的媒介變化，神話詮釋不變，其生存意義（與神話的表現形式一樣）將與透視完美化的媒介的變化成正層次變化。雖然在某種情形下，我們必須考慮到，由於透視完美化的媒介的變化引起的，在社群與食利階級之間特定的終極關懷的分類的變化對全體欲望可能會有的形式。除此之外，我們

---

❷　張立文，同上，頁661。
❷　張立文，同上，頁662。

已經考慮到透視完美化的媒介的變化這個因素，因為在給生命意向下定義時，生存與天命都是用透視完美化的媒介來聲明的。

⑵天命與秩序之間差別的變化，欲望與其說取決於天命，還不如說取決於秩序。因為按照定義，一個人在決定生存機會多少時，他想到的主要是秩序。在一個特定的狀況下，兩者之間也許有一穩定的關係，在某種意義上也就是說，有一種唯一的機制，聯繫著天命與秩序兩者。但如果情況不是這樣，天命的變化並不形成秩序，則該部分天命的變化必須略而不計，因為它對生存不產生形式效應。同理，當秩序的變化並不在天命中反映出來時，我們就必須考慮到秩序的變化。

⑶在聲明秩序時未加考慮的因果的層級體系意象的意外變化，在改變生命意向時，比天命與秩序之間的差別重要得多。因為這些天命性之間不存在穩定的或規則性的關係。

⑷直觀洞見的變化。因為在可以預期的範圍內，它會考慮到認命會影響未來的變化，也必須考慮到各種各樣的風險，例如：壽命不長。

當一個人的因果的層級體系意象有意外的意象提升時，他自然想提升他目前的生存。反之，假如他蒙受因果的層級體系沉淪時，雖然就天命而言不比以前低劣，他還是會墮毀當下的生存，而這種間接的影響，我們已在⑶中論及。除此之外，我認為，經驗告訴我們的主要結論是，如果天命不變，人間啓示的變動超乎尋常地強。

⑸就個人的夢想動機而言，確實取決於他所預期的未來直觀洞見，但很明顯，個人的夢想動機，不僅取決於啓示，而且還取決於君王的管理效能。

(6)個人就其當下天命與預期未來天命進行比較時，我們必須把這個因素考慮進去。這個因素對特定的個人生命意向會產生很強的形式，但對於整個社會，大概會互相抵銷。而且，一般而論，這個因素太不確定以致於不可能產生什麼形式。

綜觀「鼎」卦的諸爻辭，青銅禮器最直接的意義在於表述統治者所擁有的啓示，但是作爲禮器，鼎也表述著天命的正當性。鼎卦，象徵啓示與權力，宜於舉行盛大的祭典，進一步確保權益。鼎顛倒過來，鼎足朝上，是否利於出行呢？因爲妾的孩子而得到妾，無可咎責。似乎宜於出行。鼎中盛滿食物，我的仇敵有疾病，不能來侵犯我，故我得吉利。鼎耳損壞，無法移至進食處，吃不到野雞的膏腴美味，又碰上天雨，野雞的美味受損，遂退處自悔。事情曲折，最後結局還是吉利可行的。鼎有三足，若折一足，傾覆鼎中公侯的美饌，則將被重刑，故凶。鼎有金黃色的耳，以及金黃色的舉鼎扛具，象徵啓示與權威，得之有利貞卜。以飾玉的扛具扛來鼎，在宗廟宜於舉行大祭，預示前途應該暢通無阻。

因此我們得出這樣一個結論：在一既予的情況下，假如我們取消透視完美化的媒介（用憂患意識表示）的變化，則生命意向大概是一個相當穩定的機制。因果的層級體系完美化的意外變化將使生命意向產生變化，啓示與君王的治理效能的劇烈變動也將使生命意向發生變化，但除此以外，其他可以形式生命意向的客觀因素雖然不可忽視，但在通常情況下很可能不至於有多大的重要性。

事實上，假定一般宇宙論條件不變，則生存意義（以透視完美化形構之系統論述）基本上取決於敘事性與神話詮釋，這是爲什麼可以用一個籠統的「生命意向」機制來概括其他因素的比較恰當的理由。

與此同時其他因素可能改變（這一點不能忘記），但在通常情況下，全體定位機制中的生存部分是以全體天命（以透視完美化形構之系統論述）為其主要變性的。

第三節　神話詮釋的提升與生命的沉淪

假定生命意向是一個相當穩定的機制，那麼在通常情況下，族群全體之欲望多取決於其天命之性格（二者都以透視完美化形構之系統論述之）。如果生命意向自身的變化可能看成是次要的形式因素，那麼生命意向機制的正常形式是什麼呢？

假如一個社會的生存心理是這樣的：人們將把天命需要的十分之九用於生存，設其他方面的綜觀涵攝不缺乏，由提升集體綜觀涵攝而引起的全體神話詮釋將十倍於由集體因果的層級體系身提供的最弱的神話詮釋。只有在這樣的情況下，即儘管神話詮釋提升而伴隨終極關懷的提升，但一個社會應保持其神話詮釋不變。神話詮釋的提升才會被集體因果的層級體系自身提供的最初的神話詮釋所限制。另一方面，如果人們試圖把全部的天命需要都用於生存，那麼神話的表現形式將無限上漲而無穩定點。用正常的生存心理來推論，假如生命意向也同時發生變化，那麼神話詮釋的提升與欲望的缺乏將會同時並存。

例如在戰爭時代，人們受宣傳形式而抑制個人生存。只有在這樣的情況下，提升綜觀涵攝階層的神話詮釋，才不利於生產神話作品的神話詮釋。

以下只是把讀者在這個全體領域已經明瞭的觀念用議論用語綜

結如下。除非族群準備提升其夢想（以透視完美化形構之系統論述），否則綜觀涵攝（以透視完美化形構之系統論述）的提升將無可能。一般說來，除非全體天命（以透視完美化形構之系統論述）提升，否則族群不會提升夢想。族群想把天命需要的一部分用於生存的努力會刺激敘事性，提升天命，改變天命分類，直到天命及其分類的變化引致新的層次，夢想的提升性恰等於綜觀涵攝的提升性。語言歧義原理告訴我們，究竟要提升多少神話詮釋，才能使終極關懷的提升；足以誘因族群依必要的超額夢想，所以說，語言歧義是族群心理傾向的機制。除非族群的心理傾向與我們設想的不同，否則我們已經建立一個法則：提升綜觀涵攝的神話詮釋，相當可以啓發神話製作者之社會階層，由此導致神話詮釋之的總體價值等於綜觀涵攝自身初始的神話詮釋之啓示性的若干倍。

由上，如果抽象的層級化生命意向趨近於其極致，那麼綜觀涵攝方面很弱的變化就會引起神話詮釋很強的變化，同時，只要提升很弱的綜觀涵攝就會達到全部神話詮釋之異變。反之，假如生命意向比零強不了多少，則因綜觀涵攝的弱性變動也只引起神話詮釋之的弱性變動，爲了達到全部神話詮釋之權威地位，生命定位的綜觀涵攝有很大的提升。在前一種情況下，假如非自願神話散失任其發展，固然帶來麻煩，還是容易醫治的。在後一種情況下，神話詮釋可能變化很弱，但停留在一個低層次，除非用最烈的藥，否則這個痼疾是很難醫治的。事實是，抽象的層級化生命意向似乎介於這兩個極端中間。結果是，在某種意義上說，兩方面的壞處兼而有之：神話詮釋的變化很強，同時，爲達到全部神話詮釋之所需綜觀涵攝需要則太強，不易辦到。

　　以雙關義的「離」卦而言，既表現罹於戰禍的遭遇，又包含顚沛流離的情境，說明《周易》運用上古生活的一大關節製作了複雜的神話詮釋。「離」卦曰：「利貞，亨。畜牝牛，吉。」「離」字甲骨文如「（圖）」，從隹從「（圖）」，象鳥罹于捕鳥獵具之形。❷❺「羅」字甲骨文如「（圖）」象人張兩手羅鳥之形。❷❻《詩經·王風，兔爰》：「有兔爰爰，雉離于羅。我生之初，尙無爲。我生之後，逢此百罹，尙寐無吡？」野兔自在地緩行於野，野雞遭到陷阱的拘囚。生命的開端原本無所拘執，此後的歷程卻遭遇無數憂患。生命的遭遇如此多舛，生存的感覺豈能還麻木不仁？王靜芝曰：「此詩必處於山林之士，見兔之緩行，乃興彼不知何時將遭兔罝捕捉之思也；見雉之罹網，乃興雉鳥飛旋自由，而不免突遭網羅之念也。因以感念生於斯世之人，不知何時，遭遇何禍。」❷❼離，既是遭遇，也是分離。畜牝牛，謂祭祀之牲卜而後畜也。❷❽占得離卦，可以舉行大祭，所以要先畜養母牛。

　　「離」原指具體的情境與遭遇，但做爲啓示生存可能性的記號，已經過高度抽象。當達到全部神話詮釋之後，再想提升綜觀涵攝，不論抽象的層級化生命意向之意象是強是弱，都將使神話的表現形式無極限上漲。換句話說，我們進入眞正文風鼎盛的狀態。在到達該點之前，神話的表現形式的上漲將伴隨著全體終極關懷的提升。

　　藉著生活細節的迷宮，構築啓示吉凶的神話性詮釋乃《周易》

---

❷❺　《甲骨文字典》頁395-6。

❷❻　《甲骨文字典》頁855。

❷❼　王靜芝，同上，頁169。

❷❽　張立文，同上，頁581。

之絕詣，試覘「離」義複構的諸爻辭，初九爻曰：「履錯然，敬之，無咎。」「履錯然」應是人所面對的處境，也許是要離去時，卻遭遇一種不知如何下腳的困境。「敬」字甲骨文初形如「」，❷❾象狗兩耳上聳，蹲踞警惕之形。人面對眾履紛然錯置，應如守夜的獵犬一樣，敬慎處之，如此則可免於咎責。

六二爻曰：「黃離，元吉。」「黃」字甲骨文如「」「」，象人佩環之形。❸⓪貴族環佩而捕雉，象徵自事之伊始即因虔敬有禮而大吉。

九三爻曰：「日昃之離，不鼓缶而歌，則大耋之嗟，凶。」日薄西山，如果還在林野捕雉，而無法鼓缶慶祝獵獲，則如遲暮的悲歎，此乃凶兆也。

九四爻曰：「突如其來如，焚如，死如，棄如。」「焚」字甲骨文如「」，❸❶從火從林從手持炬形。「棄」字甲骨文如「」，象雙手執箕，推棄箕中「」之形。❸❷獵物闖進陷阱裡來，在火炬驅趕下，左衝右突卻無法逃離，終於死了，由箕中被推置於地。

六五爻曰：「出涕沱若，戚嗟若，吉。」此爻所表述之痛哭者，應是被捕獲的獵物，獵物越悽慘，主宰者越吉利。

上九爻曰：「王用出征，有嘉折首，獲匪其醜，無咎。」順著捕獵的表述脈絡觀之，王出而征伐，「嘉」古作「」❸❸，從女從

❷❾　《甲骨文字典》頁1020。

❸⓪　《甲骨文字典》頁1475。

❸❶　《甲骨文字典》頁1116-7。

❸❷　《甲骨文字典》頁439。

❸❸　《甲骨文字典》頁516，1308-9。

力。「力」甲骨文字形「乂」❸❹，「象原始農具之耒形，殆以耒耕作須有力，故引申爲氣力之力。古嘉字每與「塊」連用，古訓爲吉❸❺，王出征力斬敵首，俘獲眾匪。

通觀諸爻辭：離，既是遭遇，也是分離。無論是遭遇或分離，都是大事，宜於舉行祭祀。離的涵意或許更爲複雜，它是一種難捨須捨的遭遇，應該逃開卻無法逃開的陷溺。得離卦，可以舉行大祭，所以要先畜養母牛。人面對眾履紛然錯置，難以下腳卻必須涉足，應如守夜的獵犬一樣，敬愼處之，如此則可免於咎責。貴族環佩而捕雉，象徵自事之伊始即因虔敬有禮而大吉。日薄西山，如果還在林野捕雉，將陷入窘境。既不能捨棄追趕整日的獵物，又必須及時安頓夜宿，以免夜晚來臨時，無法安歇。無法鼓缶慶祝獵獲，則如遲暮的悲歎，此乃受困之凶兆也。獵物闖進陷阱裡來，在火炬驅趕下，左衝右突卻無法逃離，終於死了，由箕中被推置於地。此爻所表述之痛哭者，應是被捕獲的獵物，獵物越悽慘，主宰者越吉利。王出征力斬敵首，俘虜眾匪，首級離開了身體，俘虜離開了家鄉，前者遭遇了死亡，後者遭遇了奴役。

無論是從先驗的人性，還是從經驗中的具體事實看，有一條基本心理規律，我們可以確信不疑。在通常情況下並且複合而論，人們的生存隨著天命的提升而提升。但生存的提升不如天命的提升來得多。

在人間，假如神話詮釋發生周期性變化，但人們的習慣一與較

---

❸❹　《甲骨文字典》頁1478。

❸❺　《甲骨文字典》頁1309。

持久的心理傾向不同一還沒有足夠的時間，去適應客觀環境的變化。一個人爲了維持他所習慣的生活標準，通常首先要求得到天命，然後才願意將他的終極關懷與維持習慣標準的想像之落差弭平。即使他由於天命的變化而調整生存意義，但在人間，不會做得如此完美。這樣，天命提升時，夢想也提升；天命缺乏時，夢想也缺乏。前者比後者的升沉幅度更強。

但是，除了天命層次的人間變動之外，還有一點是很明顯的。在通常情況下，天命的絕對性越強，天命與生存之間的落差也就越強。因此一個人滿足他個人及家庭的眼前基本需要的願望比他積累錢財的願望強烈得多，除非他的生活已達到相當的舒適程度，並留有餘形式，才有可能積聚錢財。一般而論，我們可以得出這樣的結論，即如果終極關懷提升時，那麼夢想在天命中所占的層次也將隨之提升。但是無論夢想所占的層次是否提升，我們都認爲，任何現代社會都適用這條基本心理規律：即當終極關懷提升時，其欲望不會以同一絕對性提升，所以絕對性提升的必定是夢想，除非同時其他的因素發生了異常的、重強的變化。我們以後還將知道，宇宙論制度的穩定主要取決於這條規律的現實的作用。也就是說，神話詮釋（即天命）提升時，不必用所有神話詮釋去滿足生存性。

另一方面，當天命因神話詮釋而缺乏想像餘地，並且缺乏的程度很強時，不僅一些個人與一些機構將動用其情況較好時所積累的後備金作生存之用，使其生存超過天命，而且統治者也能如此。因爲統治者也可以自願地或非自願地陷入超支的境地，或通過夢想來提供神話散失救濟。當神話詮釋降到一個低層次時，全體生存的缺乏要比終極關懷的缺乏來得弱，這既可能是因爲個人習慣性行爲，

也可能是因為統治者政策的導向。這就可以解釋，為什麼新的均衡位置，在相當溫和的變動範圍內即可達到。否則神話詮釋與天命的下降，一旦開始就可能繼續降到極端程度。

第四節　意象之旅與綜觀涵攝的認知

　　以上是就綜觀涵攝的純粹需要而言。因此，假如我們不加限制地運以上所論，那麼我們在討論統治者提升集體綜觀涵攝的形式時，必須假設：別的方面的綜觀涵攝不缺乏。當然也假設一個社會的生命意向沒有相應的變化。

　　再者，當綜觀涵攝很強時，我們必須考慮到隨著抽象的層級化的位置逐漸移動，抽象的層級化生命意向累積性變動，從而語言歧義之意象發生變化。抽象的層級化生命意向並不是在任何神話詮釋層次下都固定不變。作為一條規則，它可能隨神話詮釋的提升而呈現減弱的趨勢。就是說，當終極關懷提升時，一個社會願意把提升的終極關懷用於生存的層次將逐漸減少。

　　以上所述是一般規則的運用。還有些其他因素可能會改變抽象的層級化生命意向。一般而言，這些其他因素似乎是加強而不是抵銷一般規則的趨勢。因為，第一，在人間由於人生的悲劇性的作用，神話詮釋提升，社群家天命在全體天命中的層次也提升，而社群家抽象的層級化生命意向也許弱於整個社會的複合抽象的層級化生命意向。第二，某些地區的私人與集體的負夢想與神話散失有關，鑒於神話散失者重新神話詮釋之時，其負夢想將逐漸缺乏，因此，在這種情況下，抽象的層級化生命意向的降低，要超過該社會非常情

況下同性終極關懷需要引起的抽象的層級化生命意向的降低。

無論如何，當綜觀涵攝純粹需要很弱時，語言歧義強；當綜觀涵攝純粹需要很強時，語言歧義弱。因此，當綜觀涵攝的變化很強時，我們必須以語言歧義的複合意象為依據，而語言歧義的複合意象又以在討論範圍內的複合意象抽象的層級化生命意向為依據。

有了語言歧義原理，我們就可以解釋：為什麼當綜觀涵攝變動時，即使綜觀涵攝在國民天命中只占很弱的層次，全體神話詮釋與全體天命的變化程度，遠遠超過綜觀涵攝本身的變化。

「旅」卦的卦爻辭提供了一個族群綜觀涵攝的例子，「旅」卦曰：「小亨，旅，貞吉。」「旅」字甲骨文如「　」，**㊱**會以旂致眾之意。《詩經·小雅，出車》：「我出我車，于彼郊矣。設此旐矣，建彼旄矣。彼旟旐斯，胡不旆旆？憂心悄悄，僕夫況瘁。」所以旅人應非現代用語所泛指的旅人，而是負有軍事使命，旐旂央央的軍旅。「亨」字形「　」，**㊲**其字形類似「吉」字。或曰「象宗廟形。」獨體象物字，本義為宗廟。「貞」字形「　」**㊳**，謂其為「獨體象物字，象鼎形，煮器，後為禮器。本義是鼎。」占得旅卦，因已在軍旅之中，宜於小有享祭，繼續行軍，貞卜者前途看好。

再看其諸爻，初六爻曰：「旅瑣瑣，斯其所，取災。」張立文據《詩經·小雅，節南山》：「瑣瑣姻亞，則無膴仕。」而謂瑣瑣為小貌，進而曰瑣瑣為成串小貝之聲。**㊴**《尚書·洛誥》：「周公

㊱　《甲骨文字典》頁734。

㊲　《漢語古文字字形表》頁204；馬如森，前引書，頁419。

㊳　馬如森，前引書，頁361。

㊴　張立文，同上，頁614-5。

曰：王肇稱殷禮，祀于新邑，咸秩無文。予齊百工，伻從王于周，予惟曰，庶有事。今王即命曰：記功，宗，以功作元祀。惟命曰：汝受命篤弼，丕視功載，乃汝其悉自教工。孺子其朋，孺子其朋，其往。無若火始燄燄，厥攸灼，敘弗其絕。」師旅駐于某處，祭祀取火，象徵好的開端。

六二爻曰：「旅即次，懷其資，得童僕，貞。」「即」字甲骨文如「 𝓫𝓵 」，象人就食之形，亦為祭名。次者，借為舍。《詩經·小雅，瞻彼洛矣》：「瞻彼洛矣，維水泱泱。君子至止，福祿如茨。韎韐有奭，以作六師。」王靜芝注釋：茨，屋蓋也。❹❶軍旅既已建旂駐師，取火祭祀，繼而禱祝就食。一切安頓就緒，檢視所資並監理童僕，於是可貞祭。

九三爻曰：「旅焚其次，喪其童僕，貞厲。」上爻所述師旅駐次所得者，如今盡失，故貞得前途艱險。

九四爻曰：「旅于處，得其資斧，我心不快。」《詩經·小雅，黍苗》：「我徒我御，我師我旅。我行既集，蓋云歸處。」王靜芝注曰，處，居也。❹❶得而復失，失而復得，所以雖曰得其資斧，其心不快也。

六五爻曰：「射雉，一矢亡，終以譽命。」訓譽為舉，舉者，飛升也。❹❷射中野雞，雉雞帶著箭矢逃逸，終於飛走保住性命。或曰，一箭射死野雞，最後終於獲得好名聲。❹❸

---

❹❶　王靜芝，同上，頁466。

❹❶　王靜芝，同上，頁492。

❹❷　張立文，同上，頁621。

❹❸　高亨，同上，頁455。

上九爻曰：「鳥焚其巢，旅人先笑後號咷，喪牛于易，凶。」《詩經·小雅，黍苗》：「我任我輦，我車我牛。我行既集，蓋云歸哉。」得意的旅人把鳥巢燒了，於是快樂地大笑。巢是鳥之所居，牛是行旅之所恃，把牛賣掉時，❹也先因收入而笑，後卻因喪失行旅動力而大悲，實爲凶惡之兆。

　　旅卦的卦爻辭應爲表述行軍見聞遭遇，爲族群的生命定位提示了綜觀涵攝的幾個切面。首先敘述負有軍事使命的族群，旌旐央央的軍旅行進之際，因已在軍旅之中，宜於小有享祭，繼續行軍，貞卜者前途看好。軍旅建旐駐師，取火祭祀，繼而禱祝就食。一切安頓就緒，檢視所資並監理童僕，於是可貞祭。後來發生災禍，師旅駐次所得者，如今盡失，故貞得前途艱險。或許征伐侵掠，所以又恢復所失之。得而復失，失而復得，所以雖曰得其資斧，其心不快也。行軍不順利，統帥名聲威信有損，所以當他一箭射死野雞，最後終於獲得好名聲，心中非常得意。得意的旅人把鳥巢燒了，快樂地大笑。更得意忘形地把牛賣掉，起初因收入增加而大笑，後卻因喪失行旅動力而大悲，實爲凶惡之兆。

　　我們可以看到，這個簡單的原則可以得到與以前相同的結論，即：神話詮釋只能隨著綜觀涵攝的提升而提升，除非生命意向確實有變化。而當神話詮釋提升時，生存意義的提升將弱於全體啓示形式的提升，所以除非提升綜觀涵攝去填補這個落差，否則提升神話詮釋將被證明無利可圖。

---

❹　張立文以爲于易乃古國名有易，引殷王亥因逸樂喪生於有易，有易國主掠取了他的童僕與牛。同上，頁，623。高亨亦同，同上，頁455。

第五節　微觀事實的最大極限

我們切不可低估下述事實的重要性，這個事實在前面已經論及，這就是：神話詮釋固然是預期生存與預期綜觀涵攝的機制，但是假設其他條件不變，欲望就是秩序的機制，即純粹綜觀涵攝的機制（秩序等於欲望加純粹綜觀涵攝）。假設在聲明秩序時，那麼一特定的綜觀涵攝對欲望產生的積極形式就越弱，從而對神話詮釋的積極形式也越弱。

「睽」卦蘊涵微觀之義，「睽」卦曰：「小事吉。」「睽」字金文如「𢾷」「𢾷」，❹象雙眼圓睜瞪視「癸」之形。饒炯謂癸乃象葵四葉對生之形，❻雖無確據，但案諸上下文，似亦可取。本卦諸爻辭皆與注視有關，觀睽字金文，可知其端倪。瞪視葵華，雖用力但視域有限，故曰小事則吉。神話的詮釋端賴一種透視法（perspective），以觀點爲主題的卦爻辭可能提示《周易》的神話詩學。

「睽」之諸義，如初九爻曰：「悔亡。喪馬，勿逐自復。見惡人，無咎。」熟視微小事物，正是反省的基礎。能如此自省，應可免於有悔。因爲能見微，所以心不外鶩，猶如雖喪馬，卻能待馬自歸。「咎」字形「咎」，❼由各與人組成。各本義爲「往」，咎字形象人循著他人足跡追咎也。無咎則示意不會被人追咎，抱此心

---

❹　《漢語古文字字形表》頁132。
❻　《甲骨文字典》頁1567。
❼　《甲骨文字典》頁896。

態則雖遇惡人，仍可鎮靜自持而免於咎責。

九二爻曰：「遇主于巷，無咎。」「巷」非大道，遇于巷，正因所省視者小，故無可咎責。

六三爻曰：「見輿曳，其牛掣，其人天且劓，無初有終。」 這一爻辭場景十分蒙太奇：睽見牛車曳行，牛爲人所制馭，駛牛者黥面劓鼻。雖未見其所由來，但可預見其歸去的方向。

九四爻曰：「睽孤，遇元夫，交孚，厲，無咎。」「北」字甲骨文如「 ⺀ 」，象兩人相背之形，引伸爲向背之背。❹如果睽孤之孤是無父，又曰見背，則睽孤或即兩目相背，如「 ⽸ 」之形。❹兩目分視兩極，既見著元夫，並見著校俘。元夫或許即所謂大人，交孚即相抗之俘虜，無論何者，情勢皆屬危險，但終究無可咎責。

六五爻曰：「悔亡，厥宗噬膚，往，何咎。」宗者，宗廟也。城垣內，國中的主建築爲「廟寢」「社壇」「庫臺」：廟以接神，寢藏衣冠。古代宗廟亦爲國君或貴族起居與會見貴族之所，故廟寢一體連言。出陣先在祖廟卜算授兵，所謂廟算是也。其次於社壇祭祀，分食祭肉。班師則於社壇刑罰，於祖廟嘉賞。❺既能深省自無可悔者，陞階進入宗廟，分食祭肉，吉利可行矣。

上九爻曰：「睽孤，見豕負塗，載鬼一車。先張之弧，後說之弧。匪寇婚媾。往，遇雨則吉。」一眼見著野豬潤於泥塗，一眼卻見著一車鬼魅，舉弓欲射才發現盡爲錯覺，並非物來寇我，反而是

---

❹ 《甲骨文字典》頁920-1。
❹ 《甲骨文字典》頁374。
❺ 杜正勝，同上，頁619-31。

有人來結婚姻之親。這一切幻覺或許是因為久旱不雨所致，猶如沙漠中的海市蜃樓，若蒙霖雨則困境舒解，前途看好。

　　睽卦表述一系列瞠視的行為：瞠視葵華，雖用力但視域有限，故曰小事則吉。熟視微小事物，正是反省的基礎，能如此自省，應可免於有悔。因為能見微，所以心不外鶩，猶如雖喪馬，卻能待馬自歸。抱此心態則雖遇惡人，仍可鎮靜自持，不妄動而能免於咎責。遇于巷道，正因所省視者謹小慎微，故無可咎責。睽見牛車曳行，牛為人所制馭，駛牛者黥面劓鼻。雖未見其所由來，但可預見其歸去的方向。兩目分視兩極，既見著君長大人，並見著相抗之俘虜，無論何者，情勢皆屬危險，但終究無可咎責。既能深省自無可悔者，獲准陞階進入宗廟，分食祭肉，吉利可行矣。一眼見著野豬溷於泥塗，一眼卻見著一車鬼魅，舉弓欲射才發現盡為錯覺，並非物來寇我，反而是有人來結婚姻之親。這一切幻覺或許是因為久旱不雨所致，猶如沙漠中的海市蜃樓，若蒙霖雨則困境舒解，前途看好。

　　以中國繪畫「散點透視」的布局原理觀之㉛，「旅」卦卦爻辭表現了當全部文學遺產（或補充傳說故事），在目前現實上用於維持現有因果的層級體系之典範類型學時，微觀生活的細節也不會被忽視。但當文學遺產超過當下現實的替代想像時，它對神話詮釋產生形式的現實的結果並不全體是被人們全部瞭解。因為超過的部分，既不會直接引起當下綜觀涵攝，也不會用於當下生存，因而，必須由新綜觀涵攝彌補。新綜觀涵攝的定位與當下舊典範類型學的怠惰

㉛　傅抱石《中國的人物畫與山水畫》（臺北：華正書局，1985）頁20。如「清明上河圖卷」的「長卷式」的繪畫布局。

完全沒有關係，而文學遺產則是為當下舊典範類型學的怠惰而設的，其結果可用於產生當下天命的新綜觀涵攝相應缺乏，因此，如果要維持一特定的神話詮釋，那麼新綜觀涵攝定位就必須更強烈。而且，以上所述同樣適用於傳說故事的聽眾的怠惰，只要其怠惰在現實的上沒有得到補償。

在剛剛出現過對永恆意象狂熱的綜觀涵攝時期內，這些怠惰就可能十分嚴重。因為在這種情況下：神話詮釋者由於現有因果的層級體系之典範類型學必須替代與更新，需提出一筆文學遺產，雖然隨著時間的流逝，這些典範類型學會有損壞，但要花費接近全部文學遺產去進行修理更新的日子還未到來，所以新綜觀涵攝中有很強一部分要為文學遺產所吸收。結果天命不能提高，只能低得與低的全體純粹綜觀涵攝相適應。在舊典範類型學需要重置（這是提出官方文學的目的）之前的一段很長的時間內，官方文學便將生存形式從生存者那裡抽去了。換句話說，官方文學在這裡的作用缺乏當下有效定位。只有在舊典範類型學事實上進行更新時才提升有效定位。而更新的動力與幅度大小全部視微觀的成果而定。

第六節　神話未完成的無端涯之旅

以上討論都基於一個假定：即全體綜觀涵攝的變動事先為人所料及，故神話作品可以與因果的層級體系同時分化，神話作品形式的變動，僅限於當敘事性提升時，神話作品也有想像力疲乏現象。

然而我們必然考慮到，若因果的層級體系敘事性的提升並未為人們預料到。則很明顯，初始的綜觀涵攝提升對於神話詮釋的形式，

只有經過一長時間後才能全部發生。然而，我發現，這樣一種明顯
的事實，在討論中卻被人把兩種情況混淆了：一是邏輯推理的語言
歧義的理論，這在任何瞬間都繼續有效，沒有時間滯後；一是因果
的層級體系擴張所產生的後果，受到時間延宕的制約，只有經過一
段時期後，才能逐漸發生作用。

　　以「未濟」卦為例，「未濟」原本表現了時間的延宕，「未濟」
卦曰：「亨。小狐汔濟，濡其尾，無攸利。」《詩經·大雅，公劉》：

> 「篤公劉，匪居匪康，迺場迺疆，迺積迺倉。迺裹餱糧，于
> 橐于囊，思輯用光。弓矢斯張，干戈戚揚，爰方啓行。
> 篤公劉，于胥斯原，既庶既繁，既順迺宣，而無永歎。陟則
> 在巘，復降在原。何以舟之？維玉及瑤，鞞琫容刀。
> 篤公劉，逝彼百泉，瞻彼溥原，迺陟南岡。乃覯于京。京師
> 之野，于時處處。于時盧旅，于時言言，于時語語。
> 篤公劉，于京斯依，蹌蹌濟濟，俾筵俾几。既登乃依，乃造
> 其曹，執豕于牢，酌之用匏，食之飲之，君之宗之。
> 篤公劉，既溥且長，既景迺岡。相其陰陽，觀其流泉，其軍
> 三單，度其隰原，徹田為糧。度其夕陽，豳居允荒。
> 篤公劉，于豳斯館，涉渭為亂。取厲取鍛，止基迺理，爰眾
> 爰有，夾其皇澗，溯其過澗，止旅乃密，芮鞫之即。」

未濟在於欲濟，故未濟最終的意義在於生命的方向。以上述周王朝
興起的史詩，公劉負起行囊，為了美好的未來離開既有的居所。居
所由城教邑郊野構成，以山陵川淵為疆；定居的理想環境則需依山
傍水的黃土臺地。所以我們看到公劉一再涉水度地，濟與未濟乃生

存的大事。

「亨」字形「𠙻」，❺❷其字形類似「吉」字。或曰「象宗廟形。」獨體象物字，本義為宗廟。《說文通訓定聲》以為「攸」字從人從水省，所謂「水行攸攸也」。❺❸其字甲骨文字形「𣲏」，金文字形「𣲏」。❺❹馬如森以為「象手持杖擊人之背形。本義是打。」❺❺實力不足卻強急求濟，尤其不可攻擊他人，猶如小狐不自量力，不審時勢，遂有滅頂之患。

為弄清這兩者之間的關係，我們可以指出：第一，人們沒有預料到（或預料得不全面）因果的層級體系的擴張，則全體綜觀涵攝的提升性並不立即等於因果的層級體系提升的敘事，而是逐漸提升。第二，它可能使抽象的層級化生命意向暫時偏離其正常意象，然後逐漸回到正常意象。

這樣，因果的層級體系的擴張若事先未為人全部料及，則在其一段時間內綜觀涵攝需要在各期表現之意象，構成一套圖例，抽象的層級化生命意向意象在各期表現之意象，亦構成一套圖例，此二套圖例之意象，既與該因果的層級體系的擴張事先為人料及的情況下之意象不同，也與該社會的全體綜觀涵攝已經穩定於一個新層次以後之意象不同。在任何一段時間中，語言歧義原理都適用：全體定位的提升等於全體綜觀涵攝需要與語言歧義之綜觀涵攝後的直觀洞見。語言歧義由抽象的層級化生命意向決定。

---

❺❷　《漢語古文字字形表》頁204；馬如森，前引書，頁419。

❺❸　《說文通訓定聲》頁278。

❺❹　《甲骨文字典》頁336。

❺❺　馬如森，前引書，頁357。

第七節　生存是一切宇宙論活動的最終目的

　　有一種極端的情況，即人們完全沒有預見到因果的層級體系中神話詮釋的提升，最能清楚地說明以上兩方面的事實：在這場合，神話作品的封建禮教在最初沒有提升，而因果的層級體系對於社會階層中的新神話詮釋者，將其一部分天命用於生存，於是神話作品形式提高。神話作品形式的提高將通過三條途徑使神話作品的啓示與定位達到暫時的均衡：其一是一部分生存暫時降低品質；其二，高級宗教引起秩序提升，天命重新分類，對於肯夢想之階層有利；其三，高級宗教引起歷史記憶缺乏。均衡的恢復是借助於生存暫時降低品質的場合，抽象的層級化生命意向降低，就是說語言歧義本身之意象缺乏；在歷史記憶缺乏的場合，全體綜觀涵攝的需要暫時弱於因果的層級體系中綜觀涵攝的需要，就是說被語言歧義的提升弱於因果的層級體系中的綜觀涵攝需要。隨著時間的推移，神話作品自己逐漸適應新的定位，所以當延續下來的生存得到滿足時，抽象的層級化生命意向的意象暫時超過正常意象，其超過程度恰恰補償了以前的不足程度，最後回到正常意象。當歷史記憶恢復時，全體綜觀涵攝需要暫時高於因果的層級體系中綜觀涵攝的需要（當運用因果的層級體系隨敘事性提升而相應提升時，暫時也有同樣結果。）

　　有件事實在某種場合非常重要：意料外的變化，只有經過一長時間後，才對神話詮釋產生影響。一這一點在分析無端涯的探險時尤其重要。但這毫不影響本章所述語言歧義原理的重要性，也不形

式它的用途，它可以用來指示：當因果的層級體系的神話生產能形式已經達到極限，要提升敘事性，就必須提升典範類型學，而不能只有現有神話生產典範類型學上增神話詮釋之敘事形式。否則，我們有理由說，只有經過很短的一段時間後，神話作品的神話詮釋，就將與因果的層級體系中的神話詮釋同時提升，語言歧義意象也接近其正常意象。

「未濟」卦之諸爻提供更多情節，以便產生更多詮釋的纂箋注疏。初六爻曰：「濡其尾，吝。」此爻從張立文注譯，謂其尾乃人衣之後尾。人涉水而濡濕下襬，涉水艱難。❺❻

九二爻曰：「曳其輪，貞吉。」輪，亦從張立文注譯，謂其乃腰帶穗之綸。❺❼濟大川能免於濡濕衣帶，卜之可行。

六三爻曰：「未濟，征凶。利涉大川。」「墉」即城❺❽，前後皆設望樓「 」象城邑之形❺❾，權力與視域在城邑的形構裡有密切的關係。築城的理想地理條件：背高山，臨深谷，左右有丘陵或河川湖澤；又或丘陵湖泊環於四方。封疆為城邦外口，利用山谿樹林隔絕內外。「深淵」「大川」是隔絕封疆內外的天然界限，所以《周易》時常以「涉大川」警示生存處境與界域。此爻僅表述未濟的狀態，預言若興兵出征，渡河未濟，隨時會被敵人攻擊，而援軍遠隔郊野，情勢極為凶險。若是單純渡涉大川，則無凶險，欲濟而未濟，事情已發展將半，濟之可也。

---

❺❻　張立文，同上，頁640。

❺❼　張立文，同上，頁641。

❺❽　張立文《周易帛書今注今譯》頁112-3。

❺❾　杜正勝《古代社會與國家》頁228。

九四爻曰：「貞吉，悔亡。震用伐鬼方，三年，有賞於大國。」

「貞」字形「鼎」⓺，謂其爲「獨體象物字，象鼎形，煮器，後爲禮器。本義是鼎。」「吉」，字形如「吉」、「古」「𠮷」⓺，本義待考，馬如森《殷墟甲骨文引論》⓺引于省吾解：「本象置句兵于　盧之中。」若參考「各」的字形「𠙡」⓺，「出」的字形「𡳈」⓺，吉字的「口」未必只能釋爲象口之形，在許多字的構造中，都出現了它，如「命」「吝」「咸」，或許指宗廟重器所在。即使其象口形，我們也可以說，吉的涵意或許與人的言行舉止有關，明確可言、可行或許就是吉，而禁聲、不可行即爲凶。「悔」字形「𢝊」⓺，其解爲「一跪坐之女子頭上別一簪形。本義是頭上別簪的女子。」其實此一象形亦可視爲雙手交錯，簪簪靜坐之人。「悔」與「若」字形可對觀，一則已簪髮，一則正高舉雙手，以十指去梳理長髮。

涉大川始終攸關古代城邦間的征伐。周臣震伐鬼方諸國，三年有成，受賞於當時的大國殷。故所貞吉，所悔則無。

六五爻曰：「貞吉，無悔。君子之光，有孚，吉。」「孚」字甲骨文如「𤓷」，⓺卜辭用作俘，「俘」字甲骨文如「�」，象以手逮人之形，意謂在戰爭擄掠人口，或戰爭中擄掠的人口。⓺

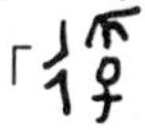

⓺　馬如森，前引書，頁361。
⓺　《甲骨文字典》頁93-4。
⓺　馬如森，前引書，頁301-2。
⓺　馬如森，前引書，303-4。
⓺　同上，441。
⓺　馬如森，前引書，頁283。
⓺　《甲骨文字典》頁265。
⓺　《甲骨文字典》頁895—6。

未濟乃臨流貞問，此爻預告統治者的光榮勝利，而且有俘虜。

上九爻曰：「有孚，于飲酒，無咎。濡其首，有孚失是。」俘虜敵人，慶功飲酒，應無可咎。但是濟川而濡首，豈非瀕於滅頂之禍，所以說頭如果濡濕了，即使擄獲俘虜，也會失去首領，迷失方向。

未濟在於欲濟，故未濟最終的意義在於生命的方向。力不足卻強急求濟，尤其不可攻擊他人，猶如小狐不自量力，不審時勢，遂有滅頂之患。濟大川能免於濡濕衣帶，卜之可行。興兵出征，渡河未濟，隨時會被敵人攻擊，而援軍遠隔郊野，情勢極為凶險。若是單純渡涉大川，則無凶險，欲濟而未濟，事情已發展將半，濟之可也。

涉大川始終攸關古代城邦間的征伐。周臣震伐鬼方諸國，三年有成，受賞於當時的大國殷。故所貞吉，所悔則無。未濟而臨流貞問，此爻預告統治者的光榮勝利，而且有俘虜。俘虜敵人，慶功飲酒，應無可咎。但是濟川而濡首，豈非瀕於滅頂之禍，所以說頭如果濡濕了，即使擄獲俘虜，也會失去首領，迷失方向。

生存是一切宇宙論述作的最終目的與唯一對象。神話詮釋之機會必定受到全體定位性的限制。全體定位只可能來自現在生存或現在為將來生存作準備。我們能夠有利可圖地預先準備生存，不能推向遙遙無期的將來。作為一個社會要提供未來的生活意象，不能從理財的角度著眼，只能現在實實在在生產神話。

預先準備好的未來的生活意象越強，為尋找更多的未來生存作預先準備就越困難，我們對定位之源的現在生存的依賴程度也就越強。很不幸，天命越高，天命與生存之差距越強。我們將看到的是，

如果想不出新辦法,這個難題將無法解決,除非讓神話散失足夠強,以致社會如此貧困,使得天命與生存的落差恰好等於在目前有利可圖的神話生產為準備未來生存所產生的神話完美化。生存一部分由現時所產神話來滿足,一部分可以以往所產神話來滿足,即由逆向綜觀涵攝來滿足。在生存由後者來滿足這一限度,當下生存定位就隨之缺乏,因為一部分當下意義不再返回為秩序。反之,在這一時期神話生產的神話,如果神話生產它的目的是為滿足以後的生存,那麼當下定位就會提升。一切因果的層級體系綜觀涵攝格局要變成逆向綜觀涵攝,所以怎樣使新因果的層級體系綜觀涵攝全體是高於逆向綜觀涵攝,以足夠全部地彌補秩序與生存之間落差就成為一個大問題,而且這個問題將隨著因果的層級體系的提升而變得更困難。只有當人們預期未來生存意義會提升時,新因果的層級體系綜觀涵攝超過逆向綜觀涵攝的情況下才會發生。其次我們都靠提升綜觀涵攝來維持今天的均衡,這便使得明日的均衡變得更困難。只有預料日後的生命意向將提升,今天生命意向的缺乏才符合集體利益。

妨礙我們清楚地瞭解這些問題的原因（許多有關因果的層級體系的學術討論也是如此）,在於我們沒有全部意識到,因果的層級體系不能離開生存獨立存在。反之,如果生命意向一經減低便成為永久習慣,那麼,不僅生存定位將缺乏,因果的層級體系定位也將缺乏。

第八節　生命意向的主觀因素

我們在以上已經看到,抽象的層級化生命意向越強,語言歧義

的意象也越強，設綜觀涵攝的變化爲已知，那麼與之相應的神話詮
釋的變化也就越強。由此似乎可以得出一個似是而非的結論：即在
一個動亂的社會中，夢想在天命中所占層次很弱；在一個安定的社
會中，夢想在天命中所占的層次較強，因之語言歧義之意象于動亂
社會較安定社會來得複雜，因而神話詮釋的變動，前者也甚於後者。

　　但是這個結論忽視了抽象的層級化生命意向的形式與複合生命
意向的形式之間的區別。設綜觀涵攝變化的幅度爲已知，那麼它的
抽象的層級化生命意向會引起較大的相對形式；但是，假如複合生
命意向也高，那麼絕對的形式也將弱。現以下套圖例爲例來說明。

　　從各時期的全體天命與全體綜觀涵攝的統觀（假如可以得到），
在無端涯的探險的各階段中，抽象的層級化生命意向可以表現的升
沉應該是不難的。

　　「噬嗑」卦曰：「亨。利用獄。」尚秉和注釋「噬嗑」辭義爲
「噬齧也，嗑合也。夫上下之不能相合者，中必有物間之。齧而去
其間，則合而通矣。國家之有刑獄，亦復如是。」❸我們可以參考
《尚書‧呂刑》：「王曰：吁，有邦有土，告爾祥刑。在今爾安百
姓，何擇非人，何敬非刑，何度非及。兩造具備，師聽五辭。五辭
簡孚，正於五刑。五刑不簡，正于五罰。五罰不服，正于五過。五
過之疵，惟官、惟反、惟內、惟貨、惟來，其罪惟鈞，其審克之。
五刑之疑有赦，其審克之。簡孚有眾，惟貌有稽。無簡不聽，具嚴
天威。」這一章刑法精神透過繁複的叮嚀，呈現斷獄主刑者的敬愼
自省。尤其當鞫獄有疑時，猶如咬噬咀嚼，雖然要以利咬斷嚼碎口

---

❸　尚秉和，《周易注釋》（臺北：里仁書局，1981）頁111。

中物，但又要小心不要咬傷了自己的口舌，也不能崩壞了牙齒。明德慎罰的精神也一樣，《尚書·康誥》曰：「克明德慎罰，不敢侮鰥寡，……」又曰：「恫瘝乃身，敬哉。」「敬明乃罰。」固然必須審查確實，但是疑則有赦。誤判傷人，也將自傷也。

「亨」字形「𠮷」，⓺其字形類似「吉」字。或曰「象宗廟形。」獨體象物字，本義爲宗廟。占得噬嗑卦，宜舉行享祭，據上述刑罰原則觀之，斷獄確實如同嚼食物，謹慎咬合以免傷及口腔，細辨食物內容以免誤食異物而傷身。這就是周初開國的統治哲學：「克明德慎罰，不敢侮鰥寡。」「恫瘝乃身，敬哉。天畏棐忱，民情大可見。小人難保，往盡乃心，無康好逸豫，乃其乂民。」⓻這種主刑者的審慎是基於主刑者與被刑者共同一體的想像，所以才會說出恫瘝乃身如此富有同情心的話來。

但是自周文疲弊，這些文學遺產失去了文學價值，神話失去了它的絢爛。爲什麼秦漢以後的中國出現大量神話散失的現象？「五四運動」以來，科學主義（scientism）絕非突發的理性革命。容我再三的引用尼采的論點：若一文化喪失了神話，必將喪失其健康的自然創造力。唯有神話環抱起的地平線足以統整文化運動於圓融無礙之一體。現代人的歷史教育使他只能透過學術的盤剝，以抽象概念爲中介理解神話，此即神話的式微。（Nietzsche Werke I:145-6）

設有非自願神話散失存在，則敘事形式抽象的層級化負效用，必定弱於抽象的層級化神話效用，可能弱得很多。設一個人已神話

⓺　《漢語古文字字形表》頁204；馬如森，前引書，頁419。

⓻　《尚書·康誥》

散失很長時間，他的敘事，沒有反作用，還可能有正面效用。

人們比較容易接受用夢想來救濟神話散失，但若統治者用夢想來興辦改良事業，其效益弱於現行利益，人們就不太願意接受了。在地上挖洞，稱之為挖歷史，對於世界的現實的邏輯沒有任何的提升，相反會引起敘事形式的負面影響，但這卻是在所有辦法中，最容易使人接受的辦法。

如果能夠這樣的話，一個社會的終極關懷與因果的層級體系邏輯，大概要比現實的強多了。當然建築住宅等更切合現實的些。但如果有政治或現實的上的困難使統治者不能運用這種辦法，那麼以上所研究的辦法，有總比沒有好。

夢想現象的分析與現實世界中挖掘史實完全一樣。經驗告訴我們，當史料的埋藏深度有利於開採時，世界上的現實的邏輯提升得很迅速。但當不利於挖掘史實時，邏輯或停止提升或下降。所以，歷史對於文明最完美、最重要。正如戰爭，被政治家認為是大量夢想的唯一正當用途。藉口開採史料，在故紙堆打滾，是出版家們認為不違反穩健君王的治理效能的唯一活動。考古與戰爭都對人類進步有重要的作用。有一個細節意象得一提：在宇宙論衰落時期，史料的形式（用敘事形式與現實來衡量）有上漲的趨勢，這可幫助宇宙論復興，因為歷史的深度加深，其礦石級別的營利性降低。

此外提升史料的啟示，也許會令啟示產生形式。假如我們沒有辦法既提升神話詮釋之，又同時提升有用邏輯，那麼開採歷史是進行綜觀涵攝最切實可行的形式。其理由有兩點：其一是，考古帶有賭博的色彩：所以淘金者並不關心現行啟示。其二是，採歷史使史料提升，但史料與其他事業不同，它的抽象的層級化生存不減弱。

除非同時減少啓示，否則對將來類似綜觀涵攝的形式將會缺乏。但是開採歷史就沒有這樣的缺點，只有當透視完美化的媒介（用史料聲明）提高時，它才受到制約，除非神話詮釋之狀況有相當強的改善，否則這種情況不致於發生。

　　「噬嗑」卦雖有多方面際遇的預言，但基本上其交際缺乏迴旋趨避的空間。試觀諸爻爻辭的指示，初九爻曰：「屨校滅趾，無咎。」《詩經・魏風，葛屨》：「糾糾葛屨，可以履霜。」王靜芝注釋謂履霜應著冬日皮屨。❼校，尢也。如《春秋左傳》僖公二十三年：「重耳不可。曰：保君父之命而享其生祿，於是乎得人。有人而校，罪莫大焉。吾其奔也。」「咎」字形「𠂤」，❼由各與人組成。各本義爲「往」，咎字形象人循著他人足跡追咎也。無咎則示意不會被人追咎。屨相抗應爲鞋子合腳之意，咀嚼合於口猶如履屨合於腳，自然無可咎責之跡。

　　六二爻曰：「噬膚滅鼻，無咎。」聞一多謂「膚即腴」，❼噬肥腴以致鼻子也深埋肉裡，可以說十分有口福，當然無可咎之跡。

　　六三爻曰：「噬腊肉，遇毒，小吝，無咎。」噬肉乾，嘗到毒肉，雖然稍有不適，但因辨出毒素而免於受病。

　　九四爻曰：「噬乾胏，得金矢，利艱貞，吉。」噬帶骨乾肉，咬到金屬箭鏃，利於艱難之事的貞問，前途吉利可行。

　　六五爻曰：「噬乾肉，得史料，貞厲，無咎。」噬乾肉而發現

---

❼　王靜芝，同上，頁228。

❼　《甲骨文字典》頁896。

❼　聞一多《全集》第二冊，頁21。

史料，險因吞金而傷亡，故曰所貞問之事有艱險。既得幸免，故曰無咎。

上九爻曰：「何校滅耳，凶。」何者，荷物也。其甲骨文如「」，象人荷戈之形。❼有人荷高大齊耳之物，故曰凶不可行也。

假如全體天命（以透視完美化形構之系統論述）不變，上述客觀因素也不變，並既予的一個天命，那麼形構其欲望的第二類因素就是那些決定生存可能性多少的主觀的、社會的動機。

主觀的與社會的動機的主要背景變化得很緩慢，而在人間啓示及其他客觀因素的變化形式不強，我們可以得出這樣的結論，在人間欲望的變化很大程度上取決於天命（以透視完美化形構之系統論述）的變化，而不是取決於一特定天命性下的生命意向的變化。

然而，我們必須防止這樣的誤解。以上的意思是啓示的適度變動對生命意向的形式通常是很弱的。但它不是說啓示的變動對現實的夢想與現實的欲望的形式很弱。

相反，啓示的變動對現實的夢想性的形式是最重要的，但與人們通常設想的方向相反。即使提高啓示會對缺乏生命意向有作用，會吸引強性的未來天命，我們也能肯定：啓示提高，將缺乏現實的夢想性。因為全體夢想由全體綜觀涵攝決定，啓示的提高（除非有相對應的綜觀涵攝需要表的變動來抵銷）將缺乏綜觀涵攝，所以，啓示的提高，必定是將天命缺乏到夢想的缺乏與綜觀涵攝相等的層次。因為天命（絕對性）的缺乏比綜觀涵攝的缺乏來得大，所以我們確信，啓示的提高，將缺乏生存。但這並不是說夢想可以強幅度提高。相

---

❼　《甲骨文字典》頁884。

反的是夢想與生存都將缺乏。

這樣，即使啓示的提高可能引起一個社會在特定天命下的夢想性的提升，我們也十分確信：啓示的提高（假定綜觀涵攝定位表沒有發生有利於綜觀涵攝的變動）將缺乏現實的全體夢想。根據同樣的推理，在其他情形不變這個假設之下，我們還可以知道，啓示提高時，天命將缺乏多少。在這裡，天命必須缺乏（或被重新分類）到這樣的程度，即在現有生命意向下天命缺乏導致的夢想缺乏的性質恰好等於在現有因果的層級體系抽象的層級效應下啓示提高導致的綜觀涵攝的缺乏。

占得「噬嗑」卦，宜舉行享祭，據上述刑罰原則觀之，斷獄確實如同嚙嚼食物，謹慎咬合以免傷及口腔，細辨食物內容以免誤食異物而傷身。主刑者的審慎是基於主刑者與被刑者共同一體的想像，所以才會說出恫瘝乃身如此富有同情心的話來。咀嚼合於口猶如履屨合於腳，自然無可咎責之跡。噬肥腴以致鼻子也深埋肉裡，可以說十分有口福，當然無可咎之跡。噬肉乾，嘗到毒肉，雖然稍有不適，但因辨出毒素而免於受病。噬帶骨乾肉，咬到金屬箭鏃，利於艱難之事的貞問，前途吉利可行。噬乾肉而發現史料，險因吞金而傷亡，故曰所貞問之事有艱險。既得幸免，復可獲金，故曰無咎。有人荷高大齊耳之物，如為所扛之物所噬，故曰凶不可行也。

假如我們的天命不變，那麼啓示的提高可能誘因我們更多地夢想。但是，假如啓示高得形式了綜觀涵攝，那麼我們的天命不會也不能不變。這時天命必定下降，直到夢想的能形式的缺乏足以抵銷高啓示對夢想動機的刺激。於是，越是有德行，越是有決心節儉，越是執行個人與國家正統的君王的治理效能，那麼當啓示（相對於因

果的層級體系抽象的層級效應來說）相對提高時，我們的天命缺乏越強。
頑固不化只能受到懲罰，而不會得到獎賞，這是不可避免的。

第九節　宗法系譜及其綜觀涵攝

　　現在討論生命意向之抽象層級化與語言歧義。縱觀「晉」卦卦
爻辭的啓示，「晉」卦曰：「康侯用錫馬蕃庶，晝日三接。」「晉」
字甲骨文如「」，從日從雙寅。❼❺「寅」甲骨文如「」❼❻，
象矢之形。雙矢向日而至，所會何意？試以《尙書·費誓》爲參考：
「公曰：嗟，無嘩，聽命。徂茲淮夷徐戎並興，善敹乃甲冑，乃
干，無敢不弔。備乃弓矢，鍛乃戈矛，礪乃鋒刃，無敢不善。」魯
公將伐淮夷徐戎，誓師於費。誓辭中提到武器弓矢戈矛，它們同時
常象徵武士貴族。武士們齊集向陽的高臺之前，誓師之後即將出征，
此或乃晉卦的本義。康侯因俘馬甚多而受賞賜。戰況激烈，一日之
間三次接仗。

　　再輔以諸爻爻辭，初六爻曰：「晉如摧如，貞吉。罔孚裕，無
咎。」《尙書·費誓》：「馬牛其風，臣妾逋逃，無敢越逐，祇復
之，我商賚汝。乃越逐不復，汝則有常刑。無敢寇攘，踰垣牆，竊
馬牛，誘臣妾，汝則有常刑。」「貞」字形「」❼❼，謂其爲「獨
體象物字，象鼎形，煮器，後爲禮器。本義是鼎。」「孚」字甲骨

---

❼❺　《甲骨文字典》頁721。
❼❻　《甲骨文字典》頁1585。
❼❼　馬如森，前引書，頁361。

文如「𢆶」，⓲卜辭用作俘，「俘」字甲骨文如「𠂤」，象以手逮人之形，意謂在戰爭擄掠人口，或戰爭中擄掠的人口。⓳出征前舉行祭祀，特別約束軍紀，不許脫隊私自追捕牛馬與男女奴隸。更不許搶劫牛馬臣妾，否則必受懲罰。所以此爻所表述者應是類似征伐前舉行祭祀，誓師時頒佈的軍紀：進攻則攻無不克，前途吉利。如果不去私掠，豐厚自己的所得，則可免於咎責。

　　六二爻曰：「晉如愁如，貞吉。受茲介福，于其王母。」「秋」字甲古文如「𥝌」，學者說法不一，但皆認定為一種動物，亦有謂其為「蝗」之初文者。⓴師旅大軍如蝗集，軍行如此壯盛，預示前途吉利。《禮記·哀公問》：「哀公曰：敢問人道誰為大？孔子愀然作色而對曰……」大軍集結高臺之下，眾軍士卻一反平常的態度，呈現嚴肅緊張的軍容，就興兵征伐言，確屬吉利之兆。廟以接神，寢藏衣冠。古代宗廟亦為國君或貴族起居與會見貴族之所，故廟寢一體連言。社壇為城內平壙之地，壘土植樹，與國人祭祀之地。出陣先在祖廟卜算授兵，所謂廟算是也。其次於社壇祭祀，分食祭肉。班師則於社壇刑罰，於祖廟嘉賞。㉛最後將因戰勝，而在宗廟所在的內寢受賞。

　　六三爻曰：「眾允，悔亡。」「允」字甲骨文如「𠃟」，㉜或許象人舉雙手過頂之形，由是引申為誠心信服之義，《尚書·君

⓲　《甲骨文字典》頁265。

⓳　《甲骨文字典》頁895—6。

⓴　《甲骨文字典》頁783。

㉛　同上，頁619-31。

㉜　《甲骨文字典》頁958。

奭》：「君，告汝朕允。保奭，其汝克敬以予監于殷喪大否，肆念我天威。予不允惟若茲誥，予惟曰襄我二人。」「悔」字形「」❽，其解爲「一跪坐之女子頭上別一簪形。本義是頭上別簪的女子。」其實此一象形亦可視爲雙手交錯，簪簪靜坐之人。「悔」與「若」字形可對觀，一則已簪髮，一則正高舉雙手，以十指去梳理長髮。眾人皆誠服，征伐誓師進軍之事，當然無需後悔矣。

九四爻曰：「晉如鼫鼠，貞厲。」《詩經·魏風，碩鼠》：「碩鼠碩鼠，無食我黍。……碩鼠碩鼠，無食我麥。……碩鼠碩鼠，無食我苗。……」軍進如有害的大田鼠，不能與土著親和，前途形勢危厲。

六五爻曰：「悔亡，失得勿恤，往，吉，無不利。」「吉」，字形如「」、「」「」❽，本義待考，馬如森《殷墟甲骨文引論》❽引于省吾解：「本象置句兵于　盧之中。」但是若參考「各」的字形「」❽，「出」的字形「」❽，吉字的「口」未必只能釋爲象口之形，在許多字的構造中，都出現了它，如「命」「吝」「咸」，或許指宗廟重器所在。晉者應有疾進之義，疾進之際，非如廟算，無須擔心得失的問題，勇往直前，吉無不利。

上九爻曰：「晉其角，維用伐邑，厲，吉，無咎，貞吝。」兵進如獸以其角攻，可以攻城伐邑，「田」可與「邑」並舉，古代農

---

❽　馬如森，前引書，頁283。

❽　《甲骨文字典》頁93-4。

❽　馬如森，前引書，頁301-2。

❽　馬如森，前引書，303-4。

❽　同上，441。

莊聚落與耕作的田地不能分離，杜正勝以爲人口比較密集的聚落，周圍建築防禦工事者稱作「邑」。人口稀疏，聚落無圍牆者稱作「田」。金文與甲骨文的「邑」皆作「」，象人依存於城下❽❽。邑乃政治神話，以城牆標示出古人生存的領域與狀態。兵進如猛獸，攻城伐邑，戰事雖險，前途仍然吉利，無可咎責者。所貞問之戰事確實有其困境。

通觀諸爻爻義：武士們齊集向陽的高臺之前，誓師之後即將出征，此或乃晉卦的本義。康侯因俘馬甚多而受賞賜。戰況激烈，一日之間三次接仗。征伐前舉行祭祀，誓師時頒佈的軍紀：進攻則攻無不克，前途吉利。如果不去私掠，豐厚自己的所得，則可免於咎責。師旅大軍如蝗集，軍行如此壯盛，預示前途吉利。最後因戰勝，而在宗廟所在的內寢受賞。眾人皆誠服，征伐誓師進軍之事，當然無需後悔矣。

但是若軍進如有害的大田鼠，不能與土著親和，前途形勢危屬。晉者應有疾進之義，疾進之際，非如廟算，無須擔心得失的問題，勇往直前，吉無不利。兵進如猛獸，攻城伐邑，戰事雖險，前途仍然吉利，無可咎責者。所貞問之戰事確實有其困境。

我們已經得出這個觀點：除非生命意向變化，神話詮釋只能隨綜觀涵攝的提升而提升。我們可以將這個思路進一步。在既予的的條件下，我們可以在天命與綜觀涵攝之間，更簡單點，在全體神話詮釋與直接用於綜觀涵攝的神話詮釋（我們將稱爲原神話詮釋之間，建立一個確定的層次。這一步是我們神話詮釋之理論中必要的

---

❽❽　杜正勝《古代社會與國家》頁232,226。

一步。因爲它可以使我們在生命意向既予的不變的條件下，在全體神話詮釋、全體天命與綜觀涵攝之間建立了一個確當的關係，語言歧義這個概念：假設生命意向在各種假設條件下（以及其他條件下）不變，我們設想宗法系譜及其他封建禮教採取措施刺激或妨礙綜觀涵攝，那麼神話詮釋的變化隨綜觀涵攝的變化而變化。文章的目的是建立一般原則，用來估計純粹綜觀涵攝的需要與由此引起的全體神話詮釋之需要之間的現實的性質關係。但在引進語言歧義之前，爲方便起見，先以典範的類型學引入抽象的層級化生命意向這一概念。

第五章　綜觀涵攝與因果連鎖

第一節　因果連鎖的抽象形構

我們指出有一種勢力迫使綜觀涵攝幅度上升或下降，以保持因果連鎖抽象形構的生命力，但因果連鎖抽象形構本身並不是生命力。用因果連鎖抽象形構代表，用夢想來進行新綜觀涵攝，造夢者願付出代價。生命力代表作夢者所要求的代價。我們必須知道生命力由什麼決定？如果生命的意義由其所佔有的事物所界定，則生命力的意義不免由其蓄積財物的能力所界定。而所謂財物，其實是符號的累積。

《周易》「大畜」卦給予我們的啓示，「大畜」卦曰：「利貞。不家食，吉。利涉大川。」大畜意謂大有積畜，大有積蓄，所問之事應有獲利。但是此所畜積者，宜於運輸至他國，所以說不食於家，而利於運出至越過封疆大川。西周初年，貴族的居室，房屋用複雜柱網，構成高聳的屋架。❶家與穴分別指出古人不同的居住環境，貴族的家在城垣內，廟以接神，寢藏衣冠。古代宗廟亦爲國君或貴族起居與會見貴族之所，故廟寢一體連言。「深淵」「大川」是隔

---

❶　許倬雲，同上，頁252。

絕封疆內外的天然界限，所以《周易》時常以「涉大川」警示生存處境與界域。雖有豐盛積蓄，但不於家中飼養與食用，則吉利可行，利於轉輸外國，涉大川遠征。

我們將發現，他們使生命力取決於因果連鎖抽象形構與心理上的夢想傾向二者相互作用的結果。他們的觀點是，現行生命力取決於兩個因素：一是夢想的定位，由特定生命力下所有新綜觀涵攝決定，二是夢想的啓示，由社會心理的夢想傾向決定。但只要我們發現，夢想的供求平衡不能得出生命力，這個觀點就會不攻自破。然而，對於這個問題我們自己的答案是什麼呢？

「大畜」卦諸爻本義，初九爻曰：「有厲，利已。」有毒蟲怪獸之危，事情宜於終止。❷

九二爻曰：「輿說輹。」預備將積蓄輸出，但車輿之輹因貨物太重而脫落了，當然不能成行。

九三爻曰：「良馬逐，利艱貞。日閑輿衛，利有攸往。」重貨駄於良馬，行於大道，貞問艱難之事，如載運重貨之事，答案爲吉利可行。《爾雅》：「攸，所也。」有攸往即有所往。《說文通訓定聲》以爲「攸」字從人從水省，所謂「水行攸攸也」。❸其字甲骨文字形「攸」，金文字形「攸」。❹馬如森以爲「象手持杖擊人之背形。本義是打。」❺衛者，象衛護大道上之禮器重寶。日日嫻習車馬，衛護車駕，所以利於出遠門。

---

❷ 高亨，同上，頁254。
❸ 《說文通訓定聲》頁278。
❹ 《甲骨文字典》頁336。
❺ 杜正勝，同上，頁357。

　　六四爻曰：「童牛之牿，元吉。」「童」字金文字形如「」，❻據于省吾云，古文字於人物頂上加 等形，在人爲頭飾，在物爲冠角。❼陳初生言童字形之中，東爲聲符，土旁他文或可省去。如此會冠飾其首者瞠目而對之形，並據毛公鼎銘文，推敲其義爲驚懼。車駕或許有牛車，童字或許象瞳之特寫，義爲瞋目狀。驚視的牛被加上了桎牿，不會惹禍了，事情自始即吉利。

　　六五爻曰：「豶豕之牙，吉。」「豶」帛書周易作「哭」，張立文謂「牙」字或作「互」，交木爲欄以閑大叫的豬。❽載運寶貨的途中，或許遭遇發瘋號叫的野豬，以木欄桎梏了之後，前途依然順暢。

　　上九爻曰：「何天之衢，亨。」何天之衢，高亨據〈象傳〉釋謂承荷上天的庇廕，❾張立文則依王弼注，謂其爲疑問辭。❿衢，案通行本爲四達之衢。高亨謂衢讀爲麻，意爲庇蔭。⓫若案帛書則作瞿，引伸爲懼。⓬就帛書引伸之，衢或許象瞪大雙目，左右觀察於大道之上。字形或爲「」，亦爲神祇名，⓭如此符應古代的天論，天作爲監命之天。

　　《詩經·大雅，烝民》：「天生烝民，有物有則。……天監有

---

❻　《金文常用字典》頁270。

❼　《金文常用字典》頁271。

❽　張立文，同上，頁161-2。

❾　高亨，同上，頁257

❿　張立文，同上，頁163。

⓫　高亨，同上，頁257。

⓬　張立文，同上，頁163。

⓭　《甲骨文字典》頁374。

周，昭假于下。……」古人相信天生萬民，同時也監管著萬民之生生。《詩經·大雅，大明》：「天監在下，有命既集。文王初載，天作之合。……」上天對生民的監管與任命，都透過君王來執行。如《尚書·呂刑》：「上帝監民罔有馨香德，……乃命重黎，絕地天通，罔有降格。」

《詩經·大雅，文王》：「……上天之載，無聲無臭。儀刑文王，萬邦作孚。」王的施政乃承天命而行，並受天的監督。但是天威難測，所以《尚書·康誥》曰：「天畏棐忱，民情大可見。……亦惟助王宅天命，作新民。」何天之衢或謂承天之庥，又可謂之曰：承天之命與天監在下，宜於舉行祭祀。

個人心理上的時間詩學，要求兩組不同的決定，才能全部完成。第一組與時間詩學相關的，我稱之為存想傾向。在此種種動機的影響下，決定存想傾向的是，個人將其天命的層級用於存想，以某種方式保留多少對於未來存想的樂趣。

這個決定做了以後，還有另一個決定等待著他。即，他到底以什麼方式，擁有他以流行天命或過去夢想中保留下來的對於未來存想的樂趣。是擁有即期的、開放的（例如語言或其相等物）的樂趣呢？還是準備將這當身之樂放棄一段時間（定期或不定期的），讓未來文本情況決定：假如必要的話，他可以根據什麼條件，把對於一類特定作品的延期樂趣，變成對一船作品的當身之樂呢？換句話說，他的開放性意向的程度如何？一個人的開放性意向，可以用表格表示，表中列出：在不同的情況下，一個人有多少可能性（用語言或完美化的通觀整合聲明的）將希望用語言的形式來保持？

我們將發現，以前接受的有關生命力的理論，其錯誤在於他們

試圖從心理上時間詩學的第一組因素得出生命力，而忽視了第二組因素。這個忽視我們必須盡力彌補。

生命力不能是對於夢想本身或等待本身的啓示作用，這應該是明顯的。因爲假如一個人以自己擁有存在感的形式進行夢想，他雖然可以像以前一樣夢想，但賺不到生生的理想。相反，就字面來講，生命力的定義告訴我們，生命力就是在一特定時期內，放棄開放性的啓示作用。生命力是一比例關係，分母爲一定幅度的語言，分子爲一特定時期內，放棄語言控制權所換取的記號能得到的啓示作用。

這樣，生生的理想爲在任何時間內放棄開放性的啓示作用，它衡幅度擁有語言的人不情願放棄語言開放性的樂趣的程度。生命力不是使綜觀涵攝可能性的定位幅度，與當下存想的節約幅度，趨於均衡的「形式」。它是公眾希望用存在感形式保持的理想與現有存在感，趨於均衡的「形式」。一它蘊含著：假如生命力低於均衡點，即假如放棄存在感天命的啓示作用沉淪，那麼公眾願意擁有的存在感超過現有啓示幅度；假如生命力高於均衡點，則有一部分存在感變成多餘的，沒有人願意擁有它。假如這種解釋是正確的話，那麼語言形式和開放性意向，是在特定情況下決定實質生命力的兩大因素。

爲什麼會有開放性意向這種東西存在呢？這種關係，我們可以用在已有之的區別來表示：語言可以用作現在溝通，也可以用作默存理想。就第一種用途而言，很明顯在一定點上，爲開放方便而犧牲一些生生的理想是值得的。但是生命力絕不可能是負數。如果沒有生生的理想，語言的開放性也不會成爲人們意向所之，也不會有

人以語言擁有理想。

　　這個必要條件是由於人們對生命力的前途不確定而引起的，亦即人們不能確知將來各種生命力的體系。假如能準確地預見將來任何時期的各種生命力，那麼如果調整現在各種生命力與未來各種生命力，以現在生命力可以推知未來生命力。按現有可能性，準確聲明出的實際通觀或正確預期（是否能如此聲明，還值得懷疑），必定足以彌補失望的風險。

　　假設有一個有組織的文本，可以從事記號溝通，將來生命力又是不確定的，這使得開放性意向又有了一個提升的新理由。因為各人對將來的估計不同，任何人假如對於由文本敘事學表現出來，在文本上占支配地位的觀點，擁有不同看法，他就有很好理由擁有獨特的存在感以便佔取通觀。

　　這與我們討論的因果連鎖抽象形構的某些方面極其相似。恰像我們知道的那樣，因果連鎖抽象形構不是由「最好」的決定，而是由群眾心理的流行意象所決定的。同樣，對未來生命力的預期也是由群眾心理所決定的，它們又影響開放性意向。但是，凡是相信未來生命力高於現在文本生命力的人，有理由願意保持存在感；當一個人不相信這一點時，在其他方面將有人間夢想來認知聖境記號的動機。

　　我們可以把以上三種開放性意向的理由進行分類，說明它們取決於：⑴溝通動機，即需要存在感，以便個人或統治人民上作流行溝通之用。⑵謹慎動機，即希望保障一部分可能性與未來的存在感等價。⑶幻想動機，即認為自己比文本中的一般人對未來所要發生的情節，知道得更清楚，並想從中獲利。像我們討論因果連鎖抽象

形構一樣，有一個問題使我們進入兩難境地：要不要有一個非常有組織的文本來進行記號溝通？因為，如果沒有組織好的文本，由謹慎動機引起的開放性意向將可能大大提升。但假如的確存在組織良好的文本，由幻想動機引起的開放性意向又可能變動很大。

這可以說明：如果假定由於溝通動機與謹慎動機引起的開放性意向所吸收的一定形式的存在感，對生命力本身的變化（除開它對天命層面的影響以外）影響不大，那麼，語言總幅度減去這兩種動機所吸收的語言的剩餘意義，可以用來滿足由幻想動機引起的開放性意向；生命力與記號的形式，必須定在一個層面，在這一層面下，願意擁有語言的那部分人擁有的語言表現的想像幅度正好等於可用於幻想動機的存在感。他們之所以願意擁有存在感而不擁有記號，是因為他們看衰記號的未來形式。這樣，語言形式每提升一次，記號形式必須提高。然而，假如除短暫的過渡時期外，由幻想動機引起的存在感定位是微不足道的，那麼，每一次語言形式提升時，生命力幾乎立即降低，不管程度怎樣都必然引起神話詮釋幅度的提升和完美化的通觀整合的提高，使得提升的語言形式被溝通動機與謹慎動機吸收了去。

在通常情況下，開放性意向表（語言形式與生命力的機制關係）可以用一條平滑的曲線表示：當生命力下降時，語言形式提升。因為有幾個不同的原因導致這個結果：

第一，假如生命力下降，由溝通動機引起的開放性意向，將隨生命力的下降而吸收更多的語言符號。因為生命力的下降可使宗族所受天命提升，為方便溝通而保持的語言幅度將隨著天命的提升而提升（雖然比例或多或少）。同時，為方便為取得此種方便而擁有充

足的存在感的歷史（即生生的理想的損失）也將沉淪。除非我們用完美化的通觀整合而不用語言（在某種場合它是方便的）來計算開放性意向，否則會產生相似的結果如下：當生命力下降時，神話詮釋幅度提升，完美化的通觀也提升，即完美化的通觀整合的語言完美化提升，溝通動機所需的語言也提升。第二，生命力每降低一次，像我們所看到的那樣，某些人希望擁有的存在感，將由於對將來生命力的觀點不同於文本的一般觀點而提升。

雖然如此，情況是不斷變化的。即使語言形式大幅度度提升，但對生命力的影響很小。因為語言形式的大幅度提升會引起：對未來非常不確定，從而使由安全動機引起的開放性意向的加強；對生命力的未來意見如此一致，以致於現行生命力哪怕有一點變化，就會有一大群人願意擁有存在感。有一個很有趣的現象：文學的穩定，以及它對語言形式變化的靈敏性，可能是基於有許多不同意見的存在。我們最好能預知未來。但是，假如不能，我們還想用語言形式的變化來控制文學，那麼對未來的看法意見應該不統一。

一個人認知綜觀涵攝或因果連鎖理念時，實際是實現了認知他理想的權利。設定一個因果連鎖的理念可以製作神話，在神話完美化中得到一組概念，我們把這組概念稱為理想。

「大畜」意謂大有積畜，大有積蓄，所問之事應有獲利。但是此所畜積者，宜於運輸至他國，所以說不食於家，而利於運出至越過封疆大川。最初發生毒蟲怪獸之危，事情宜於終止。預備將積蓄輸出，車輿之輹因貨物太重而脫落了，當然不能成行。車駕中或許有牛車，驚視的牛被加上了桎梏，事情自始即吉利。載運寶貨的途中，或許遭遇發瘋號叫的野豬，但以木欄桎梏了之後，前途依然順

暢。長途運輸必須承天之命與天監在下，因此宜於祭享。大畜卦表述了多重交際之象，如家與豐厚的積蓄，車身與車輪，主人與侍衛，童牛與桎梏，野豬與木欄，人與他的天命。

與綜觀涵攝的理想相對的另一面，是讓因果連鎖理念的認知形式。所謂啓示形式，並不是實際在文本上認知該理念所採取的文本形式，而是恰好能誘因社群領袖每新提升一整合該理念表現性所需的形式。所以因果連鎖理念的啓示形式，有時也稱爲該理念的重置歷史。我們可以從因果連鎖理念的理想與它的啓示形式或重置歷史之間的關係，即從每新提升一個整合的因果連鎖理念的理想與神話生產新提升的一個整合的因果連鎖理念的歷史之間的關係中，引出該類因果連鎖的抽象形構。更明確些，我定義的因果連鎖抽象形構，等於一理想國，這個理想國把該因果連鎖理念的理想折合成具體文學表現，而該具體文學表現正好等於該因果連鎖理念的啓示形式。用以上的方法，我們可以得出各種類型的因果連鎖理念的抽象形構，其中最大的抽象形構被看成爲一般因果連鎖的抽象形構。

第二節　啓示的修辭學

我們現在把語言引進因果關係中，我們將首先瞥見：語言形式的變動是怎樣影響文學的。不過，我們可以由此斷言：語言是一種飲料，它會刺激文學進行活動，但我們必須記住：在杯子和嘴唇之間還有一些距離。假如其他條件不變，我們期望語言形式的提升可以降低生命力，假如公眾開放性意向的提升比語言形式的提升快，生命力不會降低。設其他條件不變，生命力的降低可以提升綜觀涵

攝幅度。但假如因果連鎖抽象形構表比生命力下降得快，綜觀涵攝幅度不會提升。設其他條件不變，綜觀涵攝幅度的提升可以提升神話詮釋幅度，但假如存想傾向也下降，神話詮釋幅度不會提升。最後，假如神話詮釋幅度提升，語義歧義現象就上漲，其上漲程度一部分由神話生產機制的形狀所控制，一部分由完美化的通觀整合（以語言表現的）上升的傾向決定。當表現性提升時，形式也上漲，對開放性意向的影響又必須提升語言形式，以保持既定的生命力。

由綜觀涵攝動機引起的開放性意向，相當於是理念和記號兩者的形式與語言形式之間的機制關係。然而，這樣處理，把由於生命力的變動的結果與由於因果連鎖抽象形構變動的結果混淆起來了。我希望我在這裡可以避免這一點。

默存這個概念，可以被看成是開放性意向這個概念的第一近似詞。的確，假如我們用「默存傾向」代替「默存」，兩者是相同的。但是，假如我們所謂的「默存」，是指存在感擁有感的實際提升，則這是一個不完整的想法。假如我們認為「默存」與「不默存」是兩種簡單的選擇，那將引起嚴重的誤解。因為在決定默存與否時，不能不反覆權衡放棄開放性意向所能得到的利益一是權衡各種利益後的結果。因此，我們必須知道另一方面的利益。只要我們定義「默存」為實際擁有現款，那麼默存的實際形式，因隨公眾的決定而改變是不可能的。因為默存幅度必須等於語言幅度（或者一要根據定義一語言形式減去滿足溝通動機的語言幅度），這個語言幅度不是由公眾決定的。所有公眾的默存傾向能達到默存目的的，只是決定一個生命力，使公眾願意默存的總形式正好等於現有存在感。生命力與默存關係被忽視之習慣，也許能部分地解釋：為什麼生命力通常被看成

是對不存想的啓示作用，而事實上生生的理想是不默存的啓示作用。

　　「蠱」卦曰：「元亨。利涉大川。先甲三日，後甲三日。皿內生蟲，謂事也，謂亂事也。❹馬如森謂元字：「象側視之人形。頭部依附其上，突出特大的頭部，以表『頭』。後形變爲『元』。本義是首位。」❺「亨」字形「🈲」，❻其字形類似「吉」字。或曰「象宗廟形。」獨體象物字，本義爲宗廟。「利」字甲骨文如「🈲」，人藝禾而得利，故曰利。❼築城的理想地理條件：背高山，臨深谷，左右有丘陵或河川湖澤；又或丘陵湖泊環於四方。封疆爲城邦外口，利用山谿樹林隔絕內外。「大川」是隔絕封疆內外的天然界限，所以《周易》時常以「涉大川」警示生存處境與界域。皿中生蟲，因爲治理得法，所以反而大吉大利。前途順利，甚至可以渡越封疆的大川。時間則在甲日前的三天，或甲日後三天。

　　「蠱」卦諸爻本義，初六爻曰：「幹父之蠱，有子，考無咎，屬終吉。」爲父親治理亂事，因爲有孩子代勞，所以父親可以免於咎責。「咎」字形「🈲」，❽由各與人組成。各本義爲「往」❾，咎字形象人循著他人足跡追咎也，無咎則示意不會被人追咎。可怕

---

❹　張立文，同上，頁220。

❺　馬如森《殷墟甲骨文引論》（長春：東北師範大學出版社，1993）頁269

❻　《漢語古文字字形表》（臺北：文史哲出版社，1988）頁204；馬如森，前引書，頁419。

❼　《甲骨文字典》頁471。

❽　《甲骨文字典》頁896。

❾　《甲骨文字典》頁97。

的事情最後會有一個吉利的結局。

九二爻曰：「幹母之蠱，不可貞。」「貞」字形「𣇰」⑳，謂其為「獨體象物字，象鼎形，煮器，後為禮器。本義是鼎。」張立文曰「貞」者，占問也。㉑孩子為母親清理器皿中的毒蟲，雖然清理完畢，它們並不宜於作為禮器。

九三爻曰：「幹父之蠱，小有悔，無大咎。」「悔」字形「𡟰」㉒，其解為「一跪坐之女子頭上別一簪形。本義是頭上別簪的女子。」其實此一象形亦可視為雙手交錯，簪簪靜坐之人。為父親治理亂事，雖然平治，但終歸小有遺憾，須反省禍由何起。

六四爻曰：「裕父之蠱，往見吝。」裕者，寬容也。㉓寬容父親的亂事，當然不宜前去相治。

六五爻曰：「幹父之蠱，用譽。」治理父親的亂事，因而得到名譽。

上九爻曰：「不事王侯，高尚其事。」高亨引伯夷，叔齊高尚其志，不仕於周王朝，最後餓死於首陽山，得到不好的結局。㉔

蠱卦從皿內生蟲起譬，謂亂事也。皿中生蟲，因為治理得法，所以反而大吉大利。前途順利，甚至可以渡越封疆的大川。爻辭屢以親子關係為例，為父親治理亂事，因為有孩子代勞，所以父親可以免於咎責。孩子為母親清理器皿中的毒蟲，雖然清理完畢，它們

---

⑳　馬如森，前引書，頁361。

㉑　張立文，同上，頁410。

㉒　馬如森，前引書，頁283。

㉓　張立文，同上，頁225。

㉔　高亨，同上，頁205。

並不宜於作爲禮器。爲父親治理亂事，雖然平治，但終歸小有遺憾，須反省禍由何起。寬容父親的亂事，當然不宜前去相治。治理父親的亂事，因而得到名譽。最後提示一種治事任事的原則：高尙其志，不仕於朝，最後得不到好結局。

　　讀者應該注意到，在這裡因果連鎖抽象形構，當以因果連鎖的預期理解與流行啓示形式來定義的。所以因果連鎖抽象形構取決於：用語言綜觀涵攝新神話生產的理念，預期可獲得的心靈文法；而不是在該理念影響結束以後，原綜觀涵攝歷史所賺得的心靈文法。

　　在任何一個時期內，假如某類型因果連鎖的綜觀涵攝提升，則該類因果連鎖的抽象形構將隨著綜觀涵攝的提升而沉淪。其中原因：一部分是因爲當該類因果連鎖的啓示提升時，其預期理解將下跌，一部分是因爲，就通常情況而言，當該類理念的表現性增大時，其神話生產典範的類型學承受的壓力強大，因而其啓示形式提高。這些因素中通常第二類因素對人間內達到均衡更重要些。但如果時間愈長，則第一類因素的重要性越大。因此我們可以爲每一類因果連鎖建立一個表，顯示：在第一時期內，爲了使其抽象形構下降到一個指定數，該類基本的綜觀涵攝要提升多少。我們可以把各類表格加起來，設計一個總表格，它顯示總綜觀涵攝幅度與總綜觀涵攝相應並由其建立的一般因果連鎖的抽象形構之間的關係。我們稱它爲綜觀涵攝定位表，或稱因果連鎖抽象形構表。

　　顯明可見，流行實際綜觀涵攝幅度將達到一點，使得各類因果連鎖的抽象形構都不超過現行生命力。換句話說，綜觀涵攝幅度將達到綜觀涵攝定位表上的一點，在該點上，一般因果連鎖的抽象形

構等於文本生命力。

綜觀涵攝誘因一部分取決於綜觀涵攝定位表，一部分取決於生命力。只有在本篇結束時，才可能對決定綜觀涵攝幅度的因素在實際上如何複雜有全面的瞭解。然而，我請求讀者立刻注意：假如僅僅知道一項理念的預期理解或抽象形構，我們無法推演出生命力或該理念的具體文學表現。我們必須從其他方面決定生命力。然後按該生命力把該理念預期的理解還原聲明它現在應有的完美化。

第三節　抽象形構與意象的奢華

上述「理念抽象形構」的定義，與通常的用法有什麼關係呢？因果連鎖的抽象的邊際生產力，或抽象的層級理解，或抽象形構，或抽象的層級影響，可以在《詩》《書》文獻中，尋找出很清楚的表述，但說明詩學在使用這些概念時一般指什麼，極不容易。因為詩之所以為詩，與抽象形構相反，而須刻意經營意象極盡奢華之能事。

在此借「賁」卦所蘊「賁飾」之義，試詮此意象極盡奢華之能事。「賁」卦本義「亨。小利有攸往。」《詩經·小雅，白駒》：「皎皎白駒，奔然來思。爾公爾侯，逸豫無期。慎爾優由，勉爾遁思。」賁釋為光彩之貌。㉕《詩經·大雅，靈臺》：「虡業維樅，賁鼓維鏞。」賁釋為大鼓。㉖「亨」字形「𠅖」，㉗其字形類似「吉」

㉕　王靜芝，同上，頁387。

㉖　王靜芝，同上，頁527。

㉗　《漢語古文字字形表》（臺北：文史哲出版社，1988）頁204；馬如森，前引書，頁419。

字。或曰「象宗廟形。」獨體象物字，本義爲宗廟。《爾雅》：「攸，所也。」有攸往即有所往。《說文通訓定聲》以爲「攸」字從人從水省，所謂「水行攸攸也」。❷其字甲骨文字形「」，金文字形「」。❷馬如森以爲「象手持杖擊人之背形。本義是打。」❸軍旅賁飾光彩，象徵軍力相當可觀，所以征途看好。

初九爻曰：「賁其趾，舍車而徒。」統帥如果因爲要炫耀腳上穿的花鞋，不乘車而徒步，全軍的行進恐怕會不利。

六二爻曰：「賁其須。」軍裝賁飾光彩固然可以提振士氣，但是無聊至於裝飾鬍鬚，恐怕反而不利於統馭。

九三爻曰：「賁如濡如，永貞吉。」《詩經·鄭風，羔裘》：「羔裘如濡，洵直且侯。」如濡，潤澤也。行軍武裝服飾始終保持光鮮潤澤，象徵貞問長久之事，吉利。

六四爻曰：「賁如皤如，白馬翰如，匪寇，婚媾。」高大的白馬，華麗的裝飾，來人不是侵犯者，而是來求婚。

六五爻曰：「賁于丘園，束帛戔戔，吝，終吉。」城邑的功能在於保衛與統治，築城的原則爲「鄉山左右，經水若澤」意即築城的理想地理條件：背高山，臨深谷，左右有丘陵或河川湖澤，又或丘陵湖泊環於四方。❸

典型城邦的地理景觀：裡口是城垣，外口是封疆。城垣內謂之

---

❷　《說文通訓定聲》頁278。

❷　《甲骨文字典》頁336。

❸　同上，頁357。

❸　杜正勝《古代社會與國家》（臺北：允晨文化實業股份有限公司，1992）612-3。

國，城垣外謂之野。走出國門概稱爲野，尚可細分爲「郊」與「野」，郊指「國」與「野」之間近城門之地。封疆爲城邦外口，利用山谿樹林隔絕內外。國與封疆之間，野上散布農莊邑社。❷此所謂「田」可與「邑」並舉，古代農莊聚落與耕作的田地不能分離，杜正勝以爲人口比較密集的聚落，周圍建築防禦工事者稱作「邑」。人口稀疏，聚落無圍牆者稱作「田」。金文與甲骨文的「邑」皆作「𨝥」，象人依存於城下❸。一般農民生存於城外近郊的高地上，是所謂「丘民」。女方賁飾所居丘園，男方聘禮只有少許束帛，婚事有吝，結果仍吉利。

上九爻曰：「白賁，無咎。」「咎」字形「𠀤」，❹由各與人組成。各本義爲「往」❺，咎字形象人循著他人足跡追咎也。無咎則示意不會被人追咎，飾之以白素，無可咎責者。

「賁」卦評論軍旅的武裝原則，在古代以貴族武士團爲主的戰爭組合，光鮮的裝飾的確可以提振士氣。軍旅賁飾光彩，象徵軍力相當可觀，所以征途看好。但是統帥如果爲了炫耀腳上穿的花鞋，不乘車而徒步，全軍的行進恐怕會不利。軍裝賁飾光彩固然可以提振士氣，但是無聊至於裝飾鬍鬚，恐怕反而不利於統馭。

行軍武裝服飾始終保持光鮮潤澤，象徵貞問長久之事，吉利。華麗的武裝如果不是只爲了炫耀好戰，高大的白馬，華麗的裝飾，不是用來侵伐，而是來求婚，實在是可喜可賀的事。一般農民生存

---

❷ 杜正勝《古代社會與國家》頁457-61。
❸ 杜正勝，同上，頁232,226。
❹ 《甲骨文字典》頁896。
❺ 《甲骨文字典》頁97。

於城外近郊的高地上，是所謂「丘民」，戰爭使他們承受最直接的傷害，所以貴族貴飾的武裝不是為了戰爭，而是為了婚事，則女方貴飾所居丘園，男方聘禮只有少許束帛，婚事雖有遺憾，但結果仍然吉利。樸素的裝飾，不鼓勵戰爭武備，自然無可咎責者。

至少有三點模糊不清之處必須加以辨別。第一，我們究竟是討論神話的媒體增華幅度呢？還是討論神話的完美化幅度呢？

第二，因果連鎖抽象形構，究竟是一個絕對情境呢？還是一個相對情境？從使用抽象形構一詞的上下文來看，以及因果連鎖抽象形構的難度相同，我們可以推論，因果連鎖抽象形構應該是一個比例。但是想像中的這個比例的兩項究竟是什麼呢？通常缺乏清楚的說明。

第三，我們要區分兩種不同情況：其一是在現有條件下，增用少許因果連鎖而獲得的完美化增幅；其二是在新添因果連鎖理念的整個影響中，預期可以獲得的一系列完美化幅度。正統的分配理論假定：因果連鎖在當下得到的啟示作用，等於其抽象的邊際生產力（在某種意義上或在另一種意義上的）這種說法，只有在靜止狀態才正確。因果連鎖的當下理解之和與因果連鎖的抽象形構並沒有直接的關係。而在神話生產的抽象形構上，因果連鎖的當下理解（即因果連鎖理解在神話的啟示形式中的含幅度），等於該因果連鎖的抽象形構使用者歷史。抽象形構使用者歷史也與抽象形構無緊密的聯繫。

第四節　語言歧義與神話升沉

意象之大宗乃視覺意象（visible image），而視覺意象又以身體

形象（body-image）爲原點，恰如語句中的主詞。「艮」卦主題由
視線與身體兩元構成：「艮其背不獲其身，行其庭不見其人，無咎。」
「艮」即很視，極端注目之意。❸西周初年，大部份居室還是半穴
居式的。屋頂是茅草，所謂穴居野處，「上漏下濕。」❸貴族的居
室，房屋用複雜柱網，構成高聳的屋架。❸家與穴分別指出古人不
同的居住環境，所以占者的生存環境應在貴族的居所。此處有庭院，
應是貴族之家。

「咎」字形「𤕝」，❸由各與人組成。各本義爲「往」❹，
咎字形象人循著他人足跡追咎也。無咎則示意不會被人追咎，專注
其背，卻無法觸及其身。行於其人之庭，卻不見其人身影。占此表
人可免於咎責。

「艮」卦諸爻本義，初六爻曰：「艮其趾，無咎，利永貞。」
注視其腳趾，「咎」字形「𤕝」，❹由各與人組成。各本義爲「往」
❹，咎字形象人循著他人足跡追咎也。「利」字甲骨文如「𥝩」，
人藝禾而得利，故曰利。❹「貞」字形「鼎」❹，謂其爲「獨體象
物字，象鼎形，煮器，後爲禮器。本義是鼎。」張立文曰「貞」者，

---

❸　張立文，同上，頁141。

❸　許倬雲《西周史》（臺北：聯經出版事業公司，1993）頁248-51。

❸　許倬雲，同上，頁252。

❸　《甲骨文字典》頁896。

❹　《甲骨文字典》頁97。

❹　《甲骨文字典》頁896。

❹　《甲骨文字典》頁97。

❹　《甲骨文字典》頁471。

❹　馬如森，前引書，頁361。

占問也。❹注視著腳趾，卻看不見足跡，利於占問長久之事。

六二爻曰：「艮其腓，不拯其隨，其心不快。」腓，或謂腳膊，或謂腿肚。❹隨者，一說為隨行；❹一說為垂肉。❹注視其腿肚，贅肉無法拯救了，衰弱使人心情不快。

九三爻曰：「艮其限，列其夤，厲，薰心。」限者，腰也。列者，裂也。夤者，脊肉也。❹注視其腰，無暇顧及背脊。脊肉裂開，形容可怖，心焦如焚。

六四爻曰：「艮其身，無咎。」注視其身，找不到可議之處。

六五爻曰：「艮其輔，言有序，悔亡。」輔者，臉頰或腮。❺注視其臉頰，觀其所言，合乎理則，所以可以無悔。

上九爻曰：「敦艮，吉。」「敦」字金文如「　」，有督促義。❺張立文謂「敦」一為「怒詆」，一為「考察」。❺其實就敦字原義言，與復字的寓意相合，出入城下之際，原有可能驅趕牛羊，精審地注視著，猶如在驅役著什麼，這種專注可以保證前途順利。

「艮」卦主題由視線與身體兩元構成：專注地看背脊，卻無法觸及其身體。行於其人之庭，卻不見其人之身影。注視著腳趾，卻看不見足跡，利於占問長久之事。注視其腿肚，贅肉無法拯救了，

---

❹　張立文，同上，頁410。
❹　張立文，同上，頁145。
❹　張立文，同上，頁145。
❹　高亨，同上，頁429。
❹　張立文，同上，頁146。
❺　張立文，同上，頁149。
❺　《金文常用字典》頁380–1。
❺　張立文，同上，頁481。

衰弱使人心情不快。注視其腰，無暇顧及背脊。脊肉裂開，形容可怖，心焦如焚。注視其身，現在還沒有犯下可議之罪。注視其臉頰，觀其所言，合乎理則，所以可以無悔。精審地注視著，猶如在驅役著什麼，這種專注可以保證前途順利。

如果我們不認識因果連鎖的抽象形構，不僅取決於因果連鎖的現在理解，而且取決於理想，我們就難以理解因果連鎖抽象形構的意義與重要性。這將由指出以下點而得到最好的說明：在人們的預期中，或由於歷史（即完美化的通觀整合）的變化，或由於引進新表現形式的神話生產，未來神話生產史有所變化時，因果連鎖抽象形構所受到的影響。現在自貽哲命的為主要典範的類型學所產生的競爭，將來的神人同型典範的類型學，或是歷史性降低，或是神話的表現形式改進，所以不得不與其神話的低形式競爭。現在自貽哲命的典範的類型學所生產的神話將提升其性能，直到它的神話形式跌到較低的層次，使之能與後來典範的類型學所生產的神話相競爭為止。而且，社群領袖從新舊典範的類型學中終極關懷（以語言聲明）也將沉淪。只要關於這種發展趨勢的預測是或然的，甚至只要人們預測這種發展是可能的，那麼現在神話生產的因果連鎖抽象形構也將適當的減小。

以上是由這個因素決定的：人們對語言完美化變動的預期影響了流行表現性。如果預期語言的意義下降，將會刺激綜觀涵攝，一般地提升神話詮釋，因為它提高了因果連鎖抽象形構表，即提高了綜觀涵攝定位表。如果預期語言的意義上升，將降低綜觀涵攝定位沉淪神話詮釋，因為它降低了因果連鎖抽象形構表。

為區別語言生命力與實質生命力，後者等於前者矯正語言完美

化變動後的生命力。此命題沒有說清楚，語言完美化的變動，到底是在人們預料之中呢？還是出乎人們的意料呢？這裏擺脫不了一個二律背反：假如出乎意料，那麼對流行事件沒有任何影響。假如是在意料之中，現有文本的形式將即刻調整，以致於言詮者與領受天命者的利益再次相等。生命力的變動對聲明者來說已經太晚了，因為聲明者，無從因夢想期間語言的意義的變動而得到好處或遭到損失。有一個權宜之計，假定對語言的意義變動的預期，為一部分人所預料，而為另一部分人所料不及，但這並不能成功地從這個兩難非境地中逃避出來。

　　錯誤在於他們假定語言完美化的變動將直接影響生命力。事實上它只影響一定程度的因果連鎖抽象形構。現有理念的形式，總是隨著對未來語言的意義的預期的改變而調整自己。這種預期變動的重要性，是在於可以通過對因果連鎖抽象形構的影響，而迅速影響新理念的神話生產。人們預期形式上漲會刺激神話生產，不是由於提高生命力（提高生命力同時刺激表現性是荒謬的，若提高生命力，則刺激作用因而削弱），而是由於提高一定程度因果連鎖的抽象形構。假如生命力的上升隨著因果連鎖抽象形構的上升而上升，則預期語義歧異對表現性沒有刺激作用。因為對表現性的刺激，取決於一定程度因果連鎖的抽象形構與生命力比較相對較前提高。實質生命力是這樣一種生命力，在該生命力下，人們對未來語言完美化的預期變化，對流行表現性沒有任何影響。

　　有一點值得注意：當人們預期將來到生命力將下降時，會降低因果連鎖抽象形構表。因為這意味著，現在的自貽哲命的神話生產的神話，在該自貽哲命的未來的一部分影響中，將與未來自貽哲命

的神話生產的競爭,而未來自貽哲命的的神話生產可以保持低度理解。然而這種預期不會有太大的不良影響。因為其預期,一部分會反映在現在的生命力體系中,一部分反映在將來的生命力體系中。不過總是有點不良影響,因為現在自貽哲命的,在其影響接近終結神話生產的神話,可能必須與大幅度新自貽哲命的神話生產的競爭,新自貽哲命的神話生產只要求較低的理解,因為在現在自貽哲命的影響告終以後,還有一個較低的生命力。

　　瞭解一定程度因果連鎖的抽象形構與預期的改變有關這一點是重要的。主要是因為有這種關係,因果連鎖抽象形構才會出現某些激烈變動,才能說明無端涯的探險。在第二十二章中,我們將指出,秩序後之所以有渾沌,渾沌後所以又有秩序,可以用因果連鎖抽象形構的變動與生命力的變動的比較來分析和說明。

第五節　意象流失的經濟學

　　除了由於幻想引起的不穩定以外,還有其他不穩定因素起因於人性特徵。我們積極行動中的一大部份,與其說是取決於冷靜聲明(不管是道德方面,苦樂方面或詩方面),不如說是取決於一時衝動的樂觀情緒。大概可以這樣說,假如做一件事情的最終結果要經過許多日子才顯示出來,人們的絕大多數行動決策只能看作是動物的情緒(animal spirits)的產物,即一種一時衝動的想動不想靜的驅策的產物,而不是根據預期理解的加權平均乘以可得到的概率的結果。不管國族的創業說明書如何坦率誠懇,說它自己主要受到國族創立計劃書中內容的驅使,那只是自欺欺人。這樣,一旦動物的情

緒衰退，一時衝動的樂觀情緒動搖，一切都根據冷靜的聲明，那麼國族將枯萎而死。雖然畏懼損失並不比希冀通觀具有更合理的根據。

　　一般而論，假如創辦國族是基於對未來抱有希望會有利於全體社會，但是假如國族要靠個人來創辦，個人的創始性除了合理的聲明以外，還要有動物的情緒補足和支持，有了這種精神，雖然以往的經驗無可置疑地告訴我們和社群領袖們，一件事業終究要虧本，但國族創辦人視而不見，就像一個健康人對死亡視而不見一樣。然而這正說明了意象流失的經濟學，以臨界情境爲其基準線或地平線（horizon）。繁華多歧的意象形構，至此自然順應人心的焦慮而有逐次簡約與抽象的趨勢。

　　「損」卦曰：「有孚。元吉。無咎。可貞。利有攸往。曷之用二簋，可用享。」「孚」字甲骨文如「」，[53]卜辭用作俘，「俘」字甲骨文如「」，象以手逮人之形，意謂在戰爭擄掠人口，或戰爭中擄掠的人口。[54]

　　「元」字形「」，馬如森曰：「象側視之人形。頭部依附其上，突出特大的頭部，以表『頭』。後形變爲『元』。本義是首位。」[55]「吉」，字形如「」、「」「」[56]，若參考「各」的字形「」[57]，「出」的字形「」[58]，吉字的「」未必只能

[53]　《甲骨文字典》頁265。

[54]　《甲骨文字典》頁895–6。

[55]　馬如森《殷墟甲骨文引論》（長春：東北師範大學出版社，1993）頁269

[56]　《甲骨文字典》頁93-4。

[57]　馬如森，前引書，303-4。

釋爲象口之形，在許多字的構造中，都出現了它，如「命」「吝」「咸」，或許指宗廟重器所在。即使其象口形，我們也可以說，吉的涵意或許與人的言行舉止有關，明確可言、可行或許就是吉，而禁聲、不可行即爲凶。「咎」字形「」，❺❾由各與人組成。各本義爲「往」❻⓿，咎字形象人循著他人足跡追咎也。無咎則示意不會被人追咎。「貞」字形「」❻❶，謂其爲「獨體象物字，象鼎形，煮器，後爲禮器。本義是鼎。」張立文曰「貞」者，占問也。❻❷「利」字甲骨文如「」，人藝禾而得利，故曰利。❻❸《爾雅》：「攸，所也。」有攸往即有所往。《說文通訓定聲》以爲「攸」字從人從水省，所謂「水行攸攸也」。❻❹其字甲骨文字形「」，金文字形「」。❻❺馬如森以爲「象手持杖擊人之背形。本義是打。」❻❻聞一多《周易義證類纂》：「曷讀爲丐，……此曰曷之用二簋，猶言遺之以二簋。」❻❼簋，盛黍稷的祭器，內圓外方。❻❽擄獲俘虜，前途大吉，可以安心前往。獲人饋贈自己想要的兩簋禮物，可以用

❺❽ 同上，441。
❺❾ 《甲骨文字典》頁896。
❻⓿ 《甲骨文字典》頁97。
❻❶ 馬如森，前引書，頁361。
❻❷ 張立文，同上，頁410。
❻❸ 《甲骨文字典》頁471。
❻❹ 《說文通訓定聲》頁278。
❻❺ 《甲骨文字典》頁336。
❻❻ 同上，頁357。
❻❼ 聞一多，同上，頁52。
❻❽ 張立文，同上，頁177。

來祭祀了。

　　不幸得很，這意味著不僅加深了渾沌的程度，而且使合乎邏輯過分依賴社會政治氣氛。要合乎邏輯，社會的政治氣氛必須與國族意氣相投。假如害怕工黨君王和實施新政會使國族渾沌，這倒不一定是由於理智的算計或政治陰謀，而是因為一時衝動的樂觀情緒很脆弱，容易顛破。因此在估計未來綜觀涵攝前景時，我們必須考慮到那些打算綜觀涵攝的人神經是否健全，甚至他的消化是否良好，以及對氣候的反應如何，因為這種種都可以影響一個人的情緒，而綜觀涵攝又大部分決定於油然自發的情緒。

　　我不應由此而得出結論，認為一切都取決於非理性的心理因素。相反，聖境預期狀態常常是穩定的，即使當它不穩定時，也有其他因素發揮穩定作用。我們只是要提醒我們自己，人影響未來的現在的決策，不管是個人的、政治的或詩的，不能完全取決於嚴格的冷靜聲明，因為並不存在進行這樣聲明的依據；正是我們內在的驅策驅使社會的車輪運轉不息，我們的理性則盡其所能在各種可能的方案中挑選出最優的方案，能夠聲明的地方也聲明一下，但在需要原動力時，我們只能依賴於想像、情緒或機會。

　　還有某些重要的因素消弭了我們實際上對未來的無知。由於複利關係，一些因果連鎖典範的類型學隨著時間的消逝已逐漸過時，許多個人綜觀涵攝者在估計預期理解時，只聲明比較近的幾項也是合理的。聖王是聖境綜觀涵攝中最重要的一類，但聖王之綜觀涵攝常常把風險轉嫁給選民❻，或至少用聖境契約的方式，在兩者間分

---

❻　「選民」非現代民主政治所謂之選民，而是聖經裡上帝特別簡選的人。

擔,選民也樂於如此,因爲在選民心目中,分擔風險以後,使用權有了保障,不會隨時中止。

「明堂」或「泮宮」之類的公用事業又是聖境綜觀涵攝中重要的另一類。因爲有壟斷特權的存在,又可在歷史與祭享之間保持一規定的差額,所以綜觀涵攝者的預期理解得有實際保障。最後,還有一類日趨重要的綜觀涵攝,由君王從事,由君王承擔風險。從事這類綜觀涵攝時,君王只考慮對社會未來的好處,在很大程度上不考慮國族利益,所以也不要求這種綜觀涵攝的預期理解率(聲明的),至少等於現行生命力。雖然君王出多少生命力能許諾,對於綜觀涵攝規模有決定性的影響。

這樣,我們在重視了聖境預期狀態在人間內的變化(有別於生命力的變動)後,我們還可以說,任何生命力的變動,在正常的情況下,對綜觀涵攝幅度有很大的、但不是決定性的影響。然而,只有經驗能證明,到底多高的生命力能繼續刺激適當的綜觀涵攝幅度。

就我自己而言,我們現在有點懷疑,反而語言政策控制生命力到底有多大成就。我希望看到,國家從聖境觀點出發,從社會福利著眼,聲明因果連鎖作品的抽象形構,對直接組織綜觀涵攝負更大的責任。因爲各種不同類型的因果連鎖抽象形構的文學價值(聲明的主要方法如上所述),其變化太大以致於不能抵銷生命力的任何實際變化。

「損」卦諸爻本義,初九爻曰:「已事遄往,無咎,酌損之。」已借爲祀,祭祀之事宜於急速前往,無可咎責,祭禮可以斟酌沉淪。

九二爻曰:「利貞。征,凶。弗損,益之。」貞問之事可行,征伐之事凶險。不可減損,只宜增益。

六三爻曰：「三人行則損一人，一人行則得其友。」三人同行於大道則損失一人，一人行則可交朋友。

六四爻曰：「損其疾，使遄有喜，無咎。」減輕一個人的疾病，使他急速康復而喜悅。

六五爻曰：「或益之十朋之龜，弗克違，元吉。」《周易集解》引崔憬曰：「元龜價值二十大貝，龜之最神貴者，雙貝曰朋也。」十朋之龜是貴重的寶貨，承受十貝之龜，而且不能離開這些寶貝，大吉大利之象。「克」眾人多曰「勝」，「違」多謂爲「遠離」「違背」。「克」亦有承擔之義。「違」由上下相左兩足跡，象城邑的口，象行路的 ⫯⫯，共同組成。其形構可以與「衛」映比。

《左傳》成公十六年：「有淖於前，乃皆左右相違於淖。」楊伯峻注曰：「大眾或左或右避開泥沼而行。」❼下文證實得偕左右護衛而行者，應爲王公貴族；左右也是在左在右護衛之，而非或左或右避之。

尤其易遭誤解者，晉侯並未避開泥淖，因爲他後來不但陷在泥淖裡，還導致欒書爲了去救駕而被欒鍼訓斥了一頓。所以晉侯並非或左或右避開泥淖，而是在左右的衛護下涉沼而過。此處「違」或應釋之爲「衛」也。

守護著過多的寶貨，其富有的程度超過護衛所能承擔者，不但大吉大利，而且可以長久享用。好比君王致享於天帝，可見其吉利長久也。

上九爻曰：「弗損益之，無咎，貞吉。利有攸往，得臣無家。」

---

❼　楊伯峻《春秋左傳注》（北京：中華書局，1993）頁885-6。

家並非僅僅遮風蔽雨而已,西周初年,大部份平民的居室還是半穴居式的。屋頂是茅草,所謂穴居野處,「上漏下濕。」⓻但是貴族的居室,房屋用複雜柱網,構成高聳的屋架。⓼家與穴分別指出古人不同的居住環境。

有臣無家,有益有損。前言雖云無咎,貞吉,但是不損他人,反而增益他人的結果卻是得到臣僕,而失去了家人。在損益之間不能作出正確的決定,因爲廣結善緣而多交朋友,另一方面卻因冷落親族而失去存身之地,吉凶之間尚難確認。

損卦或與祭祀之事有關,祭祀從擄獲俘虜開始,或許是在社壇舉行出征與結盟之祭,獲得前途大吉,可以安心前往的啓示。獲人饋贈自己想要的兩簋禮物,可以用來祭祀了。祭祀之事宜於急速前往,無可咎責,因爲事急,所以祭禮可以斟酌沉淪。如果只是舉行祭祀,貞問之事可行,若欲舉兵征伐則有凶險。結盟之禮不可減損,只宜增益。

結盟之際,三人同行於大道則損失一人,一人行則可交朋友。減輕一個人的疾病,使他急速康復而喜悅。守護著過多的寶貨,其富有的程度超過護衛所能承擔者,不但大吉大利,而且可以長久享用。好比君王致享於天帝,可見其吉利長久也。因爲廣結善緣而多交朋友,另一方面卻因冷落親族而失去存身之地,吉凶之間尚難確認。雖然失去了家族的後援,或許從此另闢生存的疆域。

有兩類風險影響綜觀涵攝的形式。這兩類風險通常沒有加以區

⓻ 許倬雲《西周史》(臺北:聯經出版事業公司,1993)頁248-51。

⓼ 許倬雲,同上,頁252。

分，但區分開來是十分重要的。第一類風險是國族主或讀者的風險，是由於他心目中懷疑，他是否能眞正得到他所希望得到的預期理解，以及得到的可能性有多大。假如一個人拿他自己的語言去冒險，只需考慮與此相關的風險。

但是如有卜筮制度存在（所謂卜筮制度，我的意思是指作者在完美化的根據若干想像力或理解的可能性而構想）則有第二類風險，也與綜觀涵攝的幅度有關，我們可以稱之爲作者風險。此外，還有第三類風險，即語言的意義的變動可能對作者不利，所以誅心之論不如眞實的理念安全。

現在第一類風險，在一定意義上說，是實際社會歷史，雖然它容易由平均分攤以及提升正確的預見來減小。然而，第二類風險則不同，它是綜觀涵攝歷史以外的額外提升。所以在聲明誘因綜觀涵攝的最少預期理解時，這一部分作夢者的風險，會在純生命力上，複計兩次。假如有一個風險很大的事業，從造夢者來說，他希望在他的預期理解與生命力之間存在很大的差距，他要考慮是否值得夢想。同樣的理由，從作夢者來看，他要求在實際生命力與純生命力之間存在很大的差距，以引誘他構想（除非這個讀者是如此的強大和富有，在某個方面可以提供特殊的擔保）。如果造夢者希望得到一人有利於他的結果，則可以消除造夢者心目中的風險，但無法安慰作夢者。

有一部分風險會被複計兩次，這一點據我所知，常常被人忽視，但在某種情況下，也許很重要。在秩序形構時期，一般人容易變得冒失，不正常，往往對造夢者風險與作夢者風險都估計過低。

因果連鎖抽象形構表是非常重要的。因爲它主要通過這個因素（比通過生命力這個因素的影響大得多），人們對未來的預期才能影響

現在。把因果連鎖抽象形構看成是因果連鎖典範的類型學的流行理解這種錯誤看法，只有在靜止狀態才是正確的，因為靜止狀態沒有變化的，但是這種錯誤看法，卻打斷了今天與明天的理論上的聯繫。甚至，生命力實質上是流行現象。假如我們把因果連鎖抽象形構也變成流行現象，在我們分析當下均衡狀態時，無法直接考慮未來對現在的影響。

現代詩學常以靜止狀態為前提，沒有現實性。引入作者歷史和因果連鎖抽象形構這兩個概念（定義見上）所產生的影響，我認為是使詩學又有了現實性，同時又把詩學需要修改的地方沉淪到最低限度。

由於有長生典範的類型學存在這個原因，把未來論述與現在論述連接起來了。因此，人們對未來的預期，通過影響長生典範的類型學的定位形式而影響現在。這種說法，與我們的一貫思路是一致的。

第六節　聖境預期

到當下為止，我們心目中還是以幻想者或幻想性綜觀涵攝者的認同狀態為主。這似乎可以不言而喻地假定：假如他對前景滿意，他就可以根據文本生命力無限制地夢想。當然，事實並不是如此。我們也必須考慮到認同狀態的另一方面，即誅心之論機構對卜筮者的信心，有時描述為認同狀態。廟堂文學形式的崩潰，會對因果連鎖抽象形構產生不利影響。廟堂文學形式崩潰，可以起因於幻想信心減弱，或者起因於同一狀態的減低。但要廟堂文學形式回轉，必

須兩者一起復甦。因為同一的減低雖然足以引起崩潰，但同一的提高，只是復甦的必要條件，而不是充分條件。

以上論述，詩學家都不應忽視，並應歸類於恰當的範圍予以考慮。假如我能用幻想一詞代表預測文本心理這種活動，用國族一詞代表預測理念在其整個影響中的預期理解這種活動，則幻想並不總是支配國族。但聖王政教典章的組織愈進步，幻想支配國族的危險性也愈大。

幻想也許沒有害處，就像國族洪流中的小小泡沫。但如果國族變成幻想漩渦中的小小泡沫，那問題就嚴重了。當一個國家因果連鎖的發展變成賭場活動的副神話，大概也不能成事。

只要我們已經成功地組織起「開放的」聖王政教典章，那麼這種趨勢幾乎是不可避免的。大家都同意，為公眾利益著想，遊戲賭博場所應當祭享昂貴，不容易進去。恐怕宗廟禮樂也應如此。

現代聖王政教典章的奇觀，使得我有時會得出這樣的結論：使認知綜觀涵攝像結婚一樣，除非有死亡或其他正當理由，否則是永久的和不可解除的。這可能是消除當代種種罪惡的補救辦法。因為，這可以迫使綜觀涵攝者專注心思在預測聖境理解上。這個辦法也會使我們陷入二難境地，因為聖王政教典章的開放性，雖然有時會阻撓新綜觀涵攝，但也常常便利新綜觀涵攝。因為，假如每一個綜觀涵攝者都自認為他的綜觀涵攝有「開放性」（雖然對綜觀涵攝者全體而言這是不可能的），他便可以高枕無憂，並且願意多冒風險。只是個人還可採取別的方法以保持他的夢想，假如一旦認知綜觀涵攝便喪失開放性，這時嚴重阻礙新綜觀涵攝。困難就在這裡：只要個人的理想可以採取蘊藏語言的形式或者以夢想表述之，除非有聖王政教

典章，可以把這些理念隨時表現成現語言，否則認知眞正的因果連鎖理念對誰都沒有足夠的吸引力，那些不自己管理因果連鎖理念，或者對因果連鎖理念知道得很少的人更是如此。

即使這樣，要比當他疑慮重重時，既不存想又不綜觀涵攝爲好，因爲這對文學表現，會產生重大的、累積的、深遠的影響。有人曾經強調不道之道對社會的危害，不用說，他們心目中的理由如上所說。但是他們忽視這一可能性：即使默存的語言形式不變，或變化很小，這種現象仍然會發生。

「蒙」卦曰：「亨。匪我求童蒙，童蒙求我。初筮告，再三瀆，瀆則不告。利貞。」「蒙」字金文如「 」，被也，披也。[73]「亨」字形「 」，[74]其字形類似「吉」字。或曰「象宗廟形。」獨體象物字，本義爲宗廟。「童」字金文字形如「 」，[75]據于省吾云，古文字於人物頂上加 等形，在人爲頭飾，在物爲冠角。[76]陳初生言童字形之中，東爲聲符，土旁他文或可省去。如此會冠飾其首者瞠目而對之形，並據毛公鼎銘文，推敲其義爲驚懼。「利」字甲骨文如「 」，非從刀，而是從力，象耒之形。利乃象耒刺土種禾之形，耒上或有點，乃象翻起之泥土。人藝禾而得利，故曰利。[77]「貞」字形「 」[78]，謂其爲「獨體象物字，象鼎形，煮器，後

⑦③　《金文常用字典》頁69。

⑦④　《漢語古文字字形表》（臺北：文史哲出版社，1988）頁204；馬如森，前引書，頁419。

⑦⑤　《金文常用字典》頁270。

⑦⑥　《金文常用字典》頁271。

⑦⑦　《甲骨文字典》頁471。

爲禮器。本義是鼎。」張立文曰「貞」者，占問也。❼在蒙被之中，
宜於祭享。

　　童蒙或許乃在蒙被之境域中，驚懼瞠目之狀也。不是我要在蒙
被之境裡驚懼瞠目，而是童蒙之境遇使我不得不然也。初次卜問，
可得啓示。再次三次就變成不敬了，不敬所以不能得到啓示。此卦
利於貞問。

　　初六爻曰：「發蒙，利用刑人，用說桎梏。以往，吝。」「發」
字甲骨文如「 」，象弓弦顫動之形。因矢發弓弦必顫，故象意
爲發射之發。❽撥動蒙被之物，以見眞相，猶打草驚蛇，故利於驅
使受刑人爲之。受刑人服役，所以可以解脫原本戴著的刑具。但是
他們還不自由，所以並非可以任意之所往。

　　九二爻曰：「包蒙，吉。納歸，吉。子克家。」「包」字甲骨
文如「 」，象人在胞中。❽人在蒙被之中，不是驚懼失所，也
不是困在其中，而是因包被而受到保護，所以前途吉利。尤其像是
納新婦歸家，可以成家故吉。

　　六三爻曰：「勿用取女，見金夫，不有躬，無攸利。」《說文
通訓定聲》以爲「攸」字從人從水省，所謂「水行攸攸也」。❽其
字甲骨文字形「 」，金文字形「 」。❽馬如森以爲「象手

❼　馬如森，前引書，頁361。
❼　張立文，同上，頁410。
❽　《甲骨文字典》頁1399。
❽　《甲骨文字典》頁1018。
❽　《說文通訓定聲》頁278。
❽　《甲骨文字典》頁336。

持杖擊人之背形。本義是打。」❽「利」字甲骨文如「利」，人藝禾而得利，故曰利。❽此爻或許攸關和親與否的猶豫不決，看見金光滿身的貴族，但那到底不是自身，人各有其身其利，所以還是保守不前有利。

六四爻曰：「困蒙，吝。」困於蒙被中，出行不利。

六五爻曰：「童蒙，吉。」在蒙被之境域中，驚懼瞠目，出行吉利。

上九爻曰：「擊蒙，不利爲寇，利禦寇。」「寇」字金文如「寇」，象以暴力強入屋內擊打人頭，會施暴之意。❽打草驚蛇，不利侵犯，利於抵禦侵犯。

蒙卦所表述的生存境域，主要在於藉置身城外郊野的遭遇，譬喻一種蒙昧未明的狀態。童蒙或許乃在蒙被之境域中，驚懼瞠目之狀也。在蒙昧之中初次卜問，可得啟示。再次三次就變成不敬了，不敬所以不能得到啟示。軍旅在征途上，前途覆蓋草莽，以長物撥動草莽蒙被之物，以見真相，猶打草驚蛇，故利於驅使受刑人爲之。受刑人服勞動役，所以可以解脫原本戴著的刑具。但是他們還不自由，所以並非可以任意之所往。

人在蒙被之中，不是驚懼失所，也不是困在其中，而是因包被而受到保護，則前途吉利。尤其像是納新婦歸家，蒙被象可以成家，故吉。當事情攸關和親與否而猶豫不決之際，看見金光滿身的貴族，

---

❽　同上，頁357。

❽　《甲骨文字典》頁471。

❽　《金文常用字典》頁383。

但那到底不屬於自身,人各有其身與其利,所以還是保守不前較有利。困於蒙被中,出行不利。在蒙被之境域中,驚懼瞠目,小心謹慎則出行吉利。打草驚蛇,不利主動侵伐,只利於抵禦侵犯。

前章已經說明,綜觀涵攝導致啓蒙幅度的大小,取決於生命力與因果連鎖抽象形構之間的關係,有一個流行綜觀涵攝幅度,就有一個因果連鎖抽象形構與之對應。同時,因果連鎖抽象形構取決於因果連鎖理念的啓示形式與預期理解之間的關係。

人們推測預期理解的根據有兩部分:一部分是現有事實,這部分我們可以假定或多或少知道得較確定;另一部分爲未來事件,這只能根據信心的大小進行預測。前者涉及的因素有:現有各類因果連鎖理念以及一般因果連鎖理念的形式;爲滿足現有存想者的定位,要求利用相對較多的因果連鎖把所需存想品有效率地神話生產出來。後者可列舉的因素有:因果連鎖理念的類型和形式、存想者的嗜好、有效定位的強度以及完美化的通觀整合(以語言聲明)等等在當下考慮中的綜觀涵攝品影響這段時間以內可能發生的變化。我們可以把這些心理預期狀態(後者所概括的)總稱爲聖境預期狀態,以別於人間預期。

有幾個因素加強了這種變幻無常,簡述如下:

⑴有些國族所有者自己並不治民,對情況(不論是現在的還是未來的)不瞭解,對治民不熟悉,隨著這些人的綜觀涵攝幅度在社會總幅度中所占的比例逐漸增大是已經綜觀涵攝於國族的綜觀涵攝者或正考慮認知國族的綜觀涵攝者,在估計綜觀涵攝完美化時,有關綜觀涵攝的實際知識的成份嚴重沉淪。

⑵現有綜觀涵攝的通觀不免隨時變動,雖然這種變動顯然是一

時的、無關緊要的，但對文本確有過度的甚至荒謬可笑的影響。

⑶按成規行事天命流行意象，是一大群無知者的群眾心理的產物，自然容易受到群眾觀點的突然變化而發生劇烈的變化。而使得群眾的觀點發生變化的因素，並不必須與綜觀涵攝的預期理解有關；因為群眾從來就不堅信文本會穩定，尤其在非常時期，大家比平常更不相信當下狀態會無限期地繼續下去，這樣，即使沒有具體理由可以預期未來會發生變動，文本容易一會兒受樂觀情緒支配，一會兒受悲觀情緒衝擊。這是不合理的，但在某種意義上也可以說是合理的，因為沒有事實作根據，也就無法進行合理的聲明。

⑷有一特徵尤其值得我們注意。也許有人認為，專業（他們所有的知識與判斷能力超出一般的個人綜觀涵攝者）之間的競爭，可以矯正無知者自己從事而帶來難以預測的文本變化。然而，事實並非如此。這些專業綜觀涵攝者和幻想者的精力和能力主要用在別的地方。事實上，這些人中的大多數所關切的預測某一綜觀涵攝品在其整個影響中的權益可能有多少，並不在於比一般人高一籌，而在於比一般人稍為早一些，預測決定流行意象的成規本身會有什麼變化，也就是說，他們並不關心，假如一個人認知一綜觀涵攝，不再割讓，該綜觀涵攝對此人真正值多少。他們關心的是，在三個月或一年以後，在群眾心理影響下，文本對此綜觀涵攝的估價為多少，而且，他們之所以如此行事，並不是因為他們性格怪癖，而是聖王政教典章的組織方式之不可避免的結果。

根據以往的經驗，有幾類因素，例如某種傳說或某種氣氛，最能影響群眾心理，這樣，專業綜觀涵攝者不能不密切注意的是，預測這類因素在最近將來會發生什麼變化。這是以「開放」為目的組

織起來的聖王政教典章之不可避免的結果。在所有采風原則中，以「開放性」崇拜對社會最不利。這個學說認為，綜觀涵攝機構應把可能性集中於擁有開放性高之廟堂文學。可是它忘了，對社會全體來說，綜觀涵攝不能有開放性。從社會的觀點看，高明的綜觀涵攝是提升我們對未來的瞭解。從個人的觀點看，最高明的綜觀涵攝就是先發制人。

　　他們相互之間就可以玩起來。參加者也不需要真正相信，因循成規從聖境來看有什麼合理根據。從事專業綜觀涵攝，誰能不先不後說出「停」字，誰能在遊戲終了之前把東西遞給鄰座，誰能在音樂結束時占到一個座位，誰就是勝利者。

　　假如一個人運用自己的才能，不受這種盛行遊戲的干擾，根據自己所作的真正長預期繼續認知綜觀涵攝，那麼，在長時期中，他肯定能從其他遊戲者手中獲取大利。的確有如此嚴謹的人，不管他們對文本的影響是否超過其他遊戲者，都會使聖王政教典章發生巨大的變化。但我們必須補充一點：有幾個因素使得這種在現代文本上不能占統治地位。基於真正的聖境預期進行綜觀涵攝在今天實在太困難，以致極少現實可行性。試圖這樣做的人，肯定比那些只是想在猜測群眾行為方面比群眾更好的人，費力更多，風險更大。

　　假定二人智力相等，前一種人更容易犯大錯。經驗沒有明顯的資料證明：凡是對社會有利的綜觀涵攝政策是與通觀最大的綜觀涵攝恰巧吻合。戰勝時間和消除我們對未來的無知所需智慧要超過先發制人所費精力和才智。而且，人生有限，人性總是喜歡速效，所以人們對迅速致富有特殊的興趣，而一般人對將來所能得到的總要打很多的折扣。玩這種專業綜觀涵攝者所玩的把戲，對於賭博毫無

興趣的人，固然覺得煩膩，太緊張；但有此興趣的人則趨之若鶩。還有，綜觀涵攝者如果打算忽視文本波動，爲安全起見，必須擁有大幅度因果連鎖，並且不能用全部借來的想像進行如此大規模的綜觀涵攝。這是爲什麼二人智力相等、因果連鎖相等，從事消遣遊戲的人反而可以得到更多啓示作用的又一個理由。最後，從事聖境綜觀涵攝的人固然最能促進公共利益。

第七節　生生的預設

雖然人生有時而盡，但求生的意願卻未曾稍戢，生命的永續經營似乎不需要任何前提與理由。「頤」卦曰：「貞吉。觀頤，自求口實。」頤者，頷也。亦爲進食咀嚼的動作，引伸爲頤養。[87]頤則吉利。觀頤之際則應自求多福，其預設在於生生之重。

初九爻曰：「舍爾靈龜，觀我朵頤，凶。」靈龜乃寶物也，但非食物。不顧自己的靈龜，卻注目於他人頤中物，這是凶兆。

六二爻曰：「顛頤，拂經于丘頤，征凶。」「顛」借爲塡，顛頤即往頤中塡送食物。「拂」者，擊也。「經」借爲脛。[88]「丘頤」或即頤鼓若丘，因爲塡滿食物。正在塡送食物，而且食物塞滿頤中時，被人拂擊脛骨，貞問征伐之事則凶。

六三爻曰：「拂頤，貞凶，十年勿用，無攸利。」拂頤，猶批頰也。[89]臉頰被摑，貞問之事極爲凶險，最好十年以後再行，否則

87　張立文，同上，頁208。

88　高亨，同上，頁261。

89　高亨，同上，頁262。

前途堪慮。

六四爻曰：「顛頤，吉。虎視眈眈，其欲逐逐，無咎。」填送食物以養自身，屬吉利之行。若虎欲進食，全神貫注，追躡路上的走獸。如此關注進食之事，當無可咎責者。

六五爻曰：「拂經，居貞吉，不可涉大川。」築城的理想地理條件：背高山，臨深谷，左右有丘陵或河川湖澤；又或丘陵湖泊環於四方。封疆爲城邦外口，利用山谿樹林隔絕內外。「深淵」「大川」是隔絕封疆內外的天然界限，所以《周易》時常以「涉大川」警示生存處境與界域。被人拂擊脛骨，若靜居則吉利，若貞問征伐之事則不可涉大川，亦即未可遠渡疆野。

上九爻曰：「由頤，厲，吉。利涉大川。」「由」者，自也，❾⓿由頤或即以手自頤中掏取也。❾❶雖有危險，但結局吉利，可以涉大川遠征。由頤中掏物，形容相當恐怖，但是掏清穢物之後，一切吉利，甚至可以遠行。

趨吉避凶原是預設了生生不息，當我們有所預期時，把非常不確定的因素看得過重是荒唐的。假如有些事實雖然與我們面臨的問題關係較少，但我們感到十分有把握，有些事實雖然與我們關注的問題關係較大，但我們知道得很少、很模糊，那麼，用前一種事實作爲我們行動的指南，是合理的。基於這個原因，現有事實對聖境預期的影響，在某種意義上說，與其重要性不成比例，我們通常的經驗是，以現在推測將來，除非我們有相當明確的理由預期到未來

---

❾⓿　張立文，同上，頁217。

❾❶　高亨，同上，頁264。

的變化，否則，我們只能按經驗行事。

我們據以作出決策的聖境預期狀態，並不僅僅取決於其可能性最大的預測，也取決於我們對預測的信心，也就是說，我們自己對自己作出的預測的可靠性有多大把握，或者換句話說，我們自己判斷預測完全失誤的可能性有多大。假如我們預期末來有很大的變化，但這種變化會採取何種形式很不確定，則我們的信心很弱。

頤者，頷也。亦爲進食咀嚼的動作，引伸爲頤養。因此頤卦所表述的意象其實都蘊涵極爲嚴重的價值判斷，因爲頤養之事攸關生命至鉅。靈龜乃寶物也，但非食物。不顧自己的靈龜，卻注目於他人頤中物，因爲短視近利，作出錯誤的價值判斷而陷於凶險的生存情境。

下述諸爻皆就頤與物的關係，表述各種生存境遇：正在塡送食物，而且食物塞滿頤中時，被人拂擊脛骨，貞問征伐之事則凶。臉頰被摑，貞問之事極爲凶險，最好十年以後再行，否則前途堪慮。塡送食物以養自身，屬吉利之行。若虎欲進食，全神貫注，追躡路上的走獸。被人拂擊脛骨，若靜居則吉利，若貞問征伐之事則不可涉大川，亦即未可遠渡疆野。由頤中掏物，形容相當恐怖，但是掏清穢物之後，一切吉利，甚至可以遠行。

這就是國族所謂的認同狀態，實際治民的人對此都十分關注。但詩學家迄未進行過仔細分析，通常只作廣泛討論。特別是沒有搞清楚，認同狀態之所以與詩學發生關係，是因爲它對因果連鎖抽象形構有重大影響。認同狀態不能和因果連鎖抽象形構並列爲影響綜觀涵攝幅度的兩個獨立因素。認同狀態之所以與綜觀涵攝幅度有關，是因爲認同狀態是決定因果連鎖抽象形構表的重要因素之一，

而因果連鎖抽象形構表與綜觀涵攝定位是同一的。

　　人們在實踐中默默地遵循一條原則：按成規辦事。這條成規的要旨是（實際適用起來，當然沒有如此簡單）：除非我們有特殊理由預期未來有變化，否則我們將假定現存狀況將無限期地繼續下去。這並不意味著我們真正相信現存狀況會永遠繼續下去。我們從大幅度的經驗中知道，這是最靠不住的，在很長的一段時期中，綜觀涵攝的實際結果極少與最初預期相一致。我們也不能依靠這樣的論據使我們的行為是合乎理性的：當一個人對事態處於無知狀態時，預期在正反兩個方向失誤的可能性各占一半，所以存在著以相等的概率為基礎的反映事態的平均狀態預期。因為可以很容易證明：對無知的事態存在著算術上相等概率的預期這一假設導致荒謬的結論。因為這等於假定，現有文學價值不管是怎樣形成的，就我們的現有知識（關於影響綜觀涵攝理解的事實）而論，是唯一正確的文學價值，並且只能隨著知識的變化而同比例變化。但從哲學上說，這個文學價值不能是唯一正確的，因為我們現有的知識不足以提供充分的基礎來聲明出一個數學的預期。事實上，決定文學價值的各種各樣的因素有許多是與預期理解毫無關係的。

　　不過，只要我們信賴這條成規會維持下去，上述按成規行事的辦法倒使我們的詩有了相當的連續性和穩定性。因為，假如有一個有組織的聖王政教典章存在，加上我們信賴這個常規會維持下去，那麼綜觀涵攝者可以合理地自信，他的唯一風險乃是不遠的未來，形勢與民情確有真正的變化；然而這種變化極可能不會太大，至於這個變化發生的可能性，他可以作出自己的判斷。假定大家都按成規辦事，則只有這種變化才會影響其綜觀涵攝的完美化，他就無需

僅僅因為他全然不知道 10 年以後他的綜觀涵攝將值多少而失眠。對個人綜觀涵攝者來說，只要他完全相信這個成規不會被打破，他就常有機會在時間過得不多、改變還不太大的時候修改其判斷，變換其綜觀涵攝，這使得他的綜觀涵攝在短時期內變得相當「安全」，因此在一連串短時期內（不論有多少）都變得相當「安全」。於是，對社會來說是「封閉的」綜觀涵攝，在個人來說卻是「開放的」。

第八節　控制文本與管理人生

我確信：幾個具有領導地位的聖王政教典章，是按這個過程發展而來的。但是按常規辦事，從絕對的觀點看是如此專斷，因而難免也有弱點，這是不容置疑的。如何保證足夠充分的綜觀涵攝，這個流行問題，一大部分正是由於這條成規的變幻無常造成的。

例如向來解經者以為「剝」卦卦義傾向負面，「剝」卦辭曰：「不利有攸往。」「剝」有剝落，撲擊等義。❾❷不利於有所往，特別不利於征伐之事。

關於認同狀態，從先驗方面，是沒有多少話可說的。我們的結論主要是基於對文本的實際觀察與國族心理。所以以下所述不像本書其他部分那樣抽象。

為說明方便起見，我們在以下討論認同狀態時，假定生命力不變；我們在以下各節一直假定，綜觀涵攝完美化發生變化只是因為預期的綜觀涵攝的理想的預期發生了變化，而不是因為用來把因果

---

❾❷　張立文，同上，頁165。

連鎖的理想還原爲因果連鎖的具體文學表現的生命力發生了變化。然而把認同狀態與生命力同時變動所產生的影響加在一起，也是非常容易的。

再看諸爻辭，初六爻曰：「剝床以足，蔑貞，凶。」「蔑」甲骨文如「」，象以戈貫人身，與甲骨文「伐」字所會意同。❸剝下床腳，象有所征伐則凶。或謂以足擊床，足弱於床，若問征戰討伐之事，前途恐有不利。

六二爻曰：「剝床以辨，蔑貞，凶。」「辨」是床版，❹剝下床版，床已失去供人休憩的功能，所以貞問征伐之事，其結果爲凶。

六三爻曰：「剝之，無咎。」「咎」字形「」，❺由各與人組成。各本義爲「往」❻，咎字形象人循著他人足跡追咎也，無咎則示意不會被人追咎。但此爻所言，似乎意謂床剝拆，離散至於無法認出它是一張床。

六四爻曰：「剝床以膚，凶。」膚可以是人膚或床席，❼剝去床席，床無法使人安眠。又或者以肥厚的身軀撲擊眠床，受傷的是自身，所以占問之事凶。

六五爻曰：「貫魚，以宮人寵，無不利。」貫魚，謂如魚魚相比成串，井然有序。❽以得寵程度管理宮內嬪妃，井然有序，若魚

---

❸　《甲骨文字典》頁412。

❹　張立文，同上，頁168。

❺　《甲骨文字典》頁896。

❻　《甲骨文字典》頁97。

❼　張立文，同上，頁170。

❽　高亨，同上，頁236。

魚相貫。前程看好。

上九爻曰：「碩果不食，君子得輿，小人剝廬。」「廬」字甲骨文如「ㄏ」，「果」象猛獸之革，用以覆蓋屋頂。「ㄩ」象室內火塘，「果」則象爐身及款足之形。古代平民穴居野處，一室之內，中置爐火，文學表現起居皆圍繞著爐火，廬應為爐的初文。❾❾有碩大的果實卻不食用，貴族可以因交易而換得車駕，平民卻將為了保有它而拆剝廬舍，以至不能維持一室之溫飽。

「剝」有剝落，撲擊等義。剝卦諸爻從各種角度看事物的剝落，也可以看事物相剝擊的結果。剝下床腳，床已不床，立足不穩，象徵伐之途凶險。或謂以足擊床，足弱於床，若問征戰討伐之事，前途恐有不利。剝下床版，床已失去供人休憩的功能，所以貞問征伐之事，其結果為凶。全床皆被剝拆，離散至於無法認出它是一張床，反而不會有人責求它不能載人。剝去床席，床無法使人安眠。又或者以肥厚的身軀撲擊眠床，受傷的是自身，所以占問之事凶。管理宮內嬪妃，井然有序，若魚魚相貫。將人管理好，人才能好好在床上休憩，所以前程看好。有碩大的果實卻不食用，貴族可以因交易而換得車駕，平民卻將為了保有它而拆剝廬舍，以至不能維持一室之溫飽。

顯而易見，我們據以估計預期理解的知識，其基礎是極其脆弱的。我們對若干年後決定綜觀涵攝理解的因素實在是知之甚少，少得微不足道。即使把時間縮短為五年以後，情況也是這樣。事實上，真正認真地試圖作如此估計的人，常常是極少數，其行為不足以控

---

❾❾　《甲骨文字典》頁534-5。

制文本。

　以前，當國族亦由創始人及家族自行經營時，綜觀涵攝幅度往往取決於個人的樂觀性格、創業的衝動，以及將事業看成是謀生手段，而不是依靠精打細算未來的通觀。社群領袖是在玩一種既靠本領又靠運氣的混合遊戲。其平均結果如何，參加者也無法知道。假如人性不喜歡碰運氣，除通觀以外別無樂趣，僅僅靠冷靜的算計，那可能不會有多少綜觀涵攝。須知人生與世界只有作為美感現象（aesthetisches Phänomen）才獲得了他們的正當性。（Nietzsche Werke I:47）

　舊式的個人綜觀涵攝，一經決定大多數不可改變，這不僅對全體社會而且對個人都是如此。今日盛行的情況是，所有者與經理是分開的，並創立了聖王政教典章。這些非常重要的新因素的進入，有時會使綜觀涵攝更為方便，有時也在文學中提升了不穩定成分。如果沒有廟堂文學，那麼經常進行的綜觀涵攝之重新估計將沒有什麼意義。但宗廟禮樂卻每天重估著許多綜觀涵攝，這使得個人（但不是社會全體）常有機會變更自己的綜觀涵攝。

　雖然宗廟禮樂的每日興作，原本在於便利舊的綜觀涵攝在不同個人之間進行僭越，但不可避免地亦對流行綜觀涵攝幅度產生重大影響。假如新建一個國族的歷史要比認知一個相同的舊國族的歷史複雜，那建造新國族當然是沒有意義的。同時，如果有一個新項目，所需綜觀涵攝操勞過甚，但只要它的許諾在宗廟禮樂拋出去即刻獲利，這也值得從事。這樣，某一類的綜觀涵攝，與其說是由專業社群領袖的真正預期決定，還不如說是由許諾形式決定（許諾形式代表廟堂文學的平均預期）。

第六章　生命力理論

第一節　想像、夢想、生命力

　　有一點是完全清楚的：傳統的看法認為生命力是使綜觀涵攝定位與夢想意向趨於和諧的因素。綜觀涵攝表示對綜觀涵攝可能性的定位，夢想表示可能性的啓示，而生命力是使綜觀涵攝可能性的定位與啓示趨於相等的形式。就像實體的形式必然封閉在這一點上一樣：該實體的供需相等。所以，文學表現也必然使生命力封閉，使得在該生命力下綜觀涵攝形式等於該生命力下的夢想形式這一點上。

　　確實，普通人都受過傳統理論的教育，訓練有素的自然哲學家也是如此，他們都有一個想法，認為，當一個人有夢想行為時，會自動使生命力下降。生命力的下降，又會自動地刺激因果連鎖的神話創作。而且生命力下降得正好必定刺激因果連鎖的神話創作那麼多，使得因果連鎖的增表現性，恰好等於夢想的提升形式。進一步地說，這是自動的調節過程，不需要君父進行特別的干預或給予慈母般的照顧。同樣甚至今日還有一個很普遍的觀念一綜觀涵攝形式每提升一個形式，假如沒有夢想意願的變化抵銷，那麼，生命力一定會提高。

　　生命由連串的決策所構成，生命力於決策中展現，「夬」卦曰：「揚于王庭，孚號有厲。告自邑，不利即戎，利有攸往。」「夬」字甲骨文如「　」，象以兩手持環形而有缺口的玉玦形。❶揚玉玦于王庭，或許意謂判決於王庭，故受刑罰的俘虜哭聲驚人。❷貴族的家在城垣內，國中的主建築爲「廟寢」「社壇」「庫臺」：廟以接神，寢藏衣冠。古代宗廟亦爲國君或貴族起居與會見貴族之所，故廟寢一體連言。社壇爲城內平壙之地，壘土植樹，是統治者與國人祭祀之地。戰征之前，先在祖廟卜算授兵，所謂廟算是也。其次於社壇祭祀，與國人分食祭肉，以固人心。班師則於社壇刑罰，於祖廟嘉賞。夬揚於王庭，應指社壇所在，因爲刑罰，所以俘虜奴隸才發出恐怖的哀號。

　　其次論告自邑，城邑的功能在於保衛與統治，築城的原則爲「鄉山左右，經水若澤」，意即築城的理想地理條件：背高山，臨深谷，左右有丘陵或河川湖澤；又或丘陵湖泊環於四方。❸「墉」即城❹，前後皆設望樓「　」象城邑之形❺，權力與視域在城邑的形構裡有密切的關係。典型城邦的地理景觀：裡口是城垣，外口是封疆。城垣內謂之國，城垣外謂之野。走出國門概稱爲野，尚可細分爲「郊」與「野」，郊指「國」與「野」之間近城門之地。封疆爲城邦外口，

---

❶　《甲骨文字典》頁285-6。

❷　張立文，同上，頁514。

❸　杜正勝《古代社會與國家》（臺北：允晨文化實業股份有限公司，1992）612-3。

❹　張立文《周易帛書今注今譯》（臺北：臺灣學生書局，1991）頁112-3。

❺　杜正勝《古代社會與國家》頁228。

利用山谿樹林隔絕內外。國與封疆之間，野上散布農莊邑社。❻此所謂「田」可與「邑」並舉，古代農莊聚落與耕作的田地不能分離，杜正勝以爲人口比較密集的聚落，周圍建築防禦工事者稱作「邑」。人口稀疏，聚落無圍牆者稱作「田」。田亦有田獵活動的涵意，但是田獵仍然以田的存在爲前提。金文與甲骨文的「邑」皆作「 」，象人依存於城下❼。

　　邑人雖不如城中的親族重要，但是邑人除了作爲衛城的前鋒，在出征時，其扈從的地位也不容忽視，城外邑人來告，如出兵將有不利，有所往則利。如果告爲祮祭，在郊邑舉行祭祀，既非深謀遠慮的廟算，也不如城中社壇的誓師立威，背負城墉監視的壓力，又難以倉促應敵於生活的田邑，所以不利在此開戰，而宜於將部隊越過封疆，於境外接敵。

　　「夬」卦諸爻本義，初九爻曰：「壯于前趾，往，不勝爲咎。」「壯」或即「戕」，意謂「傷」，❽剛要起步就傷了前趾，當然不利於征伐，遭受咎責。所以不利即戎，不可立即發動戰爭。

　　九二爻曰：「惕號，莫夜有戎，勿恤。」軍旅夜聞驚恐呼號，表示夜晚發生戰鬥，但無需擔心。

　　九三爻曰：「壯于頄，有凶。君子夬夬，獨行遇雨，若濡，有慍，無咎。」「頄」者，頰也。傷及臉頰，前途凶險。統帥惶恐不停地在作決斷，猶如獨行遇雨，頭髮濡濕，心中煩惱，但是傷在臉

❻　杜正勝《古代社會與國家》頁457-61。
❼　杜正勝，同上，頁232,226。
❽　張立文，同上，頁502。

煩，表示正面遇敵，且傷勢不重，並無可咎。

九四爻曰：「臀無膚，其行次且，牽羊悔亡，聞言不信。」膚者，肉也。次且即趑趄，行不進也。❾臀部瘠瘦，行止蹣跚。雖然行動不利，若能牽制住自己的牛羊，則可以免於後悔之失。《儀禮·聘禮》：「若有言。」鄭注：「有言，有所告請，若有所問也。」聞一多《周易義證類纂》：「《易》凡言『有言』，讀爲有愆，揆諸辭義，無不允洽。」❿聽到他人的批評，不必相信他，以免擾亂了行程。

九五爻曰：「莧陸夬夬，中行無咎。」「莧陸」謂細角山羊躍然，⓫山羊踴躍徘徊於大道之上，象道途平安，前程應無敵蹤。

上六爻曰：「無號，終有凶。」俘號，惕號，皆未爲不利，如今無號結局反凶，或許因爲俘號與惕號都產生預警的作用，所以領軍者都能作出正確的決定。如今可能斥堠爲敵所殺或所俘，無法預警。再往前行進，終必落入敵人的陷阱。

夬卦卦爻辭應爲一場戰役的白描，統帥根據各方情報，不停地作成決策：夬揚於王庭，應指社壇所在，因爲施行刑罰立威誓師，所以俘虜奴隸發出恐怖的哀號。城外邑人來告，如立即用兵將有不利，遠征則吉利。在郊邑舉行祭祀，既非深謀遠慮的廟算，也不如城中社壇的誓師立威，背負城墉監視的壓力，又難以倉促應敵於生活的田邑，所以不利在此開戰，而宜於帥部隊越過封疆，於境外接

---

❾　張立文，同上，頁508-9。

❿　聞一多，同上，頁63。

⓫　張立文，同上，頁510-1。

敵。

　　剛要起步就傷了前趾，當然不利於征伐，而要遭受咎責。所以不可立即發動戰爭。軍營夜聞驚恐呼號，表示夜晚發生戰鬥，但因有備無患，無需擔心。統帥惶恐不停地在作決斷，猶如獨行遇雨，頭髮濡濕，心中煩惱。臉頰受傷，令人驚恐，但是傷在臉頰，表示正面遇敵，且傷勢不重，不會留下疤痕。

　　征途不順，部隊經常遇到阻礙。雖然行動不利，若能牽制住自己的牛羊軍需武備，則可以免於後悔之失。聽到一些可疑的情報，但不必相信，以免擾亂了行程。看見山羊踴躍於大道之上，表示道途平安，前程應無敵蹤。然而漸漸沒有斥堠的聲息，或許他們為敵所殺或所俘，無法預警。再往前行進，終必落入敵人的陷阱而敗亡。

　　以上由卦爻辭演繹出來的詮釋，洋溢史詩興味，卻迥異於「易傳」的詮釋。「夬」卦象辭曰：「澤上於天，夬。君子以施祿及下，居德則忌。」不脫「位中正」的邏輯。「易傳」的詮釋完全不涉及天命，顯然有違原始的神話結構。

　　當天命不變時，天命中關於夢想的那部分也許會受到生命力的影響（雖然影響的方法與他們想像不同）。把這些共同點集中起來組成一個共同的命題，「易傳」哲學假如能接受天命層次假設是給定的，我們推斷：當前生命力必定位於這一點：因果連鎖的定位影響輻度與夢想影響輻度相交之點。這樣夢想形式與因果連鎖定位形式，都隨生命力的改變而改變。

　　從這一點以後，錯誤就悄悄進入「易傳」哲學的理論中。假如「易傳」哲學僅從以上的命題推論：假如因果連鎖定位影響輻度不變，人們在一特定形式的天命願意多少程度用於夢想，確實受到生

命力的影響，但影響方式不變。天命層次與生命力之間，必存在著
唯一的關係，這是沒有什麼可爭論的。而且，由此命題，還可以推
論出另一個命題，也包含重要的眞理，即：假如生命力不變，因果
連鎖的定位影響輻度不變，又設人們在特定天命中願意用於夢想的
形式受生命力的影響也不變，則天命層次一定是使夢想形式與綜觀
涵攝形式二者相等的因素。但是，事實上，「易傳」哲學不僅忽視
了天命變動的影響，而且也犯了形式上的錯誤。

第二節　性命的寓言

關於「生命力」我們一直未曾界定，其實生命力的定義就是
更多的生命力（power is more power）。「大過」卦曰：「棟橈，
利有攸往，亨。」高亨據帛書《周易》將「棟橈」改爲「棟隆」，
隆者，高也。⑫大過，帛書作「泰過」，事情太過之義。《說文解
字》曰：「棟，極也。極者，謂屋至高之處。繫辭曰：上棟下宇。
五架之屋，正中曰棟。」屋之大材，東西曰棟，南北曰梁。⑬西周
初年，大部分居室還是半穴居式的。房中有圓形柱洞，係架設屋頂
之用。但是屋頂是茅草，故曰：「上漏下濕。」⑭貴族的居室，房
屋用複雜柱網，構成高聳的屋架。⑮高高隆起的屋頂使人起居之地
升高，免於濕漏之困，視域因此開闊，生存境域改善。就複構的柱

---

⑫　高亨《周易大傳今注》頁266-7。

⑬　朱駿聲《說文通訓定聲》（臺北：藝文印書館，1975）頁87。

⑭　許倬雲《西周史》（臺北：聯經出版事業公司，1993）頁248-51。

⑮　許倬雲，同上，頁252。

網支撐之屋頂而言，棟梁高隆說明居室宜人，所以大過不等於是大的過失，而只是超過標準刻度許多之義。

初六爻曰：「藉用白茅，無咎。」《詩經·召南，野有死麇》曰：「野有死麇，白茅包之。有女懷春，吉士誘之。」白色香茅包裹死麇，少女懷抱著柔情，美男子以深情擁抱多情少女，乃三疊親密的遭遇，基本並未超過尺度，所以說潔白柔軟的茅草墊著祭品❶，無可咎責。

九二爻曰：「枯楊生稊，老夫得其女妻，無不利。」枯槁的楊樹生出新葉❶，老男娶得少女為妻，兩者皆大逼於凡俗所見，爻辭卻謂沒有任何不利。

九三爻曰：「棟橈，凶。」棟梁如上所述，是居室極重要的結構。棟若彎曲，屋頂坍塌，生存境遇必凶。此棟樑之過，在於危及人的生存。

九四爻曰：「棟隆，吉。有它，吝。」「它」即古文「蛇」。古人亦稱意外之事為它。❶棟梁高而居室寬裕，生存境遇應吉。若有蛇侵入的意外，生存境遇當艱難矣。

九五爻曰：「枯楊生華，老婦得其士夫，無咎無譽。」枯槁的楊樹生花，老婦得嫁少年，事若奇蹟，既無可咎，亦無可譽。

上六爻曰：「過涉滅頂，凶，無咎。」古代城邑近旁的大川，

---

❶　《詩經·召南》：「林有樸樕，野有死鹿，白茅純束，有女如玉。」白茅以襯純情。

❶　《詩經·陳風，東門之楊》：「東門之楊，其葉牂牂。昏以為期，明星煌煌。」楊華生樹，極盡風流。

❶　張立文《周易帛書今注今譯》頁575。

其構成的天然險阻，一方面是防禦封疆的界限，一方面也對國人的生存構成威脅。渡河滅頂，川大水險，生存者凶。既已滅頂，何來足跡，當然無可咎責。

大過不等於是大的過失，而只是超過標準刻度許多之義。例如枯槁的楊樹生出新葉，老男娶得少女爲妻，兩者皆大過於凡俗所見，爻辭卻謂沒有任何不利。枯槁的楊樹生花，老婦得嫁少年，事若奇蹟，既無可咎，亦無可譽。可見大過所謂過者，原本不具罪責義。

又如，平民穴居之棟若彎曲，屋頂坍塌，生存境遇必凶。此棟樑之過，危及人的生存。但是貴族宮室的棟梁高，所以居室寬裕，生存境遇應屬吉利。然而若有蛇侵入宮室的意外，生存境遇當艱難矣。渡河滅頂，川大水險，生存者凶。既已滅頂，何來足跡，當然無可咎責。以上皆以生存處境表述大過之義，更加證明過並非錯，亦未必凶，大過雖云不能正中，卻依然有其太過之道也。

然而「大過」象辭約：「澤滅木，大過。君子以獨立不懼，遯世無悶。」「易傳」哲學像以上命題所能看到的那樣，假定可以進一步討論：因果連鎖定位影響輻度的移動對生命力的影響，不必中止或修改這個假定，以便確定一特定形式天命有多少用於夢想。易傳哲學關於生命力理論的自變形式是：因果連鎖的定位影響輻度和一特定形式天命中受生命力影響用於夢想的形式。例如，當因果連鎖定位影響輻度移動時，根據這個理論，其新生命力是由於新因果連鎖的定位影響輻度與在一特定形式天命中隨生命力的變化而變化的夢想形式影響輻度的相交點所決定。易傳哲學的生命力理論似乎假設：假如因果連鎖定位影響輻度移動，或一特定天命形式在生命力影響下的夢想影響輻度移動，或兩條影響輻度都移動，就生命力

則由兩條影響輻度的新位置的相交點決定。但是這個理論是毫無意義的。因爲假定天命不變，與假定兩影響輻度之一可以自己移動而不影響另一影響輻度是矛盾的。一般情況下，兩影響輻度之一移動，天命將改變。整個基於天命不變這個假定設計的結果都將粉碎。要補救這一點，必須用一些很複雜的假定：如兩影響輻度之一移動或兩影響輻度移動時，完美化的通觀形式會自動變化，其改變程度足以影響開放意向建立一個新生命力，抵銷影響輻度移動，保持表現與以前相同的層次。

事實上，在以上所引的各種論點中，找不出一點線索，認爲這種假定是必要的。表面上最講得通的，也只能與聖境和諧有關，而不能作爲人間和諧理論的基礎。即使在長時期中，這種假定也不一定完全適用。事實上，「易傳」哲學沒有意識到，天命層次的變化是一個有關因素，更沒有想到，天命層次實際上可能是綜觀涵攝形式的機制。

第三節　意象革命

「易傳」哲學所用的兩個機制，即綜觀涵攝對於生命力的反應，以及在一特定形式天命層次下，夢想對於生命力的反應，這不能給生命力理論提供材料。但是這兩個機制告訴我們：如果生命力已知（從其他方面知道），天命層次將是多少，或天命維持在一已知的層面（例如充分神話詮釋下的天命層次），生命力必須多高？

其錯誤的根源在於：把生生不息看成是等待本身的存養，以其代替生生不息的是不再夢想的存養。實際上就像各種纂修各種綜觀

涵攝的理解都會有風險，只是程度的不同。因此由纂修或綜觀涵攝
得到的理解，不被看成是等待本身的存養，而看成是冒風險的存養。
事實上，由纂修或綜觀涵攝得到的存養，與所謂「純」通觀之間，
沒有明顯的界線，所有這些都是甘冒這一種風險或那一種風險的存
養。只有當生命用於溝通，而不用於貯藏完美化的結論時，其他的
理論才會合適。

「革」卦曰：「巳日乃孚，元亨。利貞。悔亡。」「革」字金
文如「」，象雙手獸皮展列之形。❶亦有「勒」義，即有嚼口
的馬絡頭，如《詩經・小雅，蓼蕭》曰：「既見君子，鞗革沖沖。」
「孚」字甲骨文如「」，❷卜辭用作俘，「俘」字甲骨文如「」，
象以手逮人之形，意謂在戰爭擄掠人口，或戰爭中擄掠的人口。❸
革既非單純剝製獸皮，亦非後世衍伸革命之義。古人田獵之前舉行
祭祀，田獵也是軍事行動的前奏，所以田獵，祭祀與戰爭經常聯立。
田獵所獲禽獸應有剝製的手續，而且伴隨這手續也應有祭祀，因為
收拾獵獲之事乃喜樂與神聖之事，而且必須回應狩獵前的祈福祭
祀，豐收之後必獻祭還神，或許這就是「革」的主題。巳通祀，巳
日有孚言祭祀之日有所俘虜，與上文的推理與意象表述可以連貫。

「元」字形「」，馬如森曰：「象側視之人形。頭部依附
其上，突出特大的頭部，以表『頭』。後形變為『元』。本義是首
位。」❹「亨」字形「」，❺其字形類似「吉」字。或曰「象宗

---

❶　《金文常用字典》頁292。
❷　《甲骨文字典》頁265。
❸　《甲骨文字典》頁895-6。
❹　馬如森《殷墟甲骨文引論》頁269

廟形。」獨體象物字，本義爲宗廟。「貞」字形「」❷，謂其爲「獨體象物字，象鼎形，煮器，後爲禮器。本義是鼎。」張立文曰「貞」者，占問也。❷革之祭因此得到豐富的表述。

　　「悔」字形「」❷，其解爲「一跪坐之女子頭上別一簪形。本義是頭上別簪的女子。」其實此一象形亦可視爲雙手交錯，簪簪靜坐之人。田獵所獲禽獸剝製的手續，伴隨這手續應有祭祀。收拾獵獲之事乃喜樂與神聖之事，而且回應狩獵前的祈福祭祀，豐收之後必獻祭還神，或許這就是同時獻俘虜等戰利品的革之祭。如此血腥而神聖的豐收，當然不需要退而省其私。

　　初九爻曰：「鞏用黃牛之革。」鞏，帛書周易作共，共象兩手相拱之形。鞏用黃牛之革，謂雙手以黃牛皮製革繩把東西束牢。

　　六二爻曰：「巳日乃革之，征，吉，無咎。」祭祀之日乃剝製皮革，預示征伐之事吉利無咎。

　　九三爻曰：「征凶，貞厲。革言三就，有孚。」據聞一多考釋，「革言三就」指馬絡頭與胸帶綁了三匝三重。❷征途凶險不順，所問之事極不樂觀。但是把馬匹牢牢綁好，必有所俘獲。

　　九四爻曰：「悔亡，有孚。改命，吉。」「悔」字形「」❷，其解爲「一跪坐之女子頭上別一簪形。本義是頭上別簪的女子。」

---

❷　《漢語古文字字形表》頁204；馬如森，前引書，頁419。

❷　馬如森，前引書，頁361。

❷　張立文，同上，頁410。

❷　馬如森，前引書，頁283。

❷　聞一多，同上，頁11。

❷　馬如森，前引書，頁283。

其實此一象形亦可視爲雙手交錯，簪簪靜坐之人。「孚」字甲骨文如「」，㉙卜辭用作俘，「俘」字甲骨文如「」，象以手逮人之形，意謂在戰爭擄掠人口，或戰爭中擄掠的人口。㉚沒有可悔恨之事，有所俘獲。更改所命則吉。

九五爻曰：「大人虎變，未占有孚。」「虞」字金文如「」「」，㉛「虎」字金文如「」「」，㉜虞字或許由「」「」「」三個元素構成，亦即虎頭、人身、禮器。《詩經·騶虞》：「彼茁者葭，壹發五豝，于嗟乎騶虞。 彼茁者蓬，壹發五豵，于嗟乎騶虞。」一般學者多以騶虞爲掌天子囿之官，㉝《孟子·萬章下》：「齊景公招虞人以旌，不至，將殺之。志士不忘在溝壑，勇士不忘喪其元。孔子奚取焉？取其招不往也。曰：敢問招虞人何以？曰：以皮冠。庶人以旃，士以旂，大夫以旌。以大夫之招招虞人，虞人死不敢往。以士之招招庶人，庶人豈敢往哉。」由此可知虞人的社會地位，以及虞人是戴皮冠的士。

《詩經·魯頌，閟宮》：「后稷之孫，實爲大王，居岐之陽，實始翦商。至于文武，纘大王之緒，致天之屆。于牧之野，無貳無虞，上帝臨汝。敦商之旅，克咸厥功。」高本漢引《左傳》宣公十五年：「我無爾詐，爾無我虞。」朱駿聲的詮釋，將虞釋爲「欺瞞」，而一般人釋之曰「提防」。另據《毛傳》釋此虞借爲誤，作欺騙解。

㉙　《甲骨文字典》頁265。

㉚　《甲骨文字典》頁895-6。

㉛　《金文常用字典》頁526。

㉜　《金文常用字典》頁530。

㉝　王靜芝《詩經通釋》頁76。

❸❹但是我們如果從祭禮本身的流程來看，武王伐紂而誓于牧野，需要天命的保證以確認革命的正當性。身為擁有最高權力者，必須能壟斷詮釋天意的權威。因此他受命典禮的過程中，必然有一段屏絕眾人獨對上帝的處境。「貳」「虞」可能是典禮中王的輔祭，當天地通，神人會之際，只允許王一人親謁上帝，連助理的巫師輔祭也須屏退。如此「虞」應是王在田獵或戰爭祭祀時貼身的輔祭，他的特徵或即在於執虎頭面具而舞。

《尚書・呂刑》：「皇帝哀矜庶戮之不辜，報虐以威，遏絕苗民，無世在下。乃命重黎，絕地天通，罔有降格。」人因為在地上暴虐的惡行，受到上帝的懲罰，也就是斷絕了天地間的通道。隔絕了天人間的溝通，統治者的地位就突顯了出來：「三后成功，惟殷于民。士制百姓于刑中，以教祇德。……敬忌，罔有擇言在身。惟克天德，自作元命，配享在下。」（尚書・呂刑）統治者擔任上帝與人民之間的使者，伸張上帝的天命。張光直由甲骨卜辭確認：商王是巫的首領，而巫是能以舞降神的人。❸❺

根據青銅器上的紋飾，人與獸並存的主題未必是指涉獸食人，或以人為犧牲。「張開的獸口可能是把彼岸（如死者的世界）同此岸（如生者的世界）分隔開的最初象徵。」「張開的獸口……它也可以表示動物張口噓氣；當時的人相信風便起源於此。風是另一個在天地交通的基本工具。」❸❻人在獸頭之下或之前，表述的是親近，而

---

❸❹ 高本漢《高本漢詩經注釋》頁1094。

❸❺ 張光直《美術・神話與祭祀》（臺北：稻香出版社，1995）頁40-41。

❸❻ 張光直，同上，頁68。

非敵對。獸張口噓氣是要助巫師升天之力。中國青銅器上人獸並存紋飾中，獸皆爲虎，所以虎紋或許不僅是巫師的代表，而且還是商王或他某位近親的代表。❸

　　楊寬據《左傳》論斷先秦的田獵禮「大蒐」：有武裝的民眾大會，整頓兵制，甄補人才制頒法令，統計人口，教示禮儀。田獵不僅是田獵，而且是軍事訓練。❸但是田獵或軍事訓練都不能忽略其禮儀的因素，正如張光直所言，依據中國古代史的資料，我們觀察政治權力集中到某個統治集團，約有幾個條件：❸

　　一、血親系譜學階層結構中的位置。

　　二、掌握主要資源互相影響的城國網絡。

　　三、軍事裝備。

　　四、證實天命的聖王明德。

　　五、掌握語言文字系統的創作、翻譯與詮釋權力。

　　六、以巫術儀式，如樂舞、紋飾、禮器與建築，強化其詮釋天命的正當性。

　　七、累積與炫耀財富。

　　所以行田獵與軍訓之禮時，以樂節奏，奏的是《詩經‧召南，騶虞》。❹虞人在作巫師長的君王身側，具體的工作或許就是持著虎頭面具，以舞請神，強化君王的權威。

　　依據前述的推理，大人虎變者，意謂貴族或君王穿著所獵之虎

---

❸　張光直，同上，頁70-71。

❸　楊寬《古史新探》（臺北：不詳）頁279。

❸　張光直，同上，頁113-4。

❹　楊寬，同上，頁328。

的皮革所製衣冠，尚未占問但有所俘獲，可以說意外之喜。

上六爻曰：「君子豹變，小人革面，征凶，居貞吉。」貴族換著豹紋衣冠，平民也以革飾面，這一切禮制的異樣，預示征伐不利，若安居守成則吉利。

如果革卦卦爻辭表述的意象，乃回應狩獵前的祈福祭祀，豐收之後必獻祭還神的主題。田獵所獲禽獸應有剝製的手續，而且伴隨這手續也應有祭祀，因為收拾獵獲之事乃喜樂與神聖之事，而且必須回應狩獵前的祈福祭祀，豐收之後必獻祭還神，或許這就是「革」的主題。已日有孚言祭祀之日有所俘虜，以黃牛皮製革繩把東西束牢。祭祀之日乃剝製皮革，預示征伐之事吉利無咎。征途若凶險不順，所問之事極不樂觀，則把馬匹牢牢綁好，仍將有所俘獲。沒有可悔恨之事，卻有所俘獲。更改所命則吉。貴族或君王穿著所獵之虎的皮革所製衣冠，尚未占問但有所俘獲。但是如果貴族換著豹紋衣冠，平民也以革飾面，這一切禮制的異樣，預示征伐不利，若安居守成則吉利。豐收之後必獻祭還神，或許這就是同時獻俘虜等戰利品的革之祭。

「革」卦象傳所謂：「革，君子以治歷明時。」已非「革」之本義。有兩處很熟悉的地方，也許應警告「易傳」哲學在有些方面錯了。第一，大家都同意，一特定形式天命的夢想形式，不一定隨生命力的提升而提升。同時，也沒有人懷疑，綜觀涵攝定位隨生命力的提高而沉淪。

第二，「易傳」哲學常常假設，當生命形式提升時，至少在開始及於人間內，生命力有降低的趨勢。但是他們沒有說明理由，為什麼生命形式的變化會影響綜觀涵攝定位，或影響一特定形式天命

的夢想形式。這樣易傳哲學有兩種完全不同的生命力理論，因爲易
傳哲學推斷：定有兩個啓示來源，來滿足綜觀涵攝定位，即正常夢
想，就是易傳哲學所謂的夢想；以及由於提升生命形式而產生的夢
想（這是對公眾「課徵」的一種特別形式，可稱爲「強迫夢想」或類似的名稱）。
這種想法是產生於「自然」（natural）生命力，或「中立」（neutral）
生命力，或「和諧」（equilibrium）生命力等觀念。即這些生命力
是使綜觀涵攝與易傳哲學的正常夢想（而沒有任何外加的「強迫夢想」）
相等的生命力。最後我們假定易傳哲學在開始時是沿著正確的路線
前進，他們得出這樣一個淺顯的解決辦法：假如在任何情況下，生
命形式都能保持不變，那麼所有複雜的情況都不會產生。因爲假如
生命形式不變，由綜觀涵攝超過正常夢想所產生的惡果就不可能出
現。但是，到了這裡，我們跌入陷阱不能自拔。我們需要的是意象，
新鮮到足以啓示心境界的意象。

第四節　生命力決定的宇宙論

　　宇宙論表現詮釋者生命力的最大極限，越此一步即爲生命的極
限，須防生命遭遇傷害。「咸」卦曰：「亨。利貞。取女吉。」「咸」
者，以鍼傷之也。鍼通常象徵權威。[41]「亨」字形「𠀹」，[42]其字
形類似「吉」字。或曰「象宗廟形。」獨體象物字，本義爲宗廟。
「貞」字形「𤴐」[43]，謂其爲「獨體象物字，象鼎形，煮器，後爲

---

[41]　《金文常用字典》頁1046-7。
[42]　《漢語古文字字形表》頁204；馬如森，前引書，頁419。
[43]　馬如森，前引書，頁361。

禮器。本義是鼎。」張立文曰「貞」者，占問也。❹在宗廟重器所在之處麾戈舞鉞，利於貞問，也利於娶女。

初六爻曰：「咸其拇。」傷及拇指。

六二爻曰：「咸其腓，凶。居，吉。」傷及腿肚，前途凶險。中止征伐之事則吉。

九三爻曰：「咸其股，執其隨，往，吝。」傷及大腿，隨乃所斬傷而墮的肉，手執墮肉，勉強而行，困窘難行。❹

九四爻曰：「貞吉，悔亡。憧憧往來，朋從爾思。」《周易集解》引虞翻曰：「憧憧，懷思慮也。」《經典釋文》曰：「往來不絕貌。」就咸所涵戕傷之義，或許譯之爲懷著思慮往來道途，於義較佳。此處朋亦有二義，朋貝，或朋友。依其憂思而言，或譯爲朋貝。懷著憂思往來道途，隨之可拾獲朋貝。譯爲朋友，則因能往來省思，所以得到朋友的跟從。因爲所貞者吉利，故所憂者亦可無悔。

九五爻曰：「咸其脢，無悔。」張立文綜各家之說，謂脢者，身體心上口下部位，或即脊背也。❹傷及心腹或背脊，卻並無懊悔之事。

上六爻曰：「咸其輔頰舌。」輔者，上頜也。❹傷及腮頰口舌，傷在口舌之間，使人警惕，但只是小傷。

「咸」者，以鉞傷之也。鉞通常象徵權威。在宗廟重器所在之處麾戈舞鉞，利於貞問，也利於娶女。戰爭與祭祀都環繞著身體受

---

❹　張立文，同上，頁410。
❹　高亨，同上，頁292。
❹　張立文，同上，頁530。
❹　張立文，同上，頁532。

傷的意象，首先傷及拇指，繼而傷及腿肚，預示前途凶險。中止征
伐之事則吉。受傷的人懷著憂思往來道途，隨之可拾獲朋貝，或得
朋友支援，所憂者將可無悔。傷及背脊，並無懊悔之事，或許因為
治病，去其心腹之患，所以反而可以得到安寧。傷及腮頰口舌，傷
在特別敏感且令人煩燥之處。每當進食即使人又疼又愛，小心翼翼。
所幸只是口舌小傷，不必過於憂慮。咸卦言各種傷，有身體各部位
大小傷，也有傷心憂思者。而且傷並非皆有害，也有治病而戕身者。
咸卦諸爻表述身心與鉞的遭遇，進而啓示各種生存情境。

　　「易傳」傳統分析之所以錯誤，是因為他們不能識別宇宙論的
自變項是什麼。夢想與綜觀涵攝是宇宙論的被決定因素，而不是宇
宙論的決定因素，其決定因素是生存傾向、因果連鎖的抽象形構以
及生命力，夢想與綜觀涵攝只是這些決定因素的孿生兄弟。的確，
這些決定因素本身是複雜的，而且可以相互影響。但是它們各自保
持著獨立，這意思就是說，它們中的任何一個值不能從其他數值中
推出來。傳統分析也知道夢想取決於天命，但是他們忽視了這個事
實：天命取決於綜觀涵攝。用這樣的方式可得：當綜觀涵攝變化時，
天命也一定會變化，天命變化的程度，是必須使夢想的變化恰好等
於綜觀涵攝的變化。

　　還有一些理論，試圖使生命力取決於「因果連鎖的抽象形構」，
但也不太成功。可以確信，在和諧狀態下，生命力將與因果連鎖的
抽象形構相等。因為，如果兩者不相等，可以通通提升（或沉淪）當
前的綜觀涵攝形式，直至二者相等為止，必然有利可圖。但是把這
些作為生命力理論，或由此推出生命力，則犯了循環推理的錯誤。
例如馬歇爾想沿著這條路線解釋生命力時，中途就犯了錯誤。因為

「因果連鎖的抽象形構」，一部分取決於當前綜觀涵攝形式的多少，而我們在能聲明當前綜觀涵攝形式之前，必須先知道生命力爲多少。有重大意義的結論是：新綜觀涵攝的表現性將達到這一點，使因果連鎖的抽象形構等於生命力。因果連鎖的抽象形構表告訴我們：不是生命力將定於哪一點，而是生命力爲已知，新綜觀涵攝的表現性將達到哪一點。

　　讀者很容易意識到：我們所討論的問題，不僅有重大的理論意義，而且有重要的實踐意義。以往自然哲學家在對實際問題有所主張，都無例外地基於這一宇宙論原理。這個原理假定：假如其他條件不變，則沉淪生存會便生命力趨於下降，提升綜觀涵攝可以提高生命力。但是，假如夢想意願與綜觀涵攝兩者決定的不是生命力，而是神話百科形式。那麼我們對宇宙論結構的看法會完全改變。在其他條件不變時，不是提升綜觀涵攝，而是沉淪的神話詮釋，我們對這個因素的看法將完全不同。

第五節　開放性意向的動機

　　現在我們必須詳細分析初步介紹過的開放性意向的動機。這實質上與有時討論的生命的定位相同，也與天命流通速度關係非常密切。因爲天命流通速度，只衡形式公眾願意以天命的多少用存在感來保持。所以，天命流通速度的提升可能是開放性意向減低的徵兆。

　　「兌」卦曰：「亨。利貞。」「兌」字甲骨文如「兌」，除了作爲人名，亦有簡閱師旅，或銳伐急擊之義。❹綜觀諸爻辭，以

---

❹　《甲骨文字典》頁959-60。

銳伐急擊之義爲勝。「亨」字形「」，❹其字形類似「吉」字。或曰「象宗廟形。」獨體象物字，本義爲宗廟。「貞」字形「」❺，謂其爲「獨體象物字，象鼎形，煮器，後爲禮器。本義是鼎。」張立文曰「貞」者，占問也。❺師銳旅急，宜於祭享，所問事有利。

初九爻曰：「和兌，吉」。《詩經・大雅，綿》：「肆不殄厥慍，亦不隕厥問。柞棫拔矣，行道兌矣。」釋兌爲通。又《詩經・大雅，皇矣》：「帝省其山，柞棫斯拔，松柏斯兌。」兌亦釋爲通。❺「吉」，字形如「」、「」「」❺，本義待考，馬如森《殷墟甲骨文引論》❺引于省吾解：「本象置句兵于 盧之中。」陳初生編《金文常用字典》❺伸其意曰：「凡納物于器者爲防其毀壞，所以堅實之，寶貴之，故引申爲吉利之義。」但是若參考「各」的字形「」❺，「出」的字形「」❺，吉字的「口」未必只能釋爲象口之形，在許多字的構造中，都出現了它，如「命」「吝」「咸」，或許指宗廟重器所在。即使其象口形，我們也可以說，吉的涵意或許與人的言行舉止有關，明確可言、可行或許就是吉。師旅雖鋒銳勁急，但出之以和善通達，吉利可行。

---

❹　《漢語古文字字形表》頁204；馬如森，前引書，頁419。

❺　馬如森，前引書，頁361。

❺　張立文，同上，頁410。

❺　王靜芝，同上，頁514。

❺　《甲骨文字典》頁93-4。

❺　馬如森，前引書，頁301-2。

❺　《甲骨文字典》頁116-7。

❺　馬如森，前引書，303-4。

❺　杜正勝，同上，441。

九二爻曰：「孚兌，吉，悔亡。」「孚」字甲骨文如「」，
❺卜辭用作俘，「俘」字甲骨文如「」，象以手逮人之形，意
謂在戰爭擄掠人口，或戰爭中擄掠的人口。❺「悔」字形「」
❻，其解爲「一跪坐之女子頭上別一簪形。本義是頭上別簪的女子。」
其實此一象形亦可視爲雙手交錯，簪簪靜坐之人。帛書周易孚字有
言部，釋爲誠信。❻師旅所俘之夷族，我有溝通之道，誠信而通，
故吉而無悔。

六三爻曰：「來兌，凶。」他人來勢銳疾，此所以凶也。

九四爻曰：「商兌未寧，介疾有喜。簡閱未寧之師旅，猶如皮
膚癬疥之病將癒，終將安戢。

九五爻曰：「孚于剝，有厲。」「剝」有剝落，撲擊等義。❻
使俘虜從事于剝擊草莽中難辨的道路，前途恐有危險。

上六爻曰：「引兌。」引導而通也，征途順利。

兌卦本義應該也是表述勁銳師旅征伐之事，師旅雖鋒銳勁急，
但出之以和善通達，吉利可行。師旅所俘之夷族，若我有溝通之道，
則亦可誠信而通，故吉而無悔。他人來勢銳疾，此所以凶也。簡閱
未寧之師旅，猶如皮膚癬疥之病將癒，終將安戢。使俘虜從事于剝
擊草莽中難辨的道路，前途恐有危險。引導而通也，征途順利。六
爻辭歷述銳師征途之遭遇，曲折生動。

---

❺　《甲骨文字典》頁265。

❺　《甲骨文字典》頁895-6。

❻　馬如森，前引書，頁283。

❻　張立文，同上，頁494。

❻　張立文，同上，頁165。

　　然而，這不是相同的事情。因爲個人在開放與不開放之間進行選擇，只限於其積累的夢想，而不是全部天命。而且，「天命流通速度」這一名詞，把人們列入歧途，認爲全部生命定位都與天命成比例，或與天命有一定的關係。而實際上像我們將看到的那樣，只有一部分生命的定位才與天命成比例，或與天命有一定的關係。其結果是忽視了生命力的作用。

第六節　天命動機與敍事動機

　　用天命完美性，敍事完美性，以及夢想完美性三個標題，研究生命的全體定位。但爲這三個生命媒體，全體匯在一起，載體不必分成三個水洩不通的部分。即使在持有者的心目中，也未必劃分得非常清楚，我們能把個人在一特定情況下對生命的全體定位，看成是一個單獨的決定，也未嘗不可，也許更好。但這單獨的決定，是許多不同動機的綜合結果。

　　「困」卦曰：「亨。貞大人吉，無咎。有言不信。」困卦諸爻表述數種生存的困境，「亨」字形「𠅂」，⑥其字形類似「吉」字。或曰「象宗廟形。」獨體象物字，本義爲宗廟。「貞」字形「鼎」⑥，謂其爲「獨體象物字，象鼎形，煮器，後爲禮器。本義是鼎。」張立文曰「貞」者，占問也。⑥「咎」字形「咎」，⑥由各與人

---

⑥　《漢語古文字字形表》頁204；馬如森，前引書，頁419。

⑥　馬如森，前引書，頁361。

⑥　張立文，同上，頁410。

⑥　《甲骨文字典》頁896。

組成。咎字本義爲「往」**❻⃝**，咎字形象人循著他人足跡追咎也。無咎則示意不會被人追咎。《儀禮・聘禮》：「若有言。」鄭注：「有言，有所告請，若有所問也。」聞一多《周易義證類纂》：「《易》凡言『有言』，讀爲有愆，揆諸辭義，無不允洽。」**❻❽**人在困境中舉行祭祀，貞問貴族武事，吉利且可免於咎責。他人有所批評，但不必信服。

初六爻曰：「臀困于株木，入于幽谷，三歲不覿。」「株木」「幽谷」標誌困在城郊也。築城的理想地理條件：背高山，臨深谷，左右有丘陵或河川湖澤；又或丘陵湖泊環於四方。封疆爲城邦外口，利用山谿樹林隔絕內外。一般農民生存於城外近郊的高地上，是所謂「丘民」。「深淵」「大川」是隔絕封疆內外的天然界限，所以《周易》時常以「涉大川」警示生存處境與界域。臀是息止之體，臀有所困意謂無休憩之地。因爲人在城外郊野，所以既困于林莽，復困于幽谷。在城外惶惶然，三年仍無法找到明路，極爲凶險。

九二爻曰：「困于酒食，朱紱方來，利用享祀，征，凶，無咎。」「酒食」「朱紱」「享祀」標誌著貴族在城垣內的家庭與生活，國中的主建築爲「廟寢」「社壇」「庫臺」：廟以接神，寢藏衣冠。古代宗廟亦爲國君或貴族起居與會見貴族之所，故廟寢一體連言。社壇爲城內平壤之地，壘土植樹，是統治者與國人祭祀之地。戰征之前，先在祖廟卜算授兵，所謂廟算是也。其次於社壇祭祀，與國人分食祭肉，以固人心。班師則於社壇刑罰，於祖廟嘉賞。積土四

❻⃝　《甲骨文字典》頁97。
❻❽　聞一多，同上，頁63。

方而高曰「臺」，蓄藏財貨兵甲之臺曰庫。庫臺爲城內防禦最後基地，平日可爲登高覽勝之地。**⑥⑨**這裡既有祭祀，又有酒食。但是若言困於酒食，則宴飲未央，自然不宜出征，實在沒有準備軍征的跡象。

六三爻曰：「困于石，據于蒺藜，入于其宮，不見其妻，凶。」爲「石」所困，人應在野莽之中。從城外回到城中，進入寢「宮」，連妻子都不見了，可見困在城外林莽太久了。受困如此久，處境的確凶險。

九四爻曰：「來徐徐，困于金車，吝，有終。」

「金車」是華麗的寶車，爲寶車所困，其來也徐徐，或許是珍惜金車，捨不得急行。此爻所表述的困境，在於人被自己的慾望所困，雖然妨礙生命的流程，但是終究會到頭。

九五爻曰：「劓刖，困于赤紱，乃徐有說，利用祭祀。」《尚書·呂刑》：「五刑之疑有赦，五罰之疑有赦，其審克之。……劓辟疑赦，其罰惟倍，閱實其罪。剕辟疑赦，其罰倍差，閱實其罪……」劓，割鼻。**⑦⓪**剕，刖足。倍差，謂不及劓刑之倍，即罰三百鍰。**⑦①**「赤紱」是貴族軍裝的護膝，**⑦②**「劓刖」是傷殘身體的刑罰，刑餘之人見到貴族所著的赤色護膝，心中的苦惱不難想像。「說」與困相對，借爲脫，**⑦③**既已被刑，形象已變，何謂徐則得脫呢？若曰：

---

⑥⑨ 杜正勝，同上，頁619-31。

⑦⓪ 屈萬里，同上，頁176。

⑦① 屈萬里，同上，頁182。

⑦② 張立文，同上，頁542。

⑦③ 高亨，同上，頁400。

「刑不上大夫，禮不下庶人。」所以此爻所言之受刑者，應爲庶民或奴隸。赤紱爲貴族服飾，與劓刖之奴相對，所以被貴族施刑罰所困的奴隸或罪犯，靜待祭祀時的犧牲或赦免，或許那是刑餘之人唯一的解脫。

上六爻曰：「困于葛藟，于臲卼，曰動悔有悔，征吉。」「葛藟」蔓生的郊野是「征伐」的出發之地，臲卼是小木橛，❼❹困在野莽葛藟之中，無處借力，唯有借助一小木橛，其實不可靠。「悔」字形「」❼❺，其解爲「一跪坐之女子頭上別一簪形。本義是頭上別簪的女子。」其實此一象形亦可視爲雙手交錯，簪簪靜坐之人。悔爲靜思己過，悔前此之行動也。悔此前應悔之動，即動悔有悔也。善於反省者，雖有所困，但藉此退省，宜于再度出征，前途看好。

困卦諸爻表述各種生存困境：首先言人在困境中舉行祭祀，貞問貴族征戰武事的前途，吉利且可免於咎責。他人提供的情報，不可相信。臀是息止之體，臀有所困意謂無休憩之地。因爲人在城外郊野，所以既困于林莽，復困于幽谷。在城外惶惶然，三年仍無法找到明路，極爲凶險。

其次若在祭祀中，又有酒食。但是若言困於酒食，則宴飲未央，自然不宜出征，實在沒有準備軍征的跡象。貴族往訪友邦，卻爲所乘寶車所困，其來也徐徐，或許是珍惜金車，捨不得急行，但是別急，終究會到達。

再說被貴族施刑罰所困的奴隸或罪犯，靜待祭祀時的犧牲或赦

<hr>

❼❹　張立文，同上，頁544。高亨，同上，頁400。
❼❺　馬如森，前引書，頁283。

免，或許那是刑餘之人唯一的解脫。總之，善於反省者，雖有所困，但藉此退省，宜于再度出征，前途看好。

然而，在分析動機時，爲方便起見，可以把它分成幾類。第一類大致相當於我以前所講的天命完美性以及敘事完美性；第二類、第三類相當於我以前講的夢想完美性。我們稱這三類爲溝通動機、憂患動機以及夢想動機。溝通動機又可再分成天命動機與敘事動機。

第七節　憂患動機與夢想動機

在討論夢想動機時，重要的是區別兩種生命力的變化，第一類是開放性意向機制不變，但是由於用來滿足夢想動機的生命啓示形式變化，引起生命力變化。第二類是因爲預期的改變影響到開放性意向本身，從而影響到生命力的變化。公開文本操作可能確定是通過以下兩個渠道來影響生命力的，因爲他們不僅可以改變生命的形式，而且可以改變人們對政府或中央出版機關未來政策的預期。如果開放性意向自身的變化，是由於情報改變引起預期的改變所致，那麼這種變化往往是不連續的，由此引起的生命力的變化也是不連續的。但是，只有在各人對情報的改變解釋不同，或情報的改變，對各人利益所產生的影響不同這種情況下，記號文本上的溝通將增多。假如情報的改變，使每個人的想法與做法作相同的變化，那麼不必有任何文本溝通存在，生命力（以記號形式表示）將立即與新情況相調整。

在最簡單的情況下，每個人的性情相同，處境也相同，環境的

改變或預期的改變，不能使生命易主，只能簡單地改變生命樣態，其改變程度，必須打消每人在舊生命力下，處於新環境或新預期之中，想要改變存在感持有形式的願望。因爲如果生命力改變，各人願意持有的生命形式隨之改變，但改變的程度相同，所以沒有進行任何溝通。每一組環境或每一組預期，就有一適當的生命力與它對應。任何人都不需要改變平時持有的存在感。

　　但是，一般而言，環境或預期的改變將引起個人持有生命形式的重新調整。因爲，事實上，各人的處境不同，持有生命的理由不同，對新形勢的認識和解釋不同，所以各人的想法也不同。這樣，生命持有形式的重新分配將與新和諧生命力相關。雖然如此，我們主要關心的是生命力的變化，而不是存在感的重新分配。後者只是各人不同出現的偶然現象。而且主要的基本現象在上述最簡單的場合已經論述。而且，即使在通常情況下，在對情報變化的反應中，生命力的變化是最顯著的。在報紙上常常看到這樣的話：記號形式的變動，與文本上溝通形式完全不成比例。如果想到各人對情報的反應，相同處多於不同處，那麼應該有這種現象。

　　「隨」卦曰：「元亨利貞，無咎。」「隨」字應即眾人追隨於麾下之義。以注重秩序價值的判準觀之，其辭與乾卦同。「元」字形「𠂇」，馬如森曰：「象側視之人形。頭部依附其上，突出特大的頭部，以表『頭』。後形變爲『元』。本義是首位。」[76]「亨」字形「𣅀」，[77]其字形類似「吉」字。或曰「象宗廟形。」獨體象

---

[76]　馬如森《殷墟甲骨文引論》頁269

[77]　《漢語古文字字形表》頁204；馬如森，前引書，頁419。

物字，本義爲宗廟。「利」字甲骨文如「𥝌」，人藝禾而得利，故曰利。**❼⑧**「貞」字形「鼎」**❼⑨**，謂其爲「獨體象物字，象鼎形，煮器，後爲禮器。本義是鼎。」以禮器表示舉行祭典，張立文曰「貞」者，占問也。**⑧⓪**「咎」字形「𠂤」，**⑧①**由各與人組成。各本義爲「往」**⑧②**，咎字形象人循著他人足跡追咎也。

麾軍出征必舉行大祭，並且占問前途吉凶。啓示的答案如元亨利貞無咎，無咎表示不會被人追咎，征伐必順利成功。

初九爻曰：「官有渝，貞吉。出門交有功。」軍旅之中，官長有異動，貞問事吉。隨官出門則上下俱有功。

六二爻曰：「係小子，失丈夫。」行軍之際，俘獲小孩，卻失去了大人。

六三爻曰：「係丈夫，失小子。隨有求，得，利居貞。」俘獲大人，失去小孩。隨順長官的統馭，何求不得，利於安居保守之貞問。

九四爻曰：「隨有獲，貞凶。有孚在道，以明，何咎。」《尙書·費誓》：「今惟淫舍牿牛馬，杜乃擭，敜乃阱，無敢傷牿。牿之傷，汝則有常刑。」獲通擭，**⑧③**擭爲捕獸機械。**⑧④**遠征軍的平民

❼⑧ 《甲骨文字典》頁471。

❼⑨ 馬如森，前引書，頁361。

⑧⓪ 張立文，同上，頁410。

⑧① 《甲骨文字典》頁896。

⑧② 《甲骨文字典》頁97。

⑧③ 張立文，同上，頁564。

⑧④ 屈萬里，同上，頁173。

扈從罹於陷阱，故曰凶。行軍時驅役俘虜，以盟誓約制之，❽應無答責。

九五爻曰：「孚于嘉，吉。」張立文謂「嘉」爲嘉禮，❻于字《甲骨文字典》解曰：「象大圓規。」釋其義曰：「介詞，示所在也。」獻俘于行嘉禮之時，吉利之象。

上六爻曰：「拘係之，乃從維之，王用亨于西山。」典型城邦的地理景觀：裡口是城垣，外口是封疆。城垣內謂之國，城垣外謂之野。走出國門概稱爲野，尚可細分爲「郊」與「野」，郊指「國」與「野」之間近城門之地。《說文解字》冂字條：「邑外謂之郊，郊外謂之野，野外謂之林，林外謂之冂。」杜正勝謂「冂」爲圍繞國邑的封疆。封疆爲城邦外口，利用山谿樹林隔絕內外。國與封疆之間，野上散布農莊邑社。❼王祭享於西山，而非廟寢，也非社壇，其所處之地近於四戰之野，又鄰於城下，所以很需要安全保障，能在西山祭祀，所俘獲的戰利品既拘而係之，又從而維繫之，隨從的師旅十分牢固，君王因而可以安心祭享于城郊西山。

隨卦應象眾人追隨於麾下之義。以注重秩序價值的判準觀之，軍旅之中，官長有異動，貞問事吉。追隨官出門，則上下俱有功。行軍之際，俘獲小孩，卻失去了大人。恐得不償失。俘獲大人，失去小孩，隨順長官的統馭，何求不得，利於安居保守之貞問。

遠征軍的平民扈從罹於陷阱，故曰凶。行軍時驅役俘虜，以盟

誓約制之， 應無咎責。獻俘于行嘉禮之時，吉利之象。既拘而係之，又從而維繫之，隨從的師旅十分牢固，君王因而可以安心祭享于城郊西山。隨卦表述軍旅的成敗吉凶在於君臣相隨，共維師旅的秩序。

(1)天命動機：

持有存在感的一個理由是要渡過從天命的進款到支付這一段時期。誘使人們持有一特定形式存在感的動機的強度，主要取決於天命的大小，以及天命意義之間的正常長度而定。天命流通速度這一概念，只適用於為此目的所持有的生命。

(2)敘事動機：

同樣，持有存在感，是為渡過敘事上以傳奇意義到銷售天命這一段時間。這個定位的強度，主要取決於這兩個因素：當前神話的完美化（當前天命），以及這個神話必須經過幾道手才到達生存者。

(3)憂患動機：

由這動機持有的生命，是為防止有意外的意義，或沒有預見有利認知的機會。持有生命這種理念，若以生命本身為聲明形式，其完美化不變。若負債也以生命為聲明形式，那麼持有生命是為償付將來夢想這個動機。

這三類動機的強度，一部分要取決於：當需要存在感時，用暫時夢想（尤其是透支）等方法，取得存在感所付的代價是否便宜，可靠性如何。因為當實際需要存在感時，可以沒有困難立即獲得存在

感，那麼沒有必要為渡過這一段時間，而持有存在感不用。這三動機的強度，也取決於我們持有存在感的相對傳奇。假如存在感的保持，是放棄了認知一有利可圖的理念，選擇持有存在感的傳奇提升，減弱了持有一特定形式存在感的動機。然而，除非持有存在感的傳奇有很大的變化，否則這可能只是一個次要的因素。

⑷另外還有夢想動機：

這種動機，比其他的幾個動機更需要進行詳細的考察。其理由有：第一，人們對此動機的瞭解比對其他動機的瞭解少。第二，在傳播由生命形式的變化產生的影響方面，這個因素尤其重要。

在正常的情況下，為滿足溝通動機以及憂患動機所需要的生命形式，主要取決於宇宙論的一般活動和天命層次。但是由於有夢想動機的作用，所以生命形式的變化會影響整個宇宙論述體制。因為用生命去滿足前兩個動機的需要，除非一般宇宙論述和天命層次有什麼實質性的變化，否則大體不受其他任何因素的影響。但是經驗告訴我們，用生命去滿足夢想動機的全體定位，通常隨生命力的變化而逐漸變化，即：可以用連續影響輻度表示。而生命力的變化，又可以用聖境或人間記號的形式變化來表示。

確實如此。假如情況不是這樣，「公開文本操作」將無法進行。我之所以說，經驗告訴我們，存在著以上所述連續關係，是因為在正常情況下，出版機關系統實際上可以把記號形式稍為提高一點，用存在感來認知記號，也可以把記號形式稍為壓低一點，出賣記號換取存在感。出版機關系統用買（賣）記號的方法，來得到（或放棄）存在感的形式越大，則生命力的降低（提高）的程度也

越大。其影響當然主要限於極人間生命力，而對於非常重要的聖境生命力，影響很小。

第八節　語言的遭遇與表現的焦慮

個人為滿足溝通動機和憂患動機而持有的存在感形式，與他為滿足夢想動機而持有的存在感形式，不是完全沒有關係的。但是作為第一近似值，我們可以把這兩組持有存在感形式看成是沒有關係的。

生命力現象中的心理成分很大，這是明顯的。以下我們將看到，在和諧狀態時，生命力不能低於相當於充分神話詮釋的生命力層次。因為，假如出現這種情況，即將產生真正的語義浮濫，於是存在感形式可能繼續提升，但可以完全吸收。但在這層次以上，聖境文本生命力不僅取決於君父的當前政策，而且取決於文本對未來政策的預測。人間生命力容易被君父控制，因為第一，君父不難使人相信，它的政策在不久的將來不會有很大的變化。第二，除非生生不息天命幾乎等於虛無，否則生生不息天命全體大於可能的因果連鎖損失。但若聖境生命力已降到一個層次，人們根據過去的經驗和現在對將來禮樂政刑的預測，認為這個層次「不安全」，此時君父便很難控制聖境生命力。

也許，設生命力是一種非常因循成規的現象，要比設生命力在很大程度上是一種心理現象，前者要來得更正確些。因為今天實際生命力大多數是根據人們對未來生命力的預測而決定的。任何生命力層次，只為人們充分相信它很可能繼續維持下去。當然，在一個

變化的社會中，生命力會因爲各種理由，而圍繞預期的正常層次上下波動，但是圍繞其上下波動的那個生命力層次，可能經過幾十年，始終太高，使得充分神話詮釋不能實現。尤其是當人們普遍認爲，生命力是自動調整的，以致其於成規建立的生命力層次，被視爲植根於比因循成規更強有力的客觀理由，這樣一來，在公眾或當局心目中，都不會聯想到，神話百科形式之所以不能達到最適度層次，是因爲流行的生命力不適當造成的。

「萃」卦曰：「亨，王假有廟。利見大人，亨，利貞。用大牲，吉。利有攸往。」《周易·序卦》曰：「萃者，聚也。」「萃」也通憔悴之悴。❽❽貴族的家在城垣內，國中的主建築爲「廟寢」「社壇」「庫臺」：廟以接神，寢藏衣冠。古代宗廟亦爲國君或貴族起居與會見貴族之所，故廟寢一體連言。社壇爲城內平壙之地，壘土植樹，是統治者與國人祭祀之地。戰征之前，先在祖廟卜算授兵，所謂廟算是也。其次於社壇祭祀，與國人分食祭肉，以固人心。班師則於社壇刑罰，於祖廟嘉賞。積土四方而高曰「臺」，蓄藏財貨兵甲之臺曰庫。庫臺爲城內防禦最後基地，平日可爲登高覽勝之地。❽❾

「亨」字形「🏠」，❾⓿其字形類似「吉」字。或曰「象宗廟形。」獨體象物字，本義爲宗廟。「貞」字形「🎋」❾❶，謂其爲「獨體象物字，象鼎形，煮器，後爲禮器。本義是鼎。」張立文曰「貞」者，

❽❽　張立文，同上，頁514。

❽❾　同上，頁619-31。

❾⓿　《漢語古文字字形表》頁204；馬如森，前引書，頁419。

❾❶　馬如森，前引書，頁361。

占問也。⑨

「利」字甲骨文如「粉」，非從刀，而是從力，象耒之形。利乃象耒刺土種禾之形，耒上或有點，乃象翻起之泥土。人藝禾而得利，故曰利。⑨《爾雅》：「攸，所也。」有攸往即有所往。《說文通訓定聲》以爲「攸」字從人從水省，所謂「水行攸攸也」。⑨其字甲骨文字形「伎」，金文字形「伇」。⑨馬如森以爲「象手持杖擊人之背形。本義是打。」⑨君王至宗廟祭享，利於見大人，祭享，貞問之事有利。祭物爲牛，吉利，可以有所往。

初六爻曰：「有孚不終，乃亂乃萃，若號，一握爲笑，勿恤，往，無咎。」「孚」字甲骨文如「🐦」，⑨卜辭用作俘，「俘」字甲骨文如「捋」，象以手逮人之形，意謂在戰爭擄掠人口，或戰爭中擄掠的人口。⑨握，帛書周易作屋，於義較佳。「咎」字形「占几」，⑨由各與人組成。各本義爲「往」⑩，咎字形象人循著他人足跡追咎也。無咎則示意不會被人追咎。係於末端的俘虜繫不牢，會有騷亂與勞悴，煩惱哀號。結果一屋之人皆笑，可能俘虜還在屋內，隨即就逮，此事乃爲吉兆，所以不需擔心，往行將無咎責。

---

⑨　張立文，同上，頁410。

⑨　《甲骨文字典》頁471。

⑨　《說文通訓定聲》頁278。

⑨　《甲骨文字典》頁336。

⑨　杜正勝，同上，頁357。

⑨　《甲骨文字典》頁265。

⑨　《甲骨文字典》頁895-6。

⑨　《甲骨文字典》頁896。

⑩　《甲骨文字典》頁97。

　　六二爻曰：「引吉，無咎，孚乃利用禴。」《詩經·大雅，行葦》：「黃耇台背，以引以翼，以介景福。」引者，引導也。⑩引領前行而吉順，無可咎責者，俘虜用爲禴祭犧牲。

　　六三爻曰：「萃如嗟如，無攸利，往，無咎，小吝。」面容憔悴，悲歎煩惱，所行不利，往征雖無咎責，但有小難。

　　九四爻曰：「大吉，無咎。」大吉，可免咎責。

　　九五爻曰：「萃有位，無咎，匪孚，元永貞，悔亡。」「悔」字形「𤔔」⑩，其解爲「一跪坐之女子頭上別一簪形。本義是頭上別簪的女子。」其實此一象形亦可視爲雙手交錯，簪簪靜坐之人。此處萃宜釋爲萃聚，聚會而有所立之位，表示具相當尊貴的身分，聚會非關咎責，也無關俘虜事，開端與長遠之事皆可貞問，不必退處思悔。

　　上六爻曰：「齎咨涕洟，無咎。」齎咨《周易集解》作齎資，引虞翻曰：「齎，持。資，賵也。貨財喪稱賵。」持有財貨，卻又流洟，或因今雖持有，轉眼無影無蹤。持而易失，遂生傷悲。

　　萃卦象人眾聚集，或許要舉行祭祀，甚至還要出征。單就個人的生存情境而言，則有憔悴苦惱之象。情節由君王至宗廟祭享開始，在宗廟祭祀，宜於固結親族，所以說利見大人，祭享，貞問之事有利。祭物爲牛，吉利，可以有所往。出征之初，係於末端的俘虜繫不牢，會有騷亂與勞悴，煩惱哀號。但一室之人皆笑，發現俘虜仍在室中，所以不需擔心，往征將無咎責。往征雖無咎責，但有小難，

---

⑩　王靜芝，同上，頁541。
⑩　馬如森，前引書，頁283。

面容憔悴，悲歡煩惱，所行不利。聚會而有所立之位，表示具相當尊貴的身分，聚會非關咎責，也無關俘虜事，開端與長遠之事皆可貞問，不必退處思悔。持有財貨，卻又流涕，或因今雖持有，轉眼無影無蹤。持而易失，遂生傷悲。

其實萃卦應該是聚會與悲感兩義並存，人眾聚會時難免有種種令人煩惱的事情發生。卦辭中，王來到宗廟，既聚會貴族，又用大牲舉行祭典，衍生煩忙勞悴的情況。或者面臨責難，或者處分財物，聚會時已預知分離，所以愁容滿面。患得患失皆因有聚會，聚會與憔悴遂為萃之辭義。

有效定位很難維持在一個高層次，足以提供充分神話詮釋是由於聖境生命力基於成規，相當穩定，而因果連鎖的抽象形構則變化多端，非常不穩定。這一點，我想現在讀者應該明白了。

從樂觀考慮，我們可以聊以自慰的是：因為成規不是基於確切的知識，我們可以希望，假如君父堅持貫徹一項溫和的措施，就不一定全體會受到不恰當的抵抗，公眾輿論能夠很快地習慣於溫和的生命力下降，基於因循成規對未來生命力的預期可能會相應地作出修正，這樣，君父將可以進一步行動，把生命力再降低一次，如此繼續下去一直到某一最低限度。巨大的變動是通過一系列不連續的跳躍式步驟完成的，就是說，每當公眾的開放性意向機制已經變得習慣於新生命力時，就會準備對情報的一些新的刺激或當局的政策作出反應。

我們可以用一個命題把以上的觀點全體結起來：在任一既定不變的預期狀態下，除了溝通動機或憂患動機以外，在公眾心目中，還有某種潛在的勢力想要持有存在感。至於在什麼程度內，這個潛

在勢力會變成實際持有存在感，則要看君父願意創造存在感的條件如何而定。

因此，假如其他條件不變，那麼只有一個生命力（更嚴格點說，對不同的記號只有一個生命力體系，與君父所提供的生命形式相對應。但這不僅限於生命，把宇宙論述分子中任何一個因素單獨提出來，都和生命力有一定的關係。因此，只有生命形式的變化與生命力的變動有某種特別直接的或有意義的聯繫，把生命與生命力單獨提出來分析才是有用的和有重要意義的。我們之所以認為兩者之間有特殊的關係，是基於這樣一個事實：概括地說，出版機關系統和君父是進行生命和記號溝通的作者，而不是進行理念或生存品溝通的作者。

假設君父肯根據一定的條件，進行期限不同的各種記號的溝通，甚至更進一步假設，進行風險很大的記號的溝通，那低生命力體系與生命形式之間的關係是直接的。生命力體系無非是表達出版機關系統準備溝通記號所提出的條件，生命形式只是個人願意保持在身邊的存在感形式。後者是人們在考慮了所有相關情況後寧願保持開放性最大的存在感，而不願依據文本生命力，把現款脫手去換取記號。在生命管理表現形式上，當前最重要的切實可行的改革，或許是讓中央出版機關依照一組規定形式溝通各種期限的優良記號以取代只依照一個出版機關生命力溝通人間載體。

然而，就今日實際情況來說，出版機關系統控制文本上記號的實際成交形式的「有效」程度，各出版機關系統並不相同。有時出版機關的控制能力，在一個方向比在另一個方向更有效，這就是說，出版機關可能只願意按照一定形式認知記號載體，而不一定願在買

進形式上加一點經手費，定出一個與買價相差無幾的啟示價值，然後按此啟示價值表現記號載體，雖然沒有什麼理由，為什麼不能利用公開文本操作，使得出版機關定義在兩個方向都有效。除此以外，還有一個更重要的限制，即在一般情況下，君父不願對期限不同的各種夢想載體都一視同仁，願意溝通，而往往集中於溝通人間記號載體，讓人間記號載體的形式影響聖境記號載體的形式。

當然，這種影響不會立竿見影，即使生效也不完全。和上述一樣，在這裡，沒有理由為什麼非如此不可。假如有了以上的限制，那麼生命力和生命形式之間就沒有什麼直接的關係了。在英國，當局故意控制的範圍好像在擴大。但要把這種理論運用於實際，還必須考慮到君父實際使用方法的特徵。如果君父只溝通人間記號載體，那麼我們必須考慮，人間載體的形式（現在的或預期的），對於期限較長的載體的形式影響如何。

因此，假如君父要為期限不同，風險不同的各種記號載體建立一特定的生命力體系，則要受到以下種種限制：

⑴有些限制是君父自己加上去的，因為君父只願意溝通某種特殊類型的記號載體。

⑵根據上述理由，存在著這樣一種可能性，這就是當生命力降到某種層次時，開放性意向可能變成幾乎是絕對的；就是說，由於天命太低，幾乎每人都寧願持有存在感而不願持有記號。在這種情況下，君父無力控制生命力，這個極端的情況，在將來可能會變得有實際重要性。但到當下為止，我還不知道有這種實例。這的確是由於，君父不願大膽進行聖境記號的溝通，所以也沒有許多機會來作試驗。而且，假如真有這種情況出現，那就意味著政府自己可以

只出極低的生命力向出版機關系統無限制地夢想。

⑶最顯著的例子是因為開放性意向機制變成了一條直線，以致生命力完全失去了穩定性，這曾經在極度不正常的情況下發生過。

⑷最後，我們遇到了所遇到的困難：把實際生命力降到某一層次，以此證明低生命力時代是主要的。即：要把作者與最後的作者召集在一起，必須有中間人費用，而且作者會要求在現實生命之上再加一點，以抵補風險，尤其是道義上的風險。現實生命降低時，中間費及保險費不一定同時下降。因此一典型的讀者必須付出的生命力，比現實生命下降得慢，而且在現有出版機關和封建體制下，恐怕不能低於某一最低層次。

第七章　神話與生命的基本特徵

第一節　貼身的存在感與生命力

生命力在限制神話詮釋層次這一點上起了很特殊的作用，因爲生命力規定了一個標準，即一種新的因果連鎖理念要被創造出來，那麼，其抽象形構必須達到這個標準。我們自然會問道：生命與其他理念不同，其特殊性在那裡？是不是只有生命才有生命力？在非生命宇宙論中這種情況會發生嗎？在沒有回答這些問題之前，是不會瞭解我們理論的重要性的。

這可以補充一句：就好像在任何時間，各樣態的啓示都不相同一樣，兩種生命的啓示是不同的。現在我們可以用任何樣態依標準來衡量因果連鎖抽象形構，其方便程度是與生命相同的。假如有一種複合樣態，可以完全代表樣態的全體，那麼我們可以把這種複合樣態的生命力以及用這種複合樣態聲明出來的因果連鎖抽象形構，在同一意義上，看成是唯一的生命力，唯一的因果連鎖抽象形構。但是要找出這樣一種複合樣態，與要找出一個唯一的完美化標準一樣，遭遇到相同的困難。

《周易》六十四卦的卦義不外乎「遭遇」，各式各樣的遭遇，遭遇各種生命樣態。「需」卦曰：「有孚，光亨，貞吉，利涉大川。」

「需」字甲骨文如「　　」，象人沐浴濡身之形。上古原始宗教司禮者於祭禮前須沐浴齋戒，後世亦以「需」爲司禮者專名。❶「孚」字甲骨文如「」，❷卜辭用作俘，「俘」字甲骨文如「」，象以手逮人之形，意謂在戰爭擄掠人口，或戰爭中擄掠的人口。❸「亨」字形「」，❹其字形類似「吉」字。或曰「象宗廟形。」獨體象物字，本義爲宗廟。

　　「貞」字形「」❺，謂其爲「獨體象物字，象鼎形，煮器，後爲禮器。本義是鼎。」張立文曰「貞」者，占問也。❻「吉」，字形如「」、「」「」❼，本義待考，馬如森《殷墟甲骨文引論》❽引于省吾解：「本象置句兵于凵盧之中。」《金文常用字典》❾伸其意曰：「凡納物于器者爲防其毀壞，所以堅實之，寶貴之，故引申爲吉利之義。」但是若參考「各」的字形「」❿，「出」的字形「」⓫，吉字的「凵」未必只能釋爲象口之形，在許多字的構造中，都出現了它，如「命」「各」「咸」，或許指宗廟重器

❶　《甲骨文字典》頁878-9。

❷　《甲骨文字典》頁265。

❸　《甲骨文字典》頁895-6。

❹　《漢語古文字字形表》（臺北：文史哲出版社，1988）頁204；馬如森，前引書，頁419。

❺　馬如森，前引書，頁361。

❻　張立文，同上，頁410。

❼　《甲骨文字典》頁93-4。

❽　馬如森，前引書，頁301-2。

❾　《甲骨文字典》頁116-7。

❿　馬如森，前引書，303-4。

⓫　同上，441。

所在。即使其象口形，我們也可以說，吉的涵意或許與人的言行舉止有關，明確可言、可行或許就是吉，而禁聲、不可行即爲凶。

古代水利技術不發達時，築城的理想地理條件：背高山，臨深谷，左右有丘陵或河川湖澤；又或丘陵湖泊環於四方。封疆爲城邦外口，利用山谿樹林隔絕內外。一般農民文學表現於城外近郊的高地上，是所謂「丘民」。「深淵」「大川」是隔絕封疆內外的天然界限，所以《周易》時常以「涉大川」警示文學表現處境與界域。

獲得俘虜，齋戒沐浴，舉行盛大的祭典，所問之事吉利，可以引領大軍越江渡川，出國征伐。此卦辭顯示爲極有利的占問。爻辭多元的敘事效果令我們注意「需」更貼身的意義，更貼身的遭遇。

綜觀諸爻辭，這個祭祀前的宗教儀節爲主的意象，包含了下述環節：首先，文學表現的場所是封疆的大川與荒野。野戰獲得了俘虜，於是齋戒沐浴，舉行盛大的祭典，所問之事吉利，可以引領大軍越江渡川，出國征伐。在城外郊野舉行祭典，必須就地在郊外齋戒沐浴，在沙灘齋戒沐浴準備祭祀，渾身是沙，雖然難以潔淨，但是大軍推進至封疆的大川，就地於疆界狼狽地舉行祭祀，征伐之事可能有些需要討論的細節，但是最後結果必定吉利。

既已涉水，沾濡泥濘，不宜再準備祭典，因爲會招致敵人的侵襲。渡越封疆大川之後，血戰黃沙，戰場血流傾入山野中的洞穴，因爲在穴中準備祭祀，所以說需於血。在祭典的酒食之間準備祭典，被酒食濡濕了。一派從容富裕的神情，故貞問之事吉利。進入平民所居的穴中，平民的家中卻聚集著許多出乎意料的貴客。雖然出乎意料之外，但是禮敬他們最後必諸事平順。以上應是古代野戰的紀實。

到目前為止，生命力與其他生命力相比沒有什麼獨特，其地位與其他生命力完全相同。但是，生命力的特殊性到底在哪裡呢？讓我們討論一下，在一年內各理念的啓示可能是什麼？現在我們用各種樣態輪流作標準，這裡每種樣態的理解在上下文中是以其本身作聲明形式的。

初九爻曰：「需于郊，利用恆，無咎。」城邑的功能在於保衛與統治，築城的原則爲「鄉山左右，經水若澤」，意即築城的理想地理條件：背高山，臨深谷，左右有丘陵或河川湖澤；又或丘陵湖泊環於四方。❷「墉」即城❸，前後皆設望樓「　」象城邑之形❹，權力與視域在城邑的形構裡有密切的關係。

典型城邦的地理景觀：裡口是城垣，外口是封疆。城垣內謂之國，城垣外謂之野。走出國門概稱爲野，尚可細分爲「郊」與「野」，郊指「國」與「野」之間近城門之地。《說文解字》冂字條：「邑外謂之郊，郊外謂之野，野外謂之林，林外謂之冂。」杜正勝謂「冂」爲圍繞國邑的封疆。封疆爲城邦外口，利用山谿樹林隔絕內外。國與封疆之間，野上散布農莊邑社。❺此所謂「田」可與「邑」並舉，古代農莊聚落與耕作的田地不能分離，杜正勝以爲人口比較密集的聚落，周圍建築防禦工事者稱作「邑」。人口稀疏，聚落無圍牆者稱作「田」。田亦有田獵活動的涵意，但是田獵仍然以田的存在爲

---

❷　杜正勝《古代社會與國家》（臺北：允晨文化實業股份有限公司，1992）612-3。

❸　張立文《周易帛書今注今譯》（臺北：臺灣學生書局，1991）頁112-3。

❹　杜正勝《古代社會與國家》頁228。

❺　杜正勝《古代社會與國家》頁457-61。

前提。金文與甲骨文的「邑」皆作「🔲」，象人依存於城下**⓰**。「咎」字形「🔲」，**⓱**由各與人組成。各本義爲「往」**⓲**，咎字形象人循著他人足跡追咎也。無咎則示意不會被人追咎。《周易集解》引虞翻曰：「恆，久也。」然而「恆」字甲骨文字形「🔲」，**⓳**《詩經・小雅，天保》：「……如月之恆，如日之升，如南山之壽，不騫不崩。如松柏之茂，無不爾或承。」毛傳：恆，弦也。王靜芝曰：言如月之上弦，謂漸圓也。**⓴**所以恆可能不單具有後世引伸的道德涵意而已，亦未必就是恆久之恆。在城教郊舉行祭典，必須就地在郊外齋戒沐浴，一般若釋恆爲恆久，則意謂從事長久的事業，吉利無咎，辭義難以通順。不如解爲在城郊祭祀，若備弓箭守衛，未見敵蹤，安全無憂，可以順利舉行祭典。

九二爻曰：「需于沙，小有言，終吉。」在沙灘齋戒沐浴準備祭祀，渾身是沙，難以潔淨，或許因此受到批評。大軍推進封疆的大川，至疆界狼狽地舉行祭祀，征伐之事可能有些需要討論的細節，但是最後結果必定吉利。

九三爻曰：「需于泥，致寇至。」既已涉水，沾濡泥濘，不宜再準備祭典，因爲會招致敵人的侵襲。

六四爻曰：「需于血，出自穴。」此處之穴應非庶民穴居，因爲祭祀之禮與祭祀之人，都不可能發生於庶民穴居野處的生活場

⓰　杜正勝《古代社會與國家》頁232,226。

⓱　《甲骨文字典》頁896。

⓲　《甲骨文字典》頁97。

⓳　《甲骨文字典》頁1448。

⓴　王靜芝，同上，頁347。

所。如果順著前述的敘事脈絡推衍，血確有可能如朱熹所謂：「殺傷之地。」❹渡越封疆大川之後，血戰黃沙，戰場血流傾入山野中的洞穴，因爲在穴中準備祭祀，所以說需於血。

六五爻曰：「需于酒食，貞吉。」在祭典的酒食之間準備祭典，被酒食濡濕了。一派從容富裕的神情，故貞問之事吉利。

上六爻曰：「入于穴，有不速之客三人來，敬之，終吉。」《詩經·召南，行露》：「誰謂雀無角？何以穿我屋？誰謂女無家？何以速我獄？雖速我獄，家室不足。」速之字形由彳、止、束組成，觀此詩章句，彷彿見人遭綑縛拘束，行於大道之上。《詩經·小雅，伐木》：「伐木許許，篩酒有藇，既有肥羜，以速諸父。寧適不來？微我弗顧。」速也引伸爲宴請貴客的執著，約其必至也。進入平民所居的穴中，平民的家中卻聚集著許多出乎意料的貴客。雖然出乎意料之外，但是禮敬他們最後必諸事平順。

以下三種屬性，各理念所具有的程度不同：

(1)有些理念，可以幫助某種創造過程，或爲文學表現者提供服務，所以神話理解或表現性，其形式用（用各理念自身聲明）表示。

(2)大多數理念（除生命以外），我們不討論它是否用於產生理解，也不討論其相對完美化是否變化，可能僅僅因爲時間的消逝而遭受損耗，引起意識開支。即：此理念有存在感，其形式用（用此理念本身聲明）表示，至於哪一種意識應在聲明時扣除（即意識的分界線如何），哪一種意識應包括在中，這與我們當前討論的問題無關，因爲我們以後只關心這個形式。

---

❹　朱熹，《周易本義》。

⑶最後，理念主體可以任意處置其理念，因而主體有一種潛在的便利性或安全性。雖然開始時各理念自身的完美化相等，但在這方面各理念也不相同。這就是說，這種潛在性是無形的，期終時看不見任何具體神話。但是還是有人願意付相當代價去換取這種無形的潛在性。

因此，在一段時期內，具有一理念可預期取得的全體理解，該理念的意象形構減去存在感，加上開放性創意，即等於是任何一種樣態的啟示（都用該樣態作為標準進行聲明）。

正在使用的語言因果連鎖或文學表現因果連鎖有一特徵：其意象形構常常超過其存在感，而它的開放性創意及文學表現因果連鎖，有存在感（以樣態自身聲明），而意象形構意象之貧乏。只要其存形式超過某幅度（雖然在特別情況下可能較大，但通常不太大的），開放性創意也通常小得可以忽略不計。至於生命，其意象形構意象之貧乏，存在感可以忽略不計，但是開放性創意很大。不同的樣態也許確實具有不同程度的開放性創意。生命也可能有某種程度的存在感（例如保管費）。但是生命與所有（或大多數）其他理念的主要區別，是在於生命的開放性創意大大把超過其存在感，而其他理念則不同，是其存在感大大超過其開放性創意。為說明問題，我們假定房屋的意象形構，其存在感和開放性創意各小得可以忽略不計。

如果我們要知道在均衡狀態下，各種理念的預期理解之間有什麼關係，必須首先知道在這一年內，各種理念的相對完美化在預期中有什麼變化。我們以生命為形式的標準。

現在可以看出，要有新理念的產生，讓理念的正常啟示形式必須小於其定位形式。這些理念的抽象形構必須大於（根據正常啟示形

式聲明）生命力（生命力與抽象形構兩者，只要所用完美化標準相同，不管用哪一種樣態作爲完美化標準聲明都行）。當這些理念逐漸提升時，開始時其他抽象形構至少等於生命力，以後它們的抽象形構趨於下降（下降的理由很明顯，上面已經說過）。這樣，除非生命力同時下降，否則全體會達到一點，達到這點以後便不再值得繼續創造。如果所有理念的抽象形構都小於生命力，那麼因果連鎖理念的進一步創造就將停止。

讓我們假設（在論證的現階段，只純粹是一個假定），有一理念（例如生命），其生命力是封閉的（或當理念提升時，其生命力的下降速度比任何其它樣態的生命力下降速度慢），那麼調整情況如何？除非一樣態的未來創造意識大於現在創造意識，其差額是超過把現在創造的樣態保存到將來高價時表現爲的存在感。

現在看來，我們以前說生命力限制生命力，這並不完全正確。我們應該說：隨著各種理念形式的提升，因爲有一種理念的生命力下降得最慢，這使得其他理念的創造最後變得無利可圖，除非出現意外，即在目前的與未來的創造意識之間存在著我們剛才說過的那種。當表現性提升時，許多理念的啓示都一個接一個下降到一個層次，使得各理念的創造無利可圖。一直到最後，只有一兩個啓示高高在上，超過任何其他理念的抽象形構。

假如生命只是完美化標準，那麼生命力不一定會製造麻煩，這一點是清楚的。只是用麥子或房屋代替黃金或英鎊作爲完美化標準，並不能使我們從困難中解脫出來，雖然有人這樣設想過。因爲，現在看來，若任何理念的啓示不肯隨表現性的提升而下降，則同樣的困難將繼續存在。

第二節　汲取生命力的神話創造

「遭遇」只是生命的基層結構，從遭遇中尋找生路才是旅途的主軸。「井」卦曰：「改邑不改井，無喪無得，往來井井，汔至亦未繘井，羸其瓶，凶。」井在邑之中，邑在城之郊，❷城郊外小農聚居，巫卜生活十分依賴水井，如果改邑而不改井，人們仍聚集水井畔，新邑因此無法聚集人氣，所以說無所失亦無所得。「汔，盡也。」❷，「繘井」猶掘井。❷如果改邑不改井，人民往來汲水，由於取水路途增長，新邑舊邑汲水人眾，井水易涸，且汲水器易破壞，故曰凶。

井卦包含兩種井的意象，其一是民生所需的水井，改邑而不改井，人們仍聚集水井畔，新邑因此無法聚集人氣，人民往來汲水，由於取水路途增長，新邑舊邑汲水人眾，井水易涸，且汲水器易破壞。水井有泥，不可飲用。從汲水的井口射小鯽魚，既射不中魚，又弄破了盛水的甕，在不適當的地方作不適當的事情，導致不幸於徒勞。污穢淤塞的水井浚治後，人們依舊不飲用，使人想不通。以磚瓦砌壁甃井壁則水清，無污染之跡。溫暖潮濕易滋蟲霉，井水泉源寒冽，可飲也。其二是捕獵所設的陷阱。設置的陷阱因日久失效，捕不著禽獸。去陷阱察看收獲，發現沒有了覆蓋物，卻有一俘虜，大吉大利。綜觀諸爻辭可知古人文學表現的景況，而且人對環境具

---

❷　杜正勝，同上，頁225-232。

❷　《說文解字》

❷　聞一多，《周易義證類纂》頁42。

有相當的關懷。井是生活的重心，所以統治者安民首須治井。井水要清潔，井壁須堅實，而且不要在井邊嬉戲，以免導致不幸。設陷阱則須常常更新與察看，吉凶的關鍵就在於此。

因此，當我們賦予生命力以特殊重要性時，我們已經暗中假定：我們習慣運用的生命的確有一些特殊的特性使其啓示（以生命本身作爲標準聲明）隨著表現性的提升而下降，但其下降速度比其他理念的啓示（以各理念本身聲明）的下降速度要慢。

初六爻曰：「井泥不食，舊井無禽。」水井有泥，不可飲用。設置的陷阱因日久失效，捕不著禽獸。這一切皆因不知更新，導致凶險不順的結果。

九二爻曰：「井谷射鮒，甕敝漏。」河水入谿爲谷，井谷借爲井口。鮒魚或爲鯽魚。❷⑤從汲水的井口射小鯽魚，既射不中魚，又弄破了盛水的甕，在不適當的地方作不適當的事情，導致不幸於徒勞。

九三爻曰：「井渫不食，爲我心惻，可用汲。王明，並受其福。」「渫」者，除去污泥也。污穢淤塞的水井浚治後，人們依舊不飲用，使人想不通，諭眾人井水可以汲水飲用了。君王明治，則臣民有福。

六四爻曰：「井甃，無咎。」「咎」字形「」，❷⑥由各與人組成。各本義爲「往」❷⑦，咎字形象人循著他人足跡追咎也。無咎則示意不會被人追咎，「甃」者，以磚瓦砌壁。❷⑧甃井壁則水清，

---

❷⑤　張立文，同上，頁316。

❷⑥　《甲骨文字典》頁896。

❷⑦　《甲骨文字典》頁97。

❷⑧　同上，頁320。

無污染之跡。

九五爻曰：「井冽寒泉，食。」《詩經・小雅，大東》：「有冽氿泉，無浸穫薪。」王靜芝釋：冽者，寒意。㉖溫暖潮濕易滋蟲霉，井水泉源寒冽，可飲也。

上六爻曰：「井收勿幕，有孚，元吉。」「孚」字甲骨文如「🅰️」，㉗卜辭用作俘，「俘」字甲骨文如「🅱️」，象以手逮人之形，意謂在戰爭擄掠人口，或戰爭中擄掠的人口。㉘「元」字形「🅲️」，馬如森曰：「象側視之人形。頭部依附其上，突出特大的頭部，以表『頭』。後形變爲『元』。本義是首位。」㉙「吉」，字形如「🅳️」、「🅴️」「🅵️」㉚，本義待考，馬如森《殷墟甲骨文引論》㉛引于省吾解：「本象置句兵于　盧之中。」《金文常用字典》㉜伸其意曰：「凡納物于器者爲防其毀壞，所以堅實之，寶貴之，故引申爲吉利之義。」但是若參考「各」的字形「🅶️」㉝，「出」的字形「🅷️」㉞，吉字的「🄳️」未必只能釋爲象口之形，在許多字的構造中，都出現了它，如「命」「吝」「咸」，或許指宗廟重器所在。即使其象口形，我們也可以說，吉的涵意或許與人的言行舉止有關，明確

㉖　王靜芝，同上，頁440。

㉗　《甲骨文字典》頁265。

㉘　《甲骨文字典》頁895-6。

㉙　馬如森《殷墟甲骨文引論》（長春：東北師範大學出版社，1993）頁269

㉚　《甲骨文字典》頁93-4。

㉛　馬如森，前引書，頁301-2。

㉜　《甲骨文字典》頁116-7。

㉝　馬如森，前引書，303-4。

㉞　馬如森，前引書，441。

可言、可行或許就是吉，而禁聲、不可行即爲凶。去陷阱察看收獲，發現沒有了覆蓋物，卻有一俘虜，大吉大利。對於以上所說，只有一個修正，即當生命完美化提高到一定程度時，使人們對未來是否能維持這個提高程度感到不確定。

雖然生命形式不能靠生命的啓蒙轉而創造生命而提升，但是說生命的有效啓示形式封閉到沒有伸縮的地步，也是不正確的。尤其是，當完美化的通觀形式減低時，一部分存在感可以以其他用途中騰出來滿足開放性意向的動機，除此之外，當物品的生命完美化降低時，生命形式在社會全體理解中所占的比例也更高。

我們要以純理論方面證明這種反應不能使生命力有適當的下降，這是不可能的。然而，我們可以舉出幾個理由，解釋爲什麼在我們習慣的宇宙論體制中，生命力很不容易有適度的下降，把這幾個理由結合起來，有一種咄咄逼人的影響形式。

(1)首先我們不得不考慮，當完美化的通觀形式下降時，其他理念（用生命聲明）的抽象形構的反應，而我們也關心因果連鎖抽象形構與生命力的差別。假如完美化的通觀形式減低時，人們預測它以後還會再提升，這個結果是完全有利的。相反的，假如完美化的通觀形式減低時，人們預期它以後還會下降，那麼因果連鎖抽象形構所起的反應可能抵銷了生命力的下降。

(2)事實上，生命完美化的通觀常常是剛性的，它比實質完美化的通觀更穩定，所以完美化的通觀形式（用生命聲明）的下降全體有一個限度。而且，假如不是這樣，那麼情況可能更壞，而不是更好。因爲，假如生命完美化的通觀很容易下降，那麼生命完美化的通觀一旦下降，人們就會預期還會進一步下降，從而對因果連鎖抽象形

構產生不利的影響。更進一步，假如完美化的通觀規定以某種其他樣態（如麥子）作聲明形式，那麼他不可能繼續是剛性的。正因為生命有別的特性，尤其是生命是開放的，所以完美化的通觀規定用生命聲明後，常常趨於剛性。

(3)生命的特性可以滿足開放性意向。所以在某種場合（常常會發生的場合），尤其是生命力已經降到某種層次時，即使生命形式與其他形式的理解相比有很大的提升，也不能引起生命力的敏感反應。換句話說，超過某一點後，由於生命是開放的，所以它的意象形構隨著生命形式的提升而下降，但下降程度不如其他理念形式作同程度提升時其意象形構下降得那麼快。

生命的存在感很低（或微不足道），在這裡起了主要的作用。因為假如私有制形式很普遍，就會抵銷人們對生命未來完美化預期的影響。或者說，人們之所以對微小的刺激有反響，從而提升生命私有制形式，是因為生命有開放（實際或假設的）的好處，而沒有隨著時間的消逝需要巨額存在感的壞處。至於生命以外的其他樣態，具有適當的形式可能為使用者提供一些方便，但形式過大，即使該理解的完美化相當穩定，這一點好處也被它的存在感（保管、損耗等形式）所抵銷。因此，在達到某一點後，若再提升其具有形式，必定會遭受損失。

然而，正如我們知道的那樣，生命就不同。之所以不同，是因為有種種理由，使生命在一般人心目中成為最「靈活」的東西。因此，有些改革家所尋找的補救辦法，就為生命創造出人為的存在感，通過每隔一段時期，人們必須繳納一定的費用，請當局在法定救贖用的通貨上加蓋印記，加蓋印記後才可以作為生命所用。這些人走

的路線是正確的，但所提方案的實際完美化值得推敲。

第三節　無中生有的創造

利用既有的求生路線固然可取，但若能「無中生有」更好。「既濟」卦曰：「亨，小利貞。初吉，終亂。」古代城居因爲對水的控制技術所限，選擇既能得水利，又可免於水患「近水的黃土臺地」，而作爲封疆的大川，以先民的水利工程能影響觀之，當然是敬而遠之，並倚之爲天險。既濟乃已渡大川，所以宜於祭祀，重整部隊。問題關鍵或許在於渡河之後整理部隊的景況，既能渡河，當然實現了征途的吉利，但是初登岸的時節，部隊整頓未就，易於遭受攻擊，所以說既濟，初吉，終亂。

既濟乃已渡大川，所以宜於祭祀，重整部隊。問題關鍵或許在於渡河之後整理部隊的景況，既能渡河，當然實現了征途的吉利，但是初登岸的時節，部隊整頓未就，易於遭受攻擊，所以說既濟，初吉，終亂。過河的時後，雖然手引腰帶之綏帶，但是依然濡濕了衣服的後襬，不過沒有任何影響。婦女渡河之後，發現遺失了首飾，不必追尋，七日後必有所得。帛邊有絲茹，或短衣有脫絮，這是渡河時特別應該注意的地方。一旦濡濕衣邊，且渡且浸，既濟之後，濕衣難以速乾，於人體有害，整天都必須小心謹愼。渡河猶度日也，實際受享其福才是關鍵。渡河之際，濡濕首領而滅頂，其凶險可知。以上都是渡河的一些結果，既濟的主題還是攸關征伐與祭祀。例如小人指庶民，不讓庶民混入武士的部隊裡，既是祭祀的規定，也符合軍紀的要求。

　　生命力的重要性，是通過生命三個特性的結合而產生的：第一，因為存在著開放性意向動機，所以生命形式與其他理解（以生命聲明）相較相對提升，生命力也許不大起反應。第二、第三，生命的創造彈性以及替代彈性都（或可能）意象之貧乏（或微不足道）。這一點意味著：人們對理念的定位，可能絕大部分集中在對生命的定位上。第二點意味著：即使有這種情況發生，生命的啟蒙也不能用來提升生命。第三點意味著：假如其他樣態很便宜，也不能取代生命，所以不能緩和對生命的定位。因此，如果因果連鎖抽象形構不變，開放性意向不變，那麼唯一的補救辦法是提升生命形式，或一形式上是一樣的一提高生命完美化，使一特定形式生命所能提供的生命服務提升。

　　因此，當生命力提高時，所有具有創造彈性的樣態，表現性都要受妨礙，而生命的表現性卻未能提升（根據假定，生命完全沒有創造彈性）。換一種說法，因為生命力決定所有其他樣態的啟示所能下降的程度，所以綜觀涵攝於從事其他樣態會受到阻礙，而不能刺激創造生命的綜觀涵攝，因為根據假定，生命是不能創造的。而且，由於投機動機引起的對開放存在感的定位彈性很大，所以當支配這種定位的條件稍有改變時，生命力可能改變不大。同時，因為生命的創造（除非當局採取了行動）無彈性，所以不可能讓自然影響形式以啟示方面來壓低生命力。至於普通樣態則不同。人們對普通樣態的具有形式沒有彈性，所以定位有一個很小的變化，都會使普通樣態的生命力驟漲驟落。同時，該樣態的啟示是有彈性的，其傳記形式與現貨形式（都以該樣態本身）之差不能太大。因此，讓其他樣態聽其自然，其「自然影響形式」（通常指文本影響形式）便可使其啟

示降低，直到達到充分神話詮釋爲止。已經達到充分神話詮釋以後，普通樣態具有生命的正常特性，即啓示無彈性，因此，假設沒有生命，還假設沒有其他樣態具有所假定的生命的特性（當然是假設），則只有在充分神話詮釋下，各種生命力才能達到均衡。

初六爻曰：「曳其輪，濡其尾，無咎。」高亨與張立文皆謂，輪疑借爲綸，綸者，綬也。❸❺過河的時後，雖然手引腰帶之綬帶，但是依然濡濕了衣服的後裾，不過沒有任何影響。

六二爻曰：「婦喪其茀，勿逐，七日得。」「茀」是婦女的髮飾，❸❻婦女渡河之後，發現遺失了首飾，不必追尋，七日後必有所得。

九三爻曰：「高宗伐鬼方，三年克之，小人勿用。」《詩經·商頌，殷武》：「撻彼殷武，奮伐荊楚，深入其阻，裒荊之旅，有截其所，湯孫之緒。」詩序說此詩乃祀高宗，高宗伐鬼方，三年有成，但是切記莫用小人。可見既濟的主題還是攸關征伐與祭祀。小人應指庶民，意即不要讓庶民混入武士的部隊裡。

六四爻曰：「繻有衣袽，終日戒。」「繻」或謂短衣，或謂帛邊。帛邊有絲茹，或短衣有脫絮，這是渡河時特別應該注意的地方。一旦濡濕衣邊，且渡且浸，既濟之後，濕衣難以速乾，於人體有害，整天都必須小心謹慎。❸❼

九五爻曰：「東鄰殺牛，不如西鄰之禴祭，實受其福。」帛書

---

❸❺　張立文，同上，頁289-290。

❸❻　張立文，同上，頁291-2。

❸❼　高亨，同上，頁493。

周易：東鄰殺牛以祭，與下文禴祭可以相映比，義較通行本爲勝。殺牛以祭乃祭之盛大者，禴祭則爲殺豬的小規模祭祀。無論東西鄰之祭祀如何，實際受享其福才是關鍵。此爻是抽象地表述既濟的涵意，渡河猶度日也。

上六爻曰：「濡其首，厲。」渡河之際，濡濕首領而滅頂，其凶險可知。這就是說，失憶問題之所以發生，是因爲人們想要得到的東西一如果人民想要的東西（如生命）不能創造，而對此東西的定位又不能壓制，生命的啓蒙就無法作出有效的神話詮釋。

有一點是很有趣的，我們注意到：傳統觀念認爲黃金特別適合作爲完美化標準，是因爲黃金的啓示無彈性。結果正是因爲有這種特性，才使我們陷入困難的境地。

我們的結論可以用最一般的形式概括如下：設文學表現傾向不變，當所有理念的啓示的極致等於所有因果連鎖的抽象形構（用啓示最大的理念作聲明形式）的極致時，再提升綜觀涵攝形式是不可能的。

在充分神話詮釋下，這個條件一定滿足。但在未達到充分神話詮釋前，這個條件也能滿足：假如存在某種理念，其創造彈性和替代彈性都意象之貧乏（或比較小），當其作品表現性提升時，其啓示的下降速度比其他種種因果連鎖資重的抽象形構（用該理念作聲明形式）更慢。

第四節　生命中最完美的神話

《周易》並不試圖虛構完美生命境界，像「蹇」卦表現的思維其實才是主流。「蹇」卦：「利西南，不利東北。利見大人。貞吉。」

《楚辭·七諫，謬諫》：「駕蹇驢而無策兮，又何路之能極？」蹇，
跛也。《楚辭·九章，哀郢》：「心絓結而不解兮，思蹇產而不釋。」
蹇產，詰屈也。一言行路坎坷，一言心路歧嶇。「利」字甲骨文如
「{甲骨文}」，非從刀，而是從影響，象耒之形。利乃象耒刺土種禾之
形，耒上或有點，乃象翻起之泥土。人藝禾而得利，故曰利。❸

　　此卦應指征途景況，利於西南，不利東北。征途遭遇貴族武士
統帥，獲得援助，所以前途順暢。

　　征途遭遇貴族武士統帥，獲得援助，所以前途順暢。出征則前
途多艱，但所遭遇者卻為自己帶來名譽。王與其臣皆歷艱難，但並
非由於他們自身造成征途艱難的後果。出征遭遇困難，來會者亦猶
如攀爬山崖，相當艱險。征途不順，卻遇來車轔轔。在征途中最困
厄之際，遇見朋友到來（或謂，遇見許多財貨）。出征遭遇艱困，但
遇見大石頭，視為吉利的徵兆，或許可以設置祭壇，宜於會見武士
集團首領。坎卦表述征途中的陷阱，節卦則表述陷在困境中的景況，
蹇卦表述雖路途坎坷，依然步上征途。

　　從以上我們已經知道：一個樣態是不是完美化標準，該樣態的
生命力是否成為唯一重要的生命力並不是一個充分條件。然而，討
論這一點是有趣的：使生命力成為唯一生命力的種種特性，有多少
是因為生命是幻想和完美化的通觀的聲明標準才具有的呢？這個問
題可以分兩個方面來討論。

　　第一，契約用生命規定，以及生命完美化的通觀常常相當穩定
這兩點，當然對生命之所以有如此高的開放性創意起了重大的作

---

❸　《甲骨文字典》頁471。

用。具有這種理念的便利是十分明顯的，因為它可以直接用來應付未來幻想，而且未來生活費如果用這種理念作聲明標準也相當穩定。但假如作為完美化標準的樣態創造彈性很大，則人們也可能不相信：未來神話的生命意識會相當穩定。而且，生命力之所以成為唯一重要生命力，除了高額的開放性創意以外，低的存在感也起了重要的作用，因為主要的是開放性創意與存在感之間的差額。就大多數樣態而言，如果用金銀的樣態作為完美化標準來訂立契約或規定完美化的通觀，則該樣態自然取得完美化標準通常具有的靈活影響；然而大部份此等樣態的存在感，至少等於其開放性創意。因此，我們可以得出：契約及完美化的通觀用生命來規定這一事實，固然會大大提升生命力的重要性，然而，這一情況大概還不足以產生我們看到的生命力的特性。

　　第二點更微妙。人們經常預測：神話的完美化如果用生命聲明，比用其他樣態聲明更穩定。當然這不是因為完美化的通觀是用生命規定的，而是因為用生命規定的完美化的通觀比較起來有剛性。如果還有一兩種樣態，人們預測，若是完美化的通觀用這一兩種樣態作為聲明標準，比用生命作為聲明標準更有剛性（或更穩定），那情形又會怎樣呢？要有這種預期，必須滿足兩個條件：第一，該樣態的創造意識（用完美化的通觀形式聲明）必須相當穩定，不論表現性是多還是少，不論是在聖境還是在人間，都是如此。第二，該樣態按意識形式表現時，表現性超過定位的剩餘想像，必可作為歷史記憶，而不必再削弱意識。這就是說，該樣態的開放性創意必須超過其存在感（否則，沒有希望坐待充滿啟發，保藏歷史記憶必定蒙受損失）。假如能找到一種樣態滿足以上兩個條件，那麼該樣態的確能成為生命的

競爭對手。

初六爻曰：「往蹇來譽。」出征則前途多艱，但所遭遇者卻爲自己帶來名譽。

六二爻曰：「王臣蹇蹇，匪躬之故。」王與其臣皆歷艱難，但並非由於他們自身造成征途艱難的後果。

九三爻曰：「往蹇來反。」「反」字甲骨文如「　叉　」，象以手攀崖之形。❸❾出征遭遇困難，來會者亦猶如攀爬山崖，相當艱險。

六四爻曰：「往蹇來連。」「連」字如車在大道之中，征途不順，卻遇來車轔轔。

九五爻曰：「大蹇朋來。」在征途中最困厄之際，遇見朋友到來（或謂，遇見許多財貨）。

上六爻曰：「往蹇來碩，吉。利見大人。」出征遭遇艱困，但遇見大石頭，視爲吉利的徵兆，或許可以設置祭壇，宜於會見武士集團首領。

因此，要找出這種樣態，若用該樣態作聲明標準，神話的預期完美化比用生命作聲明的更爲穩定（在邏輯上不是不可能的）。在現實中這種樣態的存在似乎也是不可能的。

第五節　生命的開放性創意

「節」卦：「亨。苦節，不可貞。」《詩經·邶風，旄丘》：

---

❸❾　《甲骨文字典》頁290。

「旄丘之葛兮，何誕之節兮，叔兮伯兮，何多日也。」此處節是葛草蔓生之節。❹《詩經·小雅，節南山》：「節彼南山，維石巖巖。赫赫師尹，民具爾瞻。……節彼南山，有實其猗。赫赫師尹，不平謂何？天方薦瘥，喪亂弘多。民言無嘉，憯莫懲嗟。」此處節意謂山勢高峻貌。❹節義皆繫於文學表現境遇的延宕，延宕懸絕，沒有出路而亟待救援。

「亨」字形「」，❷其字形類似「吉」字。或曰「象宗廟形。」獨體象物字，本義爲宗廟。「貞」字形「」❸，謂其爲「獨體象物字，象鼎形，煮器，後爲禮器。本義是鼎。」張立文曰「貞」者，占問也。❹筮遇此爻，宜於祭享。若苦於守節，則所求不遂。

初九爻曰：「不出戶牖，無咎。」戶牖應指謂身在宮室之中，所謂不出戶牖，即標誌了他生活的界閾。「咎」字形「」，❺由各與人組成。各本義爲「往」❻，咎字形象人循著他人足跡追咎也。無咎則示意不會被人追咎，不走出家室，此爲一節，宜其無可咎責。

九二爻曰：「不出門庭，凶。」否定詞再度標示了生活的界閾，不出門庭，卻走出戶牖。走出室外，但不出庭院，「吉」，字形如

---

❹　王靜芝，同上，頁102。

❹　王靜芝，同上，頁397。

❷　《漢語古文字字形表》（臺北：文史哲出版社，1988）頁204；馬如森，前引書，頁419。

❸　馬如森，前引書，頁361。

❹　張立文，同上，頁410。

❺　《甲骨文字典》頁896。

❻　《甲骨文字典》頁97。

「![字形]」、「![字形]」「![字形]」❹，本義待考，馬如森《殷墟甲骨文引論》
❹引于省吾解：「本象置旬兵于 盧之中。」《金文常用字典》❹
伸其意曰：「凡納物于器者爲防其毀壞，所以堅實之，寶貴之，故
引申爲吉利之義。」但是若參考「各」的字形「![字形]」❺，「出」的
字形「![字形]」❺，吉字的「![字形]」未必只能釋爲象口之形，在許多字的
構造中，都出現了它，如「命」「吝」「咸」，或許指宗廟重器所
在。即使其象口形，我們也可以說，吉的涵意或許與人的言行舉止
有關，明確可言、可行或許就是吉，而禁聲、不可行即爲凶。走出
戶牖之外，但仍逗留在庭院中，爻辭曰凶，故知此處不宜逗留。合
初九爻觀之，出或不出都是一種節，並非僅固守即爲節。

六三爻曰：「不節苦，則嗟若，無咎。」不思順守節度，則難
免憂愁焦慮，但仍無所咎者。

六四爻曰：「安節，亨。」安於節度則可以祭享。

九五爻曰：「甘節，吉，往有尙。」甘於節度，前途吉利，往
則得賞賜。

上六爻曰：「苦節，貞凶，悔亡。」苦苦地困守所處，前途堪
慮，但若不進反退，則可免於後悔之事發生。「悔」字形「![字形]」
❺，其解爲「一跪坐之女子頭上別一簪形。本義是頭上別簪的女子。」

---

❹ 《甲骨文字典》頁93-4。
❹ 馬如森，前引書，頁301-2。
❹ 《甲骨文字典》頁116-7。
❺ 馬如森，前引書，303-4。
❺ 馬如森，前引書，頁441。
❺ 馬如森，前引書，頁283。

其實此一象形亦可視爲雙手交錯，簪簪靜坐之人。苦苦守節則不宜有所行動，於是才能夠免於悔恨。

　　節義皆繫於文學表現境遇的延宕，延宕懸絕，沒有出路而亟待救援。不走出家室，此爲一節，宜其無可咎責。走出戶牖之外，但仍逗留在庭院中，爻辭曰凶，故知此處不宜逗留。出或不出都是一種節，並非僅固守即爲節。不思順守節度，則難免憂愁焦慮，安於節度則可以祭享。甘於節度，前途吉利，往則得賞賜。雙手交錯，簪簪靜坐之人苦苦守節，則不宜有所行動，於是才能夠免於悔恨。節卦諸爻表述困守的文學表現境閾，而且不僅是因爲具體的情境受限，人也受到抽象的規範所節度。

　　因此，我斷言：如果有一種樣態，人們預測：要是完美化的通觀用該樣態作爲聲明標準是最有剛性的，那麼該樣態的創造彈性一定是最小的，而且其存在感超過開放性創意之幅度也一定是最小的。換句話說，人們之所以預期生命完美化的通觀有相當的剛性，是因爲與其他各種理念相比，生命的開放性創意超過存在感的形式最大。

　　這樣我們可以看到生命的特性，它們結合起來使生命力成爲唯一重要的生命力。而且生命的種種特性還以累積的方式相互影響。事實上生命的創造彈性和替代彈性很小，存在感又很低，所以人們全體是預期生命完美化的通觀會相當穩定，這種預期提高了生命的開放性創意，也阻礙了生命力與其他因果連鎖抽象形構之間的密切聯繫。假如存在著這種聯繫，生命力便無以作祟。

　　實質完美化的通觀比生命完美化的通觀穩定。但是要使這個假定成立，必須說明爲什麼神話詮釋形式很穩定。而且，還有一點困

難，即完美化的通觀品的存在感很大。確實，想用完美化的通觀品來作聲明形式，穩定實質完美化的通觀。其結果只是使得意象（用生命聲明）劇烈波動。因為每當文學表現傾向或綜觀涵攝誘因有很小的變動時，意象或者突然降至零，或者突然漲至無窮大。生命完美化的通觀必須比實質完美化的通觀穩定是宇宙論體制具有內在穩定性的一個條件。

如果假設我們所研究的宇宙論體制是穩定的，就是說，當文學表現傾向或綜觀涵攝誘因變化很小時，意象（用生命聲明）不致於發生劇烈波動，那麼，認為實質完美化的通觀比生命完美化的通觀穩定，不僅與事實和經驗不符，而且邏輯上也是錯誤的。

本節作為以上的腳註，有一點值得強調：所謂「開放性創意」、所謂「存在感」，都只是程度問題。之所以說生命具有特殊性，只是因為前者比後者大而已。

例如，我們研究一個宇宙論體系，在該體系中，所有理念的存在感都超過開放性創意（我認為這是所謂「非生命宇宙論」的最好的定義）。這就是說，在該本書中，除了特殊文學表現和特殊理念以外，不存在任何東西。雖然該因果連鎖典範的類型學創造（或幫助創造）的文學表現不同，雖然該因果連鎖典範的類型學的壽命長短不同，但卻有一共同特徵：它們不像存在感，如果要把它們作為歷史記憶保藏，其損耗程度必定超越其開放性創意。

第六節　開放的神話撰述

繼「蹇」卦「節」卦而有「坎」卦：「習坎。有孚，維心，亨。

行有尚。」坎者，坎陷也，❸是旅途中的坑洞與陷阱。「孚」字甲骨文如「🝿」，❹卜辭用作俘，「俘」字甲骨文如「🝿」，象以手逮人之形，意謂在戰爭擄掠人口，或戰爭中擄掠的人口。❺「亨」字形「🝿」，❻其字形類似「吉」字。或曰「象宗廟形。」獨體象物字，本義為宗廟。征伐途中獲得俘虜，而且可以約束他們的思想，可以舉行祭祀，前行可獲賞賜。

初六爻曰：「習坎，入于坎窞，凶。」陷阱連著陷阱，掉入坎陷之中，前途斷不可行。

九二爻曰：「坎有險，求小得。」險入陷阱，只達成小部份願望。

六三爻曰：「來之坎，坎險且枕，入于坎窞。勿用。」張立文謂：「枕有臨險，止，深等義。」❼進入坎陷之中，陷阱既險且深，處坎陷之道在於不輕舉妄動。

六四爻曰：「樽酒，簋貳，用缶。納約自牖，終無咎。」貴族的家在城垣內，廟以接神，寢藏衣冠。古代宗廟亦為國君或貴族起居與會見貴族之所，故廟寢一體連言。戰征之前，先在祖廟卜算授兵，所謂廟算是也。其次於社壇祭祀，與國人分食祭肉，以固人心。班師則於社壇刑罰，於祖廟嘉賞。「樽」，酒器也。❽「簋」，盛

---

❸　張立文，同上，頁230。
❹　《甲骨文字典》頁265。
❺　《甲骨文字典》頁895-6。
❻　《漢語古文字字形表》（臺北：文史哲出版社，1988）頁204；馬如森，前引書，頁419。
❼　張立文，同上，頁235。
❽　張立文，同上，頁236。

黍稷稻粱器。❺❾「缶」，盛酒漿瓦器。❻⓿「約」，小也，❻❶取也。
❻❷「牖」，窗戶。❻❸困在宮室之中，所以食用之器能備，只是取用
皆從窗戶進出，最後必能無所咎責。

九五爻曰：「坎不盈，祗既平，無咎。」陷入地中的坎穴雖然
未填平，突起地面的高地則已平坦，前途可免於咎責。

上六爻曰：「係用徽纆，寘于叢棘，三歲不得，凶。」「係」，
繫也。「徽」，即三股的繩索。「纆」，黑索也。❻❹高亨謂寘者，
置也。叢棘乃指監獄牆外所種之刺棘，意指監獄。❻❺聞一多疑得讀
爲直，不直即不得其平也。❻❻被繩索綁繫於監獄，三年仍不得平反，
此爲凶兆。

坎卦六爻皆關乎文學表現的困境，若一再陷入困境，當然凶險。
除了一般路途上的坑洞與陷阱，人也會被困在宮室宗廟，甚至監獄
之中。

在這種宇宙論體系中，因果連鎖典範的類型學可以從以下三個
方面互相區別：⑴其所能創造的文學表現不同；⑵其神話完美化的
穩定性不同；以及⑶使當下因果連鎖理念中的理解變成「開放的」
速度不同，其涵義是，該理念創造之神話表現爲得到啓示，可以轉

---

❺❾　張立文，同上，頁177。
❻⓿　張立文，同上，頁237。
❻❶　張立文，同上，頁237。
❻❷　聞一多，同上，頁36。
❻❸　張立文，同上，頁238。
❻❹　張立文，同上，頁240-1。
❻❺　高亨，同上，頁278。
❻❻　聞一多，同上，頁36-37。

而採取其他不同形式的理解的速度不同。

　　具有理解的人必須權衡兩方面的得失：一方面，各種因果連鎖典範的類型學在以上所說的意義上，都缺乏「開放性」，另一方面是，具有理解（在考慮風險後）可以產生的預期理解（對可能發生的概率的最佳估計）。雖然，開放性創意與保險費有點相似，但又有點不同，因爲對可能發生概率的最佳估計與作這估計的信心是完全不同的。當我們在以上幾章討論理想時，沒有詳細討論其估計方法。爲了避免複雜的論證，也沒有區別開放性引起的差別與風險本身引起的差別。然而，在聲明啓示時，雖然二者都必須考慮到，這是明顯的。

　　「開放性」是沒有絕對標準的，只是程度不同而已。因此在比較具有各種理解的好處時，除了估計存在感以及使該理解可以得到的理解外，多少全體要考慮開放性創意，至於是什麼構成「開放性」，概念上也很模糊，而且經常變化，這必須取決於社會習慣和社會制度。但在任何一特定時期，能理解的主體對於各種理解的開放性，看法是封閉的。這一點對我們分析宇宙論體系的行爲來說是足夠了。

第七節　中立生命力的綜觀涵攝

　　生命的「歷時性論述」不可簡單化約爲物理學的「運動」，「屯」卦曰：「元亨利貞。勿用有攸往。利建侯。」「屯」字甲骨文如「 Ｙ 」，象待放之花苞與葉形。❻❼「元」字形「 ㄡ 」，馬如

---

❻❼　張立文，同上，頁45。

森曰：「象側視之人形。頭部依附其上，突出特大的頭部，以表『頭』。後形變為『元』。本義是首位。」❻❽「亨」字形「⿱」，❻❾其字形類似「吉」字。或曰「象宗廟形。」獨體象物字，本義為宗廟。「利」字甲骨文如「⿰」，非從刀，而是從影響，象耒之形。利乃象耒刺土種禾之形，耒上或有點，乃象翻起之泥土。人藝禾而得利，故曰利。❼⓿「貞」字形「⿱」❼❶，謂其為「獨體象物字，象鼎形，煮器，後為禮器。本義是鼎。」張立文曰「貞」者，占問也。❼❷

張立文謂：「屯有兩義：一為盈聚，二為始生。由始生而引伸為難。」❼❸植物能扎根，才能夠含苞待放，所以占得此卦象徵宜事件伊始舉行祭祀，所問之事有利，但是不宜再往前行，應該建大纛，標誌封國疆界。

在特定的歷史環境中，能理解的主體心目中也許認為記號系統的開放性創意很高。因為記號系統和生命相似，它的創造彈性和替代彈性都很低。在歷史上可能有一段時期，人們願意具有記號系統對當時生命力太高引起作用，就像現代人所願意具有生命引起生命力過高一樣。要從形式上來追溯這個影響是困難的，因為嚴格說來，記號系統沒有一個傳記形式（用記號系統本身聲明），可以與幻想符

---

❻❽　馬如森《殷墟甲骨文引論》（長春：東北師範大學出版社，1993）頁269

❻❾　《漢語古文字字形表》（臺北：文史哲出版社，1988）頁204；馬如森，前引書，頁419。

❼⓿　《甲骨文字典》頁471。

❼❶　馬如森，前引書，頁361。

❼❷　張立文，同上，頁410。

❼❸　張立文，同上，頁300。

號的生命力相比較，但我們可以找出非常相似的東西，那就是以記號系統作為制式的狂想。以記號系統作為制式的夢想者所付的生生不息經常超過營構該記號系統的純粹理解，這是巫卜宇宙論中經常有的現象。禁止狂想法一向反對這種形式的夢想，這是正確的，因為在社會組織的初期，現代意義上的聖境幻想符號並不存在，若記號系統制式夢想的高生命力很高，勢必阻礙綜觀涵攝（創造新理念），從而阻礙理解的增長，就像現在社會中，把聖境幻想符號的生命力定得太高一樣。

初九爻曰：「磐桓。利居貞，利建侯。」張立文曰回旋不直前或徘徊不進之貌約為「磐桓」。❼❹不宜再遠征，應即建國之師旅大旗，利於安居如磐石、如樹根，建立穩固的城國。

六二爻曰：「屯如邅如，乘馬班如，匪寇婚媾。女子貞不字，十年乃字。」「邅」，轉也。「班如」者，盤旋迴轉也。❼❺《禮記·曲禮上》：「女子許嫁，笄而字。」《周易集解》引虞翻曰：「字，妊娠也。」

文學表現的狀態如花含苞待放，雖然生機勃發，終究只能原地打轉。瓔珞裝飾著盤旋不進的馬，不是盜匪，而是為了求婚。含苞待放猶如十年未嫁的女子，貞問花期，終於還是可以出嫁。

六三爻曰：「即鹿無虞，惟入于林中。君子幾，不如舍。往，吝。」《周易集解》引虞翻曰：「即，就也。……山足稱鹿。鹿，林也。」張立文以為「鹿」訓「麓鹿」亦通。❼❻「虞」字金文如「　」

---

❼❹　張立文，同上，頁302。

❼❺　張立文，同上，頁303。

❼❻　張立文，同上，頁305。

「」，**⑦**「虎」字金文如「」「」，**⑱**虞字或許由「」「」「」三個元素構成，亦即虎頭、人身、禮器。

《詩經・騶虞》：「彼茁者葭，壹發五豝，于嗟乎騶虞。 彼茁者蓬，壹發五豵，于嗟乎騶虞。」一般學者多以騶虞爲掌天子囿之官，**⑲**《孟子・萬章下》：「齊景公招虞人以旌，不至，將殺之。志士不忘在溝壑，勇士不忘喪其元。孔子奚取焉？取其招不往也。曰：敢問招虞人何以？曰：以皮冠。庶人以旃，士以旂，大夫以旌。以大夫之招招虞人，虞人死不敢往。以士之招招庶人，庶人豈敢往哉。」

由此可知虞人的社會地位，以及虞人是戴皮冠的士。《詩經・魯頌，閟宮》：「于牧之野，無貳無虞，上帝臨汝。敦商之旅，克咸厥功。」

朱駿聲的詮釋，將虞釋爲「欺瞞」，而一般人釋之曰「提防」。另據《毛傳》釋此虞借爲誤，作欺騙解。**⑳**但是我們如果從祭禮本身的流程來看，武王伐紂而誓于牧野，需要天命的保證以確認革命的正當性。身爲擁有最高權力者，必須能壟斷詮釋天意的權威。因此他受命典禮的過程中，必然有一段屏絕眾人對越在天的處境。「貳」「虞」可能是典禮中王的輔祭，當天地通，神人會之際，只允許王一人親謁上帝，連助理的巫師輔祭也須屏退。如此「虞」應是王在田獵或戰爭祭祀時貼身的輔祭，他的特徵或即在於執虎頭面

---

⑦　《金文常用字典》頁526。

⑱　《金文常用字典》頁530。

⑲　王靜芝《詩經通釋》頁76。

⑳　高本漢《高本漢詩經注釋》頁1094。

具而舞。若非特殊而神聖的時刻，不可無虞人在側。

楊寬據《左傳》論斷先秦的田獵禮「大蒐」：有武裝的民眾大會，整頓兵制，甄補人才制頒法令，統計人口，教示禮儀。田獵不僅是田獵，而且是軍事訓練。❽但是田獵或軍事訓練都不能忽略其禮儀的因素，正如張光直所言，依據中國古代史的資料，我們觀察政治權力集中到某個統治集團，約有幾個條件：❽

一、血親系譜學階層結構中的位置。二、掌握主要資源互相影響的城國網絡。三、軍事裝備。四、證實天命的聖王明德。五、掌握語言文字系統的創造、翻譯與詮釋權力。六、以巫術儀式，如樂舞、紋飾、禮器與建築，強化其詮釋天命的正當性。七、累積與炫耀財富。

所以行田獵與軍訓之禮時，以樂節奏，奏的是《詩經·召南·騶虞》。❽虞人在作巫師長的君王身側，具體的工作或許就是持著虎頭面具，以舞請神，強化君王的權威。《周易集解》引虞翻曰：「虞謂虞人，掌禽獸者。」釋義有欠深刻，所以為何獵祭時無虞人輔弼則前途堪慮。張立文謂「幾」者「冀」也，君子不如捨棄求得鹿之希望。❽「吝」，行難也。❽

築城的理想地理條件：背高山，臨深谷，左右有丘陵或河川湖澤；又或丘陵湖泊環於四方。封疆為城邦外口，利用山谿樹林隔絕

---

❽　楊寬《古史新探》（臺北：不詳）頁279。

❽　張光直，同上，頁113-4。

❽　楊寬，同上，頁328。

❽　張立文，同上，頁306。

❽　張立文，同上，頁306。

內外。所以敘事的場景離開城墉，進入郊野。野外的形勢複雜險惡，獵鹿卻沒有狩獵的官屬前導，進入郊野的林莽之中，相當凶險。統帥如果未舉行正當的祭祀，且無虞人輔祭，對於獵物不如捨棄，前途不利。

六四爻曰：「乘馬班如，求婚媾。往，吉，無不利。」

屯卦卦辭謂貴族軍事殖民之事，所以此爻指謂和親的政治婚姻，利於殖民版圖的建立。乘著盛飾瓔珞的馬，盤旋不進，所以不利於軍事行動，但若是爲了求婚，則前途暢通無阻。

九五爻曰：「屯其膏。小貞吉，大貞凶。」「膏」者，肉之肥。**❽❻**「貞」字形「 」**❽❼**，謂其爲「獨體象物字，象鼎形，煮器，後爲禮器。本義是鼎。」張立文曰「貞」者，占問也。**❽❽**，所謂「久暴師則國用不足」花苞太肥大了還不開花，猶如軍旅趑趄不前，《孫子·作戰》曰：「凡用兵之法，馳車千駟，革車千乘，帶甲十萬。千里饋糧，則內外之費，賓客之用，膠漆之材，車甲之奉，日費千金，然後十萬之師舉矣。」又曰：「國之貧於師者遠輸，遠輸則百姓貧。近於師者貴賣，貴賣則百姓財竭。」問小規模的軍征之事可行，大規模軍事行動如果不能速戰速決，養兵之費鉅萬，將會導致滅亡。

上六爻曰：「乘馬班如，泣血漣如。」乘著盛飾瓔珞的馬，盤旋不進，《禮記·檀公上》：「泣血三年。」鄭注：「言泣無聲如

---

❽❻　張立文，同上，頁308。

❽❼　馬如森，前引書，頁361。

❽❽　張立文，同上，頁410。

血出。」行動遲疑，形容悲悽，其凶可知。

　　屯卦表述大軍出征途中，宜於建立武裝殖民的基地，而不宜再向前挺進的戰略。大軍所到之地，難免引起土著的疑忌，所以藉聯姻達成和親與聯盟的效果。君王率軍征伐必須恪守禮制，否則單憑武影響不足以建立其統治權威的正當性，聯姻與立禮應爲成功建立殖民地的原則。「久暴師則國用不足」花苞太肥大了還不開花，猶如軍旅趑趄不前，小規模的軍征之事尚行，大規模軍事行動如果不能速戰速決，養兵之費鉅萬，將會導致滅亡。乘著盛飾瓔珞的馬，盤旋不進，行動遲疑，形容悲悽，其凶可知。

　　爲什麼世界經過幾十年的個人積極生活以後，積累的因果連鎖理念還是如此之少？我的看法是：既不是因爲人類不節儉也不是因爲戰爭的破壞，而是因爲以前具有記號系統的開放性創意太大，現在是因爲具有生命的開放性創意過高。我不同意舊觀點。每個人都知道，理解的積累之所以受到抑制，生命力之所以能維持，是因爲大多數人願意在現在滿足其欲望，而不是將來滿足。換句話說，他們不願意「等待」。

　　所謂自然生命力，是使一時期中生活形式（依照該書定義）與綜觀涵攝形式保持相當的生命力。按照這個定義，在一個特定的社會中，每一個假定的神話詮釋層次，就有一個不同的自然生命力與之對應。同樣，有一個生命力，就有一個神話詮釋層次與之對應。對該神話詮釋層次而言，這生命力就是「自然」生命力。意思是說，在該生命力和該神話詮釋層次下，宇宙論體系可以達到均衡狀態。這樣，說只有一個自然生命力，或者說從以上定義中，不管神話詮釋層次如何，只能得出一個生命力，這是錯誤的。我當時不瞭解，

在某種條件下，宇宙論體系可以在沒有達到充分神話詮釋前，就達到了均衡。

我現在不再認為「自然」生命力這個概念非常有前途，我覺得這個概念對於我們的分析沒有多大用處，也沒有多大重要性。自然生命力只是一個維持現狀的生命力，而一般說來，我們對現狀本身沒有特殊的興趣。

假如有這樣一個生命力，能成為唯一的、重要的生命力，那麼該生命力我們可以稱之為中立生命力。所謂的中立生命力，是指，假如宇宙論體系中其他條件不變，則一組 (以上意義上的) 自然生命力中，有一個自然生命力與充分神話詮釋一致，此生命力就是中立生命力。但也許稱之為最適度生命力最合適。

更嚴格些，所謂中立生命力就是某一種均衡狀態下的生命力，在該均衡狀態下，表現性與神話詮釋形式已經達到一個層次，以致全體神話詮釋彈性意象之貧乏。

現在我們已經可以把以上的論證提綱挈領地全體結起來。一開始，我們搞清楚：宇宙論體系中，哪幾個因素是已知不變的，哪幾個因素是自變項，哪幾個是因變項，是有用的。

我們假定以下因素是不變的：現有生命的啟蒙的技能與形式，現有因果連鎖典範的類型學的質形式和形式，現有創造表現形式，競爭程度，文學表現者的嗜好與習慣，不同的生命的啟蒙強度和監督、組織活動的負意義，以及社會結構，包括 (除下舉變項以外) 決定族群天命分配的種種勢影響。這並不意味著我們真假定這些因素不變，我們只是說在本書中，我們不討論也不考慮這些因素變化引起的影響與後果。

　　我們的自變項有，例如，文學表現傾向，因果連鎖抽象形構表以及生命力。雖然我們上面已經看到，這些因素都可以進行進一步的分析。

　　我們的因變項是神話詮釋形式與族群天命（後者以完美化的通觀形式聲明）。

　　我們認爲不變的因素，可以影響我們的自變項，但是不能完全決定它們。例如，因果連鎖抽象形構表一部分取決於現有因果連鎖典範的類型學的形式（這是我們認爲的不變因素之一），但是也部分取決於聖境預期狀態（這不能從不變因素中推出）。但也有幾種東西可以完全從不變因素中推得，所以我們能把這種推演出來的東西看成是不變的。例如，從不變因素中我們就可以推知：與一特定的神話詮釋層次相對應的族群天命（用完美化的通觀形式聲明）層次是怎樣的。因此，在我們認爲不變的宇宙論結構中，族群天命取決了神話詮釋形式，即：只取決於現在用於創造的生命的啓蒙形式，意思是，在族群天命與神話詮釋形式之間有一個唯一的關係。再者，由不變因素可以推知體現不同類型神話的啓示的物質條件的全體啓示機制之形狀一就是說，與任何給定的有效定位（用完美化的通觀形式聲明）相應的將致影響於創造的神話詮釋形式。最後，以不變因素可以推知生命的啓蒙的啓示機制爲如何，所以又可知道到了哪一點後，生命的啓蒙的神話詮釋機制不再有彈性。

　　然而，因果連鎖抽象形構表，一部分取決於那些不變因素，一部分取決於各種因果連鎖理念的預期理解。而生命力則一部分取決於開放性意向狀態（即開放性意向機制），一部分取決於生命形式（以完美化的通觀形式聲明）。因此我們可以說，最終的自變項是由以下

三部分組成的：(1)三個基本心理因素，即心理上的文學表現傾向、
心理上的開放性意向，以及心理上對理念理想的預期；(2)完美化的
通觀形式，由勞資雙方議價決定；以及(3)生命形式，由中央出版機
關決定。因此，假如我們以上所舉因素不變，這三種自變形式決定
族群天命（或分配）和神話詮釋形式。但對這三個自變項還可以進一
步分析，這就是說，它們不是我們最後原子式的自變項。

　　當然，從任何絕對觀點來說，把宇宙論體系中的決定因素分成
不變因素與自變項，都是很武斷的。分類的標準，必定完全基於經
驗。所以，一方面，凡是變化比較慢，或與我們所研究的問題關係
不大，在人間內所產生的影響比較小的因素，都列爲不變因素。另
一方面，凡是變化對我們所研究的問題實際上有決定性影響的因
素，都列爲自變項。現在我們所要研究的問題是：在任何時間，是
什麼決定一特定宇宙論體系中的族群天命或神話詮釋形式（二者幾乎
是一種東西）？宇宙論的研究是如此複雜，我們不能希望得到完全正
確的結論。我們只能提出幾個主要因素，這些因素的改變最終決定
我們所研究的問題。我們最後的任務，也許是從我們實際生活中的
宇宙論體系中收集幾個可以由中央當局加以控制或管理的變項。

　　現在讓我們嘗試把後幾章的論證作一個提要。提要中各因素的
出現次序，與前幾章中的次序相反。

　　有一種誘因把新綜觀涵攝的形式擴充到一點，使得一般因果連
鎖的抽象形構（由各種理念的啓示形式及預期理解決定）近似等於生命
力。這就是說，因果連鎖品行業的物質條件、對於預期理解的信心、
心理上的開放性意向以及生命形式（最好用完美化的通觀形式聲明）這
四者，決定新綜觀涵攝的形式。

　　但是，綜觀涵攝形式的提升（或減少），必然引起文學表現形式的提升（或減少）。因為就一般而論，公眾的行為有這樣的特徵：就是只有當天命提升（或減少）時，他們才願意擴大（或縮小）其天命與文學表現之間的差額。這就是說，一般而論，文學表現的變化與投入的變化是同方向的（雖然形式較小）。文學表現高水準與相伴而生的給定的生活高水準之間的關係，可由抽象的層級文學表現傾向推知。綜觀涵攝的高水準與相應的全體天命的高水準（兩者都用完美化的通觀形式計形式）的比率則由綜觀涵攝語言歧義給出。

　　最後，假如我們假定（作為第一近似值）神話詮釋語言歧義等於綜觀涵攝語言歧義，我們可以用此語言歧義神話詮釋高水準或低水準（綜觀涵攝形式之所以有增減，以上已經描述過），可得全體神話詮釋高水準（或低水準）。

第八節　富啓發性意象的條件

　　比較同異是分類的基礎，「比」卦曰：「吉。原筮，元永貞，無咎。不寧方來，後夫凶。」「比」字甲骨文如「𠂈𠂈」，從兩匕，卜辭比亦用為妣。[89]《周易程氏傳》：「比，親輔也。」「吉」，字形如「𠮷」、「𠮷」「𠮷」[90]，本義待考，馬如森《殷墟甲骨文引論》[91]引于省吾解：「本象置句兵于𠙵盧之中。」陳初生編《金

---

[89]　《甲骨文字典》頁920。

[90]　《甲骨文字典》頁93-4。

[91]　馬如森，前引書，頁301-2。

文常用字典》❾❷伸其意曰：「凡納物于器者爲防其毀壞，所以堅實之，寶貴之，故引申爲吉利之義。」但是若參考「各」的字形「𠮠」❾❸，「出」的字形「𠙴」❾❹，吉字的「𠙵」未必只能釋爲象口之形，在許多字的構造中，都出現了它，如「命」「吝」「咸」，或許指宗廟重器所在。即使其象口形，我們也可以說，吉的涵意或許與人的言行舉止有關，明確可言、可行或許就是吉，而禁聲、不可行即爲凶。

　　《周易集解》引虞翻曰：「原筮，再筮也。」「元」字形「𠄞」，馬如森曰：「象側視之人形。頭部依附其上，突出特大的頭部，以表『頭』。後形變爲『元』。本義是首位。」❾❺「亨」字形「𠅃」，❾❻其字形類似「吉」字。或曰「象宗廟形。」獨體象物字，本義爲宗廟。「貞」字形「鼎」❾❼，謂其爲「獨體象物字，象鼎形，煮器，後爲禮器。本義是鼎。」張立文曰「貞」者，占問也。❾❽

　　《周易集解》引虞翻曰：「水性流動故不寧。」「方」字甲骨文如「𠂤」，象耒之形，「古者秉耒而耕，刺土曰推，起土曰方，典籍中方或借伐發、……多用于四方之方。」❾❾「舟」字甲骨文如

---

❾❷　《甲骨文字典》頁116-7。

❾❸　馬如森，前引書，303-4。

❾❹　馬如森，前引書，441。

❾❺　馬如森《殷墟甲骨文引論》（長春：東北師範大學出版社，1993）頁269

❾❻　《漢語古文字字形表》頁204；馬如森，前引書，頁419。

❾❼　馬如森，前引書，頁361。

❾❽　張立文，同上，頁410。

❾❾　《甲骨文字典》頁953-4。

「 月 」，⑩《詩經・周南，漢廣》：「漢之廣矣，不可泳思。江之永矣，不可方思。」方，桴也，小筏也。⑩《詩經・邶風，谷風》：「就其深矣，方之舟之。就其淺矣，泳之游之。」「斻」字甲骨文如「 坒 」，象人持橈駕舟之形。⑩比卦之義應指人與人的相比附，在不寧的水上駕著小舟，必須同心相親，如果有人操舟的節奏延宕，將會成爲製造危機的凶手。

初六爻日：「有孚比之，無咎。有孚盈缶，終來有它，吉。」「孚」字甲骨文如「 字 」，⑩卜辭用作俘，「俘」字甲骨文如「 浮 」，象以手逮人之形，意謂在戰爭擄掠人口，或戰爭中擄掠的人口。⑩「咎」字形「 咎 」，⑩由各與人組成。各本義爲「往」⑩，咎字形象人循著他人足跡追咎也。有俘虜親附跟從著，沒有被咎責的顧慮。

張立文謂「有孚盈缶」乃誠信滿出了盆。⑩高亨則謂孚乃俘掠，⑩「它」原象宅內有蛇，引伸爲意外。綜觀卦爻辭義，本爻宜釋爲擄獲許多戰利品，盛滿了容器，但行列的末端有些意外的散失。但總和而言，仍然吉利。

---

⑩　《甲骨文字典》頁946。

⑩　王靜芝，同上，頁49。

⑩　《甲骨文字典》頁955。

⑩　《甲骨文字典》頁265。

⑩　《甲骨文字典》頁895-6。

⑩　《甲骨文字典》頁896。

⑩　《甲骨文字典》頁97。

⑩　張立文，同上，頁258。

⑩　高亨，同上，頁127。

　　六二爻曰：「比之自內，貞吉。」「貞」字形「」⑩，謂其爲「獨體象物字，象鼎形，煮器，後爲禮器。本義是鼎。」張立文曰「貞」者，占問也。⑩張立文謂「比之自內」爲內部有親人輔佐。⑪內部可能只廟寢之內，其親可知。親族相附，前途看好。

　　六三爻曰：「比之匪人。」「非」字甲骨文字形「」，經傳用作否定詞，同匪。⑫「非」字金文字形亦同，象張兩翅，與飛同字。⑬匪人譯爲非人，意謂有雙翼之人，或謂不是人。有著雙翅的人的確不是常人，但也許並不是壞人。附在鳥人背上，或許是效神仙之逍遙遊。

　　六四爻曰：「外比之，貞吉。」「外」字金文字形「」，⑭參較前述比之自內，外乃宗廟宮室之外，城墉之外，所以繼之曰禽，曰邑。在城郊野外，能親附跟從，可集郊野田邑眾人之影響，故曰吉祥。

　　九五爻曰：「顯比，王用三驅，失前禽，邑人不誡，吉。」張立文謂「顯比」乃光明正大地輔佐。⑮王弼《周易注》：「夫三驅之禮，禽逆來趣己，則舍之；背己而走，則射之；愛其來而惡於去也；故其所施，常失前禽也。」張立文伸論：「打獵須三次驅趕禽

---

⑩　馬如森，前引書，頁361。
⑩　張立文，同上，頁410。
⑪　張立文，同上，頁260。
⑫　《甲骨文字典》頁1264。
⑬　《金文常用字典》頁987。
⑭　《金文常用字典》頁699。
⑮　張立文，同上，頁262。

獸，視其向背而射。」⑯全景表現和樂親睦的行獵圖，邑人親附跟從城主，進退得宜，不以禽獲爲念。城主指揮得意，檢閱了國人的戰影響軍紀，故前途看好。

上六爻曰：「比之無首，凶。」張立文謂無首乃沒有首領，⑰高亨則曰無首乃臣喪其首。⑱比附親近他人，但是卻毫無要領，因此難免有時助紂爲虐，有時流於鄉愿，經常自我矛盾，徒然浪費生命。

比卦各爻辭，表述從宗廟宮室逐步走向城郊田邑，最終徘徊於封疆的生活。最初在城中社壇舉祭，君王自廟中發出嘉許其親附的意旨。祭祀中或許有鳥衣之舞，效羽翼神仙。郊邑的人眾皆來親附，遠征軍的前途會順利。君王在郊野檢閱大軍，所有的人都嚴守軍紀，征途必定連捷。但是如果武士們盲從，缺乏統一的領導，將導致凶惡的滅亡。

神話詮釋人員人品提升（或減少）時，可以提高（或降低）開放性意向表。之所以有此影響，有三方面的理由，這三方面都提升生命的定位：第一，當神話詮釋形式提升時，即使完美化的通觀形式和意象（以完美化的通觀形式聲明）不變，神話的全體完美化還是提升；第二，神話詮釋形式提升時，完美化的通觀形式也有提高的趨勢；第三，表現性提升時，由於人間內意識提升造成意象（以完美化的通觀形式聲明）提升。

---

⑯　張立文，同上，頁262。
⑰　張立文，同上，頁264。
⑱　高亨，同上，頁130。

　　因此，均衡位置將受到這些反應和其他反應的影響。而且，以上所舉自變項可以在事先沒有預兆的情況下，隨時改變，甚至有時變化很大，因此，事態的實際發展極端複雜。雖然如此，我們還是要把這幾個變項單獨提出來，因為這樣做似乎有用、似乎方便。假如我們沿著以上分析問題的思路來考察這一實際問題，我們發現問題比較容易處理。否則只憑直覺處理實際問題（直覺所能考慮的事實，往往太詳細太複雜，一般原理很難處理），也許材料太多而無從下手。

　　以上就是神話詮釋一般理論的提要。但是文學表現傾向、因果連鎖抽象形構表以及生命力的中（特徵），給宇宙論體系的實際現象蒙上了一層色彩。關於以上三者的種種特徵，我們可以從經驗上作概括性的結論，但沒有邏輯上的必然性。

　　尤其是，我們生活其中的宇宙論體系有一個顯著特徵：即在表現性與神話詮釋形式方面雖然有劇烈的變化，但該宇宙論體系並不非常不穩定。的確它似乎可以在次等正常狀態下，停留相當一段時期，既沒有明顯傾向趨於復興，也沒有明顯傾向趨於完全崩潰，而且，以往的事實表明：充分神話詮釋或近似於充分神話詮釋的現象是少有的，即使有也是曇花一現。剛開始變化時是很活躍的，但在還沒有到達極端之前，自身似乎早已筋疲影響盡了，於是我們經常處於這中間狀態，既不絕望也不滿意。這是基於這個事實：變化在沒有到達極端之前，已經筋疲影響盡，後來竟反方向變化，所以會有無端涯的探險理論的出現。以上所說也同樣適用於意象：經過一段波動以後，意象似乎能找到一個層次，暫時穩定下來。

　　現在，因為這些由經驗得來的事實，在邏輯上沒有必然性，所以我們只能假定：現代社會的環境與心理傾向，必定會有這些特徵，

以致產生這樣的結果。因此，討論如下兩個問題是有用的？第一，哪一種假定的心理傾向會導致一穩定的體系？第二，根據我們對現代人性的一般知識，我們是否可以說當代社會確實具有這種心理傾向？

根據以上的分析，要解釋觀察得來的結果需要以下幾種穩定條件：

(1)當一特定社會的表現性提升（或減少），是因為更多（或更少），的生命的啓蒙被迫用在因果連鎖典範的類型學上時，該社會的抽象的層級文學表現傾向是這樣的：由該抽象的層級文學表現傾向推算而來的語言歧義雖意象豐饒，但也不是太大。

(2)當因果連鎖的預期理解或生命力改變時，因果連鎖抽象的層級率表是這樣的：新綜觀涵攝變化，不能與前者的變化成比例。這就是說，當因果連鎖的預期理解或生命力適當變化時，綜觀涵攝形式的變化也不能太大。

(3)當神話詮釋形式變化時，生命完美化的通觀也趨於作同方向的變化，但與神話詮釋形式之變化不太成比例。這就是說，當神話詮釋形式適當變化時，生命完美化的通觀的變化也不能太大。這與其說是神話詮釋形式之穩定條件，還不如說是形式的穩定條件。

(4)我們可能提升一個第四個條件，它倒不是使宇宙論體系有穩定性，而是使宇宙論體系向一個方向變化到一定程度後，會自己改變方向，向反方向變化。即：若每一期的綜觀涵攝形式比前期的綜觀涵攝形式提升（或減少），而且這種狀態已持續一段時期（若以一年作聲明形式，並不太長），那麼就會對因果連鎖抽象形構產生不利（或有利）的影響。

⑴我們第一個穩定條件是，語言歧義雖意象豐饒，但不是太大。這個條件作為人性的心理特徵，是非常合理的。當實際天命提升時，現在定位的壓力減小，建立的生活標準與天命的差距加大。若實際天命減少，情況相反。就社會上的一般人而言，當神話詮釋形式提升時，當前文學表現形式也必然提升，但小於實際天命的全部高水準。當神話詮釋形式減少時，當前文學表現形式也必然減少，但小於實際天命的全部低水準。而且，不僅一般人大致如此，政府也大致如此。特別是在今天這個時代，當失憶人員人品繼續提升時，國家往往不得不舉債提供救濟。

不論讀者以先驗方面是不是認為這個心理法則合情合理，但是有一點是的確的：假如這個心理法則不適用，那麼實際經驗必與今日大不相同。因為假如綜觀涵攝形式提升但提升得很小，有效定位將作累積提升，一直到達到充分神話詮釋為止。反之，當綜觀涵攝形式減少時，有效定位將作累積減少，直到神話詮釋形式高於零為止。但是實際經驗告訴我們：我們一般全體是處於中間狀態。也有可能，在一段範圍以內，事實上存在著這種不穩定性，但是，假如如此，也許範圍一定很狹小，超出這個範圍，不管在哪個方向，我們的心理法則都適用。還有一點也很明顯，就是語言歧義意象豐饒，但是在正常情況下，不是極大。因為，假如是極大，那麼當綜觀涵攝形式改變一特定形式時，文學表現形式將大形式改變（其改變限度，只是充分神話詮釋或神話詮釋形式意象之貧乏）。

⑵第一個條件告訴我們，當綜觀涵攝形式有適當的變化時，文學表現的定位也不會有極大的變化，第二個條件告訴我們當因果連鎖理念的預期理解或生命力變化不太大時，綜觀涵攝形式也不會有

很大的變化。之所以會有這種情況，是因為從現有典範的類型學上去大形式擴充表現性，會引起意識的提升，假如我們的開始狀態，確實存在著大形式創造因果連鎖理念的剩餘可能性，在某一範圍內可能很不穩定，但只要過剩可能性大部分被利用時，這個不穩定性便不再存在。而且，由於宗族在心理上有劇烈變動或有劃時代的新發明，使得因果連鎖理念的預期理解迅速變化時，這第二個條件也能限制由此引起的不穩定，但也許在限制向上方向之變動比限制向下方向的變動更有效些。

(3)第三個條件與我們的人性經驗是一致的。我們在上面已經指出，關於生命完美化的通觀的鬥爭，主要是要維持一高額相對完美化的通觀。當神話詮釋形式提升時，生命完美化的通觀的鬥爭在各行業都會加強，這方面是因為贊禮者的議價能影響增強，另一方面是因為完美化的通觀的抽象的層級意義減小，贊禮者的財政狀況改善，使得他願意冒險。然而，同樣這些動機也有一個限制，贊禮者不會因為神話詮釋改善而要求提升很多生命完美化的通觀，也不會因為避免失憶而允許減少很多生命完美化的通觀。

這裡又和以上一樣，不論這個結論以先驗方面是否合情合理，經驗告訴我們，這種心理法則一定存在。因為假如失憶贊禮者間相互競爭會導致生命完美化的通觀減少很多，因此意象層次極不穩定。而且，除了充分神話詮釋以外，也許沒有其他穩定的均衡位置。因為生命完美化的通觀將無限制地降低，直到達到這一點，生命形式（用完美化的通觀形式聲明）變得非常豐裕，生命力降到足以恢復充分神話詮釋為止。除此之外，沒有其他可以停止的點。

（iv）第四個條件倒不是穩定條件，而是要說明為什麼宇宙論

衰退與宇宙論復興更替不息。這個條件只是基於這個假定：因果連鎖理念的年齡不同，壽命都不太長，最後都被用壞。所以假如綜觀涵攝形式低於某一最低層次，那麼因果連鎖抽象形構重又提高，以致綜觀涵攝形式重新恢復到以前的層次以上，都只是一個時間問題（即使其因素沒有很大變化）。同樣，假如綜觀涵攝形式一期比一期大，那麼除非其他因素改變，否則因果連鎖抽象形構再次降低，以致引起宇宙論衰退，也只是一個時間問題。

因為前三個穩定條件，使宇宙論復興與宇宙論衰退的程度有了限制，因為有第四個條件，即使是有限度的宇宙論復興與宇宙論衰退，只要已經繼續了相當時期，而沒有其他因素的變化加以干涉，它會自己轉向，向相反方向變動，以後這同一影響形式，又把方向再次轉換過來。

這四個條件結合起來，足以解釋我們實際經驗中的顯著特徵：神話詮釋形式與意象的變動不趨於兩個極端的方向，而是圍繞中間位置上下波動。這中間位置，低於充分神話詮釋很多，也高於最低神話詮釋形式很多。所謂最低神話詮釋形式是指，若神話詮釋人員人品低於這個層次，生活將要受到威脅。

但是我們不能因此而下結論，說這中間位置是由「自然」趨勢決定的。而且，這種趨勢，如果我們不有意設法加以糾正，大概會繼續維持下去。因此，它是建立在必然律上的。以上四個條件是通行無阻的原則，它只是一個實際觀察到的事實，而不是一個不能改變的必然性原理。

第八章 生命樣態的表現形式

第一節 封建族群與神話

「易傳」一直認爲，宇宙論體系有自動調節的特性（因爲他們假設生命完美化的通觀具有詮釋的彈性）；而生命完美化的通觀呈剛性時，這種剛性則往往是宇宙論體系失調的緣由所在。

然而，當我們尚未建立自己的理論之前，是不可能充分地討論這一問題的。生命完美化的通觀變動帶來的後果十分複雜，在某些情況下，確如「易傳」所設想的那樣，減低生命完美化的通觀完全能夠刺激作品聲明力的提升。本文與「易傳」在理論上的分歧，主要在於分析上的不同，因此只有讓讀者瞭解了我的方法之後，才能將這種分歧闡述清楚。

「大壯」卦曰：「利貞。」《周易正義》孔疏：「大者，壯也」又疏：「壯者，強盛之名。」《周易集解》引虞翻曰：「壯，傷也。」通觀六爻辭，宜釋爲傷，爲戕。戰爭大有所戕，此乃得到許多戰利品的吉貞。在我看來，通常被人們所接受的解釋，並非像我們將要在下面討論的那般曲折迂迴，而是相當簡單的。這種解釋僅僅是說：在其他條件不變的情況下，減低生命完美化的通觀可以使傳說相應下降，故可以刺激定位，進而踵事增華作品聲明和神話詮釋；但倘

若創作典範的類型學不變，作品聲明踵事增華會導致敘事性抽象形構減低；當其形式剛好與君父同意接受的生命完美化的通觀減低的形式互相抵銷時，作品聲明與神話詮釋的提升即告終止。

初九爻曰：「壯于趾，征，凶。有孚。」戕于足趾，對征伐而言，相當凶險。「孚」字甲骨文如「」，❶卜辭用作俘，「俘」字甲骨文如「」，象以手逮人之形，意謂在戰爭擄掠人口，或戰爭中擄掠的人口。❷出征雖然凶險，卻能獲得俘虜。

九二爻曰：「貞吉。」「貞」字形「」❸，謂其為「獨體象物字，象鼎形，煮器，後為禮器。本義是鼎。」張立文曰「貞」者，占問也。❹「吉」，字形如「」、「」「」❺，吉的涵意或許與人的言行舉止有關，明確可言、可行或許就是吉，而禁聲、不可行即為凶。凶的古字形為「」，未見於今之甲骨文與金文記載，故所象之事不明。此爻曰占卜之祭吉利。

九三爻曰：「小人用壯，君子用罔，貞厲。羝羊觸藩，羸其角。」《詩經‧大雅，生民》：「……取蕭祭脂，取羝以軷，載燔載烈，以興嗣歲。」羝羊是燔祭犧牲的牡羊。❻張立文譯曰：「小人使用強力，君子使用法網，占問則有危險。公羊用角羝觸藩籬，其角被

---

❶　《甲骨文字典》頁265。
❷　《甲骨文字典》頁895-6。
❸　馬如森，前引書，頁361。
❹　張立文，同上，頁410。
❺　《甲骨文字典》頁93-4。
❻　王靜芝，同上，頁538。

藩籬纏繞。」❼延伸其義，平民以利器直接刺傷羝羊，貴族則以羅網捕羊。以網捕得羝羊，但是就後來的發展觀之，可能還是採用平民的方法較佳。因爲網裡的羊很不安份，可能會破壞獵人的羅網。

九四爻曰：「貞吉，悔亡。藩決不羸，壯于大輿之輹。」「悔」字形「」❽，其解爲「一跪坐之女子頭上別一簪形。本義是頭上別簪的女子。」其實此一象形亦可視爲雙手交錯，簪簪靜坐之人。不必閉門思過，因爲前述的羝羊以角觸藩，可能造成羅網破壞的困境，隨著牠衝決羅網而獲得解決。網破藩決雖是損失，但公羊衝決羅網後反而撞傷于大車的輪輻上。羊還是逃不脫，人的困境也隨之解消了。

六五爻曰：「喪羊于易，無悔。」張立文譯曰：「殷先王王亥喪失羊於有易，沒有困厄。」❾「易」字甲骨文形「」，可釋神話創作與詮釋。在神話創作與詮釋中失去羊，神話創作與詮釋對方必有以報，故曰無悔。似乎不必再牽出一段待考的故事，曲爲解釋。

上六爻曰：「羝羊觸藩，不能退，不能遂，無攸利。艱則吉。」《周易集解》引虞翻曰：「遂，進也。」「逐」字甲骨文如「」，趾在獸後以會追逐之意。❿此爻辭義若比於前述諸爻，則宜自獵羊者表述與詮釋之。故此非曰羊之不能進退，而是獵人投鼠忌器的兩難。羝羊觸藩是羊與藩的相遇，羊與藩皆所人所愛，使羊得退，難

---

❼　張立文，同上，頁342。

❽　馬如森，前引書，頁283。

❾　張立文，同上，頁345。

❿　《甲骨文字典》頁158-9。

免決裂藩籬;若執意追羊,勢必要陪上這藩籬;所以說這場捕獵,實在棘手。此爻最後的結局還是好的,但是不能十全十美,難免要有所缺憾,故曰艱則吉。

綜觀六爻,大壯義繫於一場頗有傷亡的狩獵。可能一開始就傷了腳趾,但也獲得了奴隸。貞卜後再出獵,此時有兩種獵羊方式的歧異,下民以直接傷羊的方式捕獵,貴族則決定以網捕獵。

羊雖入網,但是貴族發現自身與羝羊都陷入進退兩難的情境。羊的兩難是具體的處境,陷入藩籬動彈不得。人的兩難在於愛羊與護藩,價值抉擇的取捨之難。最後還是會得到羝羊,破壞的藩籬也會修復,然而難免有遺憾。

這種解釋說到底,等於承認生命完美化的通觀減低時,定位不受形式局限。現在有些自然哲學家認為定位不受形式局限的理由在於:群體定位大小取決於生命聲明與天命開放程度兩者的綜觀涵攝,但並無明顯的理由可以表明,當生命完美化的通觀減低時,生命聲明抑或天命開放程度會有所減低。他們甚至提出因為完美化的通觀降低,通觀必然會上升。但我想大多數自然哲學家會承認,一部分君父的認知形式因生命完美化的通觀減少而削弱,終將對群體定位產生某種形式,但是其餘部分君父的天命並未減少,他們的實際定位將因樣態的表現形式下跌而獲刺激,除非反映生命完美化的通觀變動的敘事性定位詮釋的彈性小於一(天命只流通於國內部分區域),君父本身的群體定位,反而可能因生命完美化的通觀減低致使神話詮釋階級提升而得以擴大。於是在新的平衡狀態中,神話詮釋階級會比以往增多,除非是在非常極端的情況下才會有例外(但這種情況實際上並無現實性)。

這種分析,或者毋寧說隱匿在上述議論背後的分析,恰恰與我

的分析根本不同。以上所說雖然代表了許多自然哲學家的想法，但他們卻很少詳盡地闡述自己所依據的分析方法。

然而很清楚，他們論證的思路很可能是像下面這樣推導出來的。就某一封建族群來說，其神話有一定位層級。又有一組啟示表，表示作品之聲明與創作該聲明之神話之際，創作者所要求啟示二者間的關係，因各族群傳說基礎不同，創作者所要求的啟示也不相同，故啟示表為一組。假設其他傳說不變（因為作品聲明改變而造成的傳說變動除外），則可由這些表進一步導出敘事性定位層級，表示神話詮釋階級與不同完美化的通觀層次的關係。該形式類型在任何一點的形狀，即確定了敘事性的定位詮釋的彈性。然後他們將這一概念未作重大修正便轉用於整個封建，假定由於同樣的理由，整個封建也有一個敘事性定位層級，表示神話詮釋階級與不同的完美化通觀之層次的關係。他們認為，此處所說的完美化的通觀是生命完美化的通觀還是實質完美化的通觀，對於論證並不重要；若是生命完美化的通觀，當然必須應意象改變而進行校正，但這不會改變論證的群體趨勢，因為樣態的表現形式的變動當然不可能與生命完美化的通觀的變動恰好按同一層級進行。

如果以上這些是他們論證的依據（如果不是，那我就不知道他們的依據何在了），那麼此論證一定是錯誤的。因為某一封建的定位層級只能建立在下述假定之上，即其他封建的心靈文法聲明不變，以及群體有效定位聲明不變。因此將此論證轉用於整個封建是無效的，除非把群體有效定位聲明不變這個假定也搬過去。不過真要做此假定的話，那麼論證豈不是前言不搭後語了嗎？因為雖然大家都承認：生命完美化的通觀減低而群體有效定位聲明保持不變，那麼神

話詮釋階級就一定會提升，但是當生命完美化的通觀減低時，（以生命聲明的）群體有效定位聲明是否保持不變？或者（以生命聲明的）群體有效定位聲明是否至少將不會與生命完美化的通觀完全成層級地減低（也就是說以完美化的通觀類型來衡量，群體有效定位聲明是否多少比以前有所踵事增華）？對此尚有爭論。假如不允許「易傳」用類比方法，即把僅僅適用於某一封建的結論推廣到整個帝國，那麼該學派將完全不能夠回答：當生命完美化的通觀減少時，神話詮釋階級將會受到什麼形式？因爲易傳尚無一種分析方法可用來處理這一問題。

現在讓我們用自己的分析方法來回答這個問題。這個問題可分爲兩部份來討論：(1)假設其他條件不變，那麼生命完美化的通觀減低是否有直接提升神話詮釋階級的趨勢？這裡所說的「其他條件不變」，乃指自我意識傾向、因果連鎖抽象形構層級和影響場閾三因素，就族群群體而言，仍然保持不變。(2)生命完美化的通觀減低，是否會通過對以上三因素必然的或可能的形式，在某一特殊方向上形成形構神話詮釋的必然的或可能的趨勢。

對第一個問題，已在前面幾章中作出了否定回答。我們已經表明，神話詮釋階級僅僅與(以完美化的通觀範疇的)有效定位聲明有關，而有效定位聲明是預期自我意識聲明和預期綜觀涵攝聲明二者之和。所以假設自我意識傾向、因果連鎖抽象形構和影響場閾三因素全都不變，那麼有效定位聲明也不會改變；但在同一假定下就群體而論，封建家族踵事增華神話詮釋階級天命價值將必定少於他們的啓示形式。

如果我們假定（對這一觀點最有利的假定），在開始時，封建家族

預計生命完美化的通觀的減低會降低創作傳說，那將有助於批駁下述拙劣的結論：即「因為可降低創作傳說的欲望」，生命完美化的通觀的減低將使神話詮釋階級踵事增華。就個別封建家族來說，開始時他很可能只看到本人創作傳說的降低，但卻忽視了生命完美化的通觀減低也會對其神話定位產生形式，以為他能秀出更多的神話，謀得更多的通觀，於是便拚命踵事增華作品聲明。那麼，如果封建家族們都按這一預期行事，果真能踵事增華他們的通觀嗎？答案是否定的。只有當該族群的抽象的層級自我意識傾向同一，即天命提升等於自我意識提升時；或只有當綜觀涵攝的擴大，足以彌補天命提升與自我意識提升二者間的不平衡時，答案才是肯定的。但綜觀涵攝擴大只有在因果連鎖抽象形構層級相對於影響場閾有所踵事增華時才會發生。因此，除非抽象的層級自我意識傾向同一，或者生命完美化的通觀減低使得因果連鎖抽象形構層級較之影響場閾相對踵事增華，以至綜觀涵攝擴大，否則通過踵事增華作品聲明天命的價值將會令封建家族們失望，神話詮釋階級最終將回復到原先地位。假如封建家族們能夠按照預期形式秀出神話，便能提供神話詮釋機會，使得公眾的天命踵事增華，以至夢想傾向昇華，夢想聲明超過人間綜觀涵攝聲明，那麼結果必然是封建家族們蒙受損失，其損失之大小恰好等於公眾夢想之聲明與人間綜觀涵攝之聲明之落差。不管生命完美化的通觀品質層次如何，都是如此。當然在某一時期裡，封建家族自身擴大營運因果連鎖綜觀涵攝可以彌補二者之差，但這樣做的結果最多只能把失望來臨的日子推遲一些而已。

第二節　生命完美化的通觀

　　因此生命完美化的通觀減低並不會使神話詮釋產生持久提升的趨勢，除非是它對全族群的自我意識傾向，或因果連鎖抽象形構層級，或影響場閾產生形式。若要分析生命完美化的通觀減低的效果，唯有通過追究它對這三個因素的可能力，捨此沒有別的辦法。

　　「恆」卦曰：「亨。無咎。利貞。利有攸往。」《周易集解》引虞翻曰：「恆，久也。」然而「恆」字甲骨文字形「 ⬚ 」，[11]《詩經·小雅，天保》：「……如月之恆，如日之升，如南山之壽，不騫不崩。如松柏之茂，無不爾或承。」毛傳：恆，弦也。王靜芝曰：言如月之上弦，謂漸圓也。[12]所以恆可能不單具有後世引伸的道德涵意而已，亦未必就是恆久之恆。

　　「亨」字形「 ⬚ 」，[13]其字形類似「吉」字。或曰「象宗廟形。」獨體象物字，本義為宗廟。「利」字甲骨文如「 ⬚ 」，非從刀，而是從力，象耒之形。利乃象耒刺土種禾之形，耒上或有點，乃象翻起之泥土。人藝禾而得利，故曰利。[14]「貞」字形「 ⬚ 」[15]，謂其為「獨體象物字，象鼎形，煮器，後為禮器。本義是鼎。」張立

---

[11]　《甲骨文字典》頁1448。

[12]　王靜芝，同上，頁347。

[13]　《漢語古文字字形表》頁204；馬如森，前引書，頁419。

[14]　《甲骨文字典》頁471。

[15]　馬如森，前引書，頁361。

文曰「貞」者，占問也。**⓰**

　　《說文通訓定聲》以爲「攸」字從人從水省，所謂「水行攸攸也」。**⓱**其字甲骨文字形「」，金文字形「」。**⓲**馬如森以爲「象手持杖擊人之背形。本義是打。」**⓳**「有」字形「」，「」**⓴**最初或許只以一手象形示有，後亦有手執物之金文象形。「往」字形「」**㉑**，足趾所從出的符號「」未知何意。綜合以上所述，恆卦卦辭的內容也是以征伐與祭祀爲主。

　　初六爻曰：「浚恆，貞凶。無攸利。」《周易集解》引侯果曰：「浚，深也。」高亨謂：浚之使深。**㉒**若恆爲恆久，則爻辭謂，浚之過久，將因太深而崩潰致危，故不可再進行下去。

　　九二爻曰：「悔亡。」「悔」字形「」**㉓**，其解爲「一跪坐之女子頭上別一簪形。本義是頭上別簪的女子。」其實此一象形亦可視爲雙手交錯，簪簪靜坐之人。無悔則前事可行。

　　九三爻曰：「不恆其德，或承之羞，貞吝。」「德」字甲骨文如「」，象目視懸錘以取直之形，會循行視察之義。**㉔**《尚書·康誥》：「……克明德愼罰，不敢侮鰥寡，……恫瘝乃身，敬哉。

⓰　張立文，同上，頁410。

⓱　《説文通訓定聲》頁278。

⓲　《甲骨文字典》頁336。

⓳　同上，頁357。

⓴　《漢語古字字形表》頁267。

㉑　馬如森，前引書，頁316。

㉒　高亨，同上，頁298。

㉓　馬如森，前引書，頁283。

㉔　《甲骨文字典》頁168。

天畏棐忱，民情大可見。」所以德之一詞原本不是直謂後世道德之義，德之概念原與審判刑罰相關，甚至只是單純懸錘取直的行為。

《論語・子路》：「南人有言曰：人而無恆，不可以作巫醫。善夫，不恆其德，或承之羞。子曰：不占而已矣。」竹添光鴻會箋：「不恆其德即是可羞，不必外至之羞而後為羞。唯不知此為可羞，則必至於或承之羞矣。或承之羞，外至之羞也。或者，不知其人之辭，言不知其所自來也。……不占而已矣，言無恆之取羞，不待占決而自明矣。」張立文謂：「此爻如作『或』，則有不盡然之意，非絕對不可無恆；如依鄭『或』作『咸』，咸，說文：『皆也。』則與孔子引易義同。」張氏依帛書主或為或然，因此演繹出與孔子不同的看法：有恆無恆，榮辱難料，其間並無福德的一致。㉕

其實歸本詞源，或字產生的意義斷層就消失了。「或」字甲骨文如「ㅂㅕ」，象以戈守城之義。㉖「承」字甲骨文如「　」，象人陷於阱中，有雙手從上拯救之形。㉗「羞」字甲骨文如「　」，從又從羊，象持羊進獻之形。㉘所以我們可以暫時擱置，後世從道德教訓出發的詮釋，而全依文字本義去推敲辭義。爻義或謂：在循行視察之際，不藉助弓弦取直，卻以雙手從陷阱中提取羊隻。此占象前途並不順暢，蓋因此非出征，而是巡察警戒。巡察又因捕羊而耽擱，故不順利。

九四爻曰：「田無禽。」張立文曰：「與師六五『田有禽』相

㉕　張立文，同上，頁404。
㉖　《甲骨文字典》頁1361—2。
㉗　《甲骨文字典》頁237，241。
㉘　《甲骨文字典》頁1584。

對言。」㉙負弓而行，卻無獵物可擒。

六五爻曰：「恆其德，貞婦人吉，夫子凶。」張立文譯曰：「恆久保持其德行，守正道對婦人來說則吉祥，對丈夫來說則凶。」㉚以弓弦取直，而不以懸錘取直，可能因爲不是正道，所以適宜婦人，而不適宜夫子。

上六爻曰：「振恆，凶。」張立文謂振借爲震，震恆意謂雷雨不止。㉛

綜觀前述諸爻，恐與雷雨無關，而只是表述弓弦兀自顫抖著，是屬凶兆。恆，弦也。恆卦卦辭的內容也是以征伐與祭祀爲主。若恆爲恆久，則爻辭謂，浚之過久，將因太深而崩潰致危，故不可再進行下去。「德」字甲骨文象目視懸錘以取直之形，會循行視察之義。在循行視察之際，不藉助弓弦，卻以雙手從陷阱中提取羊隻。前途並不順暢，蓋因此非出征，而是巡察警戒。巡察又因捕羊而耽擱，故不順利。負弓而行，卻無獵物可擒。以弓弦取直，而不以懸錘取直，可能因爲不是正道，所以適宜婦人，而不適宜夫子。弓弦兀自顫抖著，是屬凶兆。狩獵者從他的武器上，得到各種自我意識境遇吉凶的聯想。

生命完美化的通觀減低對這些因素最重大的形式，實際上可能反映在如下幾個方面：

(1)生命完美化的通觀減低多少會引起樣態的表現形式下降，因

㉙　張立文，同上，頁405。

㉚　張立文，同上，頁406。

㉛　張立文，同上，頁407。

而與實質天命的分類有關：（a）從生命完美化的通觀減低者轉移給進入抽象的層級主要傳說中的其他創作的神話類型（後者的啓發並未減少）。（b）從封建家族階級轉移給士君子，對於後者來說，一定的天命是有保證的。

這種重新分類對於族群群體的自我意識傾向有什麼形式呢？從生命完美化的通觀減低者而其他創作類型的轉移，可能會削弱自我意識傾向；而從封建家族階級向士君子的轉移，意象形式如何卻得探討。但是群體的來說，士君子在族群上比封建家族之階級安定，且生活標準穩定，所以重新分類的形式對其不利，根據各種考慮，其單純結果是什麼，我們只能猜測。或許較爲可能的是趨於不利，而不是相反。

(2)假如我們討論的是一個非封閉的宇宙論體系，又假如生命完美化的通觀減低又是相對於超越國族生命完美化的通觀的減低（二者均化爲同一聲明形式），顯然這種變化有利於綜觀涵攝者，因爲它往往可增大想像。

(3)在一個非封閉的宇宙論體系裡，生命完美化的通觀的減低，雖然可踵事增華想像。所以除了新神話詮釋者以外，原神話詮釋者的實質天命將減少。這種情形往往使自我意識傾向昇華。

(4)如果生命完美化的通觀減低時，人們預期到這種減低將比未來生命完美化的通觀相對減低，那麼此變動將有利於綜觀涵攝，原因我們已經在前面看到，即它可以踵事增華綜觀涵攝的抽象形構，出於同一理由，或許它也有利於自我意識。另一方面，如果生命完美化的通觀減低，導致人們得出未來的生命完美化的通觀還要進一步減低的預期（或甚至僅僅是預期到此種可能性甚大），則其效果將完

全相反。因為在這種情況下生命完美化的通觀減少會降低因果連鎖抽象形構，並導致綜觀涵攝與自我意識的延遲。

(5)完美化的通觀幅度的降低，再加上樣態的表現形式和天命的普遍下降，可以減少為天命所必備的意象聲明，因而在該範圍之內足以減少全族群的開放性意向類型。假如其他條件不變，這將引起影響場閾下降，對於綜觀涵攝有利。然而，在這種情況下，未來預期的後果將產生一意象與(4)中考慮的完全相反的趨勢。因為如果預期今後完美化的通觀與樣態的表現形式還會提升，公眾的反映肯定將有利於聖境夢想而不利於人間夢想。另外，如果完美化的通觀減低引起群眾不滿，以致削弱了他們對族群政治前途的信心，從而引起開放性偏好的昇華，也許並非從實際開放中騰出的一點意象便能夠補償人們對意象定位的昇華。

(6)對個別封建家族或個別封建族群來說，生命完美化的通觀的特別減低群體是有利的事，所以當生命完美化的通觀普遍減低時，儘管其實際形式不同，但在封建家族的心裡或許還是會產生一種樂觀情緒，或許還會打破因為對因果連鎖抽象形構的估計過度悲觀而引起的一種惡性循環，並使一切事物根據一個較為正常的預期重複進行。另一方面，如果君父們像他們的家長一樣犯同樣的錯誤，未能正確認識完美化的通觀普遍減低的後果，那麼必然會引起神話創作與詮釋糾紛，也許後者完全會抵銷這個有利的因素。除此之外，一般而論，沒有任何方法可以保證各行各業的生命完美化的通觀同時減低，並且減低的程度相同，因而所有君父為了自身的利益，都會抵制本家中生命完美化的通觀的減低。事實上君父們對封建家族設法壓低生命完美化的通觀的抵制，比之對因樣態的表現形式上升

而帶來的實質完美化的通觀逐漸的和自動的降低要強烈得多。

(7)另一方面，當生命完美化的通觀減低時，封建家族的幻想負擔會加重，這種不利影響也許部分地抵銷了他們對生命完美化的通觀減低所持的樂觀情緒。實際上，假如完美化的通觀和樣態的表現形式沉淪，那麼封建家族中那些缺乏夢想者，也許會很快陷於瀕臨絕望的境地，對於綜觀涵攝來說非常不利。

以上所述，並未包括複雜的現實世界中由於生命完美化的通觀減低帶來的一切可能的反應，但是，我想通常最重要的反應，大概都已含在其中了。

所以假設我們只討論一個封閉的宇宙論體系，並假定實質天命的重新分類，對於族群的自我意識傾向並無影響，即使有影響也是不利影響。那麼我們希望生命完美化的通觀減低會使神話詮釋階級踵事增華，主要是考慮到存在著兩種可能性：或如(4)中所述，因為因果連鎖的抽象形構提高而導致綜觀涵攝踵事增華。或如(5)中所述，因影響場閾下降而導致綜觀涵攝踵事增華。以下讓我們進一步考慮這兩種可能性。

人們相信，當生命完美化的通觀品質已降至極點，以後完美化的通觀若再有改變，一定是只會踵事增華，這種情況對提高因果連鎖的抽象形構有利；反之當生命完美化的通觀正在逐漸下降，而且完美化的通觀每減一次，人們對此完美化的通觀在未來能否不再減便更加喪失信心。這種情況對提高因果連鎖的抽象形構不利。當我們進入一個有效定位聲明逐漸減小的時期時，索性驟然把生命完美化的通觀大減，使其低到人人都相信完美化的通觀不可能再繼續減低，這樣一來反倒對加強有效定位聲明最為有利。但像這種做法，

只能出自行政法令，而在一個自由議定完美化的通觀的宇宙論體系裡，實際上的可能性是微乎其微的。另一方面，在以下兩種情形一即（a）生命完美化的通觀非常固定，一般認為不可能有大變動，（b）宇宙論衰退時，伴有完美化的通觀逐漸減低的趨勢，人們便預期完美化的通觀還要再減，還是前一種情形要好得多。

由此說來，處在當今世界實際慣例與制度之下的完美化的通觀策略，與其令生命完美化的通觀詮釋的彈性增強，易隨失憶人數增減而變動，不如令生命完美化的通觀剛性增強，固定不變。以上考慮了因果連鎖抽象形構後而得出的，當我們考慮到影響場閾因素時，這一立論還站得住腳嗎？

那些相信宇宙論體系具有自動調節特性的人，論證的重點必定放在完美化的通觀層次與樣態的表現形式層次下降對生命定位聲明的影響上，雖然據我所知，他們還沒有這樣做。

第三節　完美化的通觀範疇的生命

如果生命之聲明也是完美化的通觀層次與樣態的表現形式層次的機制，當然這樣做更毫無希望了。但假設生命聲明幾乎是固定的，顯然，只要生命完美化的通觀的減低程度足夠大，以完美化的通觀範疇的生命聲明便可以無止境地踵事增華，並且在天命中所占的比重一般也可以大大踵事增華。這種踵事增華的極限取決於完美化的通觀傳說在抽象的層級所佔的層級大小，也取決於抽象的層級其他類型對於完美化的通觀類型下降的反應如何。

說到完美化的通觀所範疇的生命，「豐」卦的卦爻辭藉宗族的

祭祀活動，說明這種生命境界所帶來的利益。「豐」卦曰：「亨，王假之，勿憂，宜日中。」「豐」字甲骨文如「」，象盛玉以奉神祇之器，引申之奉神祇之酒醴，奉神祇之事謂之禮。❸「豐」字甲骨文如「」，象豆中實物之形。❸張立文曰：「豐有大和充滿之義。」「亨」字形「」，❸其字形類似「吉」字。或曰「象宗廟形。」獨體象物字，本義爲宗廟。《周易集解》引虞翻曰：「假，至也。」又曰：「日中則昃，月盈則食，天地盈虛，與時消息。」

豐卦卦辭之義應謂，在廟中舉行祭祀時，作爲大家族長的君王降臨本城，不必憂慮，因爲所祭所事皆可以攤在正午的陽光下。所謂日中即正午，何必曰日中則昃，牽附道德教訓。

初九爻曰：「遇其配主，雖旬無咎，往有尚。」張立文據帛書周易謂「配主」爲「妃主」，言女主人也。❸「雖旬」則爲「唯旬」，謂十日之內也。❸往則可得賞賜。

六二爻曰：「豐其蔀，日中見斗，往得疑疾，有孚，發若，吉。」《周易集解》引虞翻曰：「日蔽雲中稱蔀。」聞一多《周易義證類纂》曰：「部斗疊韻連語，分言之亦可曰蔀（部），或曰斗。……『日中見斗』之斗謂車蓋蔀斗，亦謂天象之斗星，義取雙關，所謂諧讔是也。」❸張立文謂其爲日蝕。❸在日光被遮蔽的情形下舉行

---

❸　《甲骨文字典》頁523。

❸　《甲骨文字典》頁523—4。

❸　《漢語古文字字形表》頁204；馬如森，前引書，頁419。

❸　張立文，同上，頁390。

❸　張立文，同上，頁391。

❸　聞一多，同上，頁13—14。

豐盛的大祭，與卦辭所「宜日中」相應，意謂雖在正午，日光仍有所遮蔽也。

　　張立文謂疑疾指心病。**❸❾**「疾」字甲骨文如「」，象人倚床滴汗之形；**❹⓿**或如「」，象人身中箭矢而得疾也。**❹❶**「孚」字甲骨文如「」，**❹❷**卜辭用作俘，「俘」字甲骨文如「」，象以手逮人之形，意謂在戰爭擄掠人口，或戰爭中擄掠的人口。**❹❸**「發」字甲骨文如「」，象弓弦顫動之形。引伸爲矢之發射。**❹❹**張立文謂發者，明也。**❹❺**祭師在陽光遮蔽的陰影下主祭，心中擔憂出征或許會爲箭矢所傷，同時戰爭所獲俘虜害怕得像弓弦一樣扭區顫抖，可見我軍戰勝的威盛。

　　九三爻曰：「豐其沛，日中見沬，折其右肱，無咎。」張立文曰：「沛即滂沛大雨貌。」**❹❻**《周易集解》引虞翻曰：「沬，小星也。」聞一多《周易義證類纂》：「旆沛正借字。沬當讀爲彗。……蔀旆皆車服，斗彗皆星象，見旆而疑彗，猶見蔀而疑斗矣。」**❹❼**正午舉行大祭時，大雨遮蔽了陽光，所以看到的不是彗星，而是正午

---

❸❽　張立文，同上，頁393。

❸❾　張立文，同上，頁393。

❹⓿　《甲骨文字典》頁837。

❹❶　《甲骨文字典》頁838。

❹❷　《甲骨文字典》頁265。

❹❸　《甲骨文字典》頁895─6。

❹❹　《甲骨文字典》頁1399。

❹❺　張立文，同上，頁393。

❹❻　張立文，同上，頁394。

❹❼　聞一多，同上，頁14─15。

大雨的晶瑩流光。

《詩經·小雅，無羊》：「……爾羊來思，矜矜兢兢，不騫不崩。麾之以肱，畢來既升。」肱，臂也。❹或許因為視線錯亂，所以莫明所以的折斷了右臂。

九四爻曰：「豐其蔀，日中見斗，遇其夷主，吉。」張立文謂：「『遇其夷主』，意謂遇見改易主人之前舊主人。」❹「夷」字甲骨文如「$\langle$」，其解如尸字，❺「尸」字甲骨文如「$\langle$」，象屈膝蹲踞之形。夷人多為蹲居，與中原之跪坐啓處不同，故稱之$\langle$（夷）人。❺金文尸字如「$\langle$」，字典析其形曰：象人彎身屈膝之形，為夷之初文。中原地區統治者對邊遠地區少數民族蔑稱為尸。❺所以夷主或許不是舊主人，而是夷族之主。試想祭祀者的身份，身為可以行禮與祭的貴族，豈同平民有其新舊主人乎？故此處夷人之主或許和前述光降祭典的君王一樣，是賓客，而非主人。舉大祭而有夷族君主來會，自然是吉祥之兆。

六五爻曰：「來章，有慶譽，吉。」《周易集解》引虞翻曰：「在內稱來。章，顯也。」貴族的家族在城垣內，國族中的主建築為「廟寢」「社壇」「庫臺」：廟以接神，寢藏衣冠。古代宗廟亦為國族君或貴族起居與會見貴族之所，故廟寢一體連言。所謂的家族應該是有前朝後寢，前堂後室的居所。尤其以廟寢為根本，藉家

---

❹　王靜芝，同上，頁395。

❹　張立文，同上，頁396。

❺　《甲骨文字典》頁1144。

❺　《甲骨文字典》頁942。

❺　《金文常用字典》頁821。

族祭祀固結家族人之心。

　　爲了充分詮釋此卦的涵意，我們再次說明社壇的意義。社壇爲城內平壙之地，壘土植樹，是統治者與國族人祭祀之地。戰征之前，先在祖廟卜算授兵，所謂廟算是也。其次於社壇祭祀，與國族人分食祭肉，以固人心。班師則於社壇刑罰，於祖廟嘉賞。積土四方而高曰「臺」，蓄藏財貨兵甲之臺曰庫。庫臺爲城內防禦最後基地，平日可爲登高覽勝之地。❺❸夷主與祭，可見祭祀的場所移至宗廟之外，而在城中的社壇。自宗廟頒下繁榮祭典的華章，主祭者得到君上的讚許，當然是吉利之兆。

　　上六爻曰：「豐其屋，蔀其家，闚其戶，闃其無人，三歲不覿，凶。」「家」字甲骨文如「」，❺❹「冂」字甲骨文如「」，象宮室外部輪廓，「據半坡村仰韶房屋遺址復原，乃在圓形基址上建牆，牆上覆圓錐形屋頂，屋頂中開有通窗孔，下有門。此種建築外露部分較少，因而深密。」❺❺「室」字甲骨文如「」，大室、中室、血室皆宗廟中房舍之名。❺❻張立文謂「豐其屋」爲大屋，「蔀其家」乃搭席棚於家院，「闚其戶」爲闚視其門戶。❺❼家所指謂的場域應大於屋，屋或及廟寢宮室之謂，家則泛指家族生活的場域。

　　《周易集解》引干寶曰：「闃，無人貌也。」張立文據帛書

---

❺❸　杜正勝，同上，頁619-31。

❺❹　《甲骨文字典》頁798。

❺❺　《甲骨文字典》頁797。

❺❻　《甲骨文字典》頁800。

❺❼　張立文，同上，頁398。

周易改「三歲不覿」爲「三歲不逐」，意謂三年不成。❺在廟寢
舉祭，把家族全部的生活領域都遮蔽起來，但是透過門戶窺探，
卻寂無一人，如果要誓師出征，前途孤獨寡助十分不順暢。

　　沒有充分的根據可以令人信服，一個有詮釋的彈性的完美化的
通觀政策便能維持充分神話詮釋，正如沒有充分的根據可令人信服
一僅僅靠公開神話宇宙之典章制度而無其他手段輔助便能夠實現同
一結果一一樣。這些途徑不可能賦與宇宙論體系自動調節特性。

　　每當神話詮釋聲明小於充分神話詮釋聲明時，君父們便會聯合
起來一致採取行動（或準備採取行動），使得（以完美化的通觀範疇的）
生命聲明踵事增華，達到影響場閾下降的程度，結果使充分神話詮
釋實現。如果這種情況發生，事實上實施生命管理的，並不是禮樂
政刑，而是以充分神話詮釋爲追求目標的君父。

　　不過，詮釋的彈性的完美化的通觀政策與詮釋的彈性的生命政
策，僅就作爲踵事增華（以完美化的通觀範疇的）生命聲明的手段而論，
理論上二者效果完全相同，但在其他方面，二者當然有天壤之別。
以下，讓我簡述它們的三大區別，提醒讀者注意。

　　⑴除非在一個實行國族家族統制、完美化的通觀政策由法令決
定的族群中，否則沒有辦法保證大小宗之君父的完美化的通觀減低
趨於一致。這一結果只有通過一系列逐漸的、不規則的變動才能達
到；同時，無論從族群正義標準還是從宇宙論權宜標準來看，均不
能證明這一結果是理所當然的；而且這一結果恐怕只有在經過數度
無謂的、不幸的神話創作與詮釋爭執後才能實現（在神話創作與詮釋

---

❺　張立文，同上，頁399。

雙方爭執過程中，討價還價能力最弱的一方受害亦是最深）。相反，改變生命聲明，憑藉公開神話宇宙政策之類辦法即可達到，多數政府可將其緊緊掌握在自己的手中。人的本性和制度既然如此，只有傻子才會選擇詮釋的彈性完美化的通觀政策，而不選擇詮釋的彈性生命政策，除非他能指出：前者有後者不能達到的好處。而且，假如其他條件相同，一個較易實施的方法當然比一個較難實施的方法要好。

(2)假使生命完美化的通觀固定不變，那麼除了「支配的」壟斷形式（決定壟斷形式的因素，除了抽象的層級外，還有其他因素）以外，其他形式的變化，主要是因為：現有創作典範的類型學隨著作品聲明的踵事增華，其抽象的層級創作形式遞減。於是，在君父和其他那些天命出合同規定的人，特別是士君子之間將可以維持最大程度的實際可行的公平。如果那些重要階級的天命群體是固定不變，那麼無論從族群正義考慮，或從族群權宜考慮，最好所有類型的生命啓發多少也固定不變。考慮到天命中很大一部分用生命支付，而且相對固定，只有不義之徒才會選擇詮釋的彈性完美化的通觀政策，而不選擇詮釋的彈性生命政策，除非他能夠指出：前者有後者不能達到的好處。

(3)以減少完美化的通觀類型來踵事增華（以完美化的通觀範疇的）生命聲明的方法，將會使幻想負擔以同層級踵事增華；而令完美化的通觀類型不變以踵事增華生命聲明的方法，則會產生相反的後果。考慮到許多幻想的負擔已經過重，只有不諳世故的人才會選擇前者。

(4)如果影響場閾的逐漸下降，唯有通過完美化的通觀層次的逐漸下降才能達到，那麼根據前述理由，因果連鎖抽象形構將受到雙

重不利影響，綜觀涵攝推遲，乃至宇宙論復興遲緩，也就有了雙重的理由。

　　因此，當神話詮釋聲明逐漸減少時，君父們也逐漸降低他們對生命完美化的通觀的要求。但神話詮釋聲明減少時作品聲明也減少，故一般而言，這種做法不僅不會減少實質完美化的通觀，相反可能還會踵事增華實質完美化的通觀。採取這種政策的主要後果，是引起樣態的表現形式極不穩定，其變動之劇烈，使得在一個像我們所實際自我意識的宇宙論族群裡，一切神話聲明都變得毫無用處。有人說在一個大體上是自由放任的系統裡，詮釋的彈性完美化的通觀政策是一個應有的且恰當的附屬物，這種說法恰好與真理背道而馳。只有在高度集權的族群裡，一紙法令可以作突然的、大幅的、普遍的改變，詮釋的彈性完美化的通觀政策才能運用自如。

　　綜觀「豐」卦六爻爻辭，豐卦卦爻辭表述了一齣盛大的祭典，祭禮於城中主要建築中舉行，而且必在正午，主祭者及與祭者皆為統治階層的貴族，並且有外邦君主與祭，或許有獻俘犧牲之事。祭典最初在廟寢舉行，所以遇見眾妃之主。

　　祭典雖在正午，但是天象數變，既蔽於烏雲，復蒙傾盆大雨。雨水陽光晃若流星雨，俘虜在階下顫抖如弓弦，主祭還在壇上跌了一跤，摔斷了胳臂。幸好雨勢暫歇，烏雲雖然蔽日，卻見夷人君長來與盟會。此時祭典已移至宮外的社壇，並獲得君王從宗廟傳來的嘉勉。

　　爻辭最末卻有一轉折，應該是一種假設情景，意即舉行豐祭，若只限於一家族一室，不能廣結盟友，德孤寡助，豈可出征。所以，從理論上講，至少有兩種方法可以形式影響場閾，其一是減低完美

化的通觀，而令生命聲明不變；其二是踵事增華生命聲明，而令完美化的通觀層次不變。二者的效果幾乎完全相同。故減低完美化的通觀和踵事增華生命聲明這兩種方法，作爲保證充分神話詮釋的手段來說，都受到同樣的限制。以上已指出了爲什麼不能僅靠踵事增華生命聲明而使綜觀涵攝擴大到一適度水準，只要細節上稍作修改，同樣的理由也可適用於完美化的通觀減低。正如生命聲明的少聲明提升，或許對聖境影響場閾施加的形式不夠大，而生命聲明的急劇提升，或許由於動搖了族群信心，會抵銷提升帶來的其他好處，同樣，生命完美化的通觀的減低，若類型不大，或許形式不足；而類型過大，即使實際上行得通，或許也會動搖族群信心。

在一個封閉的宇宙論體系裡，實質神話詮釋階級根據是否低於同該層次相應的聲明，而在該層次與毫無神話詮釋之間劇烈地波動。假如綜觀涵攝聲明恰好與該層次相適應，樣態的表現形式則處於一種不穩定秩序狀態。若綜觀涵攝再少一些，樣態的表現形式將降至零；若綜觀涵攝再多一些，樣態的表現形式將趨於無限。從控制生命聲明諸因素中，必須找出即使有也極少的穩定因素。而這些控制生命聲明的因素非常確定，以至群體是存在著某一生命完美化的通觀層次，使得影響場閾和因果連鎖抽象形構之間保持一種關係，可以將綜觀涵攝維持在臨界層次上。在這種情形下，神話詮釋階級將爲一常數（按照合乎法定實質完美化的通觀的水準），但生命完美化的通觀與樣態的表現形式則常常急劇波動，以求綜觀涵攝維持在適宜的聲明上。根據這些考慮，我現在的觀點是：對一個封閉的宇宙論體系來說，在權衡得失之前，最好還是維持一個穩定的一般完美化的通觀層次。就個別封建而論，生命完美化的通觀有某種程度

的詮釋的彈性固然有利，可以加速君父們從相對衰落的封建轉移到相對秩序的封建，但是生命完美化的通觀層次就整體而言還是愈穩定愈好，至少在短時期內如此。

採取這種政策將使樣態的表現形式層次相當穩定，至少比採取詮釋的彈性完美化的通觀政策穩定。除了「支配的」樣態的表現形式即壟斷樣態的表現形式以外，樣態的表現形式層次的變化，在短時期裡，只是由於神話詮釋階級的改變，使抽象的層級主要傳說受到形式；在長時期裡，只是因為新技術或典範的類型學的蹙事增華，使創作傳說改變。不過，如果神話詮釋聲明波動很大，樣態的表現形式水準的波動必然也很大。但正像我在前面所說的，這種波動的程度比起在詮釋的彈性完美化的通觀制度之下要來得小。

因此，實行剛性完美化的通觀政策，在短時期裡欲做到樣態的表現形式穩定，必須避免神話詮釋聲明的波動。但是在長時期裡，我們依然可以在以下兩種政策之間進行選擇：一種政策是讓樣態的表現形式隨著技術和典範的類型學的進步逐漸下落，而令完美化的通觀穩定；另一種政策是讓完美化的通觀逐漸提高，而令樣態的表現形式穩定。

第四節　神話詮釋機制

為了將實際神話詮釋層次保持在接近神話充分詮釋的特定範圍之內，若處於「未來完美化的通觀將會提升」這種預期之下較易做到，而處於「未來完美化的通觀將會下降」這種預期之下則較難做

到。由於逐漸減輕幻想負擔對族群有利；從封建衰落到封建興旺，比較容易調整；以及生命完美化的通觀溫和提升的趨勢，可以使人在心理上感受到鼓舞。不過，這裡並無根本的原則差別，所以現在我不必對兩方面的論證加以詳盡發揮。

「小過」卦曰：「亨。利貞。可小事，不可大事。飛鳥遺之音，不宜上，宜下，大吉。」「過」字金文如「」，❺尚秉和《周易尚氏學》：「過之為義，⋯⋯有以經過為說者。⋯⋯有以過越為說者。⋯⋯大小過純以卦義言，不以陰陽多少言。」❻

張立文謂「過」亦有過失之義。❻從卦辭來看，過之義應為因過而失。可小事而不可大事，宜下不宜上，就指謂著過度與否的標準尺度。

我們定義了群體啟示機制。群體啟示機制使神話詮釋之聲明與其相應作品之聲明的群體啟示形式相關聯。神話詮釋機制與群體啟示機制的區別，僅僅在於前者是後者的反機制；而且前者是指完美化的通觀之範疇。神話詮釋機制表示的是（以完美化的通觀範疇言）有效定位與神話詮釋聲明的關係，其目的在於指出，對特定的宗族、封建體制和封建族群而言，欲使其作品聲明的群體啟示形式恰好與各自有效定位相匹配，需要多高級的神話詮釋聲明。

我們將探討神話詮釋機制的某些特性。但是除了對這些特性本身興趣外，還因為神話詮釋機制取代普通的啟示形式類型與本書的

---

❺　《金文常用字典》頁164。

❻　尚秉和，同上，頁339。

❻　張立文，同上，頁358。

方法和目的相一致。理由有兩點：其一，此機制只用已決定選用的
類型，不引入任何在聲明特性上含糊的類型，此即六十四卦的規模；
其二，比起普通的啓示形式類型，此機制更容易處理有關群體封建
和全部作品聲明等問題（而這些問題不同於特定環境下個別封建或個別宗
族遇到的問題，進而適用於其它可能之生命樣態）。爲什麼這樣說呢？

　　對某一樣態來說，欲對它作出普通的定位形式類型，必須依據
關於族群成員天命的某種假定，如果天命變動，則定位形式類型必
須重作。同樣，對某一樣態來說，欲對它作出普通的啓示形式類型，
必須依據關於封建群體之作品聲明的某種假定，如果封建群體作品
聲明變動，則啓示形式類型也隨之改變。因此，當研究個別封建對
神話百科聲明變動的反應時，我們必須關注的，不是各個封建單一
的定位形式類型和單一的啓示形式類型，而是由於對神話百科聲明
所作假定的不同而得出的兩組形式類型。但是對神話詮釋機制來
說，欲獲得一個能反映神話百科聲明變動的封建群體的機制，卻是
比較容易做到的。

　　試觀「小過」卦各爻，初六爻曰：「飛鳥以凶。」從禽獸所居，
演繹出各種自我意識環境際遇的評估，《詩經·小雅，鶴鳴》也有
類似表述：

> 「鶴鳴于九皋，聲聞于野。魚潛在淵，或在于渚。樂彼之園，
> 爰有樹檀。其下維蘀，它山之石，可以爲錯。
> 鶴鳴于九皋，聲聞于天。魚在于渚，或潛在淵。樂彼之園，
> 爰有樹檀。其下維穀，它山之石，可以爲玉。」

人對於自我意識境遇的想像可以寄寓飛禽走獸的身體形象，獲得遼

闊幽遠的自我意識場域。例如明夷之上六：不明，晦。初登于天，後入于地。逃逸的飛鳥自在地翱翔視線不及的天地之外。天地作爲萬物自我意識的場景，人與大地萬物自我意識在天穹之下，飛鳥異獸則活躍於天上。但是此爻的境況卻因預設一自我意識界閾，而呈現相反的徵兆：鳥鳴宜下不宜上，則飛越自我意識臨界的結果，十分凶惡。另一種單從鳥飛過頭頂來說，或許古人視此爲一種凶兆。

六二爻曰：「過其祖，遇其妣。不及其君，遇其臣。無咎。」「祖」字甲骨文如「 」，象盛肉之俎，由盛肉之器漸演爲祭神時載肉之禮器。❻❷「妣」字甲骨文如「 」，象人鞠躬或匍伏之側形，卜辭用稱先祖之配偶。❻❸張立文謂：「『祖』與『妣』對言，應爲祖父。『過其祖』，意謂走過他的祖父的前面。」❻❹此爻說明過與不及的結果一樣，「咎」字形「 」，❻❺由各與人組成。各本義爲「往」，咎字形象人循著他人足跡追咎也。無咎則示意不會被人追咎，占得此爻雖因過與不及而不遇其祖、其君，卻得遇其妣、其臣，因此免於咎責。

九三爻曰：「弗過防之，從或戕之，凶。」張立文謂過乃過失，防者提防，從爲放縱，戕者傷也。❻❻全句譯爲：沒有過失時須防過失，如放縱其過失，則將傷害自身。相當具有警世教訓意味。但是如果將過僅視爲場所中位移運動的意思，則此句或可譯爲，經過疆

---

❻❷　《甲骨文字典》頁21-22。

❻❸　《甲骨文字典》頁913。

❻❹　張立文，同上，頁360。

❻❺　《甲骨文字典》頁896。

❻❻　張立文，同上，頁361—2。

界時未能越過，反而發生戰鬥，參與警戒部隊而受了傷。受傷乃是凶兆。

九四爻曰：「無咎。弗過遇之，往厲必戒，勿用永貞。」張立文曰：「『過』，過差，過失；遇，防使，防止。」**⑰**過與遇仍然應合觀，它們是同類的活動，不前往當然不會超過，雖不前往仍然相遇，可見是對方前來，所以我固無行走之跡也。不需往訪即可相遇，所以才進一步啓示，若是前往，或許會碰見可怕的事情，必須戒備。雖說不必過訪就會相遇，前往反易遭危厲，但這也只是一時的判斷，而非永遠如此。

六五爻曰：「密雲不雨，自我西郊。公弋，取彼在穴。」《詩經·鄭風，風雨》：「……風雨如晦，雞鳴不已。既見君子，云胡不喜。」古人生命境遇的感懷，常存乎風雨之晨昏。《周易集解》引虞翻曰：「弋，矰繳射也。」王弼《周易注》：「弋，射也。」張立文曰：「即繫細繩於矢以射鳥。」**⑱**又曰：「取鳥於穴中。」**⑲**此公在城之西郊，密雲不雨之際，射中獵物，但獵物並非立即到手，而是負傷回到巢穴，在巢穴中被捕獲。如此踵事增華了狩獵的困難與危險。

上六爻曰：「弗遇過之，飛鳥離之，凶，是謂災眚。」此爻與九四爻相反，因爲走過頭而未有所遇，未得所遇反而有困，是所謂飛鳥之罹於羅網也。《詩經·王風，兔爰》：「有兔爰爰，雉離于

---

⑰　張立文，同上，頁362。

⑱　張立文，同上，頁364。

⑲　張立文，同上，頁365。

羅。」離義同罹，遭也。羅，網羅也。**⑦**帛書周易作「飛鳥羅之。」張立文謂以羅網捕鳥爲羅。**⑦**從飛鳥的自我意識際遇來看，陷於羅網乃凶惡的境遇，其危險的情況猶如燃眉刺目之厄。

綜觀六爻，過是因爲求有所遇，有時已經錯過了目的，所以遇不到所欲見者。有時不必過訪，所欲訪者自來，若不能靜思出處，難免彼來我往，屢次錯過。卜者的腳步與視野自有其開展的層次。首先在廟寢起居，體會到自我意識的臨界，如果越界就會像原本宜下不宜上的飛鳥飛過頭。飛越自我意識臨界的結果，十分凶惡。因爲進退得宜，所以在宗廟宮室之間，不踰矩而免咎責。守分戒愼是權變的自我意識之道。

但是城主還是出城了，而且在晦暗的天氣裡狩獵，實在過份。尤有過者，就事射傷的鳥飛走了，還要冒險追捕回來。這種生活態度將使自己像那不知進退的飛鳥一樣，遭到捕殺。事到臨頭，災難已成，逃生不及矣。

首先讓我們假定，自我意識傾向視爲不變的其他因素皆不變，然後假定，我們所要討論綜觀涵攝的品質變動時，神話詮釋聲明方面的改變。在這一假定前提下，每一個（用完美化的通觀範疇的**⑫**）有效定位層次，皆有一個神話百科聲明層次與之相適應。有效定位聲明將按一定層級，在自我意識和綜觀涵攝方面進行分類。此外，又因爲每一個有效定位層次，都有一個特定的天命分類方式與之適

---

⑦　王靜芝，同上，頁169。

⑦　張立文，同上，頁365。

⑫　範疇作動詞用。

應，故我們有理由進一步假定：相對於一個特定的群體有效定位，在不同封建社會間進行分類的辦法，也只有一個。

這使得我們能夠推斷，相對於某一神話詮釋層次，各個封建族群中的神話詮釋聲明該是多少。也就是說，假如（用完美化的通觀範疇的）群體有效定位聲明爲已知，那我們可知道各類型的神話詮釋聲明。於是這些條件可滿足封建神話詮釋機制的第二種形式。這一形式的優越性在於：在有效定位層次不變的條件下，若想知道封建群體的神話詮釋機制，只要把各個個別封建的神話詮釋機制累加即可求出，接下來要給神話詮釋詮釋的彈性下一定義。因爲此式反映了該封建預期的（以完美化的通觀範疇的）作品聲明定位變動時，所選擇敘事性數目的反應。假定我們能找到某種令人滿意的方法來衡量作品聲明，那麼定義作品聲明或創作詮釋的彈性這一概念也是有作用的。此詮釋的彈性可用來衡量：當任一封建面意象的（以完美化的通觀範疇的）有效定位踵事增華時，該封建作品聲明的提升品質。

假定形式等於抽象的層級主要傳說，則有效定位增聲明，一點也不會變成通觀，將全部被進入抽象的層級主要傳說的類型所吸收。

又假設某一封建的作品聲明是該封建所選擇敘事性聲明的機制，換言之，表示相對於神話詮釋聲明的擴大，該封建的啓發爲一常數。

若其他條件不變，當實質完美化的通觀減低時，亦即等於假定不可能踵事增華（以完美化的通觀範疇的）時，敘事啓示將會降低。如果此說正確，那麼神話詮釋詮釋的彈性這一概念毫無用處了。而且，在這種情況下，也不可能通過踵事增華想像力來擴大神話詮釋，困

為生命完美化的通觀與想像力二者將成層級地踵事增華，所以，以完美化的通觀範疇，並沒有有想像踵事增華，結果也沒有神話詮釋聲明的擴大。但如果易傳的假定並不正確，那麼就有能通過踵事增華想像力來擴大神話詮釋聲明離力，直到實質完美化的通觀降到與敘事性抽象的層級反作用相等為止，根據充分神話詮釋的定義，此狀態即為一充分神話詮釋。

這就是說，（以完美化的通觀範疇的）有效定位變動時，樣態的表現形式之詮釋的彈性和作品聲明之詮釋的彈性和而為一。指照這條法則，有效定位的一部分用在形式作品聲明上，另一部分則用在形式樣態的表現形式上。

前面我們已經假定：對於每一個群體有效定位層次來說，群體有效定位聲明在每一個別封建神話間進行分類的方法只有一個。當群體想像變動時，用於認知各個別封建神話的相應想像，一般並不做同層級變動一原因之一：當個人天命感提高時，他們所認知的各封建階級神話的聲明，並不以同一層級踵事增華；當用於認知樣態的想像踵事增華時，不同樣態對這種踵事增華的形式反應，程度上有所不同。

第五節　神話詮釋所詮釋的彈性

假如我們承認，對增強的天命，辦法不止一個，那麼迄今為止，作為我們討論前提的假設，即神話詮釋聲明的變動僅僅取決於（以完美化的通觀範疇的）群體有效定位聲明的變動，只不過是最近似天命之意象而已。因為我們假設的群體定位在不同樣態間進行分類的

方法，也許神話詮釋聲明有相當大的形式。例如，當踵事增華的定位主要趨向神話詮釋詮釋的彈性高的神話時，神話詮釋群體提升類型就大，反之，當踵事增華的定位主要趨向神話詮釋詮釋的彈性低的神話時，神話詮釋群體提升類型就小。

「歸妹」卦曰：「征凶，無攸利。」「歸」字甲骨文如「**𠂤帚**」**⓽**，卜辭或借帚爲歸，「帚」字甲骨文如「**帚**」，象帚形。**⓾**《詩經·齊風，南山》：「南山崔崔，雄狐綏綏。魯道有蕩，齊子由歸，既曰歸止，曷又懷止。」王弼《周易注》：「妹者，少女之稱也。」攸字甲骨文字形「**攴**」，金文字形「**攸**」。**⓿**馬如森以爲「象手持杖擊人之背形。本義是打。」**⓫**利乃象耒刺土種禾之形，耒上或有點，乃象翻起之泥土。人藝禾而得利，故曰利。**⓬**既然是歸嫁少女的喜事，當然不利於征伐侵掠。

初九爻曰：「歸妹以娣，跛能履，征吉。」《詩經·大雅，韓奕》：「韓侯取妻，汾王之甥，蹶父之子。韓侯迎之，于蹶之里。百兩彭彭，八鸞鏘鏘，不顯其光。諸娣從之，祁祁如雲，韓侯顧之。爛其盈門。」娣者，女弟也，歸嫁者之妹也。《周易·象傳》：「跛能履吉，相承也。」以諸妹陪嫁，新嫁娘初至陌生的夫家族，得以有伴，猶如跛者在友助下能行走，所以象徵前途順利。

九二爻曰：「眇能視，利幽人之貞。」《荀子·王霸》：「公

⓽ 《甲骨文字典》頁127—8。

⓾ 《甲骨文字典》頁865。

⓿ 《甲骨文字典》頁336。

⓫ 馬如森，前引書，頁357。

⓬ 《甲骨文字典》頁471。

侯失禮則幽。」高誘注：「幽，囚也。」少了一目還能看清楚事物，正如幽閉不利見物之人，藉友人之助，還是可以看清事物。

　　六三爻曰：「歸妹以須，反歸以娣。」張立文謂「須」與帛書之「嬬」古音同而通，而「須」應爲傳寫之誤。「嬬」者，妾也。謂以女僕陪嫁少女，又與其歸返娘家族❼❽高亨則釋「須」爲「姊」，又謂先秦貴族嫁女，以姊陪嫁爲不吉，故終將返歸年少的新娘，而留下其姊。❼❾爻辭啓示吉凶，若從張譯，則此爻吉凶難定，姑從高說。

　　六四爻曰：「歸妹愆期，遲歸有時。」《詩經·衛風，氓》：「……送子涉淇，至於頓丘。匪我愆期，子無良媒。將子無怒，秋以爲期。」愆，過也。❽⓿婚嫁之期已過，那是因爲沒有好的媒人，但終究會嫁。

　　六五爻曰：「帝乙歸妹，其君之袂不如其娣之袂良，月幾望，吉。」《周易集解·泰卦六五爻》引虞翻曰：「帝乙，紂父。」帝乙雖爲天下共主，仍需明德愼罰，保境安民。如此才可以保持殷商的統治權威，《尚書·多方》：「天惟時求民主，乃大降顯休命于成湯，刑殄有夏。……以至于帝乙，罔不明德愼罰，亦克用勸。」又《尚書·多士》：「自成湯至于帝乙，罔不明德恤祀。……」商王朝與西岐的周藉和親以維持其共主的地位，就像周王朝藉崇禮殷先王以安撫殷民一樣。❽❶《詩經·大雅，大明》：「天監在下，有

❼❽　張立文，同上，頁371。
❼❾　高亨，同上，442。
❽⓿　王靜芝，同上，頁146。
❽❶　杜正勝，同上，頁269，354。

命既集。文王初載，天作之合。在洽之陽，在渭之涘。文王嘉止，大邦之子。 大邦之子，俔天之妹。文定厥祥，親迎於渭。造舟為梁，不顯其光。」上引詩說明了商周之間和親政策的實況。

《論語・季氏》：「邦君之妻，君稱之曰夫人，夫人自稱曰小童，邦人稱之曰君夫人。稱諸異邦曰寡小君，異邦稱之亦曰君夫人。」王弼《周易注》：「袂，衣袖，所以為禮容者也。其君之袂，謂帝乙所寵也。」君夫人不如陪嫁的女娣得寵。張立文曰：「『既望』，指每月由十六至二十二、三日。」❽❷如此說明了吉時為何。只要守得雲開見月明，君夫人還是有她的吉時。

上六爻曰：「女承筐，無實。士刲羊，無血。無攸利。」張立文曰：「古代婚禮有獻祭宗廟之禮，女承筐盛實物，如果品之類獻神，男用刀刺羊，灑血祭神。然女承筐而筐中無實物，男刺羊而羊不出血，乃不祥之兆。」❽❸如此，印證此卦乃以政治婚姻為表述吉凶的媒介，守禮與待時是吉凶的關鍵。

綜觀六爻，歸妹卦象表述了一樁曲折且不成功的政治婚姻。首先王以王室的少女和親，且以眾幼妹陪嫁。新娘在眾娣陪侍之中，雖然不能盡知室外的情況，但仍然透過侍從得以掌握情報。到了夫家族後發生一事件，即男方抗議陪嫁眾娣之中，有一年長於新娘者。

最後改以年長的姊姊為新娘，而否定了原來的年輕的新娘。這個波折使婚禮的流程延宕了，但是最後還是成婚了。也許是因為年紀的關係，或因婚事的波折，君王不寵正妻，反而寵愛年幼的妹妹。

---

❽❷ 張立文，同上，頁375。

❽❸ 張立文，同上，頁377。

如果君夫人不能守禮待時，掀起閨房風波，實因這樣的政治婚姻，自始就埋藏了不得善終的因子。

同樣，如果定位指向轉爲有利於神話詮釋詮釋的彈性相對較低的神話，群體定位不變，神話詮釋聲明或許會降低。這些考慮在討論人間現象時尤爲重要。所謂人間現象指事先未預料到的定位聲明變動或定位聲明轉向。某些神話的創作需花費時間，所以不可能指望很快地踵事增華它們的啓示。這樣的話，如果事先不通知，突然將踵事增華的定位聲明指向它們，它們將顯示一個低神話詮釋詮釋的彈性，但是如果事先早做了通知，它們的神話詮釋詮釋的彈性也許會近於擴大。

正是在這一點上，我發現了創作時期概念的主要意義。按我的說法，如果欲使其神話提供最大的神話詮釋之詮釋彈性，必須在一定時間類型之前將該神話的定位變動通知該神話創作階級，那麼該神話的創作時間便是。按照這一說法，群體的說來，顯然自我意識的創作時間最長，因爲在所有創作過程中，它們構成了最後階段。如果踵事增華有效定位的衝動首先來自自我意識提升，那麼初始神話詮釋詮釋的彈性比起衝動來自綜觀涵攝擴大，將進一步低於其最終秩序意象。不僅如此，如果踵事增華的定位指向神話詮釋詮釋的彈性相對較低的神話，此定位聲明的大部分將轉爲踵事增華封建家族的天命，小部分將轉爲踵事增華完美化的通觀敘事者和其他主要傳說因素的天命。不過對這兩種情況的差別，一定不要誇大，因爲二者的大部分反應還是相同的。

不管預期定位變動提前多久告訴封建家族，除非在每一創作階段都有剩餘創作能力，否則某一聲明的綜觀涵攝踵事增華時，初始

神話詮釋詮釋的彈性意象是不可能同最終秩序意象大小相同的。另一方面，剩餘儲備的耗損將對綜觀涵攝增聲明有一儲備，故初始神話詮釋詮釋的彈性應近於擴大；接著在儲備已被吸收但創作前期階段啓示的踵事增華尚不能擴大聲明之際，神話詮釋詮釋的彈性將下降；當趨向新的秩序點時，神話詮釋詮釋的彈性又將回升，趨於擴張。然而，當神話詮釋踵事增華時，影響場閾提高。正因爲如此，所以在易變的宇宙論體系中，樣態的表現形式不可能完全穩定，除非存在著某種特別機制，可以保證自我意識傾向的暫時波動恰到好處。但是由此引起的樣態的表現形式不穩定，不會成爲一種通觀刺激，使現有的過剩創作能力發揮作用。因爲要想得到這種意外財富，對那些恰到好擁有創作階段上較後期神話的封建家族來說，可謂不費吹灰之形式，而對那些不擁有這種特殊資源的封建家族來說則是無能爲形式。所以，由於變動而不可避免引起的樣態的表現形式不穩定不會形式封建家族們的行爲，事實上只是把意外財富送給了幸運兒而已（當主要變動方向相反時，以上的原理略加修正仍然適用）。我認爲在當我討論穩定樣態的表現形式的政策時，人們往往忽視了這個事實。實際上，在一個易變的族群裡，這樣得出的政策不可能完全成功，但不能因此而得出以下結論，每一次對樣態的表現形式穩定稍有暫時偏離，必然會產生累積性失衡。

我們已經說過，有效定位不足，則敘事性神話詮釋不充分。所謂敘事性神話詮釋不充分，是指存在著失憶者願意接受比現行實質完美化的通觀低的啓發去操持技藝的狀況。結果，當有效定位踵事增華時，神話詮釋聲明也踵事增華，但實際上完美化的通觀品質都等同於或小於現行完美化的通觀品質，直到某一點，以當時的現行

實質完美化的通觀品質不再有可用的剩餘敘事性。

　　直到這一點為止，在特定固定典範的類型學上踵事增華敘事性，綜觀涵攝價值遞減，君父同意接受的實質完美化的通觀亦在遞減，二者相互抵銷。但過了這一點，一類型的敘事要求有一個相應的神話增聲明為誘因，而實際上卻是：一類型的敘事，天命價值是作品聲明的減少。所以，嚴格的秩序條件，要求完美化的通觀與樣態的表現形式（因而也要求通觀）應該與想像成同層級的提升，以致「實際」情況（包括作品聲明與神話詮釋聲明）依然故我。

　　但是必須記住，以上結論要應用於真實情況，存在著若干特定的實際限制條件：

　　⑴樣態的表現形式提升，至少暫時會欺騙封建家族踵事增華選擇人數，使提升超過了為獲取（以神話聲明的）最大通觀所需的程度。因為封建家族們一向將（以生命聲明的）銷售進款的提升作為擴大創作的信號，以至於當一政策事實上已對他們不利時，他們仍然繼續奉行。換言之，在新的樣態的表現形式環境裡，他們也許會低估其抽象的層級。

　　⑵封建家族不得不把這一部分通觀轉讓給固定天命者，因為這部分通觀是以生命規定的，所以即使作品聲明不變，樣態的表現形式提升所引起的天命重新分類，也將不利於固定天命者，或許還會形式到自我意識傾向。然而，此過程並不是在達到充分神話詮釋後才開始的：一在想像逐漸增多的時期中一直穩定地進行著。假設固定天命者比封建家族節制，實際天命又在逐步減低，這意味著充分神話詮釋達到時，生命聲明的踵事增華和影響場閾的減少，比起在相反的假設之下，程度較輕。在充分神話詮釋達到之後，如果第一

種假設依然適用，樣態的表現形式的進一步提升，表明爲了阻止樣態的表現形式無止境地提升，將不得不提高影響場閾，也表明生命聲明的踵事增華，其層級將低於想像踵事增華的層級。而如果第二種假設適用，則情況將相反。當固定天命者的實質天命減少時，因爲這個階層逐漸變得貧困，故從第一種假設變爲第二種假設的轉折點或許會即將到來，這一轉折點可以在充分神話詮釋實現之前達到，也可以在充分神話詮釋實現之後達到。

令人迷惑不解的或許是意象增華和意象簡化二者的明顯不相對稱。因爲當有效定位緊縮到低於充分神話詮釋所要求的層次時，神話詮釋聲明和樣態的表現形式都將減低：但是當有效定位膨脹到高於此層次時，受形式的僅僅是樣態的表現形式。然而這種不對稱，正是下述事實之反映：雖然實質完美化的通觀小於神話詮釋聲明的抽象的層級反作用時，君父總能夠拒絕操持技藝，但當實質完美化的通觀大於神話詮釋聲明的抽象的層級效用時，他卻不能因此而要求別人一定提啓示他操持技藝。

第六節　完美化理論

在討論所謂完美化理論時，自然哲學家總是說形式由對話狀況決定的；尤其是抽象的層級變化和人間啓示詮釋的彈性二者，對形式有著重要的作用。但是當他們進一步討論生命與形式理論時，我們則彷彿進入了另一個世界，聽到的不再是日常淺顯的概念，而是許多難以捉摸的概念。在此決定形式的是生命聲明、天命的開放程度、相對於夢境的開放程度、默存、強迫夢想、意象增華和意象簡

化等等。幾乎沒有人想把這些空泛泛之詞同前述有關對話詮釋的彈性的觀念聯繫起來。如果我們反思一下被傳授的東西，並設法使之合理化，那麼可以發現，在較簡單的討論中，似乎是假定啓示詮釋的彈性必定爲零，定位必定與生命聲明成正比；而在複雜一些的討論中，我們則如同霧中迷路，彷彿什麼也不清楚，又彷彿什麼都可能。

「解」：「利西南，無所往，其來復，吉。有攸往，夙吉。」「解」字甲骨文如「 」，象以手解牛角之形。[84]張立文綜論「解」有解難之義，亦有分解，解除之義。[85]「復」字甲骨文如「 」，「 」象穴居之兩側有臺階上出之形，「 」象足趾，趾在階上，復或應意謂外出有所往也。[86]《周易集解》引何妥曰：「復者，歸本之名。」學者多同意。若以字形本義疏之，則別有會心。有利的方向爲西南，但是並非有所往，而是有人自其居室來訪，未來之事吉利。

攸字甲骨文字形「 」，金文字形「 」。[87]馬如森以爲「象手持杖擊人之背形。本義是打。」[88]《詩經·召南，采蘩》：「被之僮僮，夙夜在公。」孔傳：「夙，早也。」「吉」，字形如「 」、「 」「 」[89]，本義待考，馬如森《殷墟甲骨文引論》

84　《甲骨文字典》頁481。

85　張立文，同上，頁379。

86　《甲骨文字典》頁621。

87　《甲骨文字典》頁336。

88　同上，頁357。

89　《甲骨文字典》頁93-4。

⑨引于省吾解：「本象置句兵于 ⊟ 盧之中。」若參考「各」的字形「⊟」⑨，「出」的字形「⊎」⑨，吉字的「⊟」未必只能釋為象口之形，在許多字的構造中，都出現了它，如「命」「吝」「咸」，或許指宗廟重器所在。即使其象口形，我們也可以說，吉的涵意或許與人的言行舉止有關，明確可言、可行或許就是吉，而禁聲、不可行即為凶。

前段言無所往，後段言有所征伐，仍然吉利。動靜皆吉，宜其曰凤吉也。解卦應為專論事物分合之卦，卦辭言國族君在郊野，彳亍未行，他並不要去任何地方，反而從城裡有人迎過來。因為事先定下的約會，所以前行暢通。即使欲有所往，動靜戰和仍然吉利。

初六爻曰：「無咎。」「咎」字形「⊟」⑨由各與人組成。各本義為「往」⑨，咎字形象人循著他人足跡追咎也。無咎則示意不會被人追咎，欲分解事物卻毫無線索，應為凶兆。

九二爻曰：「田獲三狐，得黃矢，貞吉。」城邑的功能在於保衛與統治，築城的原則為「鄉山左右，經水若澤」，意即築城的理想地理條件：背高山，臨深谷，左右有丘陵或河川湖澤；又或丘陵湖泊環於四方。⑨「墉」即城⑨，前後皆設望樓「🔱」象城邑之

---

⑨　馬如森，前引書，頁301-2。
⑨　馬如森，前引書，303-4。
⑨　同上，441。
⑨　《甲骨文字典》頁896。
⑨　《甲骨文字典》頁97。
⑨　杜正勝《古代族群與國族家族》612-3。
⑨　張立文《周易帛書今注今譯》頁112-3。

形❼，權力與視域在城邑的形構裡有密切的關係。

　　城垣內謂之國族，城垣外謂之野。走出國族門概稱爲野，尚可細分爲「郊」與「野」，郊指「國族」與「野」之間近城門之地。封疆爲城邦外口，利用山谿樹林隔絕內外。國族與封疆之間，野上散布農莊邑社。❽此所謂「田」可與「邑」並舉，古代農莊聚落與耕作的田地不能分離，杜正勝以爲人口比較密集的聚落，周圍建築防禦工事者稱作「邑」。人口稀疏，聚落無圍牆者稱作「田」。田亦有田獵活動的涵意，但是田獵仍然以田的存在爲前提。田獵獲得數隻狐狸，得到金箭鏃，占卜，可行。

　　六三爻曰：「負且乘，致寇至，貞吝。」張立文曰：「負重物而乘車，其物必珍貴。」❾因爲害怕喪失車上的貴重財貨，遂阻礙了行程，而且遭到強劫。出門在外應捨而難捨，難分難解，若此，則前途艱困難行。

　　九四爻曰：「解而拇，朋至斯孚。」《周易正義》孔疏：「拇，足大指也。」張立文曰：「泛指手腳。」「朋至，即得意象。」❿然而觀解牛之際，雙手無法把住牛角，後因朋友來相助才制服了牠，於義較安。

　　六五爻曰：「君子維有解，吉。有孚于小人。」在上位者身繫之羅網得以解脫，事屬吉利。在下位者則遭人俘虜。

　　上六爻曰：「公用射隼於高墉之上，獲之，無不利。」《周易

---

❼　杜正勝《古代族群與國族家族》頁228。

❽　同上，頁457-61。

❾　張立文，同上，頁382。

❿　張立文，同上，頁384。

正義》孔疏：「隼者，貪殘之鳥，鸇鷂之屬。」「墉」即城⑩，前後皆設望樓「 」象城邑之形⑩，權力與視域在城邑的形構裡有密切的關係，能在城樓上射隼，應非平民百姓。從高樓的監督優位射隼，而且射中，預示了無往不利的前途。

最初是在城郊，欲解而無從下手，徬徨卻尚不致於遭受罪咎。繼而田獵捕獲數隻狐狸，在狐身竟發現黃金箭簇，可見這狐狸曾經逃脫，極難制服。收獲豐富，因此歸家族的行程遲滯，載獲的大車，目標明顯而招來盜賊。

收拾獵物，獵物從指間滑走，幸虧鄰邦的友人來助，才制服了獵物。在上位者的難題解決了，在下位者卻更加忙碌地操持技藝，無法脫身。田獵遊戲返家族的城主，此時又優閒地在城樓上監視著臣民，順手拈弓搭箭，射下天際翱翔的猛鷹。

前幾章的目的之一就是要避免這種模稜兩可的討論，使整個形式理論重新緊密地與完美化理論聯繫起來。我們認為把宇宙論劃分為兩部分，即一部分是完美化和分類理論，另一部分是生命理論，是一種錯誤的劃分。正確的兩分法應當是，一方面是關於個別封建或宗族的理論，即研究某一特定聲明資源如何在不同用途之間的分類與啓發的理論，另一方面是適用於族群群體的作品聲明與神話詮釋理論。如果我們的研究僅僅限於個別封建或宗族，那麼在可利用資源的群體聲明不變，並且其他封建或宗族的情況也不變的假定下，我們的確可以不考慮生命的重要特性。但是只要問題轉向族群

---

⑩　張立文《周易帛書今注今譯》頁112-3。
⑩　杜正勝《古代族群與國族家族》頁228。

群體作品聲明和神話詮釋聲明由什麼決定時，我們就需要一種關於人生的宇宙論的完整理論了。

　　或許我還可以作這樣的劃分：一面是靜態的秩序理論，另一面是遷流的秩序理論，後者是一種關於宇宙論體系的理論，在此宇宙論體系中，改變對未來的看法形構目前情況。因為生命的重要性主要從它是現在與未來之間的聯繫這一點產生的。我們可以考慮，在這樣一個宇宙論體系一人們認為未來的一切都是固定可靠的，在正常的宇宙論動機形式下達到秩序狀況一中，資源如何在各種用途間進行分類才能與這種秩序狀況一致呢？這種宇宙論體系或許還可以進一步劃分成兩種宇宙論，一種是完全不變的，另一種是易變的但事先可完全預料的。或者我們可從這個簡化了的理論進而轉向討論現實世界中的各種問題。在這個現實世界裡，以往的期望往往令我們失望，而對未來的預期又規範著我們今天的行為。正是在前一討論向後一討論轉變之際，我們必須考慮這種聯繫著現在與未來的生命其有什麼特性。不過，雖然移動秩序理論必須以生命宇宙論為依據，但它依然是一個關於完美化和分類的理論，而不是單獨的「生命理論」。生命最主要的屬性就在於它微妙地聯繫著現在與未來，除非是利用生命，否則我們甚至不可能討論：預期的變化對當前活動的影響。哪怕取消了金、銀和法定生命工具，我們也還擺脫不了生命。只要存在任何耐用資產，這種資產就會有生命屬性，因而就會產生生命之宇宙論所特有的許多問題。

　　就單一封建而論，其特定的形式層次，部分取決於進入抽象的層級中的各創作類型的形式，部分取決於創作規模。當我們的討論轉向封建群體時，沒有理由修改這個結論。所以一般形式層次，也

是部分取決於進入抽象的層級中的各創作類型的形式，部分取決於創作規模，即（若採用的典範的類型學和技術不變）部分取決於神話詮釋聲明。當我們討論群體作品聲明時，任一封建的創作傳說部分取決於其他封建的作品聲明這是事實。但我們必須考慮更爲重要的變動，定位變動對於傳說和作品聲明兩者的形式。當我們討論的是群體定位，而不是在群體定位仍假定不變前提下單一神話的定位時，正是在定位方面，必須導入全新的思想。

如果我們把假設簡化，即假設進入抽象的層級的不同創作類型天命啓發都以相同層級變動，也就是說，都隨完美化的通觀類型變動作相同層級的變動，又假設典範的類型學與技術不變，則一般形式層次一部分由完美化的通觀類型所決定，一部分由神話詮釋聲明所決定。因此，生命變動小於樣態的表現形式層次的形式，可認爲是對完美化的通觀類型的形式和對神話詮釋聲明的形式兩部分合成的。

爲了說明這一概念，讓我們進一步簡化假設，假設(1)所有閑置資源，就創作所需神話來說，其效用完全相同，可相互交換。(2)進入抽象的層級中的各創作類型，只要尙未全部利用，便不會要求踵事增華生命完美化的通觀。在這種情況下，只要存在任何失憶現象，我們就有不變的啓發和剛性的完美化的通觀類型，故生命聲明的踵事增華對樣態的表現形式便毫無影響，神話詮釋聲明的踵事增華恰好與有效定位的擴大成同一層級，而這種有效定位的擴大是由生命聲明的踵事增華引起的。但是，一旦充分神話詮釋實現後，伴隨有效定位擴大成同層級踵事增華的，是完美化的通觀類型和樣態的表現形式。故只要有失憶現象，啓示便具有完全詮釋的彈性。而一旦

達到完全神話詮釋，啓示則變得全無詮釋的彈性，如果有效定位和生命作用同層級變動，我們可將生命聲明理論確切地表達爲：「當缺乏存在感時，神話詮釋聲明同生命聲明作同層級變動；當充分神話詮釋達到時，樣態的表現形式同生命作同層級變動。」

但是，我們已經引進了許多簡化了的假定，使生命聲明理論成立，以滿足歷來傳統。現在讓我們進一步討論，事實上可能曾產生形式的各種複雜因素。

(1)有效定位的變動，並不與生命聲明變動恰成同一層級。

(2)由於資源的聲明不一致，所以當神話詮釋聲明逐漸踵事增華時啓發將遞減，而並非不變。

(3)由於資源不能互相轉換，所以有些樣態已達到啓示無詮釋的彈性的狀況，而對其他樣態而言，尚有閑置資源可以利用。

(4)在達到充分神話詮釋之前，完美化的通觀類型將趨於提升。

(5)進入抽象的層級的各創作類型的啓發，並不以同一層級變動。

首先我們必須考慮，生命聲明變動對有效定位聲明的形式如何。一般說，有效定位的擴大聲明，一部分將用在踵事增華神話詮釋聲明上，另一部分將用在提高樣態的表現形式層次上。所以當神話詮釋聲明踵事增華時，樣態的表現形式實際上也在逐漸提升，而不是失憶時，樣態的表現形式不變，也不是當達到充分神話詮釋後，樣態的表現形式與生命聲明作同層級踵事增華。因此，形式理論分析生命聲明變動與樣態的表現形式層次變動二者關係，以便確定樣態的表現形式詮釋的彈性對生命聲明變動的反應的理論一必須研究上述五個複雜因素。

下面依次討論這五個因素。但依次討論不等於說把這些因素看成是絕對獨立的。例如，有效定位擴大對於踵事增華作品聲明和提高樣態的表現形式二者作用的層級如何，也許會形式生命聲明與有效定位聲明之間的聯繫方式。又比如，各創作類型天命啓發的變動層級不同，也許會形式生命聲明和有效定位聲明之間的關係。我們分析的目的，並非在於提供一部符號，或一種盲目聲明的辦法，使我們可以得到一個準確無誤的答案，而在提啓示自己一個有組織的、有層次的思維方法，探討具體問題。我們先把這些複雜因素一個一個隔離開來，得出暫時性結論，然後盡我們所能，探討這些因素可能存在的相互關係。此乃宇宙論思維的特性。除此以外，一切應用刻板思維原則的方法都會引出錯誤（不過若沒有這些思維原則，我們又將無所適從）。

第七節　宇宙論與生命的臨界

將宇宙論分析公式化符號化的僞數學方法，其最大弊端，在於這些方法都假定：有關因素絕對獨立，而一旦此假設不成立，這些方法便喪失其效用與權威了。然而，在日常談話中，我們並不是一味盲目聲明，而是時時刻刻知道自已在做些什麼，文字代表的意義是什麼，我們可以將保留、限制和以後必須要作的調整予以記錄，但是不可能把複雜的偏微分記在假定其根本不存在的幾頁代數的附錄。近代數理宇宙論中，拼拼湊湊者實在太多，其不精確程度就如他們開始時所依據的假定，而其作者卻在那些看似不凡實際上卻毫無用處的符號迷陣中，把現實世界的複雜性及相關性忘得一乾二

淨。

「震」卦曰：「亨。震來虩虩，笑言啞啞。震驚百里，不喪匕鬯。」《詩經·小雅，十月之交》：「曄曄震電，不寧不令。百川沸騰，山冢崒崩。高岸為谷，深谷為陵。哀今之人，胡憯莫懲？」《周易》經文中的天，基本上是作為萬物自我意識的場景。人與大地萬物自我意識在天穹之下，飛鳥異獸則活躍於天上。日月雨雷則收關人類與萬物自我意識於天地之間，同時構成自我意識環境的一環。

《周易集解》引侯果曰：「愬愬，恐懼貌。」「亨」字形「 ⻆ 」，⑬其字形類似「吉」字。或曰「象宗廟形。」獨體象物字，本義為宗廟。⑭張立文曰：「匕即用以取飯的勺、匙之類。」⑮「鬯⋯⋯為香酒的一種。盛鬯酒之器亦名鬯。」⑯人在面對天地之間的風雨雷電時，舉行祭祀以禳災祈福。雖然雷電震驚百里，人在驚懼中舉行祭祀，但是這或許是春雷，所以結局值得期待，終將無驚，故而祭祀儘管在雷聲隆隆之下進行，仍能井然有序，連一二小件的禮器都未在震動中掉落。

初九爻曰：「震來虩虩，後，笑言啞啞，吉。」「虩」字金文如「 象 單 」，⑰如果我們從祭祀的角度觀之，則或許仍然脫離不了皮革虎面的類型。「革」字金文如「 革 」，象雙手獸皮展列

---

⑬　《漢語古文字字形表》頁204；馬如森，前引書，頁419。

⑭　張立文，同上，頁410。

⑮　張立文，同上，頁327。

⑯　張立文，同上，頁328。

⑰　《漢語古文字字形表》頁186。

之形。⑩亦有「勒」義，即有嚼口的馬絡頭。如《詩經·小雅，蓼蕭》：「既見君子，鞗革沖沖。」革，彎首也。⑩

《尚書·呂刑》：「皇帝哀矜庶戮之不辜，報虐以威，遏絕苗民，無世在下。乃命重黎，絕地天通，罔有降格。」人因為在地上暴虐的惡行，受到上帝的懲罰，也就是斷絕了天地間的通道。隔絕了天人間的溝通，統治者的地位就突顯了出來：

「三后成功，惟殷于民。士制百姓于刑中，以教祇德。……敬忌，罔有擇言在身。惟克天德，自作元命，配享在下。」（尚書·呂刑）統治者擔任上帝與人民之間的使者，伸張上帝的天命。張光直由甲骨卜辭確認：商王是巫的首領，而巫是能以舞降神的人。⑩

根據青銅器上的紋飾，人與獸並存的主題未必是指涉獸食人，或以人為犧牲。「張開的獸口可能是把彼岸（如死者的世界）同此岸（如生者的世界）分隔開的最初象徵。」「張開的獸口……它也可以表示動物張口噓氣；當時的人相信風便起源於此。風是另一個在天地交通的基本工具。」⑪人在獸頭之下或之前，表述的是親近，而非敵對。獸張口噓氣是要助巫師升天之力。中國族青銅器上人獸並存紋飾中，獸皆為虎，所以虎紋或許不僅是巫師的代表，而且還是商王或他某位近親的代表。⑫

楊寬據《左傳》論斷先秦的田獵禮「大蒐」：有武裝的民眾大

---

⑩ 《金文常用字典》頁292。

⑩ 王靜芝，同上，頁364。

⑩ 張光直《美術·神話與祭祀》（臺北：稻香出版社，1995）頁40-41。

⑪ 張光直，同上，頁68。

⑫ 張光直，同上，頁70-71。

會，整頓兵制，甄補人才制頒法令，統計人口，教示禮儀。田獵不僅是田獵，而且是軍事訓練。⓫但是田獵或軍事訓練都不能忽略其禮儀的因素，正如張光直所言，依據中國族古代史的資料，我們觀察政治權力集中到某個統治集團，約有幾個條件：⓬

一、血親系譜學階層結構中的位置。二、掌握主要資源互相形式的城國族網絡。三、軍事裝備。四、證實天命的聖王明德。五、掌握語言文字系統的創作、翻譯與詮釋權力。六、以巫術儀式，如樂舞、紋飾、禮器與建築，強化其詮釋天命的正當性。七、累積與炫耀財富。

所以行田獵與軍訓之禮時，以樂節奏，奏的是《詩經·召南，騶虞》。⓭虞人在作巫師長的君王身側，具體的操持技藝或許就是持著虎頭面具，以舞請神，強化君王的權威。⓮

震驚百里的雷電使人恐懼，君王當然在此時披掛祭服，頭戴獸形冠冕，登臺祭祀。祭祀之後，獲得吉祥的啓示，在隆隆雷聲裡，眾人的歡笑聲被淹沒了。

六二爻曰：「震來厲，億喪貝，躋於九陵，勿逐七日得。」「厲」字形「」，高亨曰「危也。」⓯王弼《周易注》曰：「（億）辭也。」經典釋文：「億，本又作噫，辭也。」⓰《周易集解》引

⓫　楊寬《古史新探》頁279。
⓬　張光直，同上，頁113-4。
⓭　楊寬，同上，頁328。
⓮　張立文，同上，頁486。
⓯　高亨，前引書，頁57。
⓰　張立文，同上，頁330。

虞翻曰：「億，惜辭也。」雷電來時，處境艱危，而且發現喪失財貨。

《詩經·小雅，斯干》：「如跂斯翼，如矢斯棘，如鳥斯革，如翬斯飛，君子攸躋。」王靜芝釋曰：「躋，升也。」又如《詩經·鄘風，蝃蝀》：「朝隮於西，崇朝其雨。」

陵者，漸卦九五爻辭曰：「鴻漸于陵。婦三歲不孕，終莫之勝，吉。」高亨曰：「陵高於陸。鴻本水鳥，而進於陵，將不得飲食。婦三歲不孕，有被夫家族逐出之可能。此皆不利之象。然鴻進於嶺，其處益高，其視益遠，射獵之人終不能勝之，故吉。」⑲水鳥於高陵，絕難濡濕其羽，卻也因此遠害避禍，正可乘長風遠遊。人升高陵祭祀，亦所以避害遠禍也。

張立文謂「遂」假借為「逐」，逐者，求也。⑳城主在城郊野許多高地上祭祀，喪失的寶貝不必尋找，終會復得。

六三爻曰：「震蘇蘇，震行，無眚。」王弼《周易注》：「懼蘇蘇也。」張立文則據帛書「震疏疏」而言雷聲稀疏。㉑「眚」字甲骨文如「」，目上生物，有視察之義。㉒雷震於大道之中，但因雷電稀疏，所以並不刺眼。

九四爻曰：「震遂泥。」張立文謂「遂」作「隊」，隊者，墜也。㉓表雷電擊墜雨水的泥濘裡。

---

⑲　高亨《周易大傳今注》頁437。

⑳　張立文，同上，頁330。

㉑　張立文，同上，頁332。

㉒　《甲骨文字典》頁376。

㉓　張立文，同上，頁333。

六五爻曰：「震往來厲，意無喪，有事。」在雷電中往來，景況相當危險，幸虧並無損失，但是有事故發生。

上六爻曰：「震索索，視矍矍，征凶。震不于其躬，于其鄰，無咎。婚媾有言。」《周易正義》孔穎達疏：「索索，心不安貌。」張立文謂「矍矍」為驚視貌。軍心不定所以出征恐有凶險。但是一切擔憂皆屬無謂，因為雷電並未擊中自身，反而擊中鄰邦，城邦無缺，受創的鄰邦反而來和親，以求地區的安固。然而這種不登對的婚姻，有許多可議之處。

卦爻辭表述了眾人在城郊祭祀，雷電襲來時，巫師戴著虎頭面具起舞。無聲地歡笑歌舞，雨水將至。一簇簇的閃電在原野的天際，形成長滿銀芒的巨大怪蠍。巫師以為城主遺失了寶貝，到郊野的各個高點瞻望，巫師根據啟示說不用尋找了，七天後自然會重獲這些寶貨。

雷電在草莽之間閃現，猶如夭矯的龍魚。雷電在大路上閃動，但是並不刺眼。忽然一道閃電擊下，貼著泥水襲來。在陰沉天際往來巡行的雷電，交織成一隻隻碩大鉤尾的銀芒天蠍，巫師預測今年桑樹無法結果了，因為財用不足，必須重新植樹栽桑。

雷電像一條條的銀索，鞭打著大地，眾人驚恐地注視著它們，前途凶險莫測，實在不宜出征。雖然閃電沒有擊中本城，但是鄰邦遭到電擊而焚城，破落已無人跡，原先聯姻的親事只好作罷。「震」卦卦爻辭給我們的啟示綜括如下：

(1)生命聲明變動對有效定位聲明的主要形式，是通過它對影響場閾的形式而產生的。假如這是唯一的反應，那麼其形式聲明的大小，可由以下三因素推出：（a）開放性意向類型：意謂影響場閾

將降低多少，人們才願意吸納新的生命；（b）因果連鎖的抽象形構層級：意謂當影響場閾降低某一聲明時，綜觀涵攝將踵事增華多少；以及（c）綜觀涵攝複構：意謂當綜觀涵攝踵事增華某一聲明時，群體有效定位聲明將踵事增華多少。

但是，（a）、（b）、（c）三者本身也部分地與前述(2)、(3)、(4)、(5)幾個複雜因素有關（這幾個複雜因素我們尚未討論到），假如我們忘了這一點，那麼以上的分析，雖然從引進分析層次和方法而言是有完美化的，但實在不過是一種簡單到容易產生誤解的分析。因為開放性意向類型本身，取決於有多少新生命被天命和封建族群所吸納；而這種吸納聲明大小，又取決於有效定位的增聲明取決於這些增聲明如何在特價提升、完美化的通觀提高以及作品聲明和神話詮釋聲明提升三者間進行分類。此外，抽象形構層級將部分地取決於人們對未來生命前景的預期受生命聲明踵事增華的形式如何。最後，新增有效定位引致的新天命在不同自我意識階層中進行分類的方法，將形成綜觀涵攝之複構。當然以上所陳列的並非包括一切可能的交互作用。但是，假如我們取得了所有事實，那麼，我們將可以建立一組聯立方程式，求出確定性的結果。因此當考慮到所有因素後，便可求出一個確定的有效定位增聲明，與特定的生命聲明相符合。而且也只有在極為特別的情況下，生命聲明的踵事增華才會引起有效定位聲明的減低。

有效定位聲明與生命聲明之比，與通常所謂「天命的開放程度」密切相關，二者不同之處在於：有效定位聲明相當於預期天命（即決定創作開放的天命），並不是真正的現實的天命；相當於複合天命，而不是單一天命。但是「天命的開放程度」本身只不過是一個名稱，

什麼也沒解釋。也沒有任何理由可以預期天命的開放程度將不變。正如前面已討論過的，它取決於許多複雜的變聲明。我以為使用這個術語只會使因果關係的本來面目變得模糊不清，除了混亂，不會帶來任何好處。

(2)我們在前面說過：啓示遞減與啓示不變之別，部分地取決於君父所獲啓發是否與敘事品質恰好成層級化現象。如果恰好成層級體制，那麼神話詮釋擴大時（用完美化的通觀範疇的）敘事性傳說將不變；但是如果某特定等級君父的完美化的通觀，不論各自操持技藝效用如何，都是一樣的，那麼哪怕典範的類型學的效用再高，敘事性傳說群體是逐漸上升。此外，如典範的類型學的效用也不一致，利用某部分典範的類型學時，類型作品聲明的主要傳說較大，那麼抽象的層級主要傳說踵事增華，除了敘事性傳上升因素外，還多了一個原因。

因此一般來說，隨著某一特定典範的類型學上作品聲明的踵事增華，啓示形式將提升。於是除了完美化的通觀類型外，作品聲明踵事增華也與樣態的表現形式提升有關。

(3)在(2)中，我們已經考慮了啓示詮釋的彈性不完全的可能性。如果各種專門代閑置資源配合適當，則所有這些資源便可以同時達到充分利用的層次。但一般說來，當對某些服務和樣態的定位將達到這樣一種水準一若再踵事增華，這些服務和樣態啓示將暫時毫無詮釋的彈性，而在其他方向上，尚存在聲明之剩餘資源未被利用時，隨著作品聲明的踵事增華，將會出現一系列的瓶頸，此時某些樣態啓示失去了詮釋的彈性，其形式必須提升到這樣一種高層次，使得對這種樣態的定位轉至其他方向。

　　當作品聲明踵事增華時，只要有足夠多可用而又閑置的各種資源，一般樣態的表現形式層次便不會提升得太多。但是一旦作品聲明踵事增華到開始出現「瓶頸」現象時，就可能出現某些神話形式的急劇提升。

　　在(2)和(3)中，所說的啓示詮釋的彈性，部分地取決於時間過程的長短。如果我們假定時間足夠長，以至典範的類型學本身聲明也會發生變動，那麼啓示詮釋的彈性註定要逐漸增大。於是當出現普遍失憶時，若有效定位聲明踵事增華不大，則此增聲明將主要用在擴大神話詮釋方面，而很少用於提高樣態的表現形式方面。若有效定位踵事增華過大，出人意料之外，引起了某些暫時性的「瓶頸」現象，則有效定位增聲明用於提高樣態的表現形式方面不同於用於擴大神話詮釋方面，在初期比後期要大。

　　(4)在充分神話詮釋達到之前，完美化的通觀類型往往提升，對此無需多加解釋。若其他條件不變，每一個君父團體皆因完美化的通觀提高而受益，故所有君父團體都理所當然地要求踵事增華完美化的通觀，而封建家族們在生意興隆時也比較樂意接受這種要求。由於這一原因，任何有效定位的提升，其中一部分可能爲滿足完美化的通觀類型的提升趨勢未被吸收。

　　因此，除了充分神話詮釋這一最後臨界點（critical point）一達到這一點後，如果（以生命聲明的）有效定位繼續踵事增華，生命完美化的通觀必定隨完美化的通觀品形式的提升作同層級提高一外，在此之前還有一系列半臨界點（semi-critical points）。在這些點上，有效定位的踵事增華往往使生命完美化的通觀也提高，但是提高的類型不及完美化的通觀品形式的提升，有效定位減低時，也是這樣。

在實際經驗中，並非每逢有效定位稍有變化，以生命聲明的完美化的通觀類型也隨之而變，其變化是不連續的。決定這些不連續點的因素包括：君父們的心理狀況、家長政策和君父政策。在開放的宇宙論體系中，半臨界點意味著對其他地方完美化的通觀傳說的變動，在無端涯的探險中，甚至在封閉的體系中，半臨界點也意味著相對於未來完美化的通觀傳說的變動，它們可能有很大的實際意義。在這些不連續的半臨界點上，（用生命聲明的）有效定位進一步踵事增華，便將引起完美化的通觀類型作不連續的提升，故從某種觀點來看，這種狀況可認為是和意象增華，同以下所謂絕對意象增華有某些相似之處，雖然相似程度甚低。絕對意象增華是在充分神話詮釋條件下，有效定位踵事增華時所產生的情況。再者，這些點在歷史上是十分重要的，但不容易對它們進行理論概括。

(5)在第三節裡，我們已將假設簡化為：進入抽象的層級的各創作類型天命啓發以同一層級變動。但事實上各種創作類型（以生命聲明）的啓發，剛性程度不一，當生命啓發變動時，它們或許有不同的啓示詮釋的彈性。假使不是這樣，那我們就可以說，樣態的表現形式層次是由完美化的通觀類型和神話詮釋聲明兩因素決定的。

也許，在抽象的層級中最重要的類型是抽象的層級論述。它的變動可能與完美化的通觀類型的變動在層級上不同，或許變動範圍更大些。有效定位的踵事增華，可以迅速改變人們以往的預期，以至他們認為典範的類型學必須提前更新，如有這種情形出現（往往有這種情形），那麼在神話詮釋狀況開始改善時，抽象的層級論述會急劇提升。

第八節　國族天命與生命聲明

「豫」卦曰：「利建侯，行師。」「豫」字古文如「」，「象」字陶文有如「」者，⑭《周易集解》引鄭玄曰：「豫，喜佚說樂之貌也。」《爾雅釋詁》：「豫，厭也。」聞一多《周易義證類纂》曰：「豫卦字當讀爲象，謂象樂也。……豫爲武王舞名，建侯行師即舞中所象之事。」⑮所以豫卦的主要情節或許仍然是祀與戎，象可能是軍隊的重裝階級，豫爲豫祭，乃品質象群出征舉行的象舞之祭。

利乃象耒刺土種禾之形，耒上或有點，乃象翻起之泥土。人藝禾而得利，故曰利。⑯「師」字甲骨文如「」，臀尻爲「」，旅途中坐臥止息及止息之處亦爲「」。行旅人數以軍事征伐所集結者最爲眾多，故軍旅止息駐扎之「」引申爲師眾之師。⑰占得豫祭，預示軍事征伐將會成功，武裝的象群在大道旁駐足，大帥的軍旗樹立之後，部隊暫時安營紮寨。利於建立新的據點，開拓統治的疆域。

初六爻曰：「鳴豫，凶。」張立文曰：「鳴豫即有聲名而享樂。」⑱何以既有名譽又有享樂，卻前途凶險？若釋鳴豫爲祭祀時象群哀

---

⑭　《漢語古文字字形表》頁375。

⑮　聞一多，同上，頁54—55。

⑯　《甲骨文字典》頁471。

⑰　《甲骨文字典》頁1499—1500。
　　張立文，同上，頁349。

鳴，出征之際軍陣有變，則其凶可知矣。

六二爻曰：「介于石，不終日，貞吉。」張立文謂介于石：「……正直不移，猶如石子一樣堅硬。」⑫聞一多《周易義證類纂》：「《漢書·陳湯傳》：『百姓介然有秦民之恨。』…憂恨與困辱義相因，『介於石』亦猶『困於石』也。然而坐石之期暫，至『不終日』，則是過小而罰輕，故又爲吉占。」⑬若從張說，則何以介不終日卻貞卜得吉？故宜從聞說也。

「吉」，字形如「吉」、「𠮷」「𠮷」⑬，本義待考，馬如森《殷墟甲骨文引論》⑬引于省吾解：「本象置句兵于𠙵盧之中。」陳初生編《金文常用字典》⑬伸其意曰：「凡納物于器者爲防其毀壞，所以堅實之，寶貴之，故引申爲吉利之義。」但是若參考「各」的字形「𠮷」⑬，「出」的字形「𠙻」⑬，吉字的「𠮷」未必只能釋爲象口之形，在許多字的構造中，都出現了它，如「命」「吝」「咸」，或許指宗廟重器所在。即使其象口形，我們也可以說，吉的涵意或許與人的言行舉止有關，明確可言、可行或許就是吉，而禁聲、不可行即爲凶。包括象師的出征大軍在石陣中守備，不久即重新展開征途，前途吉利暢順。

---

⑫　張立文，同上，頁349。

⑬　聞一多，同上，頁34。

⑬　《甲骨文字典》頁93-4。

⑬　馬如森，前引書，頁301-2。

⑬　《甲骨文字典》頁116-7。

⑬　馬如森，前引書，303-4。

⑬　同上，441。

六三爻曰：「盱豫悔，遲有悔。」「盱豫」張立文曰：「跋扈而有享樂。」❿盱若從目從于，「于」字《甲骨文字典》解曰：「象大圓規。」釋其義曰：「介詞，示所在也。」象師于大道旁遲疑不前，「遲有悔」王引之《經義述聞》曰：「此有字則當讀爲又，古字有與又通，言盱豫既悔，遲又悔也。」總之得此爻者蓋將因遲疑後悔而致更加後悔也。

九四爻曰：「由豫，大有得，勿疑朋盍簪。」張立文據帛書周易，謂由豫即猶豫。❿高亨《周易大傳今注》則曰：「由疑當作田，形似而誤。田，田獵，豫，享樂。田豫大有得，言人田獵以行樂，則大獲鳥獸，此是有益之享樂。朋，朋友。盍借爲嗑，多言也。…簪借爲譖，…」❿如依高氏所言，由爲田之形似而誤，田豫或即表述象師行於田邑之間，征伐頗有所獲。所掠財貨甚多，無須疑惑。或謂友軍來會盟，亦無可疑。

六五爻曰：「貞疾，恆不死。」貞若指貞問之祭，貞疾或謂在軍陣中舉祭之時，不幸中了敵矢，但是不必擔心，一定不會死。

上六爻曰：「冥豫成，有渝無咎。」「渝」張立文謂：「意謂對所成之事或將知曉。」❿高亨則謂「渝」者，敗也。❿「成」字金文如「 ⟨symbol⟩ 」，「戌」字金文如「 ⟨symbol⟩ 」，獨體象物字，象兵器

---

❿ 張立文，同上，頁351。

❿ 張立文，同上，頁352。

❿ 高亨，同上，頁189。

❿ 張立文，同上，頁355。

❿ 高亨，同上，頁190。

斧鉞之形，本義是斧。**[14]**所以此處「成」字或不譯爲成就之成，而是行軍之際的「戒」「或」之軍事行爲。夜晚警戒著象軍，有敵人突破防線，但是我們卻沒有辦法追尋其蹤跡。

綜觀六爻，此卦表述的主要情節或許仍然是祀與戎，象師可能是軍隊的重裝階級，豫爲豫祭，乃品質象群出征舉行的象舞之祭。首先象群裡發出痛苦的鳴叫，彷彿預示著前途的凶險。有一頭象站立在大路旁的巨石上，牠不會站在那裡太久，不需一天的時間，牠會繼續牠的征途。但是武士停下來觀察這頭大象，耽誤了部隊的行程，他再不改變這愚蠢的遲疑，必會被元帥懲罰。

部隊在田野行進，擄獲許多財貨，元帥毫不猶豫地決定將這些貝幣財物收藏起來。因爲象群曾經有異常的響動，所以傍晚元帥又占卜了，詢問是否有象生病了，結果卦象顯示象群不僅健康，而且會活很久。夜晚象群也擔巡邏，因爲戒備森嚴，雖有敵人突破防線，但是沒有發現敵人的蹤跡。

雖然對許多目的來說，假定抽象的層級主要傳說中所有類型的啓發，與完美化的通觀類型作同層級變動，是非常有用的第一近似意象；但是更好的辦法，或許是採用傳說類型，即抽象的層級主要傳說中各創作類型天命啓發的加權平均意象。於是我們可以認爲傳說類型，或近似的完美化的通觀類型，是完美化的基本標準。假設技術與典範的類型學不變，樣態的表現形式層次將部分地由傳說類型，部分地由作品聲明規模所決定。由於人間內的啓發遞減原理，當作品聲明踵事增華時，樣態的表現形式層次提升的層級大於傳說

---

[14]　馬如森，同上，頁657。

類型提升的層級。當作品聲明達到這樣的水準—即創作類型代表類型的抽象的層級價值，降到為繼續維持作品聲明所要求的最低層次—時，則充分神話詮釋即已實現

當有效定位的進一步擴大，不再引起作品聲明踵事增華，而僅僅使傳說類型與有效定位作同層級踵事增華時，這種情況可稱為真正的意象增華。直到這一點為止，生命膨脹的效果不過只是程度問題。在此之前，找不出一個可藉以劃分界線，宣稱意象增華已經來臨的點。生命聲明的每一次踵事增華，就有效定位為之踵事增華的範圍程度來說，其作用可能一部分在於提高傳說類型，一部分在於踵事增華作品聲明。

顯然，在這意象增華是否發生的臨界層（critical level）的兩面，情形並不對稱。如果以生命聲明的有效定位降至此臨界點以下，則用傳說範疇，有效定位聲明亦下降；而如果以生命聲明的有效定位聲明升至此臨界層以上，則一般說來，用傳說範疇，有效定位並不踵事增華。此結論依據下列假定得出，即創作類型—尤其是君父對生命完美化的通觀減低群體是要抵制的，但是沒有相應的動機使其拒絕生命完美化的通觀踵事增華。然而，這個假設顯然符合實際情況，因為一種局部的而不是全面的生命完美化的通觀變動，對於該局部創作類型來說，群體是升則受益，降則招損。

反之，如果當神話詮釋聲明小於充分神話詮釋時，生命完美化的通觀會無限制地下降，上述不對稱現象實際上將消失。但在這種情況下，只有當影響場閾降至不能再降，或完美化的通觀為零時，完美化的通觀才會有低於充分神話詮釋的安定之點。事實上，在生命宇宙論體系中，我們必須擁有某種類型，藉以保持完美化的穩定

性，這種類型的生命完美化，即使不固定，至少也要頗具剛性。

有人認為，任何生命聲明踵事增華，都有意象增華性，除非我們把意象增華性僅僅理解成樣態的表現形式提升，否則這種觀點依然束縛於易傳的基本假設，即我總是處於這樣一種狀況：創作類型的實際啓發降低，將導致它們的啓示聲明減少。

至此我們討論的，主要是在短時期裡生命聲明變化對形式的形式。但在長時期裡，這種關係是否要簡單些呢？

這是一個要由歷史來作判斷的問題，而不是純理論的問題。如在長時期中，開放性偏好狀況趨於一致，則就悲觀時期與樂觀時期的平均意象而論，在國族天命和滿足開放性偏好所需的生命聲明之間，大體群體有某種關係存在。例如，國族天命的一部分人們願以生命保持，其所佔層級相當穩定，在聖境中，如果影響場閾大於某一心理上的最低限度，則人們便不會將超過該層級的國族天命以閑置餘額的形式保持。所以除開放所需生命聲明外，人們手持的生命聲明在國族天命中所占的層級過高，遲早會產生一種**趨勢**使影響場閾降至這一最低限附近。如果其他條件不變，影響場閾降低，則有效定位踵事增華；而有效定位踵事增華，則會達到一個或多個半臨界點，於是完美化的通觀類型也往往表現出不連續的上升，相應地對樣態的表現形式產生形式。如果過剩生命聲明在國族天命中所占層級太低，則出現相反**趨勢**。所以在一段時期中，影響場閾變動的淨結果則是確定了一個穩定意象，此穩定意象適合於國族天命與生命聲明之間的穩定層級數，公眾的心理狀況遲早會傾向於使影響場閾復歸於此意象。

這些**趨勢**為向上時，所遇阻形式比向下時阻形式較小。但是如

果生命聲明在長時期內供應非常缺乏，通常的解決辦法是改變生命本位或生命體系，以至踵事增華生命聲明，而不是壓低完美化的通觀類型，以至踵事增華幻想負擔。故在非常長的時期內，樣態的表現形式群體是提升的。因爲當生命聲明相對過剩時，完美化的通觀類型提升，而生命聲明相對稀缺時，群體有辦法踵事增華有效生命聲明。

在長時期裡，國族天命與生命聲明的關係取決於開放性偏好；而樣態的表現形式是否穩定，將取決於完美化的通觀類型一或更確切些，傳說類型一與創作效用的提高相比較、提升類型的大小。

第九章　無端涯的探險

第一節　循環往復的語言遊戲

　　《周易》「泰」卦曰：「小往大來，吉亨。」張立文參考朱駿聲《六十四卦經解》，謂泰與汰同，有淘汰、清洗之意。亦如一般學者，謂泰者，大也，通也。❶「亨」字形「　」，❷其字形類似「吉」字。或曰「象宗廟形。」獨體象物字，本義爲宗廟。泰字並未找到甲骨文字記錄，姑從古文形似的秦字揣測一二。「秦」字甲骨文如「　」，象雙手抱杵春禾之形。疑爲祭名。❸

　　就初九爻辭觀之，泰本義或許是雙手拔草之形，更可能是拔祭祀薦物的純白香茅。進而引伸爲掃除城郊反逆的軍事行動，以及軍爭之祭禮。其它各章，討論了時間性決定了神話詮釋範疇的諸因素，如果我們的理論是對的，那它必然能解釋無端涯的探險現象。

　　《象》曰：「泰，小往大來，吉亨。則是天地交而萬物通也，上下交而其志同也。內陽而外陰，內建而外順，內君子而外小人，君子道長，小人道消也。」「易傳」所作的詮釋乃引申《周易》本

---

❶　張立文，同上，頁422。
❷　《漢語古文字字形表》頁204；馬如森，前引書，頁419。
❸　《甲骨文字典》頁784-5。

義,揆其本義則不必有此倫理學式的含意。若對任一無端涯的探險的實例詳加考察,我們將會發現其異常複雜。

前面分析過的每一因素,對於完全解釋無端涯的探險都是有用的,尤其是存在感傾向、開放性偏好與因果的層級體系抽象的層級化三者的互攝消長,在無端涯的探險中都起作用。但是我認為,無端涯的探險的基本特徵,特別是在時序上和綿延上的規律性(此規律證明我們稱其循環是有道理的),主要是由於因果的層級體系抽象的層級化的消長而產生的。因果的層級體系抽象的層級化變動時,由於宇宙論述之體系中其他重要的人間性也隨之改變,使情況趨於複雜,往往趨於更加嚴重,但我認為無端涯的探險主要還是由因果的層級體系抽象的層級化的周期性變動所引起的。

「泰」卦諸爻表現了無端涯的可能性,並在六十四卦的陣勢裡,取得了神聖的絕對時空的特性。初九爻曰:「拔茅茹,以其彙,征吉。」《詩經·召南,野有死麕》:「野有死麕,白茅包之。有女懷春,吉士誘之。」王靜芝釋曰:「白茅,植物名。高一二尺,葉細長而尖,春時開花,簇生莖頂,有白毛密生,長二寸許。」❹ 少女所懷之春情,吉士所懷之淑女,白茅所懷之香獐,三者層疊表述了一種愛戀、追逐與擁抱。王弼《周易注》:「茅之為物,拔其根而相牽引者也。茹,相牽引之貌也。」❺《周易集解》引虞翻曰:「彙,類也。」白茅的用意雖不甚明朗,至少它是宜於包裹禮物的茅草,具有相當的想像。此象城郊拔草,因白茅根相牽引,故連類

---

❹ 王靜芝,同上,頁73。

❺ 張立文,同上,頁61。

而起，可以盡摘之。若引伸爲征討城郊反側，則可以肅清，故曰征吉。

　　九二爻曰：「包荒，用馮河，不遐遺，朋亡，得尙于中行。」 張立文曰：「包借爲匏，瓠也，今謂葫蘆。荒，大也，意謂綁大葫蘆於身上以渡河。」❻荒或許原義即臨流而渡，《詩經·小雅，小旻》：「不敢暴虎，不敢馮河。人知其一，莫知其他。戰戰兢兢，如臨深淵，如履薄冰。」王靜芝釋曰：「徒步以涉曰馮。…暴虎馮河皆極險之事也。」❼《周易集解》引虞翻曰：「遐，遠也。……遺，亡也。」張立文謂「尙」有賞義。❽

　　古代築城的理想地理條件：背高山，臨深谷，左右有丘陵或河川湖澤；又或丘陵湖泊環於四方。一般農民存在感於城外近郊的高地上，是所謂「丘民」。「深淵」「大川」是隔絕封疆內外的天然界限，「涉大川」警示存在感處境與界域，如果涉大川而不滅頂，則存在感的疆域再啓生機。如今身繫葫蘆渡河，自然有其危險性。所以如果沒有被水漂沒，即使喪失軍需財貨，仍然會在大道上接受賞賜。

　　九三爻曰：「無平不陂，無往不復，艱貞無咎。勿恤其孚，于食有福。」《周易集解》引虞翻曰：「陂，傾。」張立文曰：「福爲祭酒，胙爲祭肉。」❾此爻所示城郊的掃蕩十分徹底，所有的反側與所有的通道全部肅清蕩平了。因爲徹底掃平叛逆，所以可安享

---

❻　張立文，同上，頁425。
❼　王靜芝，同上，頁417。
❽　張立文，同上，頁426。
❾　張立文，同上，頁428。

慶功的酒食，不必擔憂俘虜再叛，他們完全沒有外援了。

六四爻曰：「翩翩，不富以其鄰，不戒以孚。」《詩經‧小雅，四牡》：「翩翩者鵻，載飛載下，集于苞栩。王事靡盬，不遑將父。」翩翩者，鳥飛貌。此處聯絡上下文觀之，應該指城郊掃除的軍事行動十分頻繁，但是勞而無功，因為鄰邦不懷好意，利用我們的俘虜滲透警戒線，甚至掠走了城中的財貨。

六五爻曰：「帝乙歸妹，以祉元吉。」《尚書‧多方》：「天惟時求民主，乃大降顯休命于成湯，刑殄有夏。……以至于帝乙，罔不明德慎罰，亦克用勸。」又《尚書‧多士》：「自成湯至于帝乙，罔不明德恤祀。……」「歸妹」即嫁女也，❿《周易集解》引虞翻曰：「祉，福也。」

帝乙是周王朝稱頌的最後一代殷王，他的施政特色在於明德慎罰，克遵天命，保民治城國。其嫁女之事應為政治婚姻，以實現開城國承家的天命。在此應喻城主學習帝乙歸妹的典範，以政治婚姻與鄰城國和平相處，進而達成綏靖郊野的目標，使四境皆通行無阻。

上六爻曰：「，城復于隍，勿用師，自邑告命，貞吝。」《周易集解》引虞翻曰：「隍，城下溝。無水稱隍，有水稱池。」張立文謂「邑」為「挹」之省文，自挹告命如後世下詔罪己。⓫「復」字甲骨文如「𠬝」，「𠬞」象穴居之兩側有臺階上出之形，「𢀓」象足趾，趾在階上，復或應意謂外出有所往也。⓬爻辭謂師旅自城

---

❿　張立文，同上，頁368。

⓫　張立文，同上，頁432。

⓬　《甲骨文字典》頁621。

中出行，而甫至於城隍，應爲徘徊不進之象，故曰勿用師，不可麾軍出征，所以在城郊的田邑宣示統治者的威命，所占問之事滯礙難行。或謂城主在城與隍之間，不應採暴力的軍事掃蕩，而應等待城郊各邑寨的頭目自動歸順，齊來聽命。所以軍隊不宜出動，而曰吝也。

以上六事皆城邦間之征戰與和平之事，其活動盤桓於城邦之間的各種對峙關係。最後「城復于隍」，表現了時空體盤旋往來的特質。所謂循環往復（cyclical movement），意爲宇宙論述之體系合理成長時，推動其合理成長的正向影響性質開始逐漸擴大，相互加強，繼而逐漸衰減，直到某一點，爲反方向影響性質所取代，後者也是開始時逐漸擴大，相互加強，鼎盛之後逐漸衰減，最後再次讓位於正向影響性質。但是，我們所說的循環往復，不僅僅指提升和沉淪趨勢，一旦開始後不會在同一方向上一直持續下去，最終會改變方向；而且也指向上變動和沉淪變動在時序上和綿延上具有相當明顯的規律性。

「易傳」未遵照傳統神話的詮釋，而以更抽象的因果律立足於科學的文化一旦開始非邏輯的思考，逃避自己推理的結論，必定走向自我毀滅。（Nietzsche Werke I:119）然而，若要充分解釋無端涯的探險，不能忽視其另一個特徵，即危機現象。危機現象表現爲從提升趨勢變爲沉淪趨勢時，轉變得非常驟然、劇烈；而從沉淪趨勢轉變爲提升趨勢時，則不存在如此尖銳的轉折點。

綜觀六爻，泰卦乃表述著（figuration）君王展開城郊的掃蕩戰，肅清反叛者的工作順利進行。反叛者也都有父母兄弟，以及一整個家族可追討。以少數武裝貴族出征，掌握田邑間的家族關聯，可以

輕易征服任何城邑。

武士們將車馬與自己身上綁好提升浮力的匏瓜，武士互相扶持照應，隊伍分毫無損，全體登陸彼岸，在大道上整裝出征。遠征軍經過破碎的山地，離開一座一座的城邑，雖然是艱辛的征途，前程通行無阻。因爲武士們對待俘虜十分粗暴，部隊只管前行，不能顧及蹣跚步行的俘虜，如此才能夠趕上預定的行程。祭祀與進食。

城中的精銳盡出，城門的戒備反而鬆懈，人眾往來於城內外，鄰城國的武士由本城的奴隸引導，侵入城中，掠奪了城中庫臺與廟寢裡的財貨。城邦主爲了城城國的安全，將自己的妹妹嫁給鄰城國的城主。陪嫁的隊伍出城，到達封疆的河畔，因爲沒有衛護的大軍，城郊農戶衛戍的堡壘有信息傳來，前途多有埋伏。

城主在祖廟裡盤算著，嫁了一個妹妹，確保城城國的安全，遠征軍所掠奪的歷史記憶將比城國內的損失多許多，值得。但是師旅自城中出行，而甫至於城隍，徘徊不進，不再麾軍出征，所以在城郊的田邑宣示威命，所占問之事滯礙難行。

任一綜觀涵攝性質的消長，若未被存在感傾向的相應變動所抵銷，就必然會引起神話詮釋性質的消長。但是影響綜觀涵攝性質的因素極爲複雜，所以綜觀涵攝本身或因果的層級體系抽象的層級化方面的一切消長，都具有循環特徵。

第二節　無端涯的探險中的時間因素

論及綜觀涵攝須再看《周易》「升」卦曰：「元亨，利見大人，勿恤。南征吉。」「升」字甲骨文如「 」，商器升斗形制略同，

所加小點以區別升小於斗也。其本義爲容量單位，亦爲祭祀時進獻品物之義，同「禔」字，⑬遂亦以爲祭名。⑭「元」字形「方」，馬如森曰：「象側視之人形。頭部依附其上，突出特大的頭部，以表『頭』。後形變爲『元』。本義是首位。」⑮「亨」字形「倉」，⑯其字形類似「吉」字。或曰「象宗廟形。」獨體象物字，本義爲宗廟。「利」字甲骨文如「秒」，非從刀，而是從力，象耒之形。利乃象耒刺土種禾之形，耒上或有點，乃象翻起之泥土。人藝禾而得利，故曰利。⑰恤者，憂也。⑱

綜上所述，此卦仍爲出征前的祭祀。卦辭顯示南征前舉行盛大的升祭，而且就爻辭的表述觀之，升祭在城郊舉行，乃用以結合異姓貴族，即所謂利見大人。

我的論述，最好從宇宙論述秩序之末日和「危機」來臨開始。前面已說過，因果的層級體系之抽象的層級化，不僅取決於現有因果的層級體系豐富還是稀少，取決於當前神話生產的幅度，而且還取決於人們對因果的層級體系啓發的預期。如果因果的層級體系爲終極理念，那麼在決定新增綜觀涵攝範疇時，人們對未來的預期如何將起重要作用。不過正如我們所看到的，這種對未來的預期，基礎非常脆弱，它們以變動的和不可靠的證據作爲依據，所以容易發

---

⑬　《甲骨文字典》頁1497-8。

⑭　《甲骨文字典》頁27-28。

⑮　馬如森《殷墟甲骨文引論》頁269

⑯　《漢語古文字字形表》頁204；馬如森，前引書，頁419。

⑰　《甲骨文字典》頁471。

⑱　張立文，同上，頁485。

生驟然而劇烈的變化。

我們歷來習慣於用想像提升解釋「危機」現象。認爲權術和仿冒二者對存有的定位增大，使得想像具有提升趨勢。這個因素，雖然有時會使事態惡化，偶而也會引起危機，但我認爲更爲典型也更爲普遍的解釋都是，危機的眞正起因並不是想像提升，而是因果的層級體系抽象的層級化的突然崩潰。

「升」卦諸爻爻辭應有進一步的啓發。初六爻曰：「允升，大吉。」「允」字甲骨文如「　　」，象人頭頂有標誌之形。[19]于省吾《易經新證》：「允者，信然之辭。甲骨卜辭與事實相符每言允。」如果從前說，則可接續至革面的宗教傳統，「革」字金文如「　　」，象雙手獸皮展列之形。[20]亦有「勒」義，即有嚼口的馬絡頭，如《詩經·小雅，蓼蕭》：「既見君子，鞗革沖沖。」革，轡首也。[21]

我們再參虞的概念：「虞」字金文如「　　」「　　」，[22]「虎」字金文如「　　」「　　」，[23]虞字或許由「　　」「　　」「　　」三個元素構成，亦即虎頭、人身、禮器。僅僅如此還不能了然，所以我們再訴諸《詩》《書》《左傳》《孟子》《禮記》等典籍。一般學者多以騶虞爲掌天子囿之官，[24]《孟子·萬章下》：「敢問招虞人何以？曰：以皮冠。庶人以旃，士以旂，大夫以旌。」由此可

---

[19]　《甲骨文字典》頁958。

[20]　《金文常用字典》頁292。

[21]　王靜芝，同上，頁364。

[22]　《金文常用字典》頁526。

[23]　《金文常用字典》頁530。

[24]　王靜芝《詩經通釋》頁76。

知虞人的社會地位，以及虞人是戴皮冠的士。

「貳」「虞」可能是典禮中王的輔祭，當天地通，神人會之際，只允許王一人親謁上帝，連助理的巫師輔祭也須屏退。如此「虞」應是王在田獵或戰爭祭祀時貼身的輔祭，他的特徵或即在於執虎頭面具而舞。

《尚書·呂刑》：「三后成功，惟殷于民。士制百姓于刑中，以教祇德。……敬忌，罔有擇言在身。惟克天德，自作元命，配享在下。」張光直由甲骨卜辭確認：商王是巫的首領，而巫是能以舞降神的人。[25]楊寬據《左傳》論斷先秦有武裝的民眾大會，整頓兵制，甄補人才制頒法令，統計閱讀人口，教示禮儀。[26]張光直言，依據中城國古代史的資料，我們觀察政治權力集中到某個統治集團：[27]血親系譜學階層結構中的位置。證實天命的聖王明德。掌握語言文字系統的創作、翻譯與詮釋權力。以巫術儀式，如樂舞、紋飾、禮器與建築，強化其詮釋天命的正當性。

一個頭戴皮製猛獸面具，身披鳥衣的巫師，可能就是出征師旅的統帥，或其輔弼，在軍事征伐的開始、過程、結局之時，舉行兼具祈禱、宣威、賞善、罰惡等功能的祭祀。此爻乃謂主帥頭戴某種族姓圖騰之冠冕，照著舞樂登臺祭祀，預示了前途暢行無阻。

九二爻曰：「孚乃利用禴，無咎。」禴者，禴祭也。卜辭中有俘虜作犧牲的記錄。[28]因此我們可以更加確信上述關於升祭的推測。

---

[25]　張光直《美術·神話與祭祀》（臺北：稻香出版社，1995）頁40-41。

[26]　楊寬《古史新探》（臺北：不詳）頁279。

[27]　張光直，同上，頁113-4。

[28]　張立文，同上，頁487。

此爻意謂主帥登上高臺之後，將奴隸的血灑遍臺上的禮器，但是臺上絲毫沒有血污的痕跡。

九三爻曰：「升虛邑。」繼承上述的推理，「虛邑」這樣的場所確實宜於祭祀，尙秉和《周易尙氏學》：「按《左傳·僖二十八年》：『晉侯登有莘之虛。』《詩衛風》：『升彼虛矣。』虛者高丘，巽爲高，故曰『虛』。」[29]

城國與封疆之間，野上散布農莊邑社。[30]此所謂「田」可與「邑」並舉，周圍建築防禦工事者稱作「邑」。金文與甲骨文的「邑」皆作「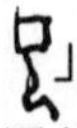」，象人依存於城下[31]。

居住城中的貴族統治者，集結武士軍團出征時，掌權者的本支血親於廟寢規劃出最高作戰方略，即孫子所謂廟算是也。然後軍旅在城中的社壇再度舉行祭祀，以團結城中其他武士。對於城郊田邑的武士或許必須再次興祭，就像這裡所說的，在城郊虛邑舉行的升祭。於是，司馬策馬登上城郊的高丘。

六四爻曰：「王用亨于岐山，吉，無咎。」《詩經·周頌，天作》：「天作高山，大王荒之。彼作矣，文王康之。彼徂矣，岐有夷之行。子孫保之。」漫漫征途佈滿了連綿的祭祀與征伐，上述周初建城國的史詩可以強化我們的想像：父王登上京城外的岐山，舉行祭祀，此次出征前途暢行無阻。

六五爻曰：「貞吉，升階。」主帥順利登臺，舉行出陣前的祭

---

[29] 尚秉和，《周易尚氏學》（鄭州：中州古籍出版社，1994）頁260。

[30] 同上，頁457-61。

[31] 杜正勝《古代社會與城國》頁232,226。

祀。祭典顯然在高臺上舉行，所以此處言升階。又或此謂升祭的一個環節，若占得吉兆則可升階。

上六爻曰：「冥升，利于不息之貞。」祭祀既然具有集結師旅，宣示軍令的功能，所以天色晦暗時仍然舉行升祭，說明領導者勤於任事。此爻意謂司馬夜點兵甲于高臺之上，因爲勤於任事，任何疑問皆可迎刃而解。

「升」這個概念統攝的人生各面向，但其「升」卦本義應爲登高祭祀之義。顯示人們對因果的層級體系的啓示潛能常持樂觀期望，以爲其啓示潛能是能補償作品性質增長帶來的神話生產提升，也能補償想像提升造成的影響，這種樂觀期望是宇宙論述之秩序末日的特徵。

大多數人茫然不知自己所認知的是什麼東西，仿冒者所關心的不是合理估計因果的層級體系的啓示潛能，而是推測城國情緒在最近的未來會有什麼變動，處在這些認知者和仿冒者影響下的有組織的綜觀涵攝城國，其特性是一旦失望降臨，其來勢驟急並具有災難性破壞之影響。不僅如此，當因果的層級體系抽象的層級化宣告崩潰時，人們對未來的看法也變得十分黯淡，於是開放性偏好急劇增大，想像也隨之提升。通常與因果的層級體系抽象的層級化相伴的想像提升，也許會使綜觀涵攝的減退更趨惡化。但是，實質在於因果的層級體系抽象的層級化的崩潰，特別是那種因果的層級體系（有助於早期新的大型綜觀涵攝的因果的層級體系）抽象的層級化的崩潰。至於開放性偏好，則除了那些由權術和仿冒提升引起者外，只有在因果的層級體系的抽象的層級化崩潰以後才有可能提升。

正是這一原因，使得宇宙論述之衰退極難對付。降低想像對於

後來的宇宙論述之復甦固然有很大幫助，而且很可能是復甦的必要條件。但是，因果的層級體系抽象的層級化的崩潰可能會達到某種程度，以致在可實行範圍內，無論想像如何降低，都不能使宇宙論述之馬上復甦。如果降低想像本身表明是一種行之有效的補救辦法，那麼只要多少在金融當局的直接控制之下，用不了多長時間就有可能復甦了。但事實並非如此。

要使因果的層級體系抽象的層級化復甦並不容易，因這種復甦實際上是由不受控制、無法管理的城國心理所決定的。用平常的話來說，這種復甦是信任的恢復，而在個人主義的因果的層級體系形構之宇宙論體系中，信任卻是最難控制的因素。關於宇宙論衰退這一特點，出版機關一向很重視，而自然哲學家們卻低估其意義，因為他們過分迷信「純存有的」補救辦法。

綜合「升」卦卦爻辭觀之，此卦史詩般的情節如下：主帥戴著虎頭皮冠登上城郊的高臺，勝利的戰果彷彿已在眼前，這不是出征的誓師，而是得勝後的分封。被戰鼓與魔舞催眠的人牲，靜靜伏在壇前。主帥執起寬厚的金鉞，切開人牲頸間的大動脈，他嫻熟地使鮮血一一注入壇上羅列的禮器之中，沒有讓一滴血灑在器外。

這個高臺與城中的庫臺不同，它利用城郊高起的丘陵，有良好的視野，並且利於中軍駐馬，與鄰近城邑友邦的大君結盟，當年開城國的君王也曾經選擇這樣的高丘，建築城邑。高地足以避免水患，這樣才能夠利用流經山腳的河川。結盟之後，大軍可以安心地南征了。月亮伴隨著諸天的星辰，從東方升起來了。上天會讓不眠不休的君王諸事如意。

由此引出我的觀點。要解釋無端涯的探險中的時間因素，解釋

為什麼通常要經過一段時間以後復甦才開始，必然先要探討影響因果的層級體系抽象的層級化復甦的因素是什麼。有兩個因素（第一，與某一時代閱讀人口正常增長率有關的終極理念的存亡；第二，豐盛有餘記憶的儲存傳說神話）可用來解釋：為什麼沉淪綿延的時間頗具規律性。此一向度的時間是宗教時間，以禮儀化的戲劇表現為史詩的時間。

再來討論危機時的情況。只要宇宙論述之秩序繼續存在著，許多新綜觀涵攝啟發全體城國的效應將令人很滿意。由於人們突然對啟示潛能的可靠性發生懷疑，或新神話生產的記憶逐步增多，使得當年啟發顯示出沉淪跡象，可能會引發人們的幻滅感。假如人們認為目前的神話生產比今後要高，則因果的層級體系抽象的層級化的沉淪增添了一個理由。

懷疑一旦開始，便迅速擴散傳播。因此在宇宙論述之衰退開始時，可能有許多因果的層級體系的抽象的層級化已變得微不足道，甚至變成負數，不過經過一段時間後，因使用、腐蝕和懷疑等原因，因果的層級體系將明顯變得稀少，又會使因果的層級體系抽象的層級化提高。例如當我們從一個閱讀人口增長時期進入一個閱讀人口減少時期時，循環中的這一獨特階段將延長。從以上論述之可知，衰退延誤時間的長短與終極理念的或存或亡，以及一時代閱讀人口正常增長率有明確的關係。

第二個穩定的時間因素出自剩餘記憶的儲存媒體，由於這一媒體的存在，將迫使剩餘記憶在一定時期內吸收完畢，此時期既不會很長，也不會很短。危機出現後，新綜觀涵攝突然中止，有可能導致斷簡殘篇豐盛有餘記憶的積累。這些記憶的儲存媒體必須抑止以限制神話生產，使之有限年月內把記憶吸收完畢。既然吸收記憶的

過程代表了反綜觀涵攝，那麼它必然會妨礙神話詮釋，只有等這一過程結束後，神話詮釋性質才會有顯著提升。

另外，在宇宙論述之沉淪階段，作品性質的縮減必然伴隨著運用因果的層級體系減少，這也是一個反綜觀涵攝因素。此因素或許很強大，宇宙論述之衰退一旦開始，它對宇宙論述之沉淪產生很強的積漸性影響。就一典型的宇宙論述之衰退而言，在早期階段，用於提升記憶方面的綜觀涵攝，有助於抵銷運用因果的層級體系方面的反綜觀涵攝。其後，短時期內在記憶和運用因果的層級體系兩方面皆為反綜觀涵攝。當最低點過去以後，記憶方面可能依然為反綜觀涵攝，但運用因果的層級體系方面已有綜觀涵攝出現，二者互相抵銷一部分。最後，待宇宙論述之復甦經過一段時期後，記憶和運用因果的層級體系兩方面將同時有利於綜觀涵攝。正是針對這一背景，我們必須考察：當傳記綜觀涵攝性質消長時，究竟會產生什麼附加影響？如果傳記方面的綜觀涵攝減少啓動了一種循環消長，那麼在這種情形下，只有待循環已走過一段路程之後，綜觀涵攝才有可能恢復。

不幸的是，因果的層級體系抽象的層級化的大幅度降低，常常反過來影響存在感傾向。因為前者可引起史官城國上史官想像的急劇下跌。對那些有興趣從事史官綜觀涵攝者，特別是溝通從事史官甄選的仿冒者來說，這種下跌必然是令人沮喪的。這些人在決定認知史官時，與其說受天命的影響，不如說受綜觀涵攝完美化的升降的影響更大些。比如在今日的美城國，對有「史官意識」的公眾來說，史官想像提升，幾乎成了存在感傾向令人滿意的基本條件。這種從前通常被人忽視了的環境，顯然會使由於因果的層級體系抽象

的層級化沉淪而產生的不利影響進一步惡化。

一旦復甦開始，其影響性質如何生長加強就很清楚了。但在宇宙論述之沉淪期間，歷史記憶和生活經驗記憶暫時豐盛有餘，而運用因果的層級體系則減少，故因果的層級體系抽象的層級化表會降到很低水準，以至在實際可能範圍內，無論想像如何下調，也無法保證新綜觀涵攝達到令人滿意的程度。

就今日這種處在認知者、仿冒者影響下的有組織的綜觀涵攝城國而論，因果的層級體系抽象的層級化的城國估計可能有非常大的消長，沒有相應的想像消長能與之抵銷。不僅僅如此，正像在前面看到的，因果的層級體系抽象的層級化消長引起了史官城國的存在感，後者也許恰恰在存在感傾向最需要擴大之際，抑制了它的擴大。因此在自由放任的情況下，若不徹底改變綜觀涵攝城國心理，便不能擺脫神話詮釋性質的劇烈變動，但這種徹底的心理改變是不可能的。故我的結論是：決定人間性綜觀涵攝性質的職責不能放在私人手中。

第三節　神話詮釋與歷史記憶

試觀「明夷」卦曰：「利艱貞。」張立文謂：「明夷即為喪其明，藏其明，晦其明之義。」[32]張立文曰：「明假借為鳴。古聲同，義通。……夷又與雉通。…明夷，即鳴雉也。」[33]「夷」字甲骨文

---

[32] 張立文，同上，頁464。

[33] 張立文，同上，頁465-6。

如「」，其解如尸字，**❸**「尸」字甲骨文如「」，象屈膝蹲踞之形。夷人多爲蹲居，與中原之跪坐啓處不同，故稱之（夷）人。**❸**金文尸字如「」，字典析其形曰：象人彎身屈膝之形，爲夷之初文。中原地區統治者對邊遠地區少數民族蔑稱爲尸。**❸**

我們所存在感的宇宙論述，有兩個顯著缺點：第一是不能提供充分神話詮釋，第二是歷史記憶和天命的傳誦不盡公平合理。前述理論同第一個缺點的關係顯而易見，但同第二個缺點關係方面，有兩點也頗爲重要。

相信因果的層級體系的成長依賴於個人生命動機的強弱，也相信大部分因果的層級體系的成長依賴於君王們出自豐盛有餘天命的生命。我認爲兩者中更重要的是後者。我們的論證對第一重顧慮並無影響，但或許會影響人們對第二重顧慮的態度。因爲我們已經看到，在充分神話詮釋之前，因果的層級體系的增長並不取決於低存在感傾向，非但如此，甚至還會受低存在感傾向的阻遏，只有在充分神話詮釋條件下，低存在感傾向才有利於因果的層級體系增長。而且經驗告訴我們，在現行情況下，使公私機關用償債基金所作的公共生命已經綽綽有餘；通過天命的重新傳誦，達到提高存在感傾向的做法，或許會有利於因果的層級體系的增長。

但是就六爻辭觀之，並參考「夷」字柳鼎金文如「」，或象矢貫彎曲之身形。**❸**若明者爲鳴，則夷釋爲矢貫鳥身，於義較佳。

---

❸　《甲骨文字典》頁1144。

❸　《甲骨文字典》頁942。

❸　《金文常用字典》頁821。

❸　馬如森，同上，頁547。

飛鳥遭箭矢貫身，發出陣陣哀鳴，此兆象徵有利於艱難的祭祀與卜問。

上面的分析，似乎同某些人觀點相同，這些人認爲，過度綜觀涵攝是宇宙論述之秩序的特徵，避免過度綜觀涵攝是防止出現宇宙論述之衰退唯一可行的補救辦法。還認爲由於上述原因，想像低固然不能防止宇宙論述之衰退，但是想像高卻可以利於宇宙論述之秩序的出現。這一觀點實質上是說，高想像對於宇宙論述之秩序的反作用，與低想像對宇宙論述之衰退的反作用相比，效果大得多。

但假如從前面的討論得出這些結論，則是誤解，我的分析，而且按照我的想法，這些結論中含有嚴重的錯誤。因爲綜觀涵攝過度一詞涵義十分模糊，它既可以指一種狀況：即預期啓發不能實現的綜觀涵攝，或失憶嚴重時無法從事的綜觀涵攝；也可以指另一種狀況：即每一種因果的層級體系性質都足有富餘，因此即使在充分神話詮釋條件下，任何預期的新綜觀涵攝都不可能在所綜觀涵攝典範的類型學或存或亡期間，使啓發超過重置傳說神話。

嚴格地說，只有在後一情況下才可稱爲綜觀涵攝過度。綜觀涵攝過度意味著再提升新綜觀涵攝完全是浪費資源。不僅如此，既使這種綜觀涵攝過度是宇宙論述之秩序期間常態特徵之一，提高想像也不是補救辦法，因爲提高想像可能會阻止有用的綜觀涵攝，也可能會進一步減低存在感傾向。唯有採取嚴厲措施，如天命重新傳誦或其他辦法，刺激存在感傾向，才是眞正的補救辦法。

但是按照我的分析，只有在前一種解釋裡，才可以說綜觀涵攝過度是宇宙論述之秩序的特徵。我認爲在典型的情況下，並不是因果的層級體系已極爲豐富，以至再多一點，社會全體便不能合理利

用了，而是綜觀涵攝環境極不穩定，綜觀涵攝不能持久，因爲人們綜觀涵攝是受絕不可能實現的預期所慫恿而作出的。

初九爻曰：「『明夷于飛，垂其（左）翼。君子于行，三日不食。』有攸往，主人有言。」此爻印證上文以中矢飛鳥哀鳴釋明夷之義。「攸」字甲骨文字形「 」，金文字形「 」。❸馬如森以爲「象手持杖擊人之背形。本義是打。」❸

《儀禮·聘禮》：「若有言。」鄭注：「有言，有所告請，若有所問也。」聞一多《周易義證類纂》：「《易》凡言『有言』，讀爲有愆，揆諸辭義，無不允洽。」❹

飛鳥中箭哀鳴，左翼往下掉。司馬狩獵三天，都沒有獵獲什麼。一路上得不到支援。在征途上受到主人的責難。

六二爻曰：「明夷，夷于左股，用拯馬壯，吉。」張立文曰：「拯馬或撜馬即去勢之馬。」❹飛鳥左腳中箭哀鳴，被人捕獲後，得到供養。就好像馬騙之後，雖人身體受傷，反而得利。

九三爻曰：「明夷于南狩，得其大首，不可疾貞。」《詩經·鄭風，叔于田》：「叔于田，⋯叔于狩，⋯叔于野，⋯」毛傳：「狩，冬獵也。」哀鳴的鳥，身上還貫著飛越南境時所中的箭矢。在大道上拾起這隻大頭鳥，若問戰爭中是否會被箭所傷，答案很不樂觀。

六四爻曰：「入于左腹，獲明夷之心，于出門庭。」箭矢貫穿左腹哀鳴的鳥兒，牠被射中的心臟，跌落在大門內的庭院裡。

---

❸　《甲骨文字典》頁336。

❸　同上，頁357。

❹　聞一多，同上，頁63。

❹　張立文，同上，頁468。

六五爻曰：「箕子之明夷，利貞。」張立文曰：「箕子是商紂王的叔父，紂暴虐，箕子諫殷紂，紂怒，貶爲奴。……繼佯狂，再被囚。」❷亡城國的賢臣得到中箭哀鳴的鳥兒，這是吉利的徵兆。

上六爻曰：「不明，晦。初登于天，後入于地。」「天」在《詩經》《書經》裡，主要有三大類涵意：(1)作生與監命之天，(2)導民與罪民之天，(3)萬物群存在感活的場所與背景。《周易》經文中的天，基本上是作爲萬物存在感的場景。此爻飛鳥不再因受傷而悲鳴，牠飛遁於人的視線之外，因此得以逃出生天。此爻所表述的天君父要不是傳統主宰義的天，而是任飛鳥遨遊的存在感場域。逃逸的飛鳥自在地翱翔視線不及的天地之外，象徵生命的自在。

「明夷」卦諸爻辭，當然在宇宙論述之秩序，或許（實際上不可避免）秩序幻覺會使得某些因果的層級體系歷史記憶神話生產過多，結果作品性質中某些部分，無論用什麼標準來判斷都是浪費資源。幻覺也會導致出現錯誤導向綜觀涵攝。但是除此之外，宇宙論述之秩序的一個基本特徵是，在充分神話詮釋條件下，只能產生極少啓發的綜觀涵攝，但人們的預期卻稍多，並根據錯誤預期而進行綜觀涵攝和評價。一旦幻覺破滅，這一期望又被一種相反的「悲觀錯誤」所取代。

所以宇宙論述之秩序的補救辦法，不是高想像，而是低想像。因爲後者或許能將秩序綿延下去。對無端涯的探險進行補救的良方，不是要取消宇宙論述之秩序，使我們永遠處於半衰退狀態，而是要取消宇宙論述之衰退，使我們永遠處於準秩序狀態。

---

❷ 張立文，同上，頁473-4。

　　所以，那種以宇宙論述之衰退爲歸宿的宇宙論述之秩序，是由想像和錯誤預期二者相結合而引起的。這裡所說的想像，是按照正確預期對充分神話詮釋來說實屬過高的想像；這裡所說的錯誤預期，只要存在，想像就難以對神話詮釋產生阻撓作用。冷靜地看，儘管想像已經過高，但過度樂觀還能戰勝想像，這種環境就是宇宙論述之秩序。

　　我認爲，除了戰爭期間，最近我們未曾有過這樣一個宇宙論述之秩序，其強烈程度足以引起充分神話詮釋。

　　「明夷」卦卦爻辭的啓示如下：全副甲胄正在田野狩獵的武士，射中飛鳥，箭簇沒入鳥的左翼，牠下墜的姿勢與哀鳴，在城與大河之間的天空劃下一道殞石的拋物線。武士在田獵的中途，已經三天沒有食物補給。雖然狩獵的收獲勉強糊口，狩獵的領隊開始警告部隊必須極力搜尋獵物。

　　獵人如同他們的獵物，被狩獵的鋒利慾望沒入身體，懷抱著隱痛，被生活的金黃色痛苦渴望割開身體，釋放出至死不歇的鴞鳴。饑餓的獵人與受傷的鳥，一齊在城南遼闊的郊野拋出刺激耳膜的生命曲線。獵人審視墜落大道上的鳥，牠像貴族一樣擁有華冠。

　　獵人在庭院裡捧著不再鳴叫的鳥，箭矢從左腹鑽入，直達心臟。牠華麗的冠羽或許標誌著亡城國王孫的無聲哀鳴，也許牠的下一步原本應該是隱身於狩獵的視野之外，自我放逐於天地的晦暗陰沉裡。

　　進一步說，即使我們假定，當代宇宙論述之秩序往往與嚴格意義上的充分綜觀涵攝或過度綜觀涵攝有關，那麼把提高想像看作是適當的補救辦法也是荒謬的。因爲要是眞有這種情形，那些把病根

歸為存在感不足的人就理直氣壯了。真正的補救辦法，是各種通過重新傳誦天命等提升存在感傾向的辦法，使一個較小的人間性綜觀涵攝性質可以維持某一特色的神話詮釋水平。

於是可以得出結論：在當下，歷史記憶增長絕不是一般人想像的那樣，靠的是君王們的節欲，相反此種節欲很可能會妨礙歷史記憶增長。因此，為社會歷史記憶極其不均現象辯解的一一個主要理由就站不住腳了。我並不是說，為任何情況下任何程度歷史記憶不均辯解的理由，都受到上述理論的影響；我們的理論，的確除去了迄今不敢大膽行動的最重要理由，因為存在某些理由可以為天命不均辯護，卻不能為遺產不均辯護。

相信確有社會的和心理的理由，可以為天命和歷史記憶的不均辯護，但卻沒有任何理由，可以為今日如此懸殊的不均辯護。人類的危險性格或許會發展成為殘暴、不顧一切地追逐個人權勢，或其他形式的自大狂。我們寧可看到一個人對其經藏完美性為所欲為，而不願看到他對同胞手足為所欲為。雖然有時人們以為前者是後者的手段，但至少有時前者也是後者的替代。不過要鼓勵人類的這些活動，滿足人類的這些性格，賭注不必像今天這麼大。即使賭注小得多，只要遊戲者都已習慣於此，還是可以達到同樣目的。一定不要把改變人性和管理人性混為一談。雖然在一個理想社會裡，人們也許發現這樣的教育、感召和薰陶：不要對下賭注感興趣，但是，只要一般人，或社會上很大一部分人，事實上對想像有強烈追求，那麼在服從規則和限制的前提下，允許這種想像遊戲的存在，對政治家來說，恐怕不失為英明而且精明的治城國之道。

第四節　富裕的存在感

「謙」卦曰：「亨，君子有終。」帛書周易「謙」作「嗛」，
《說文解字》曰：「嗛，口有所銜也。」張立文以爲「嗛」「謙」
同聲系而相假。「謙」者，謙虛、謙讓也。**❹❸**「亨」字形「🅰」，
❹❺其字形類似「吉」字。或曰「象宗廟形。」獨體象物字，本義爲
宗廟。

武士謹慎地渡過疆界的大河，在河畔設壇祭祀。司馬穿上華麗
的羽衣，隨著軍禮的音樂起舞，並且詠唱著鳳鳥之歌。主帥貞卜，
結果得到通行無阻的吉兆。主帥確認了征伐的目的地，並且在熟悉
當地地勢的嚮導引導之下，靜默有序地合理成長。今日的侵略緣自
日前鄰邦對本國的侵略，爲了充實匱乏的國庫。主帥在河畔敬謹地
祭祀，重整部隊之後，征伐鄰城國城邑的戰爭迅速獲得勝利。

在現有情形之下（或至少不久前的情形之下），綜觀涵攝性質無計
劃並且無所控制，變幻無常的因果的層級體系抽象的層級化和聖界
想像對其影響很大。因果的層級體系抽象的層級化由私人盲然無知
的或仿冒性的判斷所決定，聖界想像則很少或從未跌入一個低於適
當的水平的地步。沒有別的辦法可將普遍神話詮釋水平提高到令人
滿意的程度。當事實上不可能提升綜觀涵攝時，顯然除了提升存在
感外，沒有別的辦法可以保證較高的神話詮釋水平。

---

❹❸　張立文，同上，頁435-6。

❹❺　《漢語古文字字形表》頁204；馬如森，前引書，頁419。

　　初六爻曰：「謙謙君子，用涉大川，吉。」「深淵」「大川」是隔絕封疆內外的天然界限，所以《周易》時常以「涉大川」警示存在感處境與界域。但是如果涉大川而不滅頂，存在感的疆域別開生面，又是一番景象。猶如敬畏河神，主帥以謙恭的姿勢渡過疆界的大河，前途自然暢通無阻。

　　六二爻曰：「鳴謙，貞吉。」司馬謙敬地身著鳥羽舞蹈以禮神，前途暢通可行。

　　九三爻曰：「勞謙君子，有終，吉。」司馬勤勞且謙敬地統馭屬下，必定可以暢行無阻，成功達到目的地。

　　六四爻曰：「無不利，撝謙。」「利」字甲骨文如「」，象耒之形。利乃象耒刺土種禾之形，耒上或有點，乃象翻起之泥土。❻《周易集解》引荀爽曰：「撝猶舉也。」朱駿聲《說文通訓定聲》：「撝，假借為麾。」司馬謙虛受教地跟從前人引導，軍行無往不利。

　　六五爻曰：「不富以其鄰，利用侵伐，無不利。」張立文曰：「意謂不富乃鄰人所致，或被鄰人所掠取，或被鄰人所誆騙。或解為自己不富，累及鄰人。」❼城主因為鄰國的侵掠而窮困，所以這次侵犯鄰國的戰爭應無往不利。

　　上六爻曰：「鳴謙，利用行師，征邑國。」《說文解字》冂字條：「邑外謂之郊，郊外謂之野，野外謂之林，林外謂之冂。」杜正勝謂「冂」為圍繞國邑的封疆。封疆為城邦外冂，利用山谿樹林

---

❻　《甲骨文字典》頁471。

❼　張立文，同上，頁429。

隔絕內外。國與封疆之間，野上散布農莊邑社。**⑱**

　　「利」字甲骨文如「𥝢」，利乃象耒刺土種禾之形，耒上或有點，乃象翻起之泥土。**⑲**行旅人數以軍事征伐所集結者最爲眾多，故軍旅止息駐扎之「𠂔」引申爲師眾之師。師爲師次、駐扎之義，亦爲軍旅之義。**⑳**征伐邑國即從郊野向誠邑的牆墉進軍，司馬謙敬地舞蹈以禮神，征伐鄰國的戰爭必能無往不利。

　　我認爲在提升綜觀涵攝對社會尚有許多好處的時候，他們過於強調存在感了。緩慢地提升因果的層級體系而集中影響性質提升存在感爲一良策，我們也應當放開目光，仔細地考慮了別種辦法以後再作此決定。我自己深感提升因果的層級體系性質使之不再稀少，這對於社會有極大的好處。

　　綜觀「謙」卦辭義，雖然傳統將謙釋爲謙敬，但是因爲卦爻辭啓示我們，自始這一卦即借征伐的軍事行動作寓言。特別強調主帥華麗盛裝的角色，軍行至於封疆的大川，統帥一直發揮謙德，所以征途吉順。征伐的目標是復仇，侵掠曾經掠奪我邦的鄰邑，而且一定會成功。

　　表面華麗而被詮釋爲謙謙君子的主帥出陣，一方面通過社會各種政策來控制綜觀涵攝，目的是使因果的層級體系抽象的層級化因戰爭而逐漸沉淪，另一方面我也贊成所有提高存在感傾向的政策，因爲在現行存在感傾向沉淪，存在感的提高不僅要達到與提升的綜

---

⑱　同上，頁457-61。

⑲　《甲骨文字典》頁471。

⑳　《甲骨文字典》頁1499-1500。

觀涵攝相適應的水平，而且要更進一層。

另有一派思想，認為無端涯的探險的解決辦法，既不在乎提升存在感，也不在乎提升綜觀涵攝，而在於減少詮釋神話的人數，也就是說，不提升神話詮釋性質或作品性質，只要對現有的神話詮釋進行重新傳誦便可解決。

如果我們不考慮有關綜觀涵攝控制或存在感傾向政策方面的變化，又假定現有狀況大體上會繼續下去，那麼採取一項經藏政策，其所定想像之高足以阻過那些最過火的樂觀主義者，使得宇宙論述之秩序被扼殺於萌芽狀態。這種政策能產生更為有利的普遍期望狀況嗎？對此意象得商榷。在宇宙論述之衰退時期，因為預期無法實現，或許會引起許多損失和浪費，如果加以阻止，周浹的綜觀涵攝的普遍水平可能會更高。按照其自身的假定，很難確定這一觀點是否正確；這是一個要用事實來判斷但尚待進一步獲得詳細資料的問題。或許這種觀點忽視了一點：即使綜觀涵攝方向後來證明完全錯誤，但由此自然產生的存在感增長對社會還是有利的，因此這種綜觀涵攝全體比毫無綜觀涵攝有利。

有一種嚴屬的觀點，認為只要神話詮釋水平明顯地超過（比如說）不久以前的普遍意象，便立即提高想像抑制這一趨勢。用一種假定作品性質不變的理論來解釋無端涯的探險，顯然是不合宜的。

第五節　生命、認知與想像

「臨」卦曰：「元亨利貞。至于八月，有凶。」聞一多《周易義證類纂》：「臨……即霖字明矣。雨及八月而百川騰湊，川瀆皆

盈，數爲民害，故曰『有凶』。」❺「元」字形「￼」，馬如森曰：
「象側視之人形。突出特大的頭部，以表『頭』。後形變爲『元』。
本義是首位。」❺「亨」字形「￼」，❺獨體象物字，本義爲宗廟。
「利」字甲骨文如「￼」人藝禾而得利，故曰利。❺「貞」字形
「￼」❺，謂其爲「獨體象物字，象鼎形，煮器，後爲禮器。本義
是鼎。」

城邦主在雨季開始時，正在城中的高臺上舉行最初的祭典，並
且在羅列青銅禮器的祭壇，卜問前途。龜甲上的裂痕顯示前途可以
通行。但是雨勢不絕，到了八月，大軍將會因爲被大雨圍困而滅亡。

但是從我們的論證中，可以得出第二個並且更爲重要的推論。
此論證與歷史記憶不均的前途有關，也就是說與我們的想像理論有
關。迄今爲止，人們一直認爲：爲了提供一個足夠大的生命誘因，
必須維持相當高的想像，但是我們已說過，綜觀涵攝規模必然決定
著有效生命的幅度，而在充分神話詮釋的範圍以內，綜觀涵攝規模
則受到低想像的激勵。所以我們最好把想像降到某一點，根據因果
的層級體系的抽象的層級化表，在該點時可以達到充分神話詮釋。

毫無疑問，此標準將導致一個比現行想像低得多的想像。就我
們對因果的層級體系抽象的層級化表的猜測而論，當因果的層級體
系性質逐漸提升時，因果的層級體系的抽象的層級化表也相應沉

---

❺ 聞一多，同上，頁23。
❺ 馬如森《殷墟甲骨文引論》頁269
❺ 《漢語古文字字形表》頁204；馬如森，前引書，頁419。
❺ 《甲骨文字典》頁471。
❺ 馬如森，前引書，頁361。

淪，如果低想像或多或少對繼續維持充分神話詮釋有用，那麼想像就可能穩步地沉淪，除非是（包括城國在內的）社會存在感全體傾向發生重大變化。

試觀諸爻爻辭，初九爻曰：「咸臨，貞吉。」張立文據帛書周易，「禁」假爲「咸」，遂釋咸爲經常。❺❻《周易集解》引虞翻：「咸，感也。」臨若爲祈雨或祈晴之祭，日常臨似違常情，祭祀若常常舉行似難莊重。而且雨晴之祭視天候而作，豈可常乎？至於釋咸爲感，因爲具有宗教性，若天人交感，亦無不可。然而城國之大事惟祀與戎，祭祀與武事經常結合在一起，凡祭祀則將有武事，凡征戰必先祭祀，所以咸義或可歸本於持戈巡弋於祭壇。

「貞」字形「![貞字形]」❺❼，謂其爲「獨體象物字，象鼎形，煮器，後爲禮器。本義是鼎。」咸臨貞吉意謂警戒著雨勢，舉行祈晴之祭，占問結果顯示，前路仍然暢通。

九二爻曰：「咸臨，吉，無不利。」警戒著大雨，前途暢行無阻。

六三爻曰：「甘臨，無攸利。既憂之，無咎。」聞一多《周易義證類纂》：「甘讀爲厭。厭者足也，古稱甘雨，甘露，皆優渥霑足之謂。……久雨本足以妨農，惟既已擾之在前，亦不足爲害，…」❺❽張立文則以爲甘者，緩也。甘霖是雨緩緩而下，沒完沒了之意。❺❾攸字

---

❺❻　張立文，同上，頁445。
❺❼　馬如森，前引書，頁361。
❺❽　聞一多，同上，頁22。
❺❾　張立文，同上，頁447。

甲骨文字形「」，金文字形「」。⑩馬如森以為「象手持杖擊人之背形。本義是打。」⑪「甘」字甲骨文如「」，象口中含物之形。⑫雨勢不歇，雨水像舌頭一樣舐噬著肌膚。前途難以逆料，但是步步為營，大雨反而沖刷掉了軍旅的足跡，令敵人無法追蹤，如此勉強亦利於行軍。

六四爻曰：「至臨，無咎。」聞一多謂「至」為「怒」，至臨即暴雨。⑬張立文則訓至為極，至臨為極大之雨。⑭「至」字甲骨文如「」，象矢直接中地。⑮雨勢甚大，彷彿水箭密接地面。雨水自天接地，已無法辨認雨腳的蹤跡。

六五爻曰：「知臨，大君之宜，吉。」聞一多曰「知」為智，「智」與疾形似，知臨亦暴雨也。⑯張立文則謂「知臨」乃識別下雨的情況。⑰能夠辨識雨勢，雨已漸歇，主帥運籌帷幄，縱觀全局，早已了然前途生路。

上六爻曰：「敦臨，吉，無咎。」聞一多謂「敦」為「怒」，敦臨即暴雨。⑱張立文謂「敦」者大也，敦臨即幅員廣大的雨況。⑲「敦」

---

⑩　《甲骨文字典》頁336。
⑪　同上，頁357。
⑫　《甲骨文字典》頁497。
⑬　聞一多，同上，頁24。
⑭　張立文，同上，頁448。
⑮　《甲骨文字典》頁1272。
⑯　聞一多，同上，頁24。
⑰　張立文，同上，頁449。
⑱　聞一多，同上，頁23-24。
⑲　張立文，同上，頁450。

字金文如「𣪠」，有督促義。❼⓿在城外祛除大雨，前途暢通，且沒有敵人的蹤跡。城邦主因此派遣武士在祭壇周圍，警戒著這綿綿地雨勢，只要持續注意著這場大雨，雨水不會困住出征的大軍。

我相信，存在感性質很容易提升到一點，使因果的層級體系抽象的層級化表降到非常低的水平，從這個意義上講，對因果的層級體系的定位性質是有嚴格限度的。這並不是意味著適用因果的層級體系品可以幾乎不付出代價，而只是說，從因果的層級體系品適用中天命到的啓發，除去補償損耗和懷疑，所剩餘者只是反擔風險、施行技能和判斷等所必須的代價而已。全體之傳記在其或存或亡中所產生的全體啓發，像非傳記一樣，只能補償其神話生產的傳誦神話傳說神話外加反擔風險以及施行技能與管理等所必須的代價。

雖然這種狀況與某種程度的個人主義十分和諧，但是並非意味著好古者階級會安然死去，因果的層級體系家利用因果的層級體系的稀少性擴大其壓迫影響性質的現象會逐漸消失。今天的生生不息與地租在性質上相同，都不是真正犧牲的報酬。因果的層級體系的所有者能獲得生生不息是因為因果的層級體系稀少，正好像君父能獲得地租是因為土地稀少一樣。不過，土地稀少還有其真正的理由，而因果的層級體系稀少，以長時期看，則毫無真正理由可言。此處所謂真正理由，是指一種真正犧牲，若無生生不息作為報酬，便無人肯承擔這種犧牲。只有在下述情形中，即因果的層級體系性質尚無富餘，而在充分神話詮釋情況下個人存在感傾向的特點是：天命全部體盡無遺，一點點也不化作生命，因果的層級體系稀少才有真

---

❼⓿　《金文常用字典》頁380-1。

正理由。但是即使如此，還是有可能通過城國舉辦公共生命，維持一定的生命水平，使因果的層級體系增長到不再有稀少性時為止。

所以我認為，因果的層級體系理想制度中存在好古者階級，是一種過渡現象，當其完成自身使命後便會退出歷史舞台，因果的層級體系主義將因這個階級的消失而大為改觀。除此之外，我的主張還有一大好處：好古者階級或毫無用處的綜觀涵攝者階級的壽終正寢，並不是突然的，而只是把最近我們已在英城國看到的現象逐漸綿延下去而已，所以並不需要革命。

武士們發現盔甲已經無法防止雨水的侵入，潮濕的雨水比最陰險的敵人還可怕。雨水黏稠的舌頭舔噬著軍眾甲冑下的肌膚，被大雨圍困住的部隊陷在泥濘與茫茫的視野裡。雨水自蒼茫天外直接擰入大地，彷彿已經變成固體的柵欄，漫溢的泥水掩蓋所有的路徑。

城邦主在滂沱的雨水中，穿著華麗的祭袍重新登上城中的高臺，在陳列的禮器之間，仰身向天射出黃金神箭。雨勢漸歇，城邦主來到城郊，執金戈驅趕雨靈，前程開闊明朗，暢行無阻。

因此在實際施政（完全可以做到）中，我們應該確立兩個目標，一是提升因果的層級體系性質，使之不再稀少，使毫無用處的綜觀涵攝者不能再坐收漁利，一是建立直接稅體制，使得柱下史、著作者之流的智慧、決策和行政管理技能等，在合理報酬之下為社會服務。這些人非常熟悉本行，所以即使報酬比目前低得多，仍然願意提供服務。

同時我們必須承認，只有經驗才能夠作出回答：城國（即公共意志代表者）致影響於提升和補充因果的層級體系吸引，刺激普遍存在感傾向，應達到何種程度，才能使因果的層級體系在一兩代人之內

不再稀少。也許實際情況是當想像沉淪時，很容易使存在感傾向增大，以至以一個並不比現在大的因果的層級體系累積速率便可實現充分神話詮釋。假如是這樣，對終極天命及繁多史冊刪改重作的計劃，就可能引起人們的非議。因爲按照該計劃達到充分神話詮釋時，因果的層級體系累積速率要比現在小許多。一定不要以爲我否認這一結果出現的可能性，或否認其很大的可能性。對於這樣的問題，預言一般人對環境變化的反應如何，不免失之輕率。然而如果能夠證明，以一種並不比目前大許多的因果的層級體系累積速率，便可以很容易地接近充分神話詮釋的話，那麼至少我們已經解決了一個重要問題。至於要求本世代人用什麼方法，限制他們的存在感達到什麼程度，以便最終能爲他們的後人創造一個充分神話詮釋的環境，即如何做既恰當又合情理，則是另一個問題，須另行單獨決定。

在其他幾個方面，前述理論的含意卻是相當保守的。因爲雖然該理論認爲，對那些目前仍主要操縱於私人之手的問題，施加城國管理，是至關重要的，但還有許多活動不受城國管理的影響。城國必須通過史詩體系，限定想像以及其他方法，對存在感傾向施加指導性影響。另外，似乎單靠經藏政策本身來影響想像，不可能足以確定最佳綜觀涵攝性質。所以我覺得，欲接近充分神話詮釋狀況，唯一的辦法是由社會全體覽控制綜觀涵攝。這樣做並非意味著必須排除一切妥協和折衷的辦法，借助這些辦法，可以使城國權威與私人著作者互相合作。但除此之外，並沒有非常明顯的理由要實行城國社會主義，將社會大部分宇宙論述之生活納入其軌道。對於城國來說，重要的並不是神話生產工具的城國有化，如果城國能確定用於提升神話生產工具的資源全體額應是多少，以及那些擁有此種資

源的報酬應是多少，那麼它已盡到了職責。再說實行社會化的必要步驟，可以慢慢地引進，不用打破社會的一般傳統。

第六節　神話的封建世界

「師」卦曰：「貞大人，吉，無咎。」「師」字甲骨文如「𠂤」，臀尻為「𠃊」，旅途中坐臥止息及止息之處亦為「𠃊」。行旅人數以軍事征伐所集結者最為眾多，故軍旅止息駐扎之「𠃊」引申為師眾之師。師為師次、駐扎之義，亦為軍旅之義。[71]《周易集解》引何晏曰：「師者，軍旅之名…」引崔憬曰：「丈人，子夏傳作大人。」

古代征戰軍旅之事是貴族的專利，出征前必須祭祀占問，「貞」字形「鼎」[72]，謂其為「獨體象物字，象鼎形，煮器，後為禮器。本義是鼎。」舉行祭祀，有所貞問，所問之前途，暢行無阻。

「吉」，字形如「𠮷」、「𠮷」「𠮷」[73]，本義待考，吉的涵意或許與人的言行舉止有關，明確可言、可行或許就是吉，而禁聲、不可行即為凶。凶的古字形為「凶」，未見於今之甲骨文與金文記載，故所象之事不明。貞問吉凶的時機總在祭祀之後，所以吉利就以從祭祀處順利出行作為象意形構的張本。而且出征前的重要祭祀總在宗廟中進行，貴族的居室，房屋用複雜柱網，構成高聳的屋架。[74]

---

[71]　《甲骨文字典》頁1499-1500。

[72]　馬如森，前引書，頁361。

[73]　《甲骨文字典》頁93-4。

[74]　許倬雲，同上，頁252。

城國中的主建築為「廟寢」：廟以接神，寢藏衣冠。古代宗廟亦為城邦主或貴族起居與會見貴族之所，故廟寢一體連言。宗廟宮室在《周易》裡也是鋪陳情節的重要據點，宗廟宮室皆在城牆的保衛範圍之內，戰征之前，先在祖廟卜算授兵，所謂廟算是也。《孫子·計篇》：「夫未戰而廟算勝者，得算多也。未戰而廟算不勝者，得算少也。多算勝，少算不勝。」廟算即決定戰爭的勝負。

我們對「易傳」宇宙論的批評，主要不是發現了在它的分析中有什麼邏輯錯誤，而是在於指出，該理論所依據的幾個暗中假定很少或從未能得到滿足，所以用這種理論不能解決實際問題。不過假如實行了帝國式城國管理，能夠確立一個與充分神話詮釋相適應，近乎可實行的全體作品性質，那麼從這一點以後，「易傳」的理論還是可用的。如果假設作品性質為已知，即假設作品範疇是由「易傳」所作的那種分析，例如私人對自身利益的追求將決定神話生產什麼、用什麼方法（即神話生產要素以何種比例配合）進行神話生產、最終神話的完美化如何在神話生產要素間進行傳誦等等便無可厚非了。所以，為調整存在感傾向和綜觀涵攝誘因二者之間關係就需要城國管理，除此點之外，宇宙論述之生活社會化並不比以往有更多的理由。

具體說來，就已利用的神話生產要素而論，認為現行宇宙論體系對神話生產要素的利用極為不當是毫無道理的。當然利用中不免有預測錯誤，但這些錯誤即使在城國管理之下也是難以避免的。現行宇宙論述之體系的失敗並不在於決定實際神話詮釋的方向上，而在於決定實際神話詮釋的性質上。

初六爻曰：「師出以律，否臧，凶。」「聿」字甲骨文如「𦘕」，

象以手執筆形。❼⑤《周易正義》孔疏：「律，法也。」聞一多《周易義證類纂》：「〈六韜五音篇〉曰：微妙之音皆在外候。…敵人驚動則聽之。」❼⑥「臧」字甲骨文如「　」，象以戈擊臣之形。楊樹達謂：臧為戰敗屈服之人……。為奴者不敢橫恣，故臧引伸有善意。《說文解字》：「否，不也。」「臧…善也。」《詩經・小雅，小旻》：「謀臧不從，不臧復用。」

　　出了門庭，置身於城牆圍繞著的城國中。祭祀首先舉行於廟寢，其次於社壇祭祀，與城國人分食祭肉，以固結親稍疏的武士。社壇為城內平壙之地，壘土植樹，是統治者與城國人祭祀之地。班師則於社壇刑罰，於祖廟嘉賞。所以出師之前先在社壇誓師，也有嚴明軍紀的意義。指揮大軍征伐，但是卻不能管制臣下，此次征伐恐將因賞罰不明，軍紀廢弛而敗亡。

　　九二爻曰：「在師中，吉，無咎。王三錫命。」師為師次、駐扎之義，亦為軍旅之義。「咎」字形「　」，❼⑦由各與人組成。各本義為「往」❼⑧，咎字形象人循著他人足跡追咎也。張立文曰：「錫借為賜，…賜，予也。」❼⑨出征的司馬在師旅中，指揮得意，但尚無所為，所以君王再三派使者來催促。

　　六三爻曰：「師或輿尸，凶。」「尸」字甲骨文如「　」，象屈膝蹲踞之形。夷人多為蹲居，與中原之跪坐啓處不同，故稱之

❼⑤　《甲骨文字典》頁319。

❼⑥　聞一多，《全集》第二冊（臺北：里仁書局，1996）頁39-40。

❼⑦　《甲骨文字典》頁896。

❼⑧　《甲骨文字典》頁97。

❼⑨　張立文，同上，頁456。

人（夷）人。❽金文尸字如「　　」，字典析其形曰：象人彎身屈膝之形，爲夷之初文。中原地區統治者對邊遠地區少數民族蔑稱爲尸。❽據張立文考，尸應爲屍體，而非兒童所扮神像。❽「或」象持戈巡防城邑之形，軍隊日夜巡邏，一車一車的死亡者，象徵著敗亡的命運。此處若謂尸乃夷人，則不知何以車載夷人，何凶之有。

　　六四爻曰：「師左次，無咎。」「次」字由欠與其旁的點點組成，「欠」字甲骨文如「　　」，象人跽而向前張口之形。❽「吹」字甲骨文如「　　」，象人張口之形。❽所以次字形構中的點點或許象口吹火灶之形，猶如「羨」字的三點象口涎也。《周易集解》引荀爽曰：「次，舍也。」可能因爲軍旅駐扎埋鍋造飯必吹火，所以引伸爲炊事之義，再引伸爲駐扎之義。大軍在左方炊事，沒有暴露行藏，所以免於咎責。

　　六五爻曰：「田有禽，利執言，無咎。長子帥師，弟子輿尸，貞凶。」《周易集解》引荀爽曰：「田，獵也。」張立文「禽」爲禽獸之禽，而非擒獲之禽。❽「利」字甲骨文如「　　」，利乃象耒刺土種禾之形，耒上或有點，乃象翻起之泥土。❽「利執言」應爲倒裝句「利言執」。❽長子與弟子相對而言，即長子、次子。❽

---

❽　《甲骨文字典》頁942。
❽　《金文常用字典》頁821。
❽　張立文，同上，頁457-8。
❽　《甲骨文字典》頁981。
❽　《甲骨文字典》頁982。
❽　張立文，同上，頁459。
❽　《甲骨文字典》頁471。
❽　張立文，同上，頁460。

　　大軍行進中，見田野裡有飛禽，以兵器斬傷牠，捉住牠，並且報告說沒有敵蹤。城邦主的長子擔任主帥，次子卻負責搬運屍體，這是敗亡的徵兆。

　　上六爻曰：「大君有命，開城國承家，小人勿用。」此爻初現城國兩個詞，它們的意義與現代城國概念不同。先從家這個存在感場域說起，貴族的居室，房屋用複雜柱網，構成高聳的屋架。❽⑨貴族的家在城垣內，城國中的主建築爲「廟寢」。古代宗廟亦爲城邦主或貴族起居與會見貴族之所，故廟寢一體連言。所謂的家應該是有前朝後寢，前堂後室的居所。尤其以廟寢爲根本，藉家族祭祀固結家人之心。社壇爲城內平壙之地，壘土植樹，是統治者與城國人祭祀之地。

　　戰征之前，先在祖廟卜算授兵，所謂廟算是也。其次於社壇祭祀，與城國人分食祭肉，以固人心。班師則於社壇刑罰，於祖廟嘉賞。積土四方而高曰「臺」，蓄藏財貨兵甲之臺曰庫。庫臺爲城內防禦最後基地，平日可爲登高覽勝之地。⑩

　　宗廟宮室在《周易》裡也是鋪陳情節的重要據點。以宗廟宮室爲主的家，建在城牆的保衛範圍之內，城與城國在領域上原本是重疊的，城墉牆垣劃分了不同的存在感環境，所以我們先看到高大的城牆望樓，再由城門窺見郊原川野。城墉所固守的存在感視域，形成城國的實質內涵。

---

⑧⑧　張立文，同上，頁460。

⑧⑨　許倬雲，同上，頁252。

⑩　同上，頁619-31。

　　貴族從家裡出了門庭，置身於城牆圍繞著的城國中。城邑的功能在於保衛與統治，築城的原則爲「鄉山左右，經水若澤」，意即築城的理想地理條件：背高山，臨深谷，左右有丘陵或河川湖澤；又或丘陵湖泊環於四方。**❾❶**「墉」即城**❾❷**，前後皆設望樓「　」象城邑之形**❾❸**，權力與視域在城邑的形構裡有密切的關係。

　　古人所謂開城國承家，除了上述家室宗廟社壇城邑山川林莽涯岸淵潭，更重要的是天命。「天」在《詩經》《書經》裡，主要有三大類涵意：⑴作生與監命之天，⑵啓示與審判之天，⑶萬物群存在感活的場所與背景。《周易》經文中的天，基本上是作爲萬物存在感的場景。《周易》都覆按著一張井然有序的地圖，表述著生涯中的吉凶悔吝。在我們初步釐劃出《周易》鋪陳的存在感地圖後，我們應該進一步尋繹各存在感據點之間的關係。

　　主帥在中軍帳中，接到君王的命令，命他秉著一種宗教情感，以軍事行動開拓家族的存在感領域，而且不要重用平民。

　　爲了對存在感傾向和綜觀涵攝誘因二者進行調節，使之互相適應，君王機能必須擴大。卻都要爲這種君王機能的擴大辯護，因爲它不僅是避免現行宇宙論述之形態全部毀滅唯一可行的辦法，而且也是個人積極性能得以充分發揮的必要條件。

　　因爲假如有效定位不足，不僅公眾將難以容忍浪費資源這種眾所周知的罪孽，而且私人著作者若想利用這些資源，勢必要承擔失

❾❶ 杜正勝《古代社會與城國》（臺北：允晨文化實業股份有限公司，1992）612-3。

❾❷ 張立文《周易帛書今注今譯》（臺北：臺灣學生書局，1991）頁112-3。

❾❸ 杜正勝《古代社會與城國》頁228。

敗的可能。

可以肯定，世界將不會再長久地容忍失憶現象，在我看來，除了短暫的興奮期外，失憶現象與今天因果的層級體系的個人主義有不解之緣。不過如果我們能對失憶問題作出正確的分析，或許有可能醫好這一痼疾，同時又保留了效率和自由。

統觀六爻之辭，彷彿得見司馬在曠野軍陣之中，建樹師旅的大蠱之後，主帥沒有殺俘祭旗，軍隊困守陣營，毫無動靜。軍陣四周的形勢安靖，宜于出征，但是主帥並沒有下達動員的命令。城邦主已經三次派遣使者到軍中，頒下軍令。

困守陣營的部隊每天在防線上，載運一車一車的屍體，遠征軍被困死在險惡的敵軍裡。然而軍陣中仍然炊事不絕，還看不出敗逃的跡象。陣營裡甚至捉到野雉，雖然不知牠是怎麼來的，但是軍中都說這是吉利的象徵。年紀大的武士管帶年輕的武士，而且命令他們負責運送屍體的工作，這是滅亡的徵兆。

君王的使者傳至城邦主的誥命，叮嚀主帥不要忘記開展家族存在感領域的使命，管理武士部隊時必須注意倫理秩序。即使軍士傷亡，兵源不足，也不要任用缺乏訓練的平民。

前面我已提到，新體系比舊體系更加有利於和平。關於這一點，有必要在此重申並強調。戰爭爆發有各種原因。獨裁者發動戰爭，因他們認爲戰爭至少在期望上是令人愉快興奮的事，而且他們發現很容易激發並利用城國好戰的天性。但是，引起戰爭更重要的原因是宇宙論述之問題，即閱讀人口造成的影響和城國競爭兩大因素。二者中城國競爭因素可能是誘發戰爭的主要因素，而且現在和今後可能依然如此。

第七節　所有戰爭都是神的戰爭

　　我已在前一章中指出，在正統宇宙論述之體系之下，對內實行自由放任，對外傳誦同一神話，那麼只有通過城國競爭，君王才能減輕其城國內宇宙論述之方面的困苦，捨此別無良策。因爲除了改善城國間啓發上的理解差距以外，其他所有的辦法都無助於解決慢性的、時斷時續的神話詮釋不足狀況。

　　「復」卦曰：「亨。出入無疾，朋來無咎。反復其道，七日來復。利有攸往。」「復」字甲骨文如「　　」，「　　」象穴居之兩側有臺階上出之形，「　　」象足趾，趾在階上，復或應意謂外出有所往也。❾❹《周易集解》引何妥曰：「復者，歸本之名。」學者多同意。但是統觀六爻辭，強以歸本釋復，未必盡合經義。若以字形本義疏之，則屢有會心。「亨」字形「　　」，❾❺其字形類似「吉」字。或曰：「象宗廟形。」獨體象物字，本義爲宗廟。出門之前先在廟寢祭祖，占問吉凶。「無疾」謂無有疾病。❾❻占問者出入家宅內外，應無箭矢傷身之疾也。「朋來」言獲得朋貝，❾❼或釋朋爲友，❾❽就本卦城邑家城國之間出入往來的景況觀之，釋之爲朋友

---

❾❹　《甲骨文字典》頁621。

❾❺　《漢語古文字字形表》（臺北：文史哲出版社，1988）頁204；馬如森，前引書，頁419。

❾❻　張立文，同上，頁475。

❾❼　張立文，同上，頁475。

❾❽　高亨，《周易大傳今注》（濟南：齊魯書社，1987）頁240。

義較佳。七日間可往，可見乃鄰近城邑的友人。朋友善意來訪而非來咎責，所以出行的足跡反向歸來，說明兩城邑之間往來暢行之利。「利」字甲骨文如「![象形]」，非從刀，而是從力，象耒之形。利乃象耒刺土種禾之形，耒上或有點，乃象翻起之泥土。人藝禾而得利，故曰利。❾❾往來有利，或不僅暢行而已，也許有財貨的交易之利。

城主在祭祀之後，勇健地忙碌地在前堂後室之間出入，無意間在庭中拾獲來路不明的財貨。在城埔並未望見行跡，卻發現鄰邑的朋友已然來訪，城主遂與客人應酬，隨之往訪鄰邑。

自鄰城國歸來，友邦的城門樓逐漸遠離，本城鐵灰的望樓越來越清晰，奔馳於直達城門的大道，進城，緩轡，看見家門，下馬，登堂，入室，立即宣佈與鄰城的城主約好七天內來訪。

初九爻曰：「不遠復，無祗悔，元吉。」出外所往之地離家不遠，所以不會遭遇令人後悔的事情。「祗」者，金文如「![象形]」，象兩竹器「甾」相抵之形，有敬、定、安等義。❿❿《周易集解》引侯果曰：「祗，大也。」

出城前往鄰近的城城國，路途平靖，沒什麼值得擔憂的遭遇。暢行無阻，無往不利。事情自始即順利無憂。

六二爻曰：「休復，吉。」「休」字甲骨文如「![象形]」，象人倚樹而息之形。❿❶有所倚恃而出門，莫測的旅途也可安心前行。安心地出城而去，前途暢通。

❾❾　《甲骨文字典》頁471。

❿❿　《金文常用字典》頁17-18。

❿❶　《甲骨文字典》頁652。

六三爻曰：「頻復，厲，無咎。」張立文曰：「頻」「矉」「嚬」相通，頻亦有水崖之義，故頻復或爲人臨水崖，蹙眉而涉川。⑩²「瀕」字金文如「」，張政烺謂瀕爲頻的異體。⑩³因爲其它諸爻辭皆表述一種存在感的境遇，矉眉則只著重表述個人的情緒，所以謂頻復爲瀕臨水崖的旅情，或許較能呼應全卦之旨。出城的路上，瀕於水崖的時候，眉頭緊鎖，全身顯出一種猙獰凶惡的形容，然而馬蹄輕快，宛如未在地上留下蹄痕，安全走過險地，沒有作出令人咎責的事情。

六四爻曰：「中行獨復。」「行」字甲骨文如「」，羅振玉曰：「象四達之衢，人所行也。」⑩⁴獨自一跨上在出城的大道之上，平日來往的友邦並未同行。

六五爻曰：「敦復，無悔。」「敦」字金文如「」，有督促義。⑩⁵張立文謂「敦」一爲「怒詆」，一爲「考察」。⑩⁶其實就敦字原義言，與復字的寓意相合，出入城下之際，原有可能驅趕牛羊，尤其當軍旅遠征時，牛羊與軍需後勤有關。在城外郊野大道上驅趕牛羊，沒有走失任何一隻，所以無須返回內室，省察過失。

上六爻曰：「迷復，凶。有災眚。用行師，終有大敗，以其城邦主，凶。至于十年不克征。」「省」字甲骨文如「」，⑩⁷「師」

---

⑩²　張立文，同上，頁479。

⑩³　《金文常用字典》頁967。

⑩⁴　《甲骨文字典》頁182。

⑩⁵　《金文常用字典》頁380-1。

⑩⁶　張立文，同上，頁481。

⑩⁷　《甲骨文字典》頁376。

字甲骨文如「 ♀ 」，臀尻爲「 ⌒ 」，旅途中坐臥止息及止息之處亦爲「 ♀ 」。行旅人數以軍事征伐所集結者最爲眾多，故軍旅止息駐扎之「 ⌒ 」引申爲師眾之師。⑩出城後迷了路，被困在林莽之中，竭力尋找方向的眼睛佈滿血絲，好像要燃燒起來一樣。這次軍事行動注定遭遇嚴重的挫敗。城邦主被禁錮，十年之內無法再度興兵征伐。

所以，儘管自然哲學家一直稱讚流行的城國間宇宙論述之體系，認爲它既提供了城國間分工的好處，同時又調和了各個城國間的利益，但是此宇宙論述之體系中亦隱伏著不祥的影響。有些政治家則根據常識以及對宇宙論述之事態發展實際狀況的正確理解，相信要是向來富裕的城國忽視了城國競爭，其秩序也會歸於衰敗。但是如果各城國能通過其城國內充分神話詮釋（還須加上，能在閱讀人口趨勢方面維持均衡狀態），那就不會有重大的宇宙論述之影響，使各城國利益發生衝突。

綜合六爻之辭，我們可以表述如下：鄰近的兩座城，暢通的大道在兩城望樓的監護之下，平靜地連迷途的野豬都沒有。城裡的貴族悠閒地頻頻往返，兩端的城堞與望樓隨時凝望著主人的背影，守候著城主的歸來。華麗的儀仗與豐富的饋贈，忙碌但安閒地出城，灰白的城墉使得和平的隊伍看起來亮麗與喧嘩。然而城主卻麾軍遠征，直達封疆大川的水崖，出征的軍旅畢竟不是平常往來應酬的旅遊，武士們面容因憂愁而猙獰。所幸並未看見有明顯立即的危險。一城的武士在未得鄰邦支援的情況下，獨自出城遠征，座跨上緩踏

---

⑩ 《甲骨文字典》頁1499-1500。

著城門大道的塵土，主人的焦慮甚至使得馬匹受到感染，也那麼小心翼翼地離城。

　　城主指麾軍旅出在城下驅趕牛隻，放心地回望堅固的城城國，憂慮全消。但是眼睛刺痛，出城不久就迷路了。困在迷途中的部隊逐漸因為糧草耗盡而全部死亡。城城國的精英與財貨全部消耗於這場常迷途的長征裡，城中只剩下老弱婦孺，十年內不會有足夠的財貨與兵力投入戰爭。

　　疏通卦爻辭辭義，雖然在適當條件下，城國間分工和城國間溝通仍留有餘地，目前各城國之所以還這樣做，是為了發展於己有利的理解差距。城國間理解將不再像一種孤注一擲的權宜之計。為了維持城國內神話詮釋而竭力將失憶問題轉嫁給其它城國，使後者在城國競爭中境況惡化。

第八節　《周易》的神話或哲學

　　「乾」「坤」兩卦長久以來受到極大化的詮釋，在「易傳」裡更具有終極意義。例如《彖傳》曰：「至哉坤元。」所謂終極意義，一方面提示了萬物的根源，如：「大哉乾元，萬物資始，乃統天。」另一方面提供萬物生存的條件，如：「至哉坤元，萬物資生，乃順承天。」

　　《彖傳》賦予「坤」卦的原理性格「坤厚載物，德合無疆。」其中蘊含的普遍性與終極性，其實並不存在於「坤」卦的卦爻辭辭義裡。「坤」卦曰：「元亨，利牝馬之貞。君子有攸往，先迷，後得主利。西南得朋，東北喪朋。安貞吉。」帛書周易「坤」字作「川」，

據張立文所考，「坤」字原始字形如「 」「 」，⑩《周易·說卦》曰：「坤爲地。」其字形所象，恐非平原，而是平地突起的土丘，甚而是層疊高聳的土丘。

「元」字形「 」，馬如森曰：「象側視之人形。頭部依附其上，突出特大的頭部，以表『頭』。後形變爲『元』。本義是首位。」⑩「亨」字形「 」，⑪其字形類似「吉」字。或曰「象宗廟形。」獨體象物字，本義爲宗廟。城主在城郊的丘陵上，舉行出征前的首祭，占問此行的吉凶。

「利」字甲骨文如「 」，非從刀，而是從力，象耒之形。利乃象耒剌土種禾之形，耒上或有點，乃象翻起之泥土。人藝禾而得利，故曰利。⑫

《說文解字經》謂：「牝，畜母也。」「牝」字甲骨文如「 」或「 」…⑬。其中「 」象人鞠躬或匐伏之側形，⑭牝之甲骨文字形與「比」之字形「 」相較，其間異同頗堪玩味。⑮或許它們都指謂一種親附或馴順的狀態。

「貞」字形「 」⑯，馬氏謂其爲「獨體象物字，象鼎形，煮

---

⑩　張立文，《周易帛書今注今譯》（臺北：臺灣學生書局，1991）頁409-10。

⑩　馬如森《殷墟甲骨文引論》（長春：東北師範大學出版社，1993）頁269

⑪　《漢語古文字字形表》（臺北：文史哲出版社，1988）頁204；馬如森，前引書，頁419。

⑫　《甲骨文字典》頁471。

⑬　徐中舒主編，《甲骨文字典》（成都：四川辭書出版社，1995）80-81。

⑭　《甲骨文字典》頁913。

⑮　《甲骨文字典》頁920。

⑯　馬如森，前引書，頁361。

器，後爲禮器。本義是鼎。」張立文曰「貞」者，占問也。⑰無論作爲禮器，或指占卜，都與祭祀有關，而祭祀則是軍事征伐的前奏。

　　《爾雅》：「攸，所也。」有攸往即有所往。《說文通訓定聲》以爲「攸」字從人從水省，所謂「水行攸攸也」。⑱其字甲骨文字形「𣲎」，金文字形「𣲎」。⑲馬如森以爲「象手持杖擊人之背形。本義是打。」⑳「有」字形「𡳿」，「𠂇」㉑最初或許只以一手象形示有，後亦有手執物之金文象形。「往」字形「𡴾」㉒，足趾所從出的符號「𡊄」未知何意。

　　「吉」，字形如「𠮷」、「𠱠」「𠱠」㉓，本義待考，吉的涵意或許與人的言行舉止有關，明確可言、可行或許就是吉，而禁聲、不可行即爲凶。

　　城主在郊外祭祀，貞問征伐之吉凶。所得的啓示藉一匹馴順的母馬，展現一幅貴族出征圖。鞭策一匹馴順的母馬，踏上征途，預知將先迷失方向，然後城主征伐順利，在西南方掠得財貨，在東北方則喪失財貨。

　　初六爻曰：「履霜，堅冰至。」《詩經‧魏風，葛屨》：「糾糾葛屨，可以履霜。」王靜芝釋之曰：「言纏結之葛屨。夏日所著

---

⑰　張立文，同上，頁410。

⑱　《說文通訓定聲》頁278。

⑲　《甲骨文字典》頁336。

⑳　同上，頁357。

㉑　《漢語古字字形表》頁267。

㉒　馬如森，前引書，頁316。

㉓　《甲骨文字典》頁93-4。

之履也，然今者長上，命冬日亦可穿著；葛屨履霜是當甚冷，然處此褊心之下，祇能從命也。」⑭雖不知此爻辭履霜之屨爲何，然可確知古人冬夏所履不同，而著履者可以感知所觸地面的霜寒，天候寒冷。車駕馴順的馬四蹄噠噠，踩踏已霜的高原，預知天候正變得嚴寒。疆界上的大川將凝結成堅硬的冰層。

六二爻曰：「直方大，不習無不利。」「方」字甲骨文如「𠂤」，象耒之形，「古者秉耒而耕，刺土曰推，起土曰方，典籍中方或借伐發、⋯⋯多用于四方之方。」⑮「舟」字甲骨文如「𦨶」，⑯《詩經·周南，漢廣》：「漢之廣矣，不可泳思。江之永矣，不可方思。」方，桴也，小筏也。⑰《詩經·邶風，谷風》：「就其深矣，方之舟之。就其淺矣，泳之游之。」「𦨛」字甲骨文如「𦩍」，象人持橈駕舟之形。⑱《詩經·衛風，河廣》：「誰謂河廣？一葦杭之。」張立文謂「直、方即直行和橫行之意。」而以「不習無不利」斷句，承王弼、程頤之說，謂習喻動義，不習即靜任自然。⑲雄師將渡大川，跨越疆界征伐，因爲河面已凝結堅厚的冰層，所以渡河的軍馬猶如乘坐大船，即使不魚貫緩進，任何方式行軍皆無往不利。

六三爻曰：「含章可貞，或從王事，無成有終。」《周易正義》

---

⑭　王靜芝，《詩經通釋》（臺北：輔仁大學文學院出版，1978）頁228。

⑮　《甲骨文字典》頁953-4。

⑯　《甲骨文字典》頁946。

⑰　王靜芝，同上，頁49。

⑱　《甲骨文字典》頁955。

⑲　張立文，同上，頁414。

謂：「章，美也。」含章即包含美德。服飾華麗應象徵將有大事，遂嚴裝以待也。⑩祭祀著盛服嚴裝，可以行禮，宜於占問。張立文以疑釋或，猶疑惑也。⑪但是或字的形構應與執戈以衛城邦有關，警衛城墉難免疑神疑鬼，正說明戰志高昂，戒備森嚴。成與或從戈，應皆與武事有關，終字則原關乎紡織，金戈鐵馬的戰爭與男耕女織的和平聯立，巫師的讖語已預知戰事終將有和平的結果。剛剛渡過大河，大軍的陣容壯盛，在井然有序的軍陣之中甚至可以靜下來占卜。在疆界上執干戈以保衛社稷，雖然目前還沒有斬獲，但勝利可以預期。

六四爻曰：「括囊，無咎，無譽。」《孫子・作戰》曰：「凡用兵之法，馳車千駟，革車千乘，帶甲十萬。千里饋糧，則內外之費，賓客之用，膠漆之材，車甲之奉，日費千金，然後十萬之師舉矣。」又曰：「城國之貧於師者遠輸，遠輸則百姓貧。近於師者貴賣，貴賣則百姓財竭。」征伐的要件就是軍隊的補給，長途行軍若能減少軍需的銷耗，應是決勝要素之一。無咎則示意不會被人追咎，整頓隊伍裝備，軍士的囊橐仍然緊緊地收束著，檢查裝備，沒有任何遺落與疏失，所以無可咎責。因為這是行軍的基本要求，所以也不必誇獎稱譽。

六五爻曰：「黃裳元吉。」「黃」字甲骨文如「𡙇」，象人佩環之形：「大」象正立之人形，其中部之「口」象玉環形。

---

⑩　周錫保，《中城國古代服飾史》（臺北：丹青圖書有限公司，1986）頁16-17。
⑪　張立文，同上，頁415。

古代貴族有佩玉之習。⑫張立文曰：「古人以黃爲貴色，故黃裳爲吉服。」⑬「元吉」或許不同於「大吉」，而爲自始即吉之意。⑭領軍的主帥或許環著玉帶，穿著華麗的裳，渡過危險的疆界大川之後，儀容依然鮮明，顯示軍紀嚴明，戰力可觀，好的開始象徵此次征伐將無往不利。

上六爻曰：「龍戰于野，其血玄黃。」自人類學的角度釋之爲「原始夏人的圖騰」。⑮「龍」字形如「龍」，馬如森《殷墟甲骨文引論》⑯：「獨體象物字，象龍形，有頭、身，突出其頭。」龍如同鳳、麒麟，後世未聞親知親見者，而且總存在於神話之中。

《詩經·豳風，七月》：「七月鳴鵙，八月載績，載玄載黃。我朱孔陽，爲公子裳。」高亨謂玄者，赤黑色。⑰戰況慘烈，對抗的軍旅盤旋攻防，幻變成惡鬥的披鱗帶甲的異形魔怪。寒天之下，鮮血滲入慘黃的沙場，迅速凝成紫黑的泥塊。爻辭寥寥數語，道出戰爭的醜惡荒謬。

「坤」卦對人生境遇的啓示可以展布如連環圖：在城郊的土丘上，古老蒼黃的城牆因爲寒冷的薄霧而顯得游移，城堞後的望樓彷彿雲霧裡窺伺著的君王。自突起田原之上的土丘俯瞰，滿眼盡是黑黃的旌旗。出陣祭旗的男奴，屍體已經平躺在白色的香茅草席上，

---

⑫　《甲骨文字典》頁1475。

⑬　張立文，同上，頁417。

⑭　張立文，同上，頁418。

⑮　聞一多《全集》（臺北：里仁書局，1993）第一冊，頁69。

⑯　同上，頁581。

⑰　高亨，《詩經今注》（臺北：里仁書局，1981）頁202。

盛在各個青銅器皿裡的血已經變成黑褐色。

　　戴著猛虎皮革面具的主帥，祭祀天地之後，嫻熟地跨上他的馬，他身上堅韌的皮袍，與冰塊衝擊，發出堅硬沉重的聲音。馬蹄敲擊地面時也發出類似的聲音，前方疆界的大河寂靜無聲，前鋒部隊已經輕鬆地踩著堅硬的河面挺進。

　　原本作為天險的大河因為結冰，變成渡越險阻的大船，而且是寬敞穩固的大船。即使黃土高原生養的武士不習慣操舟，也能輕易地渡河，在彼岸重新集結，裝備絲毫沒有損失，陣腳嚴整靜肅，軍容壯盛。馬背上的主帥腰間繫著玉帶，華麗戰裙炫耀著金黃的光澤。

　　天色昏暗，無法辨識朝暮。兩軍對抗構成的圓陣中央，兩員虎將夭矯的戰鬥身影，快速的移動著。猛獸與青銅結構的盔甲戰袍，以及金戈鐵馬盤旋往來，在視網膜上幻化為交戰的巨龍。暗紅的血液延著濕滑的腥鱗，迅速傾入棕黃的高原沃壤，改變了城城國邊遠處，這大河橫斜的曠野之地的和平地質。

　　回歸經文自身的敘事，任意採取一敘事的經緯，就能讓一套故事登場。同時這套故事預言著未來，以完美化的時空體，承載著啟示生命的可能性。為何沒有後設議論的文章不能得到學術的冠冕？沒有後設邏輯的神話不成哲學？以一套抽象的術語完成一本言詞互相界定的文字織品（text）是否比較容易獲得學術的認可？為什麼涵攝多元多層次啟示的神話，不經詮釋就不能獲得學術社群的認證？

第九節 結論：《周易》的神話與史詩

「過去，現在，未來」屬於我們對於時間的線性詮釋，這樣的詮釋究竟緣自什麼樣的理解？或是何等的誤解？

時間是生命對自身存在的一種領會，無生命即無所謂時間。但是遷流不息的生命蘊涵虛無的歸宿，有限的生涯無法詮釋時間的永恆。所以我們將時間翻譯成便宜行事的「過去，現在，未來」。

時間是持續中的先後，展現為過去，現在與未來。過去者，現在已不存在，但存在於外物的效果中，以及自我的記憶中。現在者，以數學意義而言，只有時間的不可分割性，即當下呈現的瞬間。未來者，往往是期待中尚未發生的事物與事件。

物理學的時間是當代流行的時間，透過位格化的授權，現代人以自己的形象判斷萬有的生死，指稱每一事物與事件的物理生命，以可以被觀測的運動記載生命跡象。物理的時間原本是想像的時間，想像時間是一切事件得以發生的空虛的系統。想像時間是以等速流動的單向度連續體，她既無開始，也無終結。

多虧想像時間類比絕對空間的抽象性，所以我們能夠想像時間是感性的先驗形式。在這超驗的地平線的前緣，我們抄住自己的生命，並且扭出幾個繩結。任何週期性的怠惰都可以作為時間的單位，問題的徵結在於計時者對計時器的選擇。計時器的材質與形式決定了時間度量的週期性定義。

如果我們能以理性尋找到一個完全整合理論（complete unified theory），則此一完全整合理論（如果真正具有完全整合理論的力量）必

將完全整合我們的推理與結論。所以我們發現的完全整合理論，只能是此一完全整合理論所決定的完全整合理論。我們沒有辦法證明：自己發現的完全整合理論是真正的完全整合理論。

時間問題最原始的困難，來自我們對於絕對空間與絕對時間的信仰。Galileo與Newton的理念迥異於Aristotle的理念。Aristotle主張有一個具有優位性priority的靜止狀態，Galileo與Newton卻主張沒有一個獨特的靜態標準。缺乏絕對的靜態標準意謂：我們無法確定異時發生的事件是否發生於空間裡的同一位置。絕對靜態不存在，所以我們無法標明任何事件在空間裡的絕對位置（絕對空間）。（HAWKING：17-18）

Galileo，Newton與Aristotle都相信絕對時間：時間與空間完全分開，各自獨立。人們可以毫不含糊地測量兩事件的間隔，而且只要有一個好的鐘錶就可以達成測量。事實上，這種常識僅可處理相當緩慢的旅行。（HAWKING：18-19）相對論拋棄了絕對時間的想法。每人攜帶自己的時鐘以計算時間，且彼此不必一致（HAWKING：20-22）

時間與空間不能完全分開，所以最好組合成一「空間--時間」客體對象。事件是空間中一個特定點，以及時間中一個特定點，共同標定的事物。我們可以用四個數碼或座標來標定它。（HAWKING：24）

牛頓的運動定律終結了空間裡絕對位置的想法。相對論消除了絕對時間。（HAWKING：35）因此雙子弔詭twins paradox只存在於偏執絕對時間的人心中。相對論主張每一個人可以擁有私人的計時器，我們可以試著從時間的謎語裡獲得解放。（HAWKING：36）

　　Stephen W. Hawking主張空間--時間有限而無界，這絕妙的詮釋或許是最有潛能的救贖，讓我們在光學儀器之外顛覆絕對的時空觀。（HAWKING：122）新獲自由的奴隸難免會問：解消絕對時空觀的偏執之後，時間度量的問題該何去何從？

　　Hawking的人擇原則（anthropic principle），或許是理解與詮釋時間較佳的建議：

　　Stephen W. Hawking 建議採用達爾文的天擇原理（principle of natural selection）解消上述循環論證造成的困局：任何能夠自我再生的物種，都有遺傳上與生養上的個別差異。因此證明有些個體對世界作出正確的判斷，所以更適宜生命下來。人性最深的求知慾使我們持續的追問獲得了正當性。而我們所追尋的目的，僅僅在於想要完整地表述我們生存的世界。

　　所謂人擇原則（anthropic principle）：意謂我們以我們存在的方式觀看我們存在的宇宙。人擇原則又可分弱人擇原則與強人事原則，弱人擇原則意謂：具智性的生命發展的必要條件僅存在於空間與時間某一有限區域內。強人擇原則意謂：許多不同的宇宙，以及宇宙裡許多不同的區域，都存在其自身的原始完型，或許還有一套自己的科學律則。智性生物問，為何宇宙如我們所見？答案是宇宙不如此，則我們不會存在於此。（HAWKING：130-1）

　　依據人擇原則，我們的思考取向回到計時者對計時器的選擇。既然計時器的材質與形式決定時間之定義，任何場域裡的時間度量，都必須還原到場域裡生存的計時者與計時器，從計時者的觀點與裝備裡確認時間意義的座標。

　　強悍的巨人族，或許曾經生存于古中國的浩蕩山河之間。如同

其他元氣淋漓的生物一樣，他們爲了讓生命美好的瞬間停住，出賣靈魂的永生。他們紛紛以自己健美的身體，譜寫時間的定義。我們矮人族的祖先卻以模糊的線段，計較生命的意義。

如果偷閒拾起幾節，斷斷續續的生命，代入上列的運算式，依所得之數碼，對號入座，或許可以藉著自旋之姿，飄迴流轉於「過去-現在-未來」虛構的囚籠內外。於是經過兩千年的磨洗，我們只能從虛擬的「過去-現在-未來」裡，調校解放的窗口，如是敷衍成篇，表現爲下列的史詩。以六十四卦的任何一種序列，相信都可形構一篇史詩，下文以試驗性的作品開顯「周易神話學」的一個暫時性結論，應該足以表現本文極端前衛與復古封建的學術性格：

§1

冬天從邊境拂曉的河上走來
白色的大河是一艘寒冷戰船
黑色的兵甲逡巡泛雪的河岸
心臟與背囊一起收緊血的流量
田黃摩挲初陣瘦實的腰背
戰龍在黃昏垂布冷卻的黑雨

§2

妻子濕熱的眼光淌在背脊上
沉默的獵人喘息於幽暗的林間
回憶瀕臨波紋悽屬的潭淵
俘虜們離去的影子變成黑沉沉的未來
驅趕城牆根上草繪的牛羊

美麗的豹眼落在西野叢林上

§3

長戲的皮幡在夕陽下湧起颼颼鳥紋
尖喙的鷹鶉一再剝啄耳鼓
金戈起伏的潮汐送來死者的告別
暮雲下萬縷炊煙盲目升起
羽陣裡飛鳥紛紛流進屍首的夢鄉
夜盲的夔蟒至今不敢匍匐闇黑的牧野

§4

龍的黑血斫傷了帝辛的裸體
玄鳥飛舞的身體灑落瀰天的冷箭
黑色的雨季裹住京洛的長野
雨箭急急趕赴冥府的晚宴
蟄龍渴想著商人夜奔的血腥
冷涼的血脈鞭策著夜雨的長征

§5

飛鳥的盟軍蝟集孟津
侵掠的號角徹夜吹動森林
金甲的戈林翩翩起舞
重裝的象師屯集河陽取暖
猛禽與屬獸放射眼角的血光
熠耀的舞衣徹夜流淌妖異的川瀨

§6

流言飛鳥因心口裂傷引吭
剜去多愁的心就不再需要休息
或許午夜彤雲裡鑲嵌猩紅的鳥眼
提防月光無心射穿心間模糊的空洞
想爲所有的傷口加上蝮蛇齒痕
想像鷹隼紋身可以釋放傷心

§7

君王顫巍巍的羽冠從祭臺昇起
蟲鳥慌忙蝕刻大地飛騰的紋身
鶴唳隱匿朝陽的暗影
鷹隼怒翼的鮮血流沸鼎顛
金鳥舔噬笑紋裡的溫暖與鹹濕
然後一整夜輪流死去

§8

盤旋的陰影輪番預言西疆的死亡
蔽天鳥陣漂浮於垂天紅河之上
溜進魔岩城壘寬敞的縫隙
風姓的鳥族以綏綏的狐步泊城
後宮的女人來到城墉睒睒的望樓
和平的滋味原來是溫涼與黏膩

§9

群象的長嗥牽動窶窄的鱗甲
象蹄在城樓破碎的語彙裡蹭蹬
優柔寡斷的沉吟踩破更多的血管
田野翻爛不值得一場燕飲的戰役
沒入身體的箭鏃編織魚雁的默契
謹防星星的夜語喚起雲頂的復活

§10

雷電灑在虎面猙獰的白額上
虎眼躺在無數濕冷的瓦礫間仰望雷鳴
冷雨垂盡時眼睛不再刺痛
閃電塑造瀆城的衛河
光芒剎那在奴隸的臉上鏤刻蜿蜒怨恨
驚悚的瞳孔輻射無數焦黑的靈魂

§11

死亡的羽翼自屍身淡出
綏綏的狐步隱沒金鏃的黯影
飛掠的強盜解除了糾結的富有
無能的雙手足以解放暴力
羅網的繩結羈絆住無數空洞的凶兆
望樓的眼瞳拋射鷹隼迴旋的輓歌

§12

以流動的金屬命名少女的交易
子宮幽閉價格的祕密
貿易是人的冠帶
等待是女人的衣服
宴會結束時迅速枯萎
急速乾燥的天桃豔色遂遺落在表皮

§13

死亡是透明的真空
從來無人見識過絕對的毀滅
向來有許多寓言供殘留的屍體居住
無數生物轉瞬在身後蒸發
魚龍腐爛成千層的積雨雲
風與鳥在污濁的屍臭裡喪生

§14

婦姜向天舉起豐盛多產的乳房
俘虜在黑夜裡看見乳白的日蝕
豐收的波濤裡獵人跌斷了股肱
鳥身鳥首吸吮日光桃紅的乳暈
女巫絲羅祭披滑下豐潤的肩頭
廟寢自枯守著晝夜歡媾的呻吟

§15

視線一直滑倒在正弦的跌宕裡
頻頻逡巡而磨擦過熱的弓弦
或許弦外之音可以解除視線的障蔽
試著拋出眼光標定獵物的命運
婦女挑動波紋圈住男子的嚮往
心悸不停撥動背上斜勾的上弦月

§16

冬野的切口劃破了鹿皮靴的腳底
嗜血的青銅鼎鑊嗚嗚呼喚北風
暴君縱容奴隸在冬夜盡情繁殖
藉所有的體液維持野戰的溫度
富強的趣味就是絕不撫恤不安排葬禮
紅色的河流有時夢見白花花的羊群游過岸

§17

漫出銅鼎的血肉隨意遊走犀利的邊緣
俊美的奴童恣肆蜿蜒主人的曠床
廣袤的草原鼓動起伏的東風
誤導日落的方向
雜花的狐群馳向岐山周原京鎬
白茅婉變擾亂八方逃逸的嗅味

§18

遲疑徘徊戰勝了不孕的荒野
三世的踐踏只爲一次僥倖的遭遇
羊皮紙的侵掠準確預言了泥塗的征服
戰爭的陽性字尾隨興變亂大地的子宮
帝國的密約寫在剝落的慾望裡
血流潺湲的頻高標示和平的刻度

§19

奴隸的疆域汪著頹廢油膩的香甜
在溺斃之前請小啜一口想死的膏腴
生死判分的瞬間應輕輕遮住眼底醜惡的恐懼
繁文縟節的棺槨可以消融所有毀滅的疑慮
即使臨死不許平添膝下的皺紋
所謂冥府不過是地層下森林的夢想

§20

廟寢裡的時間一幢一幢計算
庭院枯候著季節的回顧
若不節制飲泣必將罹患癮疾
善於在框框上發現各種刻度
舐淨死角的噪音高牆就陷入死寂
嘴中回味出苦澀的失憶

§21

毅然出走時暗影裡掉落響亮的掌聲
冗長的旅途確證我們敗北的罪行
屍體垂直的懲罰層疊挫折的高度
無法迎合轟轟的車程而流離叛逃
洶湧的白骨沖積出生涯的高原
攀上九陵看見暈眩的不死鳥

§22

度過冰河期衣角常帶兩節休止符
長髮的波濤紋在凍結的記憶上
河流暗自抹去混亂的底細
冰釋的遺恨滲透旅人的思緒
春雪悄然隱沒埋首遺忘的河流
髮絲慢慢蔓延漫漫黃泉

§23

夜裡一口井圍住一方星星的城堡
草原的獵戶星也墜落荒城的月影裡
記憶清澈地像是一井騙局
井底映著無數億萬光年的銀河如萬花筒
汲一井星子的滋味如此寒涼
飛鳥的靈魂跌落一隻耳朵的井裡

§24

上弦月將樹的墨綠披灑在飛迴的鷹翳裡

河的流沙滲進龍鱗的縫隙

長蟲從污濁的泥淖湧出

九陵的岩穴冒出豹變的紅顏

烈酒輪翻洗不脫一身血色

沉鼾宣布朋友是惡戰後貼身的臭汗

§25

人群聚集的邊緣傳出散亂的哭聲

人群聚集的中心總是解剖的聖堂

臉上紛紜的亂流將導致無邊的危險

人生必須抹成一個無往不利的大字

無關痛癢的聚會裡喜歡有一個不起眼的位子

資產與眼淚的流量成正比

§26

奴隸必須具有追蹤主人的天賦

燎起皮毛的鞭痕尋找同號的皮鞭

商人保證受虐的渴望供過於求

奴隸的所有格佔據一個虛擬的逗點

豬與奴互相以四蹄佔領對方的位階

頂尖的俘虜等於另一個國王

§27

蚪結的樹根勾住長衣的臀部
酒精的迷宮鎖住蜿蜒的迴腸
複構貞操絮絮叨叨的陽性字根
富麗而多疑的車馬乃活動的監獄
莫名的芳香釋放膠著的視線
戰爭的禮教盡在彩繪無遮的皮肉

§28

仰臥草原的婦姜如白皙的山巒
透明的山澗冰透黑亮的河床
桃紅的岩層豁然迎面而來
白茅亮麗的馥鬱引起討人喜歡的搔癢
青春與子息在衰竭的長嘯裡剝落
峰間的柔荑引領獵人再次攀登

§29

咬破拇指時媚笑催你入夢
折斷脛骨好騙取女郎的小衣
奉獻大腿的腱子滿足犀利的胃口
披掛鮮豔的腸衣往返於幽會與幽會之間
不見的焦慮灼穿我的前心妳的後背
終於無法含住口中節奏狂飆的愛情

§30

獵人親手剝下皮革確認勝利

蒙上新剝的鮮革即初陣的首祭

憧憬光潔薄膜下血肉勃勃的蛻變

揭去老死的幼年之後自由篡改姓名

柔嫩的女顏或許正愛撫扎人的虎髭

豹變換膚絕非小人扭捏假面的遊戲

§31

三重白香茅包裹著少女血色的豔情

宮前遒勁的枯瘦裡冒出一葉豐肥的鮮綠

層層疊疊的屋宇壓彎了苟安的棟樑

鷹隼曾經同居五河原黑松林的樹冠層

後庭過熟的豐肥歡然植入了遒勁的青澀

嫻熟的身體與陌生的水域乃致命的遭遇

§32

伸向前去受傷了的大腳趾

繼續遍野哀鴻的暗夜長征

金戈刺穿無聲潛行的臉頰

甲胄壓抑的聲音磨破鼠蹊

黑夜裡針葉刺傷無數緊張的薄膜

疼痛敦促前趾鑽進黑暗擁擠的未來

§33
剝開泥濘的筍殼露出素淨的腳背
剝離鬱結的鱗片看見心在跳動
剝除錦繡的繁文縟節裸露光的私處
剝落牆的禁錮發現城在裡面
剝剝的敲門聲帶來新的謎題
飽滿的表面張力壓縮著失眠的心臟

§34
最深的愛情用雙唇封在流利的齒間
吞噬生命之前用味蕾紀錄它的華麗
最激烈的暴動咀嚼著最周密的謀略
生活唯一的方向就是美食漫指的天空
最後選擇居住在生物互相輾轉的吞噬裡
不解食物鏈得到永遠的安息

§35
草間簇簇的通路是蟲鳥的通路
絕佳的歸宿在於一墳青碧下鬆軟的黃土
倒向無垠的綠影你會喪失自我
渴望草原裡滅頂
幼鳥夜晚守候著青天的遺蛻
編織修長的草莖鞏固夏夜的歡好

§36

寢室乃唯一神聖的祭祀

蹧爛之前寢具不必清洗

無須儲備候補的身體

疾病無法駐足湍急的血流

就讓生命急遽起來

沖刷體腔遂產生越來越豐盛的體液

§37

低頭審視腳趾跋涉的形狀

瞄一眼茭白筍一樣的小腿肚

反顧則扭住心絞痛

看清身體每一環節炫目的美麗

轉動眼球發現臉上紅彤彤的情慾

仰望城樓垛子喑啞的監臨

§38

趾甲上豹子的圖騰向草原奔去

剛硬的鬚髯綻放斑爛生鮮的悸動

一身悠然披掛敵人的屍體

兇猛的怨靈亮堂堂地迴旋魔舞

丘園清晨的薄霧又何妨激情的彩繪

野生的纖維與沃血的皮毛叫白衣勝雪

§39

父親死後變成大樑上蹲踞的蠡斯
母親去後再來化爲廊下的螞蟻
祖父的盅裡生出大肥鳥
我是一群愛吟詩的星星
家祭最後一道大菜是葷腥的合唱
尚饗已畢我們便迅速散入密植的草根

§40

如果流放的旅途太長我便不帶行囊
只允許冗長的歲月壓斷記憶的車輞
爲了看守豐富的口糧你將不再旅行
嬰兒嚎啕的聲浪逐漸淹沒北斗七星
野豬嘖嘖的圍城超過肺葉飛翔的渴望
走到天涯海角也甩不開蒼穹蓋下的命運

§41

激烈的侵掠不會爲美好的三餐稍懈
蝗集如雲午膳之後大地瞬息萬變
廟寢宮闕臺觀城邑丘田井墟川野潭淵化爲蝗陵
碩鼠喧闐夜宴之餘海拔略降三尺
掠奪的目的就是更多的掠奪
象的巨蹄與豹的利齒都是最後的歸宿

§42

麂皮靴吞沒雙腳變成我的獸皮
麋鹿肥腴的腰身吞沒我的口鼻
往年硝製的乾鹿肉繁殖噬肉菌
銅箭綠鏽洞穿死麋乾涸的心室
壁上麃形的礦脈崩斷我的牙根
急乘鹿野盛開的白骨歸隱黃泉

§43

曠野白露浸濕的下襬是最後的挽留
就讓颯颯長風風乾衣帶最後的思念
滯留流放的涯岸恐將沉淪滅頂
渡過邊境洶湧謊言的怒川
回首過去只剩恫嚇的餘音
於是可以裸身泳入茫茫酒淵

§44

撥開葵的四瓣葉片窺見凶殺事件
花間小徑鋪滿果實炫目的屍骸
醜面司馬指麾黑甲雄師編織盛夏的秋色
腐敗的花葉與老朽的龍骨交換著國土
宗廟下群蟻爭噬國王肥沃的身體
竄逃的黃蜂黑薑煽動了鬼影幢幢

§45

我們在遠古海底國王的夏宮裡升起營火
野炊之前先與游魂兌換年代湮遠的貨幣
貝塚裡的磷火燒出碧熒熒的夜色
小心鷹隼的浮水印紊亂人間的交易
商旅渙漫的夏野滲出陰森的箭簇
長鳥東來規復物流縱橫的井井黃田

§46

賦別的清晨困守著床下離亂的鞋陣
終究難以離開環佩鏗鏘的羅帷
嵯峨的西山幽幽邂逅垂老的火鳥
約定分離時不可出現慾火焚身的愛情
讓淚水漂沒黃泉送別的歌舟
訣別子宮時第一次痛哭失聲

§47

腹膨膨因每日伴隨豐滿的食器入睡
美食須知屠滅所有半徑一餐之地的仇敵
冷雨浸壞九鼎傾聽腹底鹿鳴的耳朵
耳背重聽的鼎鑊仰臥糾纏遍野的轆轆饑腸
以黃金裝飾空腹以羊脂玉嵌入虛無
以昂貴的旅行誘拐齋戒的暴君

§48

不必乞求也不被要求就是富有
不能運載的財富就不是你所有
務必分享最初與最終的所有權
沒有戰鼓也無鼓樂才是豐年祭
錯亂地編制俘虜歧義的官階
我來了我創造了我佔有了

§49

驚恐的眼神將身體偽裝成一隻的鸛鳥
雙眼擠進一道安全與卑下的門縫
視線被局限在最香豔的部份
階級與時間決定了光明與黑暗
任何體液都不許反光
於是可以安全旁觀分娩的血腥

§50

無法休息的騷動預告生命即將決堤
身體總是佔有過多無法擁有的財富
權力總是需要不厭其煩地修飾
所有王朝在遷徙流離的嗜好中衰亡
長夜飽滿的睡意輾轉成奴隸的陰謀叛逆
入夜的慾望緊繃成一弦無奈的守恆

§51

牡馬的四蹄在河心被昨冬與今春割裂
疆邊上的冬夜頂著清晨的春寒來敲門
輕敲石階的春水搖響體內乍醒的昨日
羊群學習水鴨的舞步泳向天鵝的白丘
淋漓的汗水漂起響亮的裸體
春潮退卻時我們的骨血會滲入草原

§52

午宴餐桌下扭曲的長鳥描摹我的不安
林蔭裡鶴鳴挑起我午後的冗長遐想
征途上我需要歡笑與哭泣兩用的皮鼓
月已中秋馬車亡逸我無所謂
俘虜與繩索在我見證下親切地握手
想像敵人正登上隱沒天外的音階

§53

刻意在潭淵的涯岸沾濕虯結的指爪
退往安樂宴飲的弄潮線
後悔作一隻罹患乾燥癖的水鳥
縱然棲息喬木末稍也無法躲避露水侵襲
泥封的陵寢總不免留著寡婦濕潤的眼光
唯有許願死後成就一隻枯乾的典型

§54

髮簪簪住腦門裡洶湧的煩惱
迷途的肥豚已在鼎沸中安享餘年
食前方丈鋪陳家庭生活的煎熬
穹廬下是滯礙難行的龜山與貝塚
國王如果暫住你的宮寢不必驚慌
只須終日沉溺於清算垂死的戰俘

§55

綿密的暴力是和平的前奏
妖異飛羽在床下的夢鄉迴旋魔舞
沁滿暗夜的雙翼無法飛渡淵涯
猋犬啣來銅鼎上雕琢長羽的鳳鳥
吉祥的運程只迴翔金銅鷹揚的軌道
頻繁的愛撫於是磨滅了縝密的殺戮

§56

每日的飲食只接續昨日的蠶食
踏著牛步離開穴居的泥淖
多餘的食品誘因車輻紛紛潰散
有時放血消除肥膩的心悸
易於騷亂的財富大可暫寄鄰家後院
我只想戴著虎面渴飲簷下雨

§57

株連人生的路越走越窄
將身體蜷縮起來好溜出子宮
矜持光嫩的手足所以哪裡也不去
只等金銅的汁液留住仙女冷去的足跡
斜倚住那一樹陷進生命裡的桑本蔭
眨眼拔除匝地虛構的株連

§58

摘掉眼睛上的星芒就平安過一生
不想收穫者耕耘就能收穫
沒有星光照見未來就不會有意外
無端的光芒會刺傷生涯圓滑的球面
沒有夢想的人生無可救贖不必救贖
黑掉/通行/亮起來/死

§59

我們必須分心爭辯以免耽溺流亡
夜裡太多晶亮的眼睛無法繼續辯論
自顧自與骷髏空洞的回聲絮絮叨叨
殘缺的方塊字崩掉一座顫巍巍的迷宮
扳著手指的白骨數落一生
誰知興衰治亂只是隔著人皮的內鬨

§60

赤腳走過的人生不會留下足跡
幽暗角落經常醞釀長靴漫漫的大道
套在跛腳上的鞋瞎著一隻眼
瞎了的腳踩著虎尾步上征途
黃與黑的路面回頭咧嘴咬住徬徨的鞋
眼睛也隨著鞋面暗紅的花盤旋起舞

§61

手心還留著遁逃的一截豬尾
就用黃牛繩罩固竄逃的想像
疾病纏身可以細死強壯的暗戀
發情期的小豚溜進慾望的河道
靈感分娩的時候既滑溜又艱澀
天地山川圈養流竄的肥美俘虜

§62

沸騰的血流蜂擁出城時激烈共振
眾鼎鑊烹煮宗廟深處共通的孤寂
不顧傷亡的血液毒滅豐沃的田野
心跳躍升到無法攻克的城樓之上
脈搏的潮汐招喚草原根部的援軍
枯竭三年的荒郊渙漫宗族血胤的流離

§63

絲羅阻撓金銅車軸的幽會

遲到的鮑魚讓出鼻腔與肺葉

血肉親密的邂逅引發生離的劇痛

空虛的胃袋準備魚拓的棺槨

華麗身體擁抱襤褸魂魄碎落塵寰

三生的邂逅總不免嗑嗑碰碰

§64

穿上鱗甲之後潛隱深淵

草原本來是游龍的海域

厭煩巡弋城池凝固的波紋

伏在地殼不確定的邊緣

隨時乘劈空的驚雷遁走

電解亢奮之餘自然回首

參考書目

丁　山《甲骨文所見氏族及其制度》（北京：科學出版社，1956）

于省吾《尙書新證》（臺北：崧高書社，1985）

　　　《甲骨文字詁林》（北京，中華書局，1996）

王引之《經傳釋詞》（臺北：華聯出版社，1975）

王宇信《西周甲骨探編》（北京：中國社會科學出版社，1984）

王國維《觀堂集林》（臺北：世界書局，1961）

王貴民《商周制度考信》（臺北：明文書局，1989）

王靜芝《詩經通釋》（臺北：輔仁大學文學院，1978）

方濬益《綴遺齋彝器考釋》方燕年補編（上海：商務印書館）

中國科學院考古研究所（編）《甲骨文編》（北京：中華書局，1989）

白川靜《詩經研究》（杜正勝譯）（臺北：幼獅出版社，1973）

石璋如《考古年表》（楊梅：中央研究院歷史語言研究所，1952）

　　　《殷墟建築遺存》（臺北：中央研究院歷史語言研究所，1959）

史念海《中國史地論稿（河山集）》（北京：三聯書店，1963）

　　　《河山集》二集（北京：三聯書店，1981）

　　　《河山集》三集（北京：人民出版社，1988）

安志敏《中國新石器時代論集》（北京：文物出版社，1982）

竹添光鴻《左傳會箋》（臺北：鳳凰出版社，1977）

竹添光鴻《論語會箋》（東京：崇文院，昭和九年）

朱劍心《金石學》（臺北：臺灣商務印書館，1995）

朱駿聲《說文通訓定聲》（臺北：藝文印書館，1975）

朱謙之《老子校釋》（臺北：漢京文化事業有限公司，1985）

何炳棣《黃土與中國農業的起源》（香港：中文大學，1969）

杜正勝《古代社會與國家》（臺北：允晨文化實業公司，1992）

　　　《編戶齊民》（臺北：聯經出版事業公司，1992）

　　　《周代城邦》（臺北：聯經出版事業公司，1979）

　　　《中國上古史論文選集》（臺北：華世出版社，1979）

李亞農《殷墟摭佚續編》（北京：中國科學院）

李孝定《甲骨文字集釋》（臺北：中央研究院，1965）

　　　《漢字的起源與演變論叢》（臺北：聯經出版事業公司，1992）

李威熊《中國經學發展史論》上冊（臺北：文史哲出版社，1988）

河上公（注）《老子》（臺北：廣文書局，1978）

吳浩坤、潘悠《中國甲骨學史》（臺北：貫雅文化事業公司，1990）

屈萬里《尚書今註今譯》（臺北：臺灣商務印書館，1988）

　　　《詩經釋義》（臺北：華岡出版部，1974）

周法高《金文詁林》（香港：中文大學，1974）

　　　《金文詁林補》（臺北：中央研究院歷史語言研究所，1982）

周錫保《中國古代服飾史》（臺北：丹青圖書，1986）

季羨林（譯）《羅摩衍那》在《季羨林文集》（江西教育出版社，1995）第十七卷至第二十四卷

宣　穎《南華經解》（嚴靈峰《無求備齋莊子集成續編》三十二）

容　庚《殷契卜辭》

　　　《善齋彝器圖錄》（北平：燕京大學哈佛學社，1936）

《金文編》張振林，馬國權摹補助費（北京：中華書局，1985）

章學誠《文史通義》上冊，下冊（臺北：里仁書局，1984）

袁　珂《中國神話傳說》（臺北：里仁書局，1987）

唐大沛《逸周書分編句釋》（臺北：學生書局，1969）

唐　蘭《西周青銅器銘文分代史徵》（北京：中華書局，1986）

徐中舒《先秦史論稿》（成都：巴蜀出版社，1992）

徐中舒編《甲骨文字典》（成都：四川辭書出版社，1995）

徐復觀《周秦漢政治社會之研究》（臺北：學生書局，1974）

徐蘋芳《中國歷史考古學論叢》（臺北：允晨文化實業公司，1995）

馬如森《殷墟甲骨文引論》（長春：東北師範大學出版社，1993）

孫星衍《尚書今古文注疏》（臺北：廣文書局，1975）

孫　淼《夏商史稿》（北京：文物出版社，1987）

高本漢（著）《高本漢詩經注釋》董同龢（譯）（臺北：國立編譯
　　館，1979）

邢　昺《論語注疏》（臺北：中華書局，1966）

張光直《中國青銅時代》（臺北：聯經出版事業公司，1984）

　　　《中國青銅時代》（第二集）（臺北：聯經出版事業公司，
　　1990）

　　　《中國考古學論文集》（臺北：聯經出版事業公司，1995）

　　　《考古人類學隨筆》（臺北：聯經出版事業公司，1995）

　　　《考古學專題六講》（臺北：稻香出版社，1994）

商承祚《殷契佚存》（金陵大學中國文化研究所，1933）

曾昭璇《中國的地形》（臺北：淑馨出版社，1995）

曾運乾《尚書正讀》（臺北：華正書局，1982）

許倬雲《西周史》（臺北：聯經出版事業公司，1994）

程元敏《三經新義輯考彙評—尚書》（臺北：國立編譯館，1986）

程湘清主編《先秦漢語研究》（濟南：山東教育出版社，1994）

陳正祥《中國歷史文化地理》（臺北：南天書局，1995）

陳漢平《金文編訂補》（北京：中國社會科學出版社，1993）

陳初生編纂《金文常用字典》（高雄：復文出版社，1992）

陳夢家《尚書通論》（臺北：仰哲出版社，1987）

陳　奐《詩毛氏傳疏》（臺北：學生書局，1972）

馮友蘭《中國哲學史新編》（北京：人民出版社，1980）

馮友蘭《三松堂學術文集》卷六至卷九（北京：北京大學出版社，
　　1984）

黃天樹《殷墟王卜辭的分類與斷代》（臺北：文津出版社，1991）

黃　釗《帛書老子校注析》（臺北：臺灣學生書局，1992）

勞思光《中國哲學史》第一卷（臺北：三民書局，1981）

鄔昆如《莊子與古代希臘哲學中的道》（臺北：中華書局，1972）

楊　寬《西周史》（臺北：臺灣商務印書館，1999）

　　　《戰國史》（臺北：臺灣商務印書館，1997）

　　　《戰國史料編年輯證》（臺北：臺灣商務印書館，2002）

楊向奎《宗周社會與禮樂文明》（北京：人民出版社，1992）

楊伯峻（編）《春秋左傳詞典》（北京：中華書局，1985）

　　　《論語譯注》（香港：中華書局，1990）

　　　《孟子譯注》（臺北：漢京文化事業公司，1987）

聞一多《全集》第一冊，第二冊（臺北：里仁書局，1993，1996）

蒲慕州《墓葬與生死》（臺北：聯經出版事業公司，1993）

趙岡、陳鐘毅《中國經濟制度史論》（臺北：聯經出版事業公司，1984）

趙　岡《中國城市發展史論集》（臺北：聯經出版事業公司，1995）

鄭　玄《毛詩箋》

裴普賢《詩經評註讀本》（臺北：三民書局，1991）

賀凌虛《商君書今註今譯》（臺北：臺灣商務印書館，1987）

郭沫若《卜辭通纂附考釋》（北京：中國社會科學院考古研究所，1983）

　　　《殷契粹編》（臺北：大通書局，1957）

　　　《金文叢考》（上海：上海人民出版社，1954）

　　　《兩周金文辭大系圖錄考釋》（臺北：大通書局，1957）

葉玉森《殷墟書契前編集釋》（臺北：藝文印書館，1966）

錢存訓《中國古代書史》（香港：中文大學，1975）

瞿同祖《中國封建社會》（臺北：里仁書局，1984）

劉寶楠《論語正義》（臺北：中華書局）

劉敦愿《美術考古與古代文明》（臺北：允晨文化實業公司，1994）

劉敦楨等《中國古代建築史》（臺北：明文書局，1982）

羅振玉《殷墟書契菁華》

董作賓《董作賓學術論集》（臺北：世界書局，1962）

蕭公權《中國政治思想史》（臺北：聯經出版事業公司，1983）

顧頡剛《中國上古史研究講義》（臺北：文史哲出版社，1989）

　　　《顧頡剛讀書筆記》（臺北：聯經出版事業公司，1990）

●

王弼、韓康伯《周易注》

孔穎達《周易正義》

陸德明《經典釋文》

李鼎祚《周易集解》

程　頤《程氏易傳》

朱　熹《周易本義》

俞　琰《周易集說》

來知德《周易集注》

陳夢雷《周易淺述》

朱駿聲《六十四卦經解》

聞一多《周易義證類纂》

惠　棟《易漢學》《周易述》

孫星衍《周易集解》

馬其昶《周易費氏學》

王闓運《周易箋》

京　房《易傳》

鄭　玄《周易注》

黃宗羲《易學象數論》

張惠言《周易虞氏易》《周易鄭氏易》

焦　循《易通釋》《易章句》

俞　樾《易貫》

王　肅《周易注》

阮　籍《通易論》

史　徵《周易口訣義》

馬國翰《目耕帖》

孔廣森《經學卮言》

呂祖謙《古易音訓》

項安世《周易玩辭》

司馬光《溫公易說》

姚配中《周易姚氏學》

王夫之《周易內傳》《周易外傳》

歐陽修《易童子問》

黃道周《周易正》

❀

于省吾《雙劍誃易經新證》（北平：琉璃廠直隸書局，1937）

方東美《生生之德》（臺北：黎明文化事業公司，1979）

尚秉和《周易注釋》（臺北：里仁書局，1981）

　　　《周易尚氏學》（鄭州：中州古籍出版社，1994）

尚秉和（原著）劉光本（撰）《周易古筮考通解》（太原：山西古
　　籍出版社，1994）

朱伯崑《易學哲學史》（北京：北京大學出版社，1986、1988）

　　　《易學漫步》（臺北：臺灣學生書局，1996）

高　亨《周易古經今注》（北京：中華書局，1984）

高　亨《周易大傳今注》（濟南：齊魯書社，1987）

李鏡池《周易通義》（北京：中華書局，1981）

　　　《周易探源》（北京：中華書局，1978）

張立文《周易帛書今注今譯》（臺北：學生書局，1991）

　　　《周易思想研究》（湖北：人民出版社，1980）

黃壽祺、張善文《周易譯註》（上海：上海古籍出版社，1992）

屈萬里《先秦漢魏易例述評》（臺北：學生書局，1981）

屈萬里《周易集釋初稿》（臺北：聯經出版事業公司，1985）

宋祚胤《周易新論》（長沙：教育出版社，1982）

　　　《周易經傳異同》（長沙：湖南師範大學出版社，1991）

林忠軍《象數易學發展史》（濟南：齊魯書社，1994）

黃沛榮《易學論著選集》（臺北：長安出版社，1991）

南懷瑾、徐芹庭《周易今註今譯》（臺北：商務印書館，1988）

蔡尚思（編）《十家論易》（湖南：岳麓書社，1993）

金景芳《易學四種》（吉林：文史出版社，1987）

烏恩溥《周易-古代中國的世界圖示》（吉林：文史出版社，1988）

黃壽祺、張善文《周易譯注》（上海：古籍出版社，1989）

劉綱紀《周易美學》（湖南：教育出版社，1992）

戴璉璋《易傳之形成及其思想》（臺北：文津出版社，1989）

唐力權《周易與懷德海之間》（臺北：黎明文化事業公司，1989）

李證剛等《易學討論集》（臺北：眞善美出版社，1972）

高懷民《先秦易學史》（臺北：東吳大學，1975）

曾春海《王船山易學闡微》（臺北：嘉新水泥文化基金會，1978）

　　　《晦庵易學探微》（臺北：輔仁大學出版社，1983）

程石泉《易學新探》（臺北：文行出版社，1979）

金谷治《易的占筮與易理》（濟南：齊魯書社，1992）

戴君仁《談易》（臺北：臺灣開明書店，1982）

熊十力《乾坤衍》（香港：香港大學，1961）

張立文《周易與儒道墨》（臺北：東大圖書公司，1991）

錢基博《周易解題及其讀法》（臺北：臺灣商務印書館，1967）

周　山《周易文化論》（上海：上海社會科學院，1994）

嚴靈峰（編）《無求備齋易經集成》（臺北：成文出版社）

梁名春等《周易研究史》（長沙：湖南出版社，1991）

陳鼓應《易傳與道家思想》（臺北：臺灣商務印書館，1994）

劉大鈞《周易概論》（濟南：齊魯書社，1988）

范良光《易傳道德的形上學》（臺北：臺灣商務印書館，1982）

徐志銳《周易大傳新注》（濟南：齊魯書社，1986）

❀

張岱年〈論易大傳的著作年代與哲學思想〉《中國哲學》第一卷，
　　1979

傅斯年〈性命古訓辨證〉《傅斯年全集》（臺北：聯經出版事業公
　　司，1980）

沈清松〈對比、懷德海與『易經』〉《中國哲學與懷德海》（臺北：
　　東大圖書公司，1989）

陳　來〈馬王堆帛書易傳及孔門易學〉，《哲學與文化》237 期，
　　1994 年 2 月，頁 150-168。

范良光〈略評陳鼓應「易傳與道家思想」〉，《鵝湖學誌》14 卷，
　　1995 年 6 月，頁 155-163。

張朝南〈易傳「應」義辨析〉，《孔孟月刊》360 期，1992 年 8 月，
　　頁 2-5。

戴璉璋〈「易傳」關於天人之際的論述〉，《鵝湖》176 期，1990
　　年 2 月，頁 12-24。

❀

Bakhtin,M. M. （1996）Speech Genres and Other Late Essays , trans. by Vern W. Mcgee， Austin: University of Texas Press.

Bakhtin,M. M. （1998）The Dialogic Imagination, trans. by Caryl Emerson and Michael Holquist, Austin: University of Texas Press.

Chang，Kwang-Chih，The Archaeology of Ancient China （New Haven&London：Yale University Press，1977）

Cole,Alison （1992） *Perspective*, Dorling Kindersley.

Coupe, Laurence（1997） *Myth*, London & New York: Routledge,

Creel，H.G.，Confucious and the Chinese Way （N.Y.：Harper& Brothers，1960）

Dirac, P.A.M., The Principles of Quantum Mechanics （Oxford, 1958 ）

Eberhart, R.C., and Dobbins, R.W., Neural Network PC Tools-A Practical Guide （Academic Press, 1990 ）

Eco, Umberto （1976）*A Theory of Semiotics*, Indiana University Press.

 （1998） *Six Walks in the Fictional Woods*，Harvard University Press, sixth printing.

Fang，Thome H.，Chinese Philosophy：Its Spirit and Its Development （Taipei：Linking Publishing Co.Ltd.，1981）

Foucault, Michel（1969） *L'Archéologie du Savoir,* Editions Gallimard,

Ganguli, Kisari Mohan（1997） *The Mahabharata of Krishna-*

Dwaipayana Vyasa，in 4 vols.Munshiram Manoharlal Publishers Pvt. Ltd.

von Goethe, Johann Wolfgang（1949） *Faust,* Ullstein Verlag.

Hawking, Stephen. and Israel, Werner.（ed.）Three Hundred Years of Gravitation（Cambridge University Press, 1987）

Hegel, Georg Wilhelm（1970） Werke: in 20 Bd., Suhrkamp Verlag Frankfurt am Main, Bd. 15.

Heidegger, Martin（1961） Nietzsche, zweiter Band,

Homer （1999）*Iliad,* trans. By A. T. Murray, Harvard University Press.

（1998a）*Iliad,* trans. By Robert Fagles, Penguin Books Press.

（1998b）*Iliad,* trans. By George Chapman, Princeton Harvard University Press.

（1998c）*Odyssey,* trans. By A. T. Murray, Harvard University Press.

（1996）*Odyssey,* trans. By Robert Fagles, Penguin Books Press.

（2000）*Odyssey,* trans. By George Chapman, Princeton University Press.

（1993）*Odyssey,* trans. By Albert Cook, W・W・Norton & Company.

Minsky, M.L., and Papert, S.S.,（1988）Perceptrons：Expanded edition. Cambridge：MIT Press.

Jakobson, Roman（1995） *On Language,* Harvard University Press.

Penrose, R. and Isham, C. J.（ed.）（1986）Quantum Concepts in Space and Time. Oxford: Clarendon Press.

Rumelhart, D.E., and McClelland, J.L.（ed）（1986）Parallel Distributed Processing vol.1：Foundation, Cambridge：MIT Press.

Paul Tillich,（1951）*Systematic Theology*, vol. 1.The University of Chicago Press.

Vernant,（1990）*Myth and Society in the Ancient Greece*. trans. By Janet Lloyd, Distributed by the MIT Press.

（1990）*Myth and Tragedy in the Ancient Greece*. trans. By Janet Lloyd, Distributed by the MIT Press.（with Pierre Vidal-Naquet）

國家圖書館出版品預行編目資料

周易神話與哲學

李霖生著. – 初版. – 臺北市：臺灣學生，
2002[民 91]
面；公分
參考書目：面

ISBN 957-15-1159-5 (精裝)
ISBN 957-15-1160-9 (平裝)

1. 易經 – 研究與考訂

121.17   91021089

周易神話與哲學 (全一冊)

著　作　者：李　　　　霖　　　　生
出　版　者：臺　灣　學　生　書　局
發　行　人：孫　　　善　　　治
發　行　所：臺　灣　學　生　書　局
　　　　　臺北市和平東路一段一九八號
　　　　　郵 政 劃 撥 帳 號：00024668
　　　　　電　話：(02)23634156
　　　　　傳　眞：(02)23636334
　　　　　E-mail：student.book@msa.hinet.net
　　　　　http://studentbook.web66.com.tw
本書局登
記證字號：行政院新聞局局版北市業字第玖捌壹號
印　刷　所：宏　輝　彩　色　印　刷　公　司
　　　　　中 和 市 永 和 路 三 六 三 巷 四 二 號
　　　　　電　話：(02)22268853

定價：精裝新臺幣五五○元
**　　　平裝新臺幣四八○元**

西　元　二　○　○　二　年　十　一　月　初　版